insel taschenbuch 4978
Claudine Monteil
Marie Curie und ihre Töchter

CLAUDINE MONTEIL

MARIE CURIE UND IHRE TÖCHTER

Romanbiografie

Aus dem Französischen
von Ilona Zuber

INSEL VERLAG

Die Originalausgabe erschien 2021 unter dem Titel
Marie Curie et ses filles bei Calmann-Lévy, Paris.

Die Arbeit der Übersetzerin am vorliegenden Text
wurde vom Deutschen Übersetzerfonds gefördert.

Klimaneutral
Druckprodukt
ClimatePartner.com/14438-2110-1001

Erste Auflage 2023
insel taschenbuch 4978
Deutsche Erstausgabe
© der deutschsprachigen Ausgabe Insel Verlag
Anton Kippenberg GmbH & Co. KG, Berlin, 2023
© Calmann-Lévy, 2021
Alle Rechte vorbehalten. Wir behalten uns auch eine
Nutzung des Werks für Text und Data Mining
im Sinne von § 44b UrhG vor.
Umschlaggestaltung: Designbüro Lübbeke, Naumann, Thoben, Köln
Umschlagabbildungen: Marie Curie und ihre Töchter Irène
und Ève, 1921, Foto: Universal History Archive/Universal
Images Group/Getty Images; mauritius images; Adobe
Satz: Satz-Offizin Hümmer GmbH, Waldbüttelbrunn
Druck: C. H. Beck, Nördlingen
Printed in Germany
ISBN 978-3-458-68278-3

www.insel-verlag.de

MARIE CURIE UND IHRE TÖCHTER

Für meine Mutter, Josiane Serre,
Universitätsdozentin, Chemikerin,
Vorbild für zahlreiche Wissenschaftlerinnen und
ehemalige Direktorin der École Normale Supérieure
de Jeunes Filles (ehemals Sèvres),
an der auch Marie Curie und Irène Joliot-Curie lehrten.

1

VON POLEN NACH FRANKREICH –
DIE MACHT DES WILLENS

Die elektrische Schulglocke klingelt laut und vernehmlich. Die kleine, artig gekleidete Maria Skłodowska, ihres Zeichens Klassenbeste, schaut auf – und erstarrt augenblicklich. Jedoch nicht wegen der Kälte, die in diesem Winter 1874 in dem Warschauer Klassenzimmer herrscht, sondern weil der russische Zar, dieser furchteinflößende Mann, bei dessen Erwähnung die Erwachsenen zu Hause stets die Stimmen senken, einen Inspektor in die Schule geschickt hat. Rasch lässt sie die polnischen Hefte und Bücher verschwinden, die die Lehrerin im Unterricht verwendet, obwohl das nicht erlaubt ist. Ein Kind läuft schnell zu den Schlafsälen, um die verbotenen Bücher dort zu verstecken. Auf keinen Fall darf man sich erwischen lassen, sonst drohen den Eltern schreckliche Strafen. Onkel Zdzisław, der Bruder von Marias Vater, hat im Widerstand gegen die russischen Besatzer gekämpft und konnte nach Frankreich entkommen, während Onkel Henry, der Bruder ihrer Mutter, vom Geheimdienst des Zaren geschnappt und, wie so viele andere seiner Landsleute, in Ketten gelegt und in ein Arbeitslager nach Sibirien gebracht wurde.[1] Das Kind zittert nun am ganzen Leib, seine Wangen glühen. Es weiß, was jetzt kommt, und senkt den Blick, um nur ja nicht aufzufallen. Die Tür geht auf, und mit finsterer Miene tritt der Inspektor ein. Was er sieht, sind brave kleine Mädchen, die Knopflöcher sticken. Lauter Engelchen.

Der grobschlächtige Mann mit dem schwerfälligen Gang stapft selbstsicher durch die Reihen und öffnet jedes Pult, um den Inhalt zu kontrollieren. Er darf kein einziges auf Polnisch geschriebenes Buch finden, nicht eine Zeile in der Sprache, die die Besatzungsmacht aus dem Gedächtnis dieses unterdrückten Volkes ausradieren will. Zu jener Zeit ist Polen bereits von den Landkarten getilgt und taucht nur mehr unter der Bezeichnung »Weichselland« dort auf. Der Inspektor wirkt fast schon zufrieden. Die vorgefundenen Bücher sind alle auf Russisch und handeln von der Geschichte des Zarenreichs im Laufe der Jahrhunderte. Als habe Polen, die geliebte Heimat der kleinen Maria, nie existiert. Lügen und Täuschen, welche Qualen für ein Kind. Was für eine Lektion, Schmerz und Demütigung verbergen zu müssen. Doch der hohe Herr hat seinen Rundgang noch nicht beendet. Jetzt soll eine der Schülerinnen ihm Rede und Antwort stehen. Maria weiß, dass die Wahl der Lehrerin auf sie fallen wird. Die Kleine erhebt sich, rot vor Scham. Zählt eins nach dem anderen die Mitglieder der Zarenfamilie mitsamt ihren Titeln auf, so wie es ihr befohlen wurde. Zum Abschluss fragt der Inspektor eindringlich und mit ernster Stimme: »Wer ist unser Herrscher?« Maria bleibt stumm. Er schilt sie, und sie erwidert: »Seine Majestät Alexander II., Zar aller Reußen«. Offensichtlich zufrieden mit ihrer Antwort und auch mit sich selbst verlässt der Inspektor den Raum, um die nächste Klasse aufzusuchen. Maria bricht in Tränen aus. Wie konnte sie nur derart lügen, wo sie doch so an Polen hängt?

Auch als sie wieder zu Hause ist, bei ihren Eltern und Geschwistern – den drei Schwestern Zofia, Bronia (eigentlich Bronisława wie die Mutter) und Helena, genannt Hela, sowie dem Bruder Józef –, kann sich die gerade einmal siebenjährige Maria kaum beruhigen. Sie schämt sich, weil sie glaubt, ihr geliebtes Polen verraten zu haben. Doch ihr Vater ist erleichtert. Władysław Skłodowski ist ein kräftig gebauter Mann mit dichtem Bart, dessen ernste Miene zum einen seiner Stellung als Beamter und zum anderen seiner Tätigkeit als Mathematik- und Physiklehrer geschuldet ist. Gerade heute ist er zum stellvertretenden Direktor des Gymnasiums in der Ulica Nowolipki ernannt worden. Seine Tochter hat sie alle vor einer großen Gefahr bewahrt. In dieser Familie hat es zu viele polnische Rebellen gegeben, und er selbst hat sehr früh begriffen, dass Widerstand gegen die russischen Besatzer nichts bringt außer Exil, Internierung und Repressalien gegenüber sämtlichen Angehörigen. Maria, die beste Schülerin der Klasse, hat sich genau richtig verhalten, davon ist ihr Vater überzeugt. Doch die Kleine zittert noch immer, sie läuft zu ihrer Mutter und möchte sich an sie schmiegen, aber als sie deren Kleid berührt, hält sie jäh inne. Was gäbe sie darum, sich in die Arme ihrer Mutter flüchten zu können! Das Mädchen weiß, dass diese heißersehnten Zärtlichkeiten verboten sind. Von der Tuberkulose gezeichnet, darf Bronisława Skłodowska keinesfalls riskieren, ihre Kinder anzustecken. Mit ihrem schmalen, fein geschnittenen Gesicht und der üppigen schwarzen Haarpracht ist sie eine wahre Schönheit. Einst hat sie eine angesehene Mädchenschule geleitet (als eine der wenigen Frauen in solch einer verantwortungsvollen Position), musste aber ihren Beruf schließlich krankheitsbedingt aufgeben und jeglichen Kontakt zu ihren Schülerinnen abbrechen. Manchmal streicht sie mit den Fingerspitzen leicht über die Stirn ihrer Jüngsten, zieht die Hand dann jedoch sogleich wieder zurück: »Diese vertraute Bewegung ist für das Kind das Liebste, das es kennt. Mania[2] ist, soweit ihre Erinnerung reicht, niemals von der Mutter geküsst worden.«[3]

Seit Marias Geburt leidet Bronisława Skłodowska unter dieser heimtückischen Krankheit, die ihr nach und nach die Kräfte raubt. So wird Marie Curie ihre Mutter nie als gesunde Frau erlebt haben. Die Mutter ist so besorgt um das Wohl ihrer Kinder, dass sie zum Essen eigenes Geschirr benutzt und ihre Sprösslinge zum Spielen in den Garten schickt, obwohl sie nichts lieber täte, als sie zu herzen und zu küssen. Und trotz alldem wächst

Maria in einer Familie voller Zärtlichkeit auf, in der das Interesse für die Naturwissenschaften eine sehr wichtige Rolle spielt, aber auch die Liebe zu Kunst, Musik und Literatur, insbesondere zur Poesie mit ihrer tröstlichen Wirkung aufs Gemüt; wenn Gedichte vorgetragen werden, verstummen die Kinder augenblicklich und lauschen andächtig. Mit ihrer zugewandten und aufgeschlossenen Art pflegt die Mutter darüber hinaus Freundschaften zu Menschen unterschiedlicher Glaubensrichtungen, was im 19. Jahrhundert alles andere als üblich ist.

Eines Abends jedoch, als die Kinder gerade ausgelassen spielen, wird ihre heile Welt mit einem Schlag erschüttert. Der Vater kehrt von der Arbeit aus dem Gymnasium zurück, öffnet die Post und gerät plötzlich ins Taumeln. Den Brief noch in den Händen, lässt er sich in seinen Sessel fallen. Die höflichen und unterwürfigen Antworten der kleinen Maria in der Schule haben nicht verhindern können, dass das Unheil über ihn und seine Familie hereinbricht. Ein weiteres Unglück, das er der russischen Besatzung verdankt. Mit amtlichem Schreiben wird Władysław Skłodowski mitgeteilt, dass nicht nur sein Gehalt gekürzt wird, sondern man ihm auch noch seine Dienstwohnung sowie seinen Titel als Unterinspektor entzieht. Seine Frau ahnt sofort: Dies ist ein Racheakt des Schuldirektors, eines Zarentreuen. Schon wieder der Zar. Da fällt es Skłodowski plötzlich ein: Hat er nicht neulich gewagt, dem Direktor zu widersprechen und ein Kind in Schutz zu nehmen, dem in seinem Russischaufsatz ein Grammatikfehler unterlaufen war?

Die Bestrafung folgt auf dem Fuß, und sie ist hart. Hals über Kopf müssen die Skłodowskis in eine kleinere Wohnung umziehen, und das Gehalt des Vaters reicht nicht mehr aus, um die Familie zu ernähren. So sind sie gezwungen, noch enger zusammenzurücken und Zimmer an Schüler als Pensionatszöglinge zu vermieten. Es gibt keine Privatsphäre mehr, man kann sich nur noch flüsternd unterhalten. Ganz Polen ist mundtot gemacht.

Natürlich muss von jetzt an jede Geldausgabe genauestens überdacht werden. Das ist schwierig, bisweilen riskant. Eines Abends kommt Vater Skłodowski vollkommen niedergeschlagen nach Hause. Ein Spekulationsgeschäft, mit dem er seinem Schwager einen Gefallen tun wollte, erweist sich als finanzielles Fiasko, das ihn an den Rand des Ruins bringt. All seine so mühevoll zusammengetragenen Ersparnisse, dreißigtausend Rubel, sind verloren. Er würde nicht mehr für jede seiner Töchter eine Mitgift aufbringen können, womit die Aussichten der Mädchen auf eine gute Partie dahinschwinden. Er ist überzeugt, dass sie nun zu einem Leben in Armut verdammt sind. Nie wird er sich verzeihen, dass er so naiv sein konnte.

Kurz darauf, im Januar 1876, der Schock über das finanzielle Desaster sitzt noch tief, steckt einer der jungen Zöglinge zwei der Skłodowski-Schwestern mit Typhus an: Bronia, der Maria besonders nahesteht, und Zofia, die schließlich mit nur vierzehn Jahren stirbt. Wegen der Infektionsgefahr und auch, weil sie zu hinfällig ist, um ihrem Kind das letzte Geleit zu geben, verfolgt Bronisława Skłodowska den Leichenzug vom Fenster aus, sieht ihren Mann und ihre Kinder gemessenen Schrittes dem Sarg folgen. Bereits mit acht Jahren hat die kleine Maria unsagbar viel Leid und Schmerz erfahren. Die Erwachsenen erlebt sie als liebevoll und dennoch schwach, von Kummer und Sorgen niedergedrückt.

Auch der von Tag zu Tag sich verschlechternde Gesundheitszustand der Mutter beunruhigt das Mädchen. Am 9. Mai 1878, zwei Jahre nach Zofias Tod, erliegt Bronisława Skłodowska dem Kampf gegen ihre Krankheit. Ein grausamer Verlust für die zehnjährige Maria, die in tiefer Trauer versinkt. Ihr und ihren Geschwistern bleibt nun nur noch der Vater, der seinen Kindern

Liebe und wenn schon keine finanzielle, so doch zumindest moralische Unterstützung bieten will. Und eine möglichst normale Kindheit. So halten mit der Zeit Lachen und Scherzen wieder Einzug im Hause der Skłodowskis. Maria vergnügt sich selbstverständlich mit ihrer Schwester Bronia, aber auch mit anderen, gleichaltrigen Jungen und Mädchen. Sie lernt tanzen und beherrscht schon bald die Polka, die Mazurka, den Oberek. In der Schule begeistert sie sich für Literatur und Naturwissenschaften, vor allem aber für die Mathematik, die ihr Vater unterrichtet.

Als Jugendliche wird Maria von einem außergewöhnlichen Wissensdurst beherrscht. Sie lernt für ihr Leben gern – und wird dafür belohnt. Einige Jahre nach ihrer Schwester Bronia gewinnt sie die Goldmedaille des Gymnasiums. Als Anerkennung schenkt man ihr lauter russische Bücher, doch das kann ihr Glück nicht trüben. Die Preisverleihung findet in Anwesenheit des Vaters statt. Władysław Skłodowski ist froh und dankbar. Er hat es geschafft, seinen Kindern die bestmögliche Erziehung und Bildung zu vermitteln, auch wenn seine Frau nicht mehr da ist.

In diesen Jahren ist es der größte Wunsch der heranwachsenden Maria, ihrem geschundenen Heimatland Polen einen Dienst zu erweisen und das Unrecht zu beseitigen, das ihm widerfahren ist. Aber nicht so, wie einige junge polnische Anarchisten oder Revolutionäre, die Bomben auf russische Soldaten werfen, wenn diese in den Straßen herumstolzieren und die Bevölkerung schikanieren. Was ihr vorschwebt, wird ihre Tochter Ève später so formulieren: »Nur eines soll zählen: arbeiten, ein geistiges Kapital in Polen sammeln und die Bildung des Volkes heben, das von der Regierung absichtlich in Unwissenheit gehalten wird.«[4]

Das 19. Jahrhundert neigt sich bereits dem Ende zu, und die sozialen Fragen, der Kampf gegen die Armut und für die Freiheit treiben die Menschen um. Weit weg in Frankreich, diesem Land, dessen Sprache Maria und Bronia lernen, lebt ein Schriftsteller, der schon zu Lebzeiten ein Mythos ist: Victor Hugo, Verfasser von Werken wie *Die Elenden, Der Glöckner von Notre-Dame* und *Die Legende der Jahrhunderte,* die in ganz Europa gelesen werden, ist ein Fürsprecher der Armen und Unterdrückten. Maria kann nicht anders, als ihn zu verehren, mit Begeisterung liest sie seine Prosa und Gedichte, die sie nie vergessen wird.

Daneben sorgt eine neue Lehre für Aufmerksamkeit, erregt die Gemüter und wird begeistert aufgenommen. Der Positivismus von Auguste Comte, die Arbeiten von Pasteur und Darwin stoßen auf beachtlichen Zuspruch. Es ist die Stunde der Wissenschaft, und die junge polnische Generation dürstet nach sozialem Fortschritt. Doch an polnischen Universitäten sind Frauen nicht zugelassen. So beginnt Maria an einer der geheimen polnischen »Fliegenden Universitäten« zu studieren, wo sie bald schon mit ihren Leistungen brilliert. Wie beneidet sie die ausländischen Studentinnen, wenn sie in ihrem Zimmerchen in Warschau sitzt! Vorerst aber drehen sich alle ihre Gedanken um ihre ältere Schwester Bronia, die unbedingt Ärztin werden will. Doch wie kann sie dieses Ziel erreichen?

Von Vater Skłodowski gibt es keine guten Neuigkeiten. Er ist erschöpft. Natürlich will er um jeden Preis seine Arbeit am Gymnasium fortführen, aber er hat nicht mehr die Kraft, in seiner Wohnung in der Ulica Leszno Pensionatsschüler zu beherbergen, um mit deren mageren Mietzahlungen seinen Töchtern ein wenig über die Runden zu helfen. Auch ist die neue Wohnung in der Ulica Nowolipki ziemlich klein. Da zieht Maria wieder bei ihm ein. Dass sie wenig Platz hat, macht ihr nichts aus, sie hängt an ihrem liebevollen und treusorgenden Vater, der mit seiner universellen Bildung noch immer die Jugend begeistern kann. Für die junge Frau ist es ein Hochgenuss, sich unablässig mit ihm über alle möglichen Fragen zu Naturwissenschaften,

Philosophie oder Literatur auszutauschen. Sie kann gar nicht genug davon bekommen, durch ihn die neuesten wissenschaftlichen Erkenntnisse, fremde Sprachen oder die aktuellen Neuerscheinungen kennenzulernen. »Den Samstagabend«, so berichtet Ève Curie, »verbringen Vater und Kinder immer gemeinsam – er ist der Literatur gewidmet. Der Vater rezitiert Gedichte oder liest vor. […] Auf diese Weise werden Mania von Woche zu Woche die Meisterwerke der Vergangenheit von einer vertrauten Stimme zugetragen.«[5] Das ist ein außergewöhnlicher Glücksfall für eine junge Polin, um den sie ihre Altersgenossinnen in vielen anderen europäischen Ländern beneiden dürften, denn die Vorbehalte gegenüber Frauenbildung sind damals noch fest verankert. Nicht nur die Warschauer Universität ist für Frauen tabu; eine solche Diskriminierung findet man ebenso an den prestigeträchtigsten englischen Colleges, um nur ein Beispiel zu nennen, und Virginia Woolf wird sie einige Jahrzehnte später in ihrem Essay *Drei Guineen* anprangern.

Doch Władysław Skłodowski steht kurz vor dem Ruhestand, und bei seiner ohnehin schon schlechten wirtschaftlichen Lage reicht seine Pension nicht aus, um die Kinder weiterhin zu unterstützen. So wird das Familienurteil gefällt: Die Töchter haben keine Mitgift zu erwarten und werden arbeiten müssen. Zum Jammern und Klagen hat Maria keine Zeit, und das entspräche auch nicht ihrem Charakter. Sie schickt sich stattdessen an, Privatunterricht zu erteilen, doch ihr schmales Honorar würde schon bald nicht mehr für Kost und Logis und möglicherweise, wer weiß, die Fortsetzung ihrer Studien ausreichen. Bei Regen und Kälte muss sie kreuz und quer durch Warschau laufen und obendrein befürchten, dass man sie nicht bezahlt, einfach aus Vergesslichkeit, was gang und gäbe ist – für die Eltern ihrer Schüler ist es schlicht unvorstellbar, was diese paar Rubel für ein mittelloses junges Mädchen bedeuten.

Doch in jeder Krise hegt Maria insgeheim immer den Traum, ihrem Polen zu dienen; nicht durch revolutionäre Aktionen, sondern durch Bildung. Eine friedenstiftende Kraft für ihr besetztes Land – das möchte sie werden. Diese Kraft erwächst für sie nicht aus der schwärmerischen Energie, die viele ihrer jungen Landsleute antreibt, sondern aus der Neugier und der Faszination für die Wissenschaft. Sie beschäftigt sich intensiv mit Pasteur, Darwin und Claude Bernard. Besonders hat es ihr eine Lehrerin an ihrem Gymnasium angetan, die voller Leidenschaft über die neuesten wissenschaftlichen Erkenntnisse doziert und diese Begeisterung mit ihren Schülerinnen teilen will. Gemeinsam mit Bronia und Hela nimmt Maria an geheimen Kursen der »Fliegenden Universität« teil, zunächst in Grundlagen der Anatomie und Biologie. Diese Zeit wird sie für immer prägen, was auch in ihren späteren Schriften zum Ausdruck kommt, in denen sie sich mit Freude daran erinnert. Allerdings sind diese Studien nicht erlaubt und daher für die jungen Studentinnen riskant. Doch in ihrem Enthusiasmus gehen sie sogar noch weiter. Sie erteilen ihrerseits Unterricht für junge Frauen aus dem Volk und vermitteln diesen damit eine Bildung, die ihnen ansonsten verwehrt bliebe. Lehren, etwas weitergeben, solidarisch sein – für die Schwestern sind das keine Idealvorstellungen, sondern eine Selbstverständlichkeit. Maria ahnt nicht, wohin sie dies eines Tages führen wird. Nicht einmal in ihren kühnsten Träumen.

Vorerst gilt es allerdings, der Realität ins Auge zu blicken; für zwei arme junge Mädchen aus Polen sind die Zeiten schwierig. Bronia, die Ältere, träumt von Paris, wo auch Frauen studieren dürfen. Ärztin werden und nach Polen zurückkehren, aufs Land ziehen, wo die Not oft groß und die medizinische Versorgung schlecht ist, nützlich sein, helfen. Eine edelmütige Vision, doch ohne Geld ist daran nicht einmal zu denken.

Ein Hirngespinst also? Nicht unbedingt. Maria liebt ihre

Schwester über alles. Die zwei Jahre ältere Bronia ist ihre Beschützerin, eine Art Mutterersatz, nur zärtlicher, präsenter und fröhlicher, als die Mutter es je war. Die beiden sind regelrecht verschworen, teilen alle Freuden, Hoffnungen und Sorgen und sind unzertrennlich. Maria will, dass Bronia ihr Glück macht. Sie denkt nicht mehr an ihre eigenen Träume, obwohl auch sie für Paris schwärmt, für Frankreich und dessen Kultur, für seine Wissenschaft, seine Kunst, seine Literatur, seine Landschaften, seine Küche und seine Hauptstadt, die Intellektuelle aus der ganzen Welt anzieht. Sie selbst entsagt diesem Traum. Was allein zählt, ist Bronias Zukunft. Maria glaubt fest daran, dass es eine Lösung gibt, und ersinnt fieberhaft die abenteuerlichsten Pläne, ohne wirkliche Aussicht auf Erfolg.

Plötzlich kommt ihr eine Idee. Wenn sie sich als Hauslehrerin bei einer Familie verdingte, könnte sie Bronia jeden Monat etwas Geld schicken: »Zuerst wirst du von deinem eigenen Geld leben. Dann werde ich einspringen und Vater auch. Zu gleicher Zeit werde ich für mein künftiges Studium etwas beiseitelegen. Wenn du dann das Doktorat hast, werde ich abreisen, und du wirst mir helfen.«[6]

Bronia ist hin- und hergerissen. Darf sie ein solches Opfer von einer Siebzehnjährigen annehmen, die doch selbst so brillant ist, und die sie über alles liebt? Und warum soll ausgerechnet sie als Erste gehen? Für Maria liegt es auf der Hand: Bronia ist die Ältere von beiden. Da darf sie mit dem Studium nicht noch länger warten. Mit zwanzig haben viele ihrer Altersgenossen schon mehrere Studienjahre hinter sich, Bronia hat also keine Zeit zu verlieren. Sie selbst hingegen, so sagt sich Maria, kann gut noch ein paar Jahre warten. Bronia gibt schließlich nach, zumal der Vater Maria in ihrem Drängen unterstützt. Die Trennung würde natürlich schmerzhaft werden, Paris ist sehr weit weg, und niemand hätte die Mittel, um für einen Besuch bei Bronia eine

Zugreise quer durch Europa anzutreten, nicht einmal in einem Waggon vierter Klasse. Also ein Abschied auf Jahre? Das steht zu befürchten, aber für eine bessere Welt muss man dieses Risiko wohl eingehen.

Mit ein paar belegten Broten und einer Thermosflasche im Gepäck zwängt sich Bronia schließlich in den Zug, der sie nach Paris bringen wird. Maria ihrerseits gelingt es, eine Stelle als Lehrerin zu ergattern. Und lernt die Schattenseiten des Lebens kennen. Trotz äußerster Sparsamkeit schafft sie es in Warschau beim besten Willen nicht, ausreichend Geld auf die Seite zu legen. Sie gibt zu viel aus in dieser Stadt, wo alles teuer ist, sodass zu wenig übrig bleibt, um es der Schwester zu schicken. Wird der Plan der Älteren ihretwegen scheitern? Das würde Maria nicht verkraften, sie fühlt sich überfordert. Doch den düsteren Gedanken gibt sie sich nicht hin. Dazu hat sie keine Zeit. Sie muss etwas tun. Was, wenn sie eine Stelle auf dem Land annähme? Dort wäre sie zwar isoliert, aber sie hätte Kost und Logis frei und nur geringe Ausgaben. Gewiss, es wären schrecklich einsame Jahre, weit weg von Vater und Schwester. Aber wäre ihr großes Ziel dieses Opfer nicht wert?

Am Neujahrstag besteigt sie den Zug, der sie an einen wenig einladenden fremden Ort bringen soll. Es herrscht klirrender Frost an diesem 1. Januar 1886, Maria zittert vor Kälte. Sie denkt an alle ihre Lieben. Wird sie sie eines Tages wiedersehen? Sie weiß es nicht. Schon am nächsten Morgen in aller Frühe entdeckt sie beim Blick aus dem Fenster ihres Zimmers im Pächterhaus eines Großgrundbesitzers, dass die ländliche Idylle aus Wäldern, Bäumen und Lichtungen in Wirklichkeit nur aus rauchenden Schornsteinen und Zuckerrübenfeldern besteht, so weit das Auge reicht. Anstelle der sehnlichst erhofften Harmonie und Vielfalt der Natur bietet sich ihr nur die deprimierende Monotonie immergleicher Pflanzungen unter einem finsteren und regengrauen Himmel. Sie muss hart arbeiten, denn die ihr anvertrauten Kinder sind allzu verwöhnt und nur schwer zu bändigen. Und vor allem stellt sie fest, dass materieller Wohlstand keineswegs Hand in Hand geht mit Intelligenz, Bildung oder Wissbegierde. Weit gefehlt. Das ist ein Schock für sie, eine große Enttäuschung – doch gleichzeitig eine Lektion fürs Leben. Mit achtzehn Jahren lernt Maria die Wirklichkeit kennen, und diese Erfahrungen wird sie nie vergessen.

Mit großer Anteilnahme beobachtet sie die Kinder der Bauern und Landarbeiter, die nicht zur Schule gehen und nichts lernen. Sie haben keinerlei Zukunft, ebenso wenig wie ihre Eltern. Immer größer wird Marias Wunsch, ihnen Lesen und Schreiben beizubringen. Ein Luxus, von dem diese Kinder nicht einmal zu träumen wagen, doch sie glaubt fest daran, einer solchen Aufgabe gewachsen zu sein. Natürlich braucht sie dazu die Zustimmung ihres Arbeitgebers, des Familienoberhaupts. Maria will die Kinder auf Polnisch unterrichten, nicht auf Russisch. Eine Aktion des Widerstands, wie Ève Curie in der Biografie ihrer Mutter Jahre später vermerken wird. Die junge Frau riskiert damit eine Verbannung nach Sibirien.[7] Trotz der Gefahr lässt sich der Hausherr für Marias Idee gewinnen, ist allerdings besonnen genug, sie zu strikter Verschwiegenheit zu verpflichten, und so schleichen sich schon bald zehn Jungen und Mädchen auf Zehenspitzen hinauf in Marias Zimmer, wo diese ihnen Woche für Woche durchschnittlich acht Stunden ihrer Zeit widmet. Die Bauernkinder entdecken, was Hefte und Bleistifte sind, sie verlieren häufig den Mut, aber schaffen es nach vielen Tränen und Fehlschlägen schließlich doch, Buchstaben zu Wörtern aneinanderzureihen. Welch ein Triumph! Und welch eine Belohnung für die junge Frau, die strahlenden Gesichter ihrer Schützlinge zu sehen. Wenn die Kinder am Abend zu ihren Familien zurückkehren, zeigen sie voller Stolz, was sie gelernt ha-

ben und was sie schon alles können. Sie fühlen sich stärker und
fürs Leben besser gewappnet als ihre Väter und Mütter, die tag-
ein, tagaus von früh bis spät in der Zuckerrübenfabrik schuften.

Doch obwohl sie ihr Ziel erreicht hat, ist Maria nicht zufrieden. Sie ist jung, und sie träumt manchmal von Paris, wo ihre
Schwester gerade ihre Medizinprüfungen ablegt, wo junge Menschen miteinander lernen, lachen, leben. In den Briefen, die sie
ihrem Vater schreibt, fleht sie ihn an, ihr rasch Chemie-, Physik-
und sogar Mathematikaufgaben zu schicken. Die Naturwissenschaften sind ihre ganze Leidenschaft. Der Briefwechsel zwischen
Vater und Tochter wird zu einem Band des Herzens, einer Verbindung, wie sie sich Jahre später mit ihrer eigenen Tochter, Irène,
wiederholen wird, einer symbiotischen Verbindung durch die
Wissenschaft.

Aber es gibt noch weitere Herzensangelegenheiten: Der Sohn
der Familie hat ein Auge auf Maria geworfen und macht ihr den
Hof. Bei vertraulichen Gesprächen auf ausgiebigen gemeinsamen Spaziergängen über die Rübenfelder entsteht mit der Zeit
zwischen den beiden eine Verbundenheit, die den jungen Mann
schließlich veranlasst, seine Eltern um Erlaubnis zu bitten, Maria heiraten zu dürfen. Doch obwohl die junge Hauslehrerin von
ihren Arbeitgebern bisher so herzlich behandelt worden ist, als
gehörte sie zur Familie, fällt das Urteil grausam aus. Das Mädchen ist arm wie eine Kirchenmaus, und auch ihre Herkunft erscheint den Eltern des jungen Mannes in keiner Weise gesell-
schaftsfähig. Maria stellt ihren Kavalier zur Rede. Wird er sich
seiner Familie widersetzen? Dazu fehlt ihm der Mut. Sie treffen
sich wieder, sie stellt ihn noch einmal vor die Wahl, doch ohne
Erfolg. Da wendet sie sich von ihm ab. Sie ist enttäuscht, am Boden zerstört. Der erste Liebeskummer. Künftig wird sie in Ge-
fühlsdingen auf der Hut sein. Sie wird immer unnahbarer, kapselt sich ab. Und dort in Frankreich, weit weg von zu Hause, wird

Bronia noch jahrelang studieren müssen und der Hilfe ihrer Familie bedürfen. Obwohl sie erst zwanzig ist, sieht Maria ihre Zukunft in recht düsteren Farben.

Doch sie darf sich nicht unterkriegen lassen. Die Tage und Monate vergehen. Bald schon sind es drei Jahre, die sie in dieser finsteren Einöde lebt. Nach der Pensionierung ihres Vaters überlegt sie daher, nach Warschau zurückzukehren und mit ihm gemeinsam in eine kleine Wohnung zu ziehen. Ist es nicht von jeher die Pflicht einer Tochter, sich um ihre alten Eltern zu kümmern? Doch Władysław Skłodowski hat nicht die Absicht, zu einer Belastung zu werden. Er nimmt einen Posten an, von dem er nie geglaubt hätte, dass er einmal für ihn infrage käme: die Leitung einer Besserungsanstalt für Kinder. Eine trostlose Aufgabe. Doch es gibt einen Lichtblick in dieser Situation: das Gehalt. Von nun an kann Władysław Skłodowski Bronia mehr Geld schicken. Maria wäre endlich in der Lage, etwas für sich selbst zurückzulegen. Als ihr Vertrag ausläuft, kehrt die junge Frau nach Warschau zurück. Endlich kann sie wieder aufleben. Sie erhält eine Anstellung bei einer sehr vermögenden Familie und bekommt Einblicke in die Sphäre der Reichen. Auch wenn ihre Arbeitgeber sich ihr gegenüber als großzügig erweisen und sich gern kulturbeflissen geben, beobachtet Marie, wie beschränkt der Horizont in dieser oberflächlichen Welt ist. Da trifft plötzlich ein Brief von Bronia ein, an den sie schon nicht mehr geglaubt hat. Ihre ältere Schwester teilt ihr mit, dass sie einen polnischen Kommilitonen heiraten will, der bereits kurz vor dem Abschluss seines Medizinstudiums steht und bald schon selbst seinen Lebensunterhalt verdienen kann. Bronia wird dann nicht länger auf die Zuwendungen des Vaters angewiesen sein:

»Und nun zu Dir, liebe Mania – es ist nun allmählich an der Zeit, daß du etwas aus Deinem Leben machst. Wenn Du in diesem Jahr ein paar hundert Rubel zusammenbringst, kannst Du im nächsten Jahr nach Paris kommen und bei uns wohnen und essen. Die paar hundert Rubel brauchst Du unbedingt für die Inskription an der Sorbonne. […] Du mußt Dich dazu entschließen, Du wartest schon zu lange! Ich garantiere Dir, daß Du in zwei Jahren das Lizentiat hast. Denke darüber nach, sei sparsam und verwahre dein Geld an sicherem Ort, verleihe nichts.«[8]

Maria zögert, sie muss nach diesen Jahren im Nebel der Monotonie erst einmal wieder zur Besinnung kommen. Sie weiß nicht, ob sie es noch schaffen wird, aus Polen fortzugehen, ihren Vater zurückzulassen. Frankreich ist so weit weg … Doch die Naturwissenschaften haben ihre Anziehungskraft auf Maria nicht verloren. Bald schon verbringt sie die Sonntagabende nicht mehr in der Stadt mit Freunden, sondern in einem Laboratorium, das die »Fliegende Universität« ihr im Industrie- und Landwirtschaftsmuseum zur Verfügung gestellt hat. Was für ein Glück! Beim Hantieren mit Reagenzgläsern empfindet sie eine nie gekannte Kraft und Begeisterung. Eine Weile zögert sie dennoch; soll sie es wagen? Schließlich ist ihr Entschluss gefallen, sie schickt ihre Matratze, ein paar Betttücher und einen Schrankkoffer mit ihren wenigen Habseligkeiten vor und besteigt den Zug nach Paris. Versorgt mit genügend Proviant, versteht sich, denn die Reise wird lange dauern, drei Tage und drei Nächte – eine Ewigkeit auf einer Holzbank in der vierten Klasse. Auf dem windumtosten Bahnsteig umarmt sie der Vater zum Abschied, bevor sie auf das Trittbrett springt und der Zug sich, eingehüllt in eine mächtige Dampfwolke, in Bewegung setzt. Das Rattern der Räder versetzt Maria in ein Gefühl freudiger Erwartung, während sie der so heiß ersehnten unbekannten Zukunft entgegenfährt.

Das Viertel nahe der Gare du Nord, wo Bronia mit ihrem Ehemann lebt, entspricht nicht ganz Marias Vorstellungen. Dennoch ist es ein Symbol für das, was sie sich so sehr erhofft hat: Freiheit und Zugang zur Universität. Hier kann die junge Frau tun, wonach ihr der Sinn steht, sie kann sich mit anderen austauschen und offen diskutieren, ohne die Stimme senken oder sich verstecken zu müssen. Es ist eine Offenbarung, eine geradezu berauschende Erfahrung. Dass sie jeden Tag die Stadt durchqueren muss, um zur Sorbonne zu gelangen, macht ihr nichts aus. Ganz im Gegenteil, der Lärm, der Verkehr, die doppelstöckigen Omnibusse, die Pferde, das Lachen der Passanten, ihre Art, sich zu kleiden, all das fasziniert die junge Frau. Dennoch kommen ihr nach und nach Zweifel. Das Wiedersehen mit ihrer Schwester war eine riesengroße Freude, doch der Lebensstil des Ehepaars hält sie davon ab, sich mit aller Kraft auf ihr Studium zu konzentrieren. Bei Kazimierz Dłuski und Bronia gehen abends Freunde ein und aus, bis spät in die Nacht wird unermüdlich diskutiert und gesungen. Ein berühmter polnischer Pianist, dem Maria im Hause ihrer Schwester begegnet, erweist den jungen Leuten die Ehre, für sie zu spielen. Dieser Ignacy Paderewski, der gerade erst am Beginn seiner Karriere steht, wird später zu Recht die Welt in Erstaunen versetzen, allerdings nicht nur durch sein begnadetes Klavierspiel. Noch ahnt niemand, dass er sich eines Tages für ein freies Polen engagieren und 1917 beim amerikanischen Präsidenten Woodrow Wilson für die Unabhängigkeit seines Landes einsetzen wird; als erster Premierminister und Außenminister Polens wird er an der Spitze der polnischen Delegation den Versailler Vertrag unterzeichnen. Paderewski verfolgt gleichzeitig eine Laufbahn als Musiker und als Diplomat.

Vorerst hat Maria, die sich nunmehr Marie nennt, alle Hände voll damit zu tun, an der Sorbonne die drei Jahre aufzuholen, die sie fernab der Universität verbracht hat. Da ihre Ersparnisse dahinschwinden, hat sie keine Minute zu verlieren. Auch wenn sie sich in den Hörsälen dieser weltberühmten Stätte der Gelehrsamkeit ganz nach vorn in die erste Reihe setzt, muss sie gelegentlich gegen den Schlaf ankämpfen. Ihr Französisch ist nicht so einwandfrei, wie sie geglaubt hat, und sie möchte es doch ebenso gut und gewandt sprechen und schreiben wie ihre Kommilitonen. Immerhin ist sie eine der wenigen Frauen an diesem Ort. Die jungen Männer beobachten die fleißige blonde Studentin, die ihre Nase immer nur in die Bücher steckt; ab und zu jedoch erhellt ein Lächeln ihr ernstes Gesicht, und das sieht sehr charmant aus. Die ersten Monate erweisen sich als aufregend und anstrengend. Wird Marie durchhalten?

Ein eigenes Zimmer nahe der Universität zu mieten, erscheint ihr als probate Lösung. Es muss ja nur eine kleine Kammer sein, wo sie sich endlich ganz aufs Lernen konzentrieren kann, mit Blick auf den Himmel, die Lichter und die so typischen blaugrauen Schieferdächer der Hauptstadt. Im März 1892 bezieht sie also ein Zimmer im sechsten Stock im 5. Arrondissement, in der Nähe des Val-de-Grâce, wo sich auch das Collège de France, die Bibliotheken, die École Normale Supérieure und die École Municipale de Physique et de Chimie Industrielles de la Ville de Paris befinden und wo auch der Jardin du Luxembourg nicht weit ist, der sich hervorragend für Spaziergänge eignet. Zur Sorbonne sind es nun nur noch zwanzig Minuten zu Fuß, vorbei an Buchhandlungen und Bibliotheken, die sich in den bunten und quirligen Straßen aneinanderreihen. Das Glück scheint perfekt. Endlich ist Paris so, wie sie es sich immer erträumt hat. Marie zieht fortan von Zimmer zu Zimmer, keines ist ihr still und einsam genug, so sehr sehnt sie sich danach, in aller Ruhe lernen zu können. Sie schließt auch ein paar neue Freundschaften, zunächst innerhalb der polnischen Studentengemeinschaft. Trotz ihrer bescheidenen Mittel kochen die jungen Leute manchmal abwechselnd polnische Gerichte, die sie an ihre weit entfernte

Heimat und ihre Familien erinnern. Diese Zusammenkünfte gleichen kleinen, fröhlichen Festen. Aber nach und nach kapselt Marie sich immer mehr ab. Schließlich zieht sie in eine Mansarde ohne Heizung und Wasseranschluss. Die Armut zwingt sie dazu. Wie ihre Tochter Ève Curie später in der Biografie über ihre Mutter schreiben wird, muss Marie in der Kälte Kohlensäcke und Wasser über die schief getretenen und gefährlichen Treppenstufen hinaufschleppen. Zum Glück gibt es die Bibliotheken. Dort wird ein wenig geheizt, das rettet die junge Frau. Die schmackhaften warmen Mahlzeiten, die bei Bronia und Kazimierz stets auf den Tisch kamen, fehlen Marie. Sie selbst versteht nichts vom Kochen, und nur mit einem kleinen Ofen und einem Wasserkessel fehlt ihr auch die Ausstattung, um sich angemessen zu ernähren. So lebt sie von Butterbroten und Tee. Sie wird immer schwächer, leidet unter Schwindel, Erschöpfungszuständen und Anämie. Eines Tages wird sie ohnmächtig. Ihr Schwager, der Arzt ist, begibt sich zu ihr, nimmt sie mit und päppelt sie auf, doch schon bald ist Marie wieder bei ihrer schmalen Kost angelangt. Trotz alledem legt sie ihre Prüfungen ab und schafft das unter diesen desolaten Umständen schier Unglaubliche: 1893 erhält sie als Jahrgangsbeste ihr Lizenziat in Physik, im Jahr darauf sollte sie Zweite in Mathematik werden.[9] Nur ein Lizenziat wäre für Marie nicht genug gewesen, sie bürdet sich gleich noch die Arbeit für ein weiteres auf! Nachdem sie ihr erstes Lizenziat bestanden hat, kehrt sie für den Sommer nach Warschau zurück, wo sie wieder zu Kräften kommt. Doch beschleicht sie immer wieder eine gewisse Unruhe, wenn sie an Paris denkt. Wie soll sie den Herbst dort überstehen?

Da erscheint wieder einmal unverhofft ein Licht am Ende des Tunnels. Dank des großzügigen Einsatzes einer Polin wird Marie ein Alexandrowitsch-Stipendium gewährt, das begabten polnischen Studenten ein Studium im Ausland ermöglichen soll. Sie wird sechshundert Rubel erhalten, eine fantastische Summe! Das nächste Studienjahr ist gerettet. Und sie nimmt sich vor, weiterhin zu sparen, auf Kosten ihrer Gesundheit, damit sie zwei Jahre lang mit diesem Geld auskommt. Dazu arbeitet sie wie besessen, und sie ist glücklich, denn die Beschäftigung mit der Wissenschaft und die Zeit im Laboratorium, wo sie stundenlang im Stehen Versuche durchführt, sind für Marie eine Erfüllung. Sie geht vollkommen auf im Forschen, Entdecken und Lernen. So studiert sie Jahr um Jahr höchst erfolgreich, der Abschluss rückt immer näher. Nichts kann sie von ihrer Konzentration auf die Arbeit ablenken. Sie hat es geschafft.

Eines Tages schlägt ihr ein polnischer Freund vor, sie an der Sorbonne mit einem jungen französischen Wissenschaftler bekannt zu machen, der ihr vielleicht dabei behilflich sein könnte, ein geräumigeres Laboratorium zu finden als das des renommierten Physikers Gabriel Lippmann.[10] Warum nicht? Dieser Freund ist der Professor Józef Kowalski von der Universität Fribourg, der sich gerade anlässlich seiner Hochzeitsreise in Paris aufhält und den Marie bereits seit ihrer Jugend in Warschau kennt. Ein Glücksfall. Kowalski und auch seine junge Frau sind sogleich der Ansicht, dass dies ein nettes Zusammentreffen werden könnte. Marie vertraut den beiden; schließlich brennt sie darauf, unter besseren Bedingungen forschen zu können. Sie hat bei dieser Verabredung nichts zu verlieren.

Pierre Curie steht am Fenster. Auf die Ellbogen gestützt, blickt er verträumt zum Himmel hinauf, ins Licht. Er scheint mit den Gedanken ganz woanders zu sein. Als Marie den Raum betritt, wendet er sich zu ihr um, deutet eine Geste an, richtet sich auf und begrüßt sie. Er ist höflich, hochgewachsen, trägt einen schönen Bart, sein Gesicht wirkt offen und sehr sanftmütig. Der französische Wissenschaftler scheint sich zu freuen über die Begegnung mit einer jungen Frau, die sich genau wie er für die Physik und die exakten Wissenschaften begeistert; ansonsten ist dies eine überaus männlich geprägte Domäne. Pierre hat noch immer nicht den vor Jahren erlittenen Verlust seiner Jugendliebe verkraftet. Tief erschüttert durch den Tod der Freundin hat er sich vorgenommen, nie mehr eine Frau zu lieben, um nicht noch einmal so zu leiden. Und doch hat er sich insgeheim oft nach einer Gefährtin gesehnt, nach einer Partnerin, die seine Faszination für die Forschung versteht und teilt. Marie ist zu diesem Zeitpunkt noch nicht klar, dass der Mann, der hier vor ihr steht, im Wissenschaftskosmos des ausgehenden 19. Jahrhunderts eine große Ausnahme darstellt. Frauen sind darin grundsätzlich auf die Rolle der unterwürfigen Gattin festgelegt. In dieser Eigenschaft verbringen sie den größten Teil ihrer Zeit damit, die Kinder zu erziehen und durch Einladungen und Empfänge den beruflichen Aufstieg ihrer Ehemänner voranzutreiben. Kaum ein Wissenschaftler würde zu jener Zeit die Kreativität und das Talent einer Frau gelten lassen.

Marie ist beeindruckt von der bescheidenen Wesensart dieses Mannes, wie sie Jahre später in ihren Erinnerungen festhalten wird. Trotz des Altersunterschieds von acht Jahren und der reichen Erfahrung dieses anerkannten französischen Wissenschaftlers fühlt sie sich keineswegs eingeschüchtert:

»Als ich eintrat, stand Pierre Curie in der Nische der Balkontür. Er schien mir sehr jung, obwohl er damals schon fünfunddreißig Jahre alt war. Was mir an ihm auffiel, war der Blick seiner hellen Augen und eine gewisse Lässigkeit in der Haltung seines hochgewachsenen Körpers. Die etwas langsame, bedächtige Sprechweise, seine Schlichtheit, das zugleich ernste und jugendliche Lächeln hatten etwas sehr Vertrauenerweckendes. Es entwickelte sich ein Gespräch zwischen uns, das bald freundschaftlichen Charakter annahm; wir sprachen über wissenschaftliche Themen, und ich war glücklich, ihn nach seiner Meinung fragen zu können, aber auch über soziale oder humanitäre Angelegenheiten, die uns beiden von Interesse schienen. Trotz der kulturellen Unterschiede unserer Heimatländer stellten sich erstaunliche Parallelen in unseren Ansichten heraus, die ohne Zweifel zum Teil auf die recht ähnlichen ethischen Werte unserer Familien zurückzuführen sind, mit denen wir beide aufwuchsen.«[11]

Pierre Curie hat zu diesem Zeitpunkt schon viele Jahre als Forscher und Entdecker hinter sich. Seine in Physikerkreisen hochgeschätzten Arbeiten sind auch dem polnischen Freund bekannt, der Marie und Pierre einander vorstellt. Pierres Werdegang wie auch sein Talent sind außergewöhnlich. Er hat nie eine Schule besucht. Seine Eltern haben ihn von Hauslehrern unterrichten lassen, weil sie begriffen hatten, dass diesem schüchternen Träumer das Schulsystem mit all seinen Zwängen nicht guttun würde. Für den jungen Pierre ist auch sein älterer Bruder Jacques stets eine wichtige Bezugsperson gewesen. Er war sein engster Freund und trug, wie auch der Vater und die Mutter, zu seiner Ausbildung bei. Doch die beiden Brüder verbindet nicht nur eine unverbrüchliche Zuneigung, sie begeistern sich auch gleichermaßen für physikalische Experimente. Mit sechzehn besteht Pierre Curie sein Abitur, mit achtzehn das Lizenziat in Physik. Weil er wegen finanzieller Engpässe sein Studium nicht fortsetzen kann, arbeitet er als Laborassistent. Parallel dazu setzen Pierre und Jacques ihre gemeinsamen Versuche fort und entdecken den piezoelektrischen Effekt[12]. So werden die beiden Brüder binnen kurzer Zeit zu jungen Physikern, die für ihre Kreativität bekannt sind.
Pierre hat zwar noch Kontakt zu einigen Jugendfreunden, doch

das gesellschaftliche Leben kennt er nur durch seine Eltern und aus Berichten von Söhnen ihrer Freunde. Sein Vater, der Arzt Eugène Curie, ist ein aufgeschlossener, humorvoller Mann von wacher Intelligenz und antiklerikalem Geist. Pierre hat nicht die klassische französische Universitätslaufbahn absolviert. Ihn hat es nicht an die École Normale Supérieure Rue d'Ulm gezogen, die sich damit brüsten kann, die bedeutendsten französischen Wissenschaftler und ab 1900 die meisten Nobelpreisträger der wissenschaftlichen Kategorien hervorgebracht zu haben. Auch schreibt er keine Thèse d'État, die für eine Lehrtätigkeit an einer Universität unabdingbar ist. Doch er unterrichtet an der ebenfalls sehr renommierten École Municipale de Physique et de Chimie Industrielles de la Ville de Paris, die sich im Quartier Latin befindet, unweit des Pantheons, wo sich zwischen der Rue des Écoles, der Rue Saint-Jacques und der Rue d'Ulm die Wege der berühmtesten Wissenschaftler kreuzen. 1889 erfindet und konstruiert er die »Curie-Waage«, eine magnetische Präzisionswaage, mit der die Wiegegeschwindigkeit erheblich gesteigert werden kann. Darüber hinaus entdeckt er das sogenannte »Curiesche Gesetz«, ein neues Grundprinzip magnetischer Thermometer, die bei sehr niedrigen Temperaturen eingesetzt werden. Bei ihrer ersten Begegnung trifft Marie also auf einen für seine Entdeckungen bereits anerkannten Forscher. Da er nur für seine Arbeit lebt, könnte man vermuten, dass es ihm schwerfallen würde, sich an die tagtägliche Präsenz einer Frau zu gewöhnen. Doch Pierre Curie ist in der von Zuneigung und Wohlwollen geprägten Atmosphäre einer liebevollen Familie aufgewachsen. Mit seinen Eltern und seinem älteren Bruder hat er ein beispielhaft harmonisches Familienleben erfahren.

Das Zusammentreffen mit Marie ruft in ihm unerwartete Empfindungen wach. Es ist ihm Freude und Genuss zugleich, mit einer Frau über seine Lieblingsthemen, ja über seinen Lebensinhalt sprechen zu können, über die Physik mit all ihren Problemstellungen und Herausforderungen und über das Glück, an deren Lösungen zu arbeiten. Eine Welle der Zuneigung durchströmt ihn, schon lange hatte er sich nicht mehr so wohlgefühlt. Nachdem Marie gegangen ist, denkt der junge Mann nur noch daran, wie er es anstellen könnte, sie wiederzusehen. Doch da er im Umgang mit Frauen so schüchtern ist, hat er Angst, sie zu verschrecken.

Rasch ersinnt er daher eine Strategie. Er wird ihr schreiben; nicht um ihr zu sagen, wie gern er sie wiedersehen würde, sondern um sich mit ihr über das auszutauschen, was sie beide verbindet: die Wissenschaft, die Forschung. Sie schreiben einander, und sie treffen sich wieder. Doch dann fährt Marie nach Polen, und sie erwägt, möglicherweise für immer dorthin zurückzukehren. Ein unerträglicher Gedanke. In den Briefen, die er ihr nach Warschau schreibt, offenbart Pierre ihr nun offen seine Zuneigung. Nach und nach lässt Marie sich berühren von diesen Botschaften, die ihr einen Halt geben, den sie schon so lange entbehren muss. Sie zögert zunächst, gibt aber schließlich nach. Im Herbst kehrt sie nach Frankreich zurück. Und diesmal fährt sie nicht nur nach Paris, sondern auch zu Pierre.

Eine angenehme Wärme erfüllt die Luft an diesem Sommertag des 26. Juli 1895 im Trauzimmer des cremeweiß gestrichenen Rathauses von Sceaux, das an ein besonders elegantes Palais erinnert. Maries Vater und ihre Schwester sind eigens aus Polen angereist. Vor Freude sind sie schon ganz aufgeregt. Als die junge Wissenschaftlerin das Gebäude betritt, tut sie dies keineswegs im weißen Brautkleid. Wo sollte sie auch anschließend damit hin? An ihren langen Arbeitstagen könnte sie so etwas auf keinen Fall tragen. Marie erscheint vor dem Bürgermeister in einem hübschen, jedoch schlichten blauen Wollkostüm. Für sie, die nahezu mittellos aus ihrer polnischen Heimat hergereist ist, spartanisch in einem kleinen Zimmerchen gelebt und sich kaum je ordentlich ernährt hat, ist jede unnötige Ausgabe unvorstellbar. Sie denkt praktisch und hat stets die Arbeit im Sinn. Dieses Kleid in gedeckten Farbtönen würde sie auch im Laboratorium zwischen Gesteinsproben und Reagenzgläsern und sogar beim Radfahren tragen können. Ein Cousin hat ihnen etwas Geld geschenkt, das sie in ihre gemeinsame Leidenschaft investiert haben: zwei Fahrräder, ihr ganzer Luxus. Damit durchqueren die Jungvermählten die Île-de-France in allen Himmelsrichtungen. Es ist eine wundervolle, glückliche Hochzeitsreise. Schon bald unternehmen sie immer ausgedehntere Fahrten, und für Marie geht endlich in Erfüllung, wovon sie seit ihrer Zeit als Hauslehrerin auf dem Lande in Polen geträumt hat. Bei ihren Fahrradausflügen wird das Land von Victor Hugo, aber auch das der zu jener Zeit äußerst populären Romanschriftstellerin Colette zu ihrer zweiten Heimat. Polen und Frankreich, Frankreich und Polen. Welch eine Bereicherung der eigenen Identität, die danach drängt, sich zu entfalten, und dabei keine der beiden Kulturen missen möchte. Die Natur und die Wissenschaft bilden die Grundpfeiler des gemeinsamen Lebens von Marie und Pierre.

Jeden Sonntag essen die beiden bei Pierres Eltern, Doktor Eugène Curie und seiner Frau Sophie-Claire, zu Mittag. Das junge Paar lässt sich gern verwöhnen und genießt die herrlich entspannten Stunden. Die Schwiegereltern nehmen die junge Polin so herzlich auf, als sei sie die Tochter, die sie nie hatten. Auch Pierres Bruder Jacques ist Marie sehr zugetan. Die Stimmung bei Tisch ist fröhlich und lebhaft, und Doktor Curie, ein Mann der Kultur von entschieden antireligiöser Haltung und Verfechter der Republik, übt eifrig Kritik an der Regierung – auf eine so bestechend humorvolle Art, dass er alle Anwesenden damit aufs Beste unterhält.

Marie hat sich nicht mit ihrem naturwissenschaftlichen Lizenziat zufriedengegeben, sondern im letzten Jahr auch ein Lizenziat in Mathematik bestanden. Ein Jahr nach der Hochzeit erlebt das Ehepaar Curie einen zweiten glücklichen Sommer. Im August 1896 absolviert Marie die Agrégation in Naturwissenschaften für das Lehramt an höheren Mädchenschulen – als Jahrgangsbeste. Sie ist nun eine der Frauen mit den meisten Abschlüssen in Frankreich, und sie hat einen Ehemann gefunden, der sie als vollkommen gleichgestellt betrachtet. Das ist ein Glücksfall; die meisten Wissenschaftlerinnen können auf eine derartige Anerkennung eher nicht hoffen. Außerdem würde kaum ein Mann eine berufstätige Frau heiraten. Die zu allem Überfluss auch noch denkt! Doch Pierre träumt davon, dass er und Marie gemeinsam für den wissenschaftlichen Fortschritt arbeiten. Die beiden sind weit entfernt vom klassischen Schema, bei dem der Mann als Gelehrter glänzt und Karriere macht, während die Frau in seinem Schatten steht und ihm den Rücken freihält. Nein, bei ihnen heißt Liebe, alles miteinander zu teilen und Seite an Seite mit Leidenschaft zu forschen.

Ihre Wohnung befindet sich in der Nähe des Quartier Mouffetard, unweit der Place de la Contrescarpe und des Pantheons. Von der Bibliothek Sainte-Geneviève blickt man auf das Pantheon, in dem zehn Jahre zuvor Victor Hugo in einer pompösen Zeremonie beigesetzt wurde. Ein Staatsbegräbnis für einen Mann, der einen Teil seines Vermögens den Armen vermacht hat. Pierre und Marie lassen sich am Rande des 13. Arrondissements in der Rue de la Glacière nieder. So können sie ihr Laboratorium in der Rue Lhomond mit dem Fahrrad erreichen. Marie schätzt die schlichte und pflegeleichte Dreizimmerwohnung. Manchmal werden die beiden Schlafzimmer für häusliche Laborarbeiten genutzt. Immer steht der praktische Aspekt im Vordergrund. Sehr wenige Möbelstücke, aber dafür eine überbordende Bibliothek und ein Tisch, der sich biegt unter Fachliteratur und Berechnungstabellen. Nicht zu vergessen zwei Stühle …

Diese Wohnung wird der Schauplatz jahrelanger intensiver Arbeit sein. Und der Schauplatz des Lebens, mit all seinem Glück und all seinem Kummer. An diesem Ort wird Marie Pierre voller Freude mitteilen, dass sie ihr erstes Kind erwartet, auch wenn sie, über ihre Reagenzgläser gebeugt, von Schwindel geplagt wird. Doch das Glück erhält schon bald einen Dämpfer. Eines Abends kommt Pierre bedrückt nach Hause. Seine Mutter ist an Krebs erkrankt. Und wie so oft liegen Leben und Sterben eng beieinander. Am 12. September 1897 bringt Marie ihr erstes Kind Irène zur Welt, und nur wenige Tage darauf stirbt Sophie-Claire Curie.

Es ist ein Schock und für Pierre eine Verwirrung der Gefühle, die ihn stark angreift. Wenn es trotz des Kummers einmal geschieht, dass er lachen muss, quälen ihn anschließend Schuldgefühle. Doch Marie ist für ihn da und tröstet ihn. Seine tief empfundene Trauer, so versichert sie ihm, könne durch sein Lachen um nichts gemindert werden. So geht das Leben weiter, und neue Anforderungen bringen den Curies ihre Energie zurück. Künftig wird ihnen in ihrer kleinen Wohnung ein neuer Mitbewohner Gesellschaft leisten. Doktor Curie, nunmehr Witwer, zieht bei der jungen Familie ein. Er möchte seine kleine Enkelin Irène um sich haben, und mit der Zeit wird das Kind sein Trost. Der Vorschlag, ihn aufzunehmen, war von Marie gekommen. Für sie ist dies eine Selbstverständlichkeit, schließlich kann sie sich noch lebhaft daran erinnern, welchen Schmerz ihr eigener Vater nach dem Verlust der Mutter durchlitten hat. Władysław Skłodowski hatte die Erziehung seiner Kinder allein in die Hand genommen und ihnen ein neues Zuhause geschaffen, ein trautes Heim, allen Widrigkeiten zum Trotz.

Einige Monate nach Irènes Geburt beginnt Marie mit den Arbeiten zu ihrem Doktorat. An der École Municipale de Physique et de Chimie Industrielles de la Ville de Paris hat man dem Ehepaar Curie dafür einen Schuppen in der Rue Lhomond 42 zur Verfügung gestellt. Marie ist hingerissen von diesem Ort, an dem man in späteren Zeiten einen Film noir hätte drehen können: »Eine Bretterbaracke mit asphaltiertem Boden und einem Glasdach, das nur mangelhaft vor dem Regen schützte, ohne jegliche Einrichtung. […] Alles, was sie enthielt, waren einige abgenützte Tische aus weichem Holz, ein Schmelzofen, der den Raum nur ganz ungenügend erwärmte, und die Schwarze Tafel, deren sich Pierre Curie so gern bediente.«[13] In diesem »zusammengewürfelten« Laboratorium werden sie zwei Jahre lang arbeiten und, wie Marie später bezeugen wird, glücklich sein. Zu zweit konzentriert auf ein einziges Ziel hinarbeiten, entdecken, Geheimnisse verstehen, sich Fragen stellen, gemeinsam zu neuen Erkenntnissen gelangen, einen Lebensinhalt teilen, der sie einander nicht nur immer näher bringt, sondern sie vereint. In diesem kahlen Raum gelangen sie zu einer Art Symbiose. Vom Standard der öffentlichen oder privaten Forschungslaboratorien in den USA ist man hier himmelweit entfernt. Pierre findet in der Rue Lhomond eine Anstellung als Laborassistent und schreibt an seiner Doktorarbeit. Jahre später, nach der Promotion, wird er Professor an ebendieser Hochschule. Er wird dort jahrelang glücklich sein und in Ruhe forschen, vereint mit der Gefährtin seines Lebens. Die Curies halten sich auch über die Arbeiten anderer Physiker auf dem Laufenden.

Zu Hause verfolgt Doktor Eugène Curie aufmerksam die Nachrichten aus der Politik. Als Freidenker beschäftigt ihn eine Sache ganz besonders, ein Vorfall, der das Land erschüttert und Familien entzweit: die Dreyfus-Affäre[14]. Auf der einen Seite stehen die Sozialisten und zahlreiche Republikaner, für die Alfred Dreyfus unschuldig ist, auf der anderen katholische und konservative

Franzosen, die den Tod des Offiziers fordern. Marie für ihren Teil hört zu, wenn ihr Schwiegervater und ihr Mann über die Dreyfus-Affäre diskutieren, bleibt aber zurückhaltend, als diese später erneut auf den Titelseiten der Zeitungen auftaucht. In den Hörsälen der Sorbonne musste sie sich oft genug die bissigen Bemerkungen der Studenten anhören, die sich über »die Ausländerin« lustig machten. Außer während des Ersten Weltkriegs wird sie ihr ganzes Leben lang möglichst vermeiden, in politischen Fragen Partei zu ergreifen, auch wenn ihr Herz und ihr Handeln stets der Gerechtigkeit und der Freiheit verpflichtet sind.

Maries ganze Leidenschaft ist es, Tag und Nacht im Laboratorium über den Magnetismus und seine Eigenschaften an bestimmten Derivaten zu forschen. Doch welches Thema soll sie wählen? Sie wendet sich der neuesten Entdeckung zu, auf die Henri Becquerel bei seinen Experimenten zur Fluoreszenz gestoßen ist. Der Physiker berichtet über eine mysteriöse Strahlung, ähnlich den von Wilhelm Conrad Röntgen isolierten »X-Strahlen«, mit denen jener die Knochen einer Hand sichtbar machen konnte. Diese Röntgenstrahlen bewirken ein Phosphoreszieren, das Henri Becquerel der Académie des Sciences präsentieren will: »Uransalze geben mit bemerkenswerter Konstanz eine unsichtbare Strahlung ab, während dies bei anderen phosphoreszierenden Substanzen nicht der Fall ist.«[15]

Doch wie kommt es zu dieser Strahlung? Ein Rätsel, das Maries Neugier erregt. In ihrem Laboratorium in der Rue Lhomond, sozusagen im Epizentrum der französischen Wissenschaft, macht sie sich Gedanken über ihre bevorstehende Doktorarbeit. Das Laboratorium spottet jeder Beschreibung: Ein heruntergekommener und feuchtkalter Raum, in dem es von der Decke tropft und fortwährend die Sicherungen herausspringen. In einer derart unsauberen Umgebung sind Probleme mit den empfindlichen Apparaten vorprogrammiert. Es sind miserable Arbeitsbedingungen für die französische Spitzenforschung. Doch Marie ist durch nichts zu bremsen. Sie misst zunächst die Ionisationsfähigkeit von Uran und entdeckt, dass die geheimnisvolle Strahlung nicht auf chemischen Prozessen beruht, sondern von der Materie selbst ausgeht. Könnte es nicht sein, dass es noch andere, bisher unentdeckte Elemente gibt? Der jungen Forscherin gelingt es, Thoriumverbindungen zu finden, die eine vergleichbare Strahlungsintensität besitzen. Sie tauft dieses Phänomen »Radioaktivität«.

Nun macht sich Marie daran, die Strahlung zahlreicher Minerale zu untersuchen. Bald wird ihr klar, dass bei manchen Mineralen die darin enthaltenen Mengen an Uran und Thorium nicht ausreichen, um ihre teilweise extrem starke Strahlung zu erklären. Diese kann also nur von einer weiteren, noch radioaktiveren Substanz herrühren. Nachdem sie alle bekannten chemischen Elemente überprüft hat, kommt sie zu einer revolutionären Schlussfolgerung: Es muss einen unbekannten Stoff geben, der noch wesentlich radioaktiver ist als Uran und Thorium. Ihre Vermutung erweist sich als richtig. Und ihre Doktorarbeit über die »Uranstrahlen« scheint nun überholt.

Unverzüglich spricht sie darüber mit Pierre, der an der Arbeit seiner Frau großen Anteil nimmt. Sie macht ihm klar, dass diese Zwischenergebnisse unverzüglich der Académie des Sciences zur Kenntnis gebracht werden müssen. Doch weder sie selbst noch Pierre sind dort Mitglied. Zum einen sind sie zu jung, zum anderen werden dort nur Männer aufgenommen. Daher bittet Marie ihren ehemaligen Lehrer Gabriel Lippmann, der 1908 den Nobelpreis für Physik erhalten wird, am 12. April 1898 ihren Bericht in der Académie zu präsentieren. Dieser wird sofort im Anschluss in den *Comptes rendus*, den berühmten Protokollen der Académie des Sciences, veröffentlicht, und verweist auf die mögliche Existenz eines neuen, hochradioaktiven Elements – der erste Schritt zur Entdeckung des Radiums.

Pierre Curie ist fasziniert von der Intuition seiner Frau, und er glaubt an sie. Ihm ist klar, dass die bevorstehende Forschungsarbeit gigantisch und höchst aufwendig sein wird. Sie wird mehrere Jahre in Anspruch nehmen. Drei Monate später entdecken die Eheleute gemeinsam, dass sich die Radioaktivität in zwei Fraktionen der Pechblende – eines uranhaltigen Minerals, das wesentlich stärker strahlt als Uran selbst – konzentriert. Nun ist es Zeit, der neuen Substanz einen Namen zu geben, der im Juli 1898 in einer weiteren Ausgabe der *Comptes rendus* veröffentlicht wird. »Wenn das Vorhandensein dieses neuen Metalls sich bestätigen sollte, schlagen wir vor, nach der Herkunft eines von uns es Polonium zu nennen.«[16]

Bis jetzt hat jedoch noch niemand Radium oder Polonium gesehen. Wollte man es isolieren, müssten in dem erbärmlichen Schuppen riesige Mengen Pechblende bearbeitet werden. Um das Geld dafür aufzubringen, greifen Marie und Pierre auf ihre mageren Ersparnisse zurück. Doch sie benötigen auch einen größeren Raum. Sie erhalten eine Ablehnung nach der anderen. Frankreich liebt zwar die Wissenschaften, aber nur in der Theorie, sodass den Forschenden nicht die nötigen Mittel zur Verfügung gestellt werden, um ihre Arbeiten erfolgreich zum Abschluss zu bringen. Das Paar muss sich daher mit einem noch schäbigeren Schuppen begnügen, einer armseligen, eiskalten Holzbaracke ohne Fußbodenbelag. Mehr schlecht als recht richten sich Marie und Pierre darin ein. Voller Eifer macht Marie sich daran, Pechblende zu bearbeiten, um das darin enthaltene Radium zu isolieren. Dies ist allerdings mit nicht unerheblichen Schwierigkeiten verbunden, da die Substanz nur in sehr geringen Konzentrationen in dem Erz enthalten ist. Um ihre Forschung fortsetzen zu können, benötigen die beiden demnach beträchtliche Mengen an Pechblende. Diese hoffen sie aus Böhmen beziehen zu können, wo es in St. Joachimsthal ein bedeutendes Uranoxid-Vorkommen gibt. Pierre und Marie arbeiten mit der Böhmischen Zentralgesellschaft für chemische Produkte zusammen, die über ein industrielles Verfahren zur Verarbeitung von Pechblende verfügt. Doch sind mehrere Tonnen dieses Gesteins erforderlich, »um einige Dezigramm aktiver Stoffe zu extrahieren – eine langwierige, mühsame und kostspielige Arbeit«.[17]

Da wird ihnen ein unverhofftes Geschenk gemacht. Die österreichische Regierung bietet den Curies eine Tonne Pechblendenrückstände aus der Urangewinnung an – ein Zeichen dafür, dass bereits ganz Europa gespannt auf die Arbeit des Forscherehepaars blickt. Wenig später wird der Gesteinsschutt angeliefert und von den Arbeitern in den zugigen Schuppen getragen. Marie und Pierre sind außer sich vor Freude. Die Erfüllung ihrer Hoffnungen scheint über Nacht zum Greifen nahe. Zwar taugt der Ofen kaum zum Heizen, ihre Finger sind steif vor Kälte, doch sie arbeiten bis zur Erschöpfung. Pierre Curie wird darüber eines Tages sagen: »Es ist ein hartes Leben, das wir uns ausgesucht haben.«[18] Doch sie sind glücklich, hier und jetzt gemeinsam arbeiten zu können, und die an diesem trostlosen Ort verbrachten vier Jahre werden sich als die schönste Zeit ihres Lebens erweisen, insbesondere das letzte Jahr des 19. Jahrhunderts, in dem sie viel publizieren werden, unter anderem den Aufsatz über die Auswirkungen der Radioaktivität.

Als der Herbst naht, fühlt sich die jungverheiratete Marie erschöpft, an ein Kürzertreten ist jedoch nicht zu denken. Da scheint es geboten, sich nach einer neuen Wohnung umzusehen, in einem grüneren Stadtviertel mit besserer Luft. Die Eheleute übersiedeln schließlich in ein Haus mit Garten am Boulevard Kellermann 108, das am Festungsring von Paris nahe des Parc

Montsouris gelegen ist. Irène wird fortan mit ihrem Großvater im Garten spielen können. Marie ist begeistert, hat sie doch seit ihren Jugendtagen von einem naturverbundenen Leben geträumt, und dieser innige Wunsch wird auch von Pierre geteilt. Sorgfältig und liebevoll zusammengestellte Sträuße schmücken alsbald die gemütlichen Wohnräume. Pierre Curie hat große Freude daran, bei ihren gemeinsamen Spaziergängen Wildblumen zu pflücken. Seit seiner Kindheit hat er sich mit der Bestimmung von Pflanzen und Tieren beschäftigt, nun gibt er diesen Wissensschatz an seine Frau weiter. Alles versetzt ihn in Entzücken, und voller Seligkeit genießt das junge Paar die Fahrradtouren durch den Wald von Compiègne oder auf den windumtosten Pfaden der Bretagne.[19]

Dieses Glück soll für Jahre andauern. An den Sonntagnachmittagen wird ein neues Ritual gepflegt. Freunde – überwiegend Wissenschaftler – kommen zu Besuch, um sich im Schatten der Bäume niederzulassen und sich über die neuesten Entdeckungen auszutauschen, von denen die Welt gerade spricht. Man unterhält sich begeistert über den wissenschaftlichen Fortschritt, stellt einander die eigenen Arbeiten vor, die Stimmung ist euphorisch. Als besonders diskussionsfreudig erweisen sich Paul Langevin, ein ehemaliger Student von Pierre Curie, Jean Perrin und André-Louis Debierne, allesamt Physiker, die Marie ihr ganzes Leben lang begleiten werden. Die hohe Kunst der Konversation, die die literarischen Salons des 18. Jahrhunderts mit ihren schillernden Frauengestalten so berühmt gemacht hat, ist auch Ende des 19. Jahrhunderts noch nicht vorbei. Mit der Zeit entsteht auf diese Weise eine Gemeinschaft Forschender, eine Art Zweitfamilie der Wissenschaften. Auch Aimé Cotton, der später die junge und brillante Schülerin von Marie Curie an der renommierten École Normale Supérieure de Jeunes Filles in Sèvres, Eugénie Feytis, heiraten wird, geht bei den Curies ein und aus.

Mit der bevorstehenden Pariser Weltausstellung von 1900, die sich als ein Fest der neuen Techniken und der »Fée électricité«, der »Zauberin Elektrizität«, ankündigt, gibt es im Laboratorium viel zu tun. Der zugige und feuchte Schuppen der Curies ist zwar eine Zumutung, doch das schreckt die beiden nicht, sie arbeiten wie besessen, müssen ihre Forschung mit allen vorhandenen Mitteln voranbringen. Sie sind zusammen. Pierre hört auf Marie, wie Marie auf Pierre hört, ihre Liebe gründet auf gegenseitigem Respekt. 1900 ist ein Jahr größter Herausforderungen, der Eintritt in ein neues Jahrhundert. Es wird das Jahrhundert der Curies werden, auch wenn sie das zu diesem Zeitpunkt noch nicht wissen. Im Laufe der Weltausstellung, die am 14. April 1900 mit großem Pomp eröffnet wird, empfängt Paris über 48 Millionen Besucher aus aller Welt. Massen von Männern, Frauen und Kindern lassen sich von den wissenschaftlichen Entdeckungen und ihren Wundern begeistern. Auf dem Areal zwischen der Place de la Concorde, der Esplanade des Invalides, der Colline de Chaillot und dem Champ de Mars verteilen sich die Ausstellungspavillons der vierzig Nationen, die an diesem Fest teilnehmen. Das Palais de l'Électricité zieht tagtäglich Tausende von Besuchern an. Alle wollen das magische *Trottoir Roulant* ausprobieren, ein elektrisches Rollband, das die Menschen ganz mühelos zwischen den Pavillons hin- und herbringt. Dabei handelt es sich um einen Vorläufer der Rolltreppe, der in zwei unterschiedlichen Geschwindigkeiten das gesamte Ausstellungsgelände umrundet. Alt und Jung sind ganz vernarrt in dieses Wunderwerk, auch wenn die Damen auf ihren hohen Absätzen oft kaum das Gleichgewicht halten können. Eine weitere Attraktion ist das Kino der Brüder Lumière mit seiner riesigen Leinwand, in dem erstmals Großprojektionen mit Tonaufzeichnungen vorgeführt werden. Schließlich wird mit Blick auf die bevorstehenden Olympischen Spiele die erste Strecke der Pariser

Métro eingeweiht. Die berühmte Linie 1 führt hinaus nach Vincennes, wo die Sportwettkämpfe ausgetragen werden sollen – fast ausschließlich von Männern.

Das Ehepaar Curie besucht das Palais de l'Optique und bestaunt dort das größte bis dahin gebaute Teleskop, die *Grande Lunette*. Das gegenüber dem Eiffelturm errichtete Palais de l'Électricité sichert die Produktion des Stroms, der über die gesamte sechsmonatige Dauer der Ausstellung für die Beleuchtung benötigt wird. Durch seine außergewöhnliche Fassade mutet dieses Gebäude an wie ein Palast aus Tausendundeiner Nacht. Hinter der Kulisse, die wie eine Grotte mit einem Wasserfall gestaltet ist, verbirgt sich ein regelrechtes Kraftwerk, das die Schaulustigen zum Staunen bringt.

Unterdessen macht die Arbeit von Marie und Pierre in der Rue Lhomond, auf der anderen Seite der Seine, gute Fortschritte, wenn auch in einem wesentlich weniger glanzvollen Ambiente und unter einem undichten Dach. Als anlässlich der Weltausstellung im August 1900 bei brütend heißem Wetter der internationale Physikerkongress beginnt, erwarten Wissenschaftler aus der ganzen Welt mit Spannung die Vorträge der Curies. Pierre stellt die Arbeiten des Ehepaars in einer Abhandlung mit dem Titel *Die neuen radioaktiven Substanzen und die von ihnen emittierten Strahlen*[20] vor. Rückblickend wird Marie schreiben: »Der Kongress des Jahres 1900 bot uns die Gelegenheit, den ausländischen Gelehrten unsere neuen radioaktiven Elemente aus der Nähe vorzuführen. Sie gehörten zu den Programmpunkten, die das Hauptinteresse des Kongresses bildeten.«[21]

Im selben Jahr wartet eine weitere Herausforderung auf Marie. Sie wird an der École Normale Supérieure de Jeunes Filles (ENSJF) als Physiklehrerin für das erste und zweite Studienjahr eingestellt. Sechs Jahre lang wird sie dort unterrichten und eine ganze Generation junger Frauen prägen, von denen so manche ebenfalls von einer Laufbahn als Forscherin träumt. Eine von ihnen, Eugénie Cotton, spätere Freundin der Familie Curie und Rektorin der ENSJF, erinnert sich an die Zeremonie der Ankunft der Lehrerinnen, die jeweils »mit einem Glockenschlag angekündigt wurden. […] Bis zu unserem Eintritt in Sèvres hätten wir glauben können, dass man Physik nur aus Büchern lernen kann […]. Marie Curie verdoppelte die vorgesehene Unterrichtszeit, um sie mit interessanten Experimenten zu ergänzen. Oft brachte sie uns Apparate mit, die sie selbst gebaut oder modifiziert hatte und die wir dann zusammen mit ihr verwendeten. Es waren sehr einfache Geräte, aber unsere Mentorin war so geschickt, dass wir es schafften, unsere Messungen durchzuführen, und nichts war spannender, als hinterher mit ihr die gemeinsam erzielten Ergebnisse zu besprechen.«[22]

Marie steht in ständigem Kontakt zu ihrer Familie in Polen. Sie ist beunruhigt wegen des immer schlechter werdenden Gesundheitszustands ihres Vaters, der inzwischen bei Maries Bruder Józef lebt. Er ist am Ende seiner Kräfte. Nach all den erlittenen Schicksalsschlägen stirbt er mit nur siebzig Jahren am 14. Mai 1902. Marie kommt zu spät, um ihn noch einmal lebend zu sehen. Als sie an seinem Sarg steht, wird sie überwältigt von den Erinnerungen an diesen Mann, der an seine Töchter glaubte, den Erinnerungen an sein Leben, an ihre Verbundenheit, ihre Vertrautheit. Er war ein Vater, wie ihn sich so viele junge Mädchen gewünscht hätten in einer Zeit, in der die meisten von Maries Geschlechtsgenossinnen auf nichts anderes hoffen konnten als auf eine glückliche und gewaltfreie Ehe. Władysław Skłodowski war ein von Grund auf gütiger Mensch. Er wollte, dass seine Töchter einen Beruf würden ergreifen können. In tiefer Trauer kehrt die junge Wissenschaftlerin nach Paris zurück. An der Seite ihres Mannes stürzt sie sich in die Arbeit. Auch Pierre Curie hat Respekt vor den wissenschaftlichen Fähigkeiten von Frauen.

Aber das Jahr 1902 bringt auch glückliche Ereignisse mit sich. »Marie gelingt es, ein Dezigramm reinen Radiums zu isolieren und sein Atomgewicht zu bestimmen.«[23] Im November desselben Jahres wird endlich das Sanatorium von Kazimierz und Bronia eröffnet.[24] Es ist ein herrlicher Ort in den Karpaten, mit vielen Sonnenstunden, reiner Luft und angenehmem Klima. Auch die großzügigen adeligen Sponsoren und viele polnische Ärzte sind bei der Einweihung zugegen. Bronia ist Vizepräsidentin. So geht einer ihrer Träume in Erfüllung. Auch wenn ihr Vater die Einweihung nicht mehr miterleben kann, wäre er sehr glücklich gewesen, dass seine älteste Tochter, ebenso wie Marie, ihr Ziel erreicht hat.

Marie und Pierre sind guten Mutes, als sie gemeinsam mit Irène und Doktor Eugène Curie Silvester feiern. Das Jahr 1903 beginnt mit vielen Hoffnungen. Die junge Forscherin soll im Sommer ihre Doktorarbeit verteidigen. Sie arbeitet voller Eifer daran. Die inzwischen bereits fünfjährige Irène ist zu einem willensstarken Persönchen herangewachsen, das lautstark Zuwendung und Aufmerksamkeit einfordert, die Erwachsenen und die Welt um sich herum genauestens beobachtet und von seinem Großvater verwöhnt wird. Ein sorgenfreies Glück! Eines Abends kündigt Marie dem Mädchen ein freudiges Ereignis an. Im September, wenn Irène sechs Jahre alt wird, soll sie ein Geschwisterchen bekommen. Zuvor muss ihre Mutter allerdings noch die Forschungsergebnisse zu ihrer Dissertation über radioaktive Substanzen präsentieren.

Kurz vor der Verteidigung dieser Dissertation, im Frühjahr 1903, reisen Pierre und die schwangere Marie auf Einladung der Royal Society nach London, wo Pierre ihre Arbeit vorstellen soll. Aber obwohl ihr Mann sie in seinem Vortrag viermal erwähnt, fühlt Marie sich dort nicht wohl. Die versammelten Herren begaffen sie wie ein exotisches Tier – eine Frau als Wissenschaftlerin! Obgleich sie neben Pierre auf das Podium steigt, behält sie diesen Aufenthalt mit gemischten Gefühlen in Erinnerung; nach wie vor wird sie nicht als eigenständige Forscherin anerkannt. Doch hier in London macht sie auch die Bekanntschaft der Physikerin und militanten Feministin Hertha Ayrton, einer der berühmtesten Suffragetten ihrer Generation. Diese ahnt noch nicht, dass Marie und sie schon bald enge Freundinnen sein und gemeinsam eine sehr schwere Zeit durchleben werden. Bevor die Curies London verlassen, wo Pierre seine britischen Kollegen auch vor der Verbrennungsgefahr durch das Radium gewarnt hat, fasst das Ehepaar einen Entschluss: Ihre Erkenntnisse betreffen alle Menschen und können hilfreich bei der Bekämpfung von Krankheiten sein, insbesondere von Krebs. Natürlich hätte man mit den finanziellen Erträgen aus Patenten eine hervorragende Ausbildung für Irène sicherstellen können. Aber vorrangig ist, dass die Entdeckungen der ganzen Menschheit zugutekommen und daher gratis zugänglich sind.

Diese Entscheidung ist den Vorstellungen der angelsächsischen Wissenschaftler diametral entgegengesetzt, doch Marie lässt sich nicht davon abbringen. Pierre und sie haben es gemeinsam so beschlossen, für sie ist das eine Selbstverständlichkeit. Die Gesundheit aller Menschen geht vor.

Erfüllt von dieser Überzeugung steigt Marie am 25. Juni 1903 die Stufen zur Sorbonne empor und betritt einen vollkommen überfüllten Hörsaal, in dem dicht gedrängt Studenten, Wissenschaftler, Schaulustige und Studentinnen der ENSJF in Sèvres sowie – zutiefst bewegt – Pierre, dessen Vater und ihre eigens aus Polen angereiste Schwester Bronia sitzen. Niemand will sich den Auftritt dieser jungen Wissenschaftlerin entgehen lassen, die an einem so renommierten und männlich dominierten Ort ihre Doktorarbeit verteidigen wird.

Die ganz in Schwarz gekleidete Marie begibt sich zur Tafel, diesem so vertrauten Gegenstand jedes Wissenschaftlers der Welt, bereit für die Fragen der ihr wohlbekannten Prüfer, die ihre 132 Seiten starke Dissertation gelesen haben. Mit ruhiger Stimme beantwortet sie die Fragen, die man ihr stellt. Dass sie im dritten Monat schwanger ist, stört sie dabei nicht im Geringsten. Sie freut sich auf ihr zweites Kind, doch jetzt geht es erst einmal um die Auszeichnung durch das wissenschaftlich-akademische Kollegium der Sorbonne. Es wird ein großer Triumph. Als schließlich der Applaus losbrandet, huscht ein Lächeln über Maries Gesicht. Eine Wissenschaftlerin hat soeben ein Tabu gebrochen! Und den Weg geebnet für andere Frauen, von denen einige sehr junge, ihre Studentinnen, die historische Bedeutung dieses Augenblicks erahnen. Zwei Mitglieder der Prüfungskommission, die Professoren Henri Moissan und Gabriel Lippmann[25], werden später ihrerseits den Nobelpreis erhalten – einige Jahre nach ihrer Doktorandin. Welch eine Ironie! Dank dem kurz zuvor ins Leben gerufenen Nobelpreis fallen tatsächlich gewisse Schranken. Die Welt ist in Bewegung gekommen, und jungen Wissenschaftlerinnen scheint die Zukunft voller Verheißungen zu sein.

Auch bei den französischen Suffragetten, die zu jener Zeit so mutig für das Frauenwahlrecht in ihrem Land kämpfen, entfacht dieser Erfolg einer Frau glühende Hoffnungen. Würden die Französinnen nun endlich als vollwertige Bürgerinnen anerkannt werden? Doch die männlichen Bestimmer im Parlament und im Senat lassen keinerlei Neigung erkennen, dieses Ereignis zum Anlass zu nehmen, ihre Vorrechte und Privilegien zu überdenken.

Marie aber kehrt nach der erfolgreichen Verteidigung ihrer Dissertation zu ihrer Arbeit zurück. Der Sommer ist nicht so warm wie in den Vorjahren, die Temperaturen sind fast herbstlich kühl. Wenige Tage später wird Marie von heftigen Krämpfen erfasst und verliert kurz darauf ihr Kind. Die Fehlgeburt löst bei ihr einen Zusammenbruch aus. Überwältigt von der Trauer um dieses kleine Wesen, auf das sie sich so sehr gefreut hatte, erholt sie sich nur langsam. Ihr Traum ist zunichte. An ihre Lieblingsschwester Bronia, die wieder nach Polen in ihr Sanatorium in Zakopane in den Karpaten zurückgekehrt ist, schreibt sie: »Ich bin über dieses Unglück so bestürzt, dass ich es kaum schaffe, an irgendjemanden zu schreiben. Der Gedanke an dieses Kind war mir so vertraut geworden, dass ich nicht darüber hinwegkomme. […] Das Kind, ein kleines Mädchen, war in gutem Zustand und lebte. Und ich hatte es mir so sehr gewünscht!«[26]

In ihrem Schmerz stürzt sie sich mit noch größerem Eifer in die Arbeit, was ihr zumindest in gewissem Maße dabei hilft, mit ihrer Trauer fertigzuwerden. Eine Frage lässt sie jedoch nicht los: Haben möglicherweise die anstrengenden Tage im Laboratorium ihrer Gesundheit geschadet? Bergen die Stoffe, die sie berührt, vielleicht irgendeine noch unbekannte Gefahr? Sollte sie gar nicht mehr in der Lage sein, ein Kind auszutragen? Diese Aussicht lässt sie erschaudern. Es wird Herbst. Am 12. September 1903 feiert man Irènes sechsten Geburtstag. Die Kleine wird vergöttert und verhätschelt. Den ganzen Sommer über hat sie ihre Mutter nur unendlich traurig erlebt, doch heute ist sie glücklich. Und vielleicht findet sie es ja auch ganz wunderbar, ein Einzelkind zu sein, der Mittelpunkt in der Welt der Erwachsenen?

Nur wenige Monate später, als Marie sich noch nicht vom Verlust ihrer zweiten Tochter erholt hat, trifft eine furchtbare Nachricht aus Polen ein. Bronia ist von einem ähnlichen Schicksalsschlag heimgesucht worden. Ihr fünfjähriger Sohn, der kleine Jakub, hatte plötzlich hohes Fieber bekommen. Alle Rettungsversuche seiner Eltern schlugen fehl. Der Junge ist einer tuberkulösen Meningitis zum Opfer gefallen. So bleibt auch Bronia nur noch ein Kind, Helena, mit ihren elf Jahren etwas älter als Irène. Nun ist es Marie, die ihre Schwester zu trösten versucht, doch das fällt ihr nicht leicht, lässt doch jede Erwähnung des kleinen Jakub den Schmerz über den Verlust ihres eigenen Kindes wiederaufleben. Von diesem Jahr, das so verheißungsvoll begonnen hat und das geprägt war von der Vorfreude auf ein weiteres Kind, Symbol für ihre Liebe zu Pierre, bleibt nunmehr auf beiden Seiten, in Frankreich und in Polen, nur noch ein Geschmack von Asche.

Ohne sich eine Pause zu gönnen und obwohl sie zuweilen von quälenden – körperlichen – Schmerzen gepeinigt wird, macht sie sich stillschweigend wieder an die Arbeit. Nur ihrer beider Stimmen, ihre eigene und Pierres, sind wichtig, wie ein Refrain der Liebe und der einträchtigen Arbeit, ihrer Aufgabe, ihres gemeinsamen Werks. Dessen Tragweite können die beiden allerdings zu jener Zeit wohl nicht vollständig ermessen, zu sehr gehen sie auf in ihren täglichen Pflichten und der Freude an der reinen Wissenschaft. Doch im anbrechenden 20. Jahrhundert stehen die Forschungsarbeiten der Curies im Mittelpunkt von Machtinteressen damals noch rein männlicher Regierungen. Da wundert es nicht, dass die französische Académie des Sciences, die nur aus Männern besteht, dem Nobelkomitee in Stockholm vorschlägt, den vor Kurzem gestifteten Nobelpreis für Physik an Pierre Curie und Henri Becquerel zu vergeben – an zwei Männer. Und Marie Curie? Fehlanzeige. Der Name der Forscherin und ersten Frau in Frankreich, die einen Doktorgrad in Naturwissenschaften errungen hat, wird nicht einmal erwähnt. Als existiere sie nicht. Unbewusst fassten die Akademiemitglieder Maries Arbeit wahrscheinlich als den Beitrag einer Assistentin auf und nicht als den einer eigenständigen Wissenschaftlerin.

Doch die schwedischen Experten wollen sichergehen, dass ihre Wahl nicht im Nachhinein infrage gestellt wird. Der prominente schwedische Mathematiker Gösta Mittag-Leffler, Frankreichkenner und Freund des Politikers und späteren französischen Staatspräsidenten Raymond Poincaré, kann nicht begreifen, warum Maries Name nicht auf der Liste der möglichen Preisträger des Nobelkomitees erscheint. In Schweden, wo Frauenverbände bereits seit der Mitte des 19. Jahrhunderts einiges gesellschaftspolitisches Gewicht besitzen, haben Frauen leichter Zugang zu wissenschaftlichen Ämtern als in Ländern wie Frankreich, und man schenkt ihnen weit mehr Beachtung. Darüber hinaus ist Mittag-Lefflers Schwester Anne Charlotte Leffler die berühmteste Dramatikerin des Landes und hat sogar gemeinsam mit der weltweit anerkannten russischen Mathematikerin Sofja Kowalewskaja ein Theaterstück verfasst. Für Gösta Mittag-Leffler steht fest, dass Frauen in der Wissenschaft ebenso viel leisten können wie Männer.

Daher muss dieser talentierte und für seine Integrität bekannte Schwede seinem Freund Pierre Curie, dessen Bescheidenheit und Redlichkeit ebenfalls sprichwörtlich sind, unbedingt mitteilen, dass er, Pierre, zwar nominiert werden solle, seine Frau jedoch nicht auf der Liste stehe. Auch wenn Mittag-Leffler eigentlich zur Geheimhaltung verpflichtet ist: Er kann nicht anders, als sich darüber hinwegzusetzen und an Pierre zu schreiben. Dieser ist wie vor den Kopf geschlagen, als er den vertraulichen Brief liest. Für ihn ist sonnenklar, dass Marie, die Gefährtin seines Lebens und seiner Arbeit, die Anerkennung ebenso sehr verdient wie er. Er will nicht, dass ihr Name aus der Geschichte der Wissenschaft getilgt wird, nur weil sie eine Frau ist, wie dies jahrhundertelang immer wieder und allzu oft geschehen ist. Also schreibt er zurück: »Wenn es stimmt, dass man tatsächlich ernsthaft an mich denkt, so wünsche ich sehr, aufgrund unserer Forschungen über radioaktive Stoffe gemeinsam mit Madame Curie in Betracht gezogen zu werden. Tatsächlich war es ihre erste Arbeit, die zur Entdeckung der neuen Stoffe geführt hat, und ihr Anteil an dieser Entdeckung ist sehr groß (sie hat auch das Gewicht von Radium bestimmt).«[27] Diese Aussagen überraschen in einer Zeit, da Wissenschaftlerinnen überall in Europa wenig Anerkennung finden und ihnen der Eintritt in die Akademien verwehrt ist. Doch Gösta Mittag-Leffler wird Pierre Curies Bitte nichtsdestotrotz ernst nehmen und sie vor den übrigen – ausschließlich männlichen – Mitgliedern des Nobelkomitees erfolgreich vertreten.

Ein Schritt, der Respekt verdient, werden doch die großen Wissenschaftlerinnen in der Regel hinter ihre männlichen Kollegen in die zweite Reihe verbannt und dort kaum wahrgenommen. Dass Pierre Curie diese sehr begründete Sorge äußert, ist Anfang des 20. Jahrhunderts ein Meilenstein für die Erwerbstätigkeit von Frauen, die nun nach und nach auch Berufe ergreifen können, die bis dahin Männern vorbehalten waren. Doch Pierre Curie bleibt nicht die Zeit, um zu ermessen, welche Schützenhilfe er für die weltweiten Frauenrechte geleistet hat. Noch heute, ein Jahrhundert später, wird die Nobelpreisverleihung an Marie Curie jungen Menschen als wegweisend vor Augen geführt.

Als die Nachricht von der Preisverleihung an Pierre und Marie Curie und Henri Becquerel in Frankreich publik wird, sind die Curies über Nacht berühmt. Hunderte von Briefen und Paketen gehen bei ihnen ein, Journalisten verfolgen sie auf Schritt und Tritt. Marie gibt sich reserviert, Pierre hingegen erleidet angesichts der immensen Anforderungen, die auf ihn eindringen und ihn an seiner Arbeit hindern, eine Art Sprechblockade. Tatsächlich kann er sich kaum noch richtig konzentrieren. Als 1904 der französische Staatspräsident Émile Loubet mitsamt seiner Entourage den Curies in ihrem Laboratorium einen Besuch abstattet, tut sich Pierre außerordentlich schwer, Maries und seine Entdeckungen zu präsentieren. Er ärgert sich maßlos über sich selbst und ist verzweifelt. Im Grunde ist Marie die weniger Schüchterne von beiden. Doch mit dieser Feuertaufe des Ruhms können weder Pierre noch Marie umgehen, sie verhalten sich ungeschickt, bereiten ihre Antworten nicht vor. Trotzdem erscheinen Unmengen anerkennender Artikel, die aber Marie zuweilen auch karikieren und sie unter Anspielung auf ihre Mutterschaft als »Marie, Notre-Dame du Radium« titulieren. Die Öffentlichkeit und die Medien sind einfach nicht imstande zu akzeptieren, dass diese Frau eine wirkliche, eigenständige Forscherin ist und einen gleichwertigen Beitrag zu den preisgekrönten Entdeckungen geleistet hat. Marie und Pierre sind mit den Nerven am Ende: »Wir sind von Briefen und Besuchen von Photographen und Journalisten überschwemmt. Man möchte sich unter die Erde verkriechen, um Ruhe zu haben ...«[28] Auch aus Amerika, wo man stets bestrebt ist, die besten Gelehrten ins Land zu locken, erhalten Pierre und Marie sehr rasch eine Einladung zu einer Vortragsreise, natürlich gegen Bezahlung. Doch eine solche Unternehmung würde viel Zeit und Energie verschlingen und die beiden darüber hinaus an ihrer Arbeit hindern. Kein Wunder also, dass die Curies ablehnen. Dennoch wird man sich in den USA Jahre später erneut an Marie erinnern.

Trotz seiner Schüchternheit bringt Pierre mit Bravour die ersten Vorlesungen an der Sorbonne hinter sich, wo man endlich einen Lehrstuhl für ihn geschaffen hat. Der Hörsaal ist brechend voll. Ganz Paris ist da, die oberen Zehntausend und alle, die sich dafür halten. Man muss die Türen öffnen, so groß ist der Andrang. Die Curies sind zu Stars geworden, und ihre bescheidene Art, von der in allen Zeitungen berichtet wird, rührt die Herzen der Menschen. Doch Pierre kann sich nur mit großer

Mühe auf neue Forschungsaufgaben konzentrieren, so sehr setzt ihm dieser neue Ruhm zu: »Nun ist es mehr als ein Jahr, dass ich nichts arbeite und keinen Augenblick für mich habe.«[29]

Wer hätte geglaubt, dass das Leben von Pierre und Marie Curie eines Tages ausgerechnet durch den Erfinder des Dynamits eine solche Wendung erfahren würde? Der schwedische Industrielle Alfred Nobel hat zu seinen Lebzeiten 355 Patente angemeldet und ein beträchtliches Vermögen angehäuft. Als Sohn eines Waffenfabrikanten, der nach dem Krimkrieg in St. Petersburg Konkurs anmelden musste, erfindet er die Initialzündung, die es ermöglicht, den Sprengstoff Nitroglyzerin besser beherrschbar zu machen. Nobel entwickelt mehrere Dynamitarten, von denen einige ihre Eigenschaften sogar im Wasser behalten. Als hochvermögender Junggeselle korrespondiert er mit namhaften Schriftstellern, die von einer Welt ohne Kriege träumen, wie beispielsweise Victor Hugo. Er zieht nach Paris und erwirbt sodann ein Schloss in dem Dorf Sevran, wo Pyrotechniker heimlich militärische Forschungen für die staatliche Pulvermühle durchführen. In ebendiesem französischen Laboratorium entwickelt er einen neuen, praxistauglicheren Sprengstoff. Doch es hagelt Kritik, und so verlässt Nobel Frankreich schließlich enttäuscht, um sich in Italien niederzulassen.

Zuweilen kann eine Falschmeldung Anlass für glückliche Fügungen sein. Zu seinem großen Erstaunen entdeckt Alfred Nobel 1888 in einer Tageszeitung seine eigene Todesanzeige. Fassungslos liest er den Nachruf auf sich selbst: »Der Kaufmann des Todes ist tot. Dr. Alfred Nobel, der ein Vermögen damit machte, dass er das Mittel fand, um schneller als je zuvor Menschen zu töten, ist gestern verstorben.«[30] Der Schock sitzt tief. Da Nobel seinen Reichtum todbringenden Erfindungen verdankt, will er sein Geld jenen Lebenden vermachen, deren Erfindungen dem Wohle der Menschheit dienen. 1895 unterzeichnet er im Schwedisch-Norwegischen Club in Paris in seinem Arbeitszimmer, dessen Fenster auf die Tuilerien hinausgehen, sein Testament. Nach seinem Ableben soll fast sein gesamtes Vermögen einer Stiftung zugeführt werden, deren Zinsen jenen zugutekommen werden, »die im verflossenen Jahr der Menschheit den größten Nutzen gebracht haben«, und zwar auf den Gebieten Chemie, Medizin, Physik und Literatur. Außerdem soll alljährlich jemand ausgezeichnet werden, der sich in besonderem Maße um Frieden und Völkerverständigung bemüht hat. Im darauffolgenden Jahr stirbt Alfred Nobel an einer Gehirnblutung. 1901, fünf Jahre nach seinem Tod, findet in Stockholm die erste Nobelpreisverleihung statt. Sie geht nicht ohne Polemik vonstatten. So sorgt etwa die Wahl des ersten Literaturnobelpreisträgers für lebhafte Diskussionen. Der französische Dichter Sully Prudhomme wird schließlich unter Protestbekundungen ausgezeichnet. Viele Literaturkritiker waren der Ansicht, der Preis gebühre Leo Tolstoi, dem Verfasser von *Krieg und Frieden* und *Anna Karenina*. Das Nobelpreiskomitee kann es sich nicht leisten, dass seine Entscheidungen ein weiteres Mal infrage gestellt werden, weshalb die Nominierung von Marie Curie so umstritten war.

Doch Pierre und Marie sind nicht in der Lage, der Zeremonie im Dezember 1903 in Schweden beizuwohnen und ihren Nobelpreis für Physik entgegenzunehmen. Pierre leidet unter schweren Rheumaschüben, und Marie ist durch die zahlreichen Beanspruchungen vollkommen erschöpft. Der plötzliche Ruhm wächst den beiden über den Kopf. Gingen sie bis vor Kurzem noch vollkommen auf in der einträchtigen Arbeit zweier Menschen, die ein gemeinsames Ziel vor Augen haben, müssen sie nun wegen der explosionsartig gestiegenen Arbeitsanforderungen Personal einstellen. So stößt der Chemiker André-Louis Debierne zu ihnen, der nicht nur ein Mitarbeiter ist, sondern später ein herausragender Wissenschaftler werden, das Actinium entdecken und nach Marie Curies Tod das Radium-Institut in Paris leiten wird. Darüber hinaus wird er zu einem Freund, der den Curies bis zu seiner Pensionierung und seinem Ausscheiden aus der Hochschullehre 1946 immer zur Seite stehen wird. Die Monate vergehen. Während Pierres Überdruss wächst, bewahrt sich Marie ihren Eifer. So kurz vor dem Ziel will sie auf keinen Fall aufgeben, jedenfalls nicht hier und nicht heute. Ihre Tochter Ève berichtet stolz von dem Tag knapp zwei Jahre zuvor, der die große Wende bringt: »Fünfundvierzig Monate nach dem Tage, an dem die Curies das wahrscheinliche Vorhandensein des Radiums ankündigten, trägt Marie endlich 1902 in diesem Zermürbungskrieg den Sieg davon, es gelingt ihr, ein Dezigramm reines Radium herzustellen ...«[31]

Hand in Hand mit Pierre kehrt sie in der Nacht in den Schuppen zurück, um das Radium zu betrachten, das in der Dunkelheit strahlt. Sie sind überglücklich. Ihre Entdeckungen haben ihre kühnsten Träume übertroffen. Das 20. Jahrhundert beginnt voller Verheißungen.

Zu diesen beruflichen Erfolgserlebnissen gesellt sich ein unerwartetes privates Glück hinzu. Marie ist erneut schwanger, und diesmal geht alles gut. So kommt sie ein Stück weit über den Verlust ihrer zweiten Tochter hinweg. Am 6. Dezember 1904 erblickt die kleine Ève das Licht der Welt, sieben Jahre nach Irène. Bereits Anfang 1905 beginnt die erschöpfte Marie wieder zu arbeiten. Morgens jedoch bleibt sie zu Hause und kümmert sich um ihre beiden Mädchen. Schließlich ist es wichtig, dass Irène, die nun schon seit sieben Jahren als Einzelkind überall im Mittelpunkt steht, sich an ihr Schwesterchen gewöhnt, das ihr einen Teil der elterlichen Aufmerksamkeit abspenstig macht, auch wenn sich »die Große« dem Baby natürlich überlegen fühlt. Doch die Mutter gibt trotz allem auch ihre Kurse in Sèvres nicht auf.

Der Umgang mit den Studentinnen dort liegt ihr sehr am Herzen. Mit ihrem Enthusiasmus erinnern die jungen Frauen sie an ihre eigene Studienzeit an der Sorbonne, ihren unermüdlichen Drang, zu lernen, zu lernen, zu lernen.

So fahren die Curies erst im Juni 1905, mit eineinhalb Jahren Verspätung, nach Stockholm, um die berühmte Auszeichnung aus den Händen von König Oscar II. entgegenzunehmen. Das Preisgeld beträgt 150 000 schwedische Kronen, was 10 000 Goldfrancs entspricht. Der Zeitpunkt der Zeremonie ist umso günstiger für die Imagepflege des skandinavischen Landes, als in der gleichen Zeit die Auflösung der Personalunion zwischen Schweden und Norwegen beschlossen wird. Am 6. Juni 1905 warnt Pierre Curie, der als einziger Preisträger eine Rede hält, vor der Gefahr, dass das Radium in die falschen Hände geraten könnte:

»Man kann auch annehmen, dass das Radium in verbrecherischen Händen sehr gefährlich werden könnte, und hier stellt sich die Frage, ob es für die Menschheit vorteilhaft ist, die Geheimnisse der Natur zu kennen, ob sie reif genug ist, sich diese Geheimnisse nutzbar zu machen, oder ob diese Erkenntnisse ihr nicht schädlich sind. Nobels Entdeckungen sind ein charakteristisches Beispiel dafür: Die mächtigen Sprengstoffe haben den Menschen erlaubt, großartige Arbeiten durchzuführen. Doch sind sie auch ein furchtbares Instrument der Zerstörung in den Händen großer Verbrecher, die Völker in Krieg verwickeln. Ich bin wie Nobel der Ansicht, dass die Menschheit mehr Gutes als Böses aus den neuen Entdeckungen gewinnen kann.«[32]

Bei ihrer Forschung verschließen Pierre und Marie allerdings die Augen vor den Gefahren und den Auswirkungen des Radiums für ihre Gesundheit. Auch die anderen Wissenschaftler kümmert dieser Aspekt eher wenig. Doch immer wieder kommt es zu Hautrötungen und Verbrennungen. In sachlichem Ton berichtet Pierre darüber in einem Artikel in den *Comptes rendus* der Académie des Sciences, den er gemeinsam mit Henri Becquerel, der zusammen mit den Curies den Nobelpreis für Physik erhalten hatte, verfasst hat:

>»An den Händen neigt die Haut allgemein zur Abschuppung [...] Die Fingerspitzen, die die hochaktive Substanzen enthaltenden Tuben oder Kapseln berührt haben, verhärten sich und werden manchmal sehr schmerzhaft. Bei einem von uns hat die Entzündung der Fingerspitzen vierzehn Tage angehalten und mit der Häutung ihren Abschluss gefunden, doch ist die Schmerzempfindlichkeit nach zweimonatiger Dauer noch nicht verschwunden.«[33]

Wenn sie Verbrennungsmale auf ihren Händen entdeckt, lächelt Marie nur. Sie hält es für eine einfache Brandblase, die das Radium dort hinterlassen hat. Aber mit der Zeit werden die Gegenstände, von denen sie umgeben ist, radioaktiv. Doch sie setzt ihre Forschungsarbeit unbeirrt fort, da manche Wissenschaftler beim Radium eine heilende Wirkung vermuten. Pierre und Marie stehen mit verschiedenen Medizinern und Biologen in Kontakt. »Die Intuition der Curies erweist sich als besonders produktiv. Schon bald würde sich herausstellen, dass Erytheme wie Lupus-Erkrankungen durch Bestrahlung geheilt werden können«[34], schreibt der Biograph Henry Gidel. Es besteht also Anlass zu der Hoffnung, neue Therapien zu finden und Menschenleben zu retten. Und wer denkt angesichts einer solchen historischen Chance schon an die Gefahr?

2

WISSENSCHAFT UND LIEBE, HOFFNUNGEN UND PRÜFUNGEN

Es regnet und regnet. Seit Tagen, ohne Unterlass. Marie schließt die Tür ihrer Wohnung am Boulevard Kellermann auf. Sie ist unruhig. Am Morgen war sie Pierre gegenüber gereizt, weil sie sich völlig übermüdet um Irène und Ève kümmern musste. Sie macht sich Vorwürfe, ihren Mann so angefahren zu haben. Schließlich liebt sie ihn, fühlt sich unendlich wohl an seiner Seite. Ist er nicht ein treuer Gefährte, der sie im Privat- und Berufsleben stets unterstützt? Ist das nicht ein Glück, von dem die meisten Frauen nur träumen können: die Freude am Forschen und Entdecken miteinander zu teilen? Vom Mann ihres Lebens für ihre eigenständige Arbeit als Wissenschaftlerin geachtet zu werden? Als sie Warschau verließ, um ihr Leben mit dem seinen zu verbinden, hat sie eine glückliche Wahl getroffen, wie ihr wieder einmal bewusst wird. Am liebsten würde sie ihn sofort in die Arme nehmen, den Streit vom Morgen ungeschehen machen. Sich an ihn schmiegen. Ihn lieben und von ihm geliebt werden. Das ist alles, was zählt.

Doch Pierre ist noch nicht zu Hause. Dafür trifft sie zu ihrem Erstaunen andere Männer in ihrer Wohnung an. Pierres Vater, Doktor Eugène Curie, sowie zwei von Pierres Kollegen. Ihre Mienen sind ernst, um nicht zu sagen versteinert. Was tun sie hier um diese Tageszeit? Langsam wenden sie sich Marie zu, doch alle weichen ihrem Blick aus. Sie senken die Köpfe. Schließlich fasst sich Paul Appell, Dekan der naturwissenschaftlichen Fakultät der Sorbonne, der als Erster von der Polizei informiert wurde, ein Herz. Er geht auf Marie zu und berichtet ihr von dem Unfall, den Pferden, dem Rad.

Möglicherweise hat Pierre nicht achtgegeben, als er unmittelbar vor der Kreuzung Quai des Grands-Augustins und Rue Dauphine die Straße überquerte. Er ist auf dem Rückweg von einem Mittagessen mit Kollegen und noch ganz erfüllt von den anregenden Gesprächen. So denkt er nicht an das vom Regen nasse und glitschige Pflaster und rutscht aus, wobei ihm sein Regenschirm die Sicht auf das herannahende Pferdefuhrwerk versperrt, das nicht mehr in der Lage ist zu bremsen. Pierre stürzt, sein Kopf gerät unter die Hufe der Pferde, sodann unter das Hinterrad. Die aufgebrachte Menge will den Kutscher lynchen, während Pierre leblos auf dem Pflaster liegt. Er ist sechsundvierzig Jahre alt. Der entsetzte Kutscher wird aufs Polizeirevier gebracht, er weint vor Verzweiflung.

Marie traut ihren Ohren nicht. »Pierre ist tot? Wirklich tot?«, stammelt sie. Ihre Stimme versagt, ist plötzlich weg, ebenso wie der Mann, den sie am selben Morgen noch mit Vorwürfen überhäuft hat und dem sie nun nicht mehr sagen kann, wie sehr sie ihn liebt. Am Abend wird der Leichnam in ihre Wohnung gebracht. Die Kinder wurden währenddessen dem Physiker Jean Perrin und seiner Frau anvertraut, die Nachbarn und Freunde der Curies sind. Auch Perrin wird 1926 den Nobelpreis für Physik erhalten. Gemeinsam mit Doktor Eugène Curie steht Marie neben ihrem blutüberströmten Mann und streichelt sein Gesicht. In der Nacht nimmt sie ein Schreibheft zur Hand und beginnt mit Tagebuchaufzeichnungen in Dialogform. Wie könnte sie auch dieses seit Jahren andauernde Gespräch, diesen fortwährenden Austausch, der für sie beide Quelle so vieler Entdeckungen und Freuden gewesen ist, einfach abbrechen? In diesem Tagebuch bewahrt sie sich die Intimität mit ihrem geliebten Pierre, der fortan nicht mehr mit ihr sprechen kann, und sie wird es ein langes und schmerzhaftes Jahr hindurch führen. Solange sie ihm schreibt, ist Pierre nicht wirklich gestorben. Beharrlich klammert sie sich an die Vorstellung, dass noch ein wenig Leben in ihm ist. In jedem Fall ist dieses Tagebuch für Marie ein Rettungsanker. Sie muss tatsächlich ihr Leben und das ihrer Töchter retten.

Bedächtig bewegt sich der Trauerzug in Richtung des von Bäumen umstandenen Friedhofs von Sceaux, wo Pierre an der Seite seiner Mutter die letzte Ruhe findet. Marie hat angeordnet, dass es keine offizielle Zeremonie und keine Reden geben soll. Doch die Nachricht vom Tode Pierre Curies hat sich wie ein Lauffeuer verbreitet und steht auf den Titelseiten sämtlicher Zeitungen, zusammen mit Berichten über das schreckliche Erdbeben in San Francisco, bei dem ein Teil der Stadt zerstört wurde und den Flammen zum Opfer fiel. Aus der ganzen Welt kommen Beileidsbekundungen, doch Marie will in Ruhe gelassen werden. Was ihr natürlich nicht gelingt, bei der Menge an Schaulustigen, Neugierigen und Wissenschaftlern, die die Friedhofswege bevölkern. Ein Regierungsmitglied ist jedoch anwesend: Aristide Briand, Mitbegründer der französischen Sozialistischen Partei und der Zeitung *L'Humanité*, der später sechsmal Regierungschef werden und den Friedensnobelpreis erhalten wird.

Marie stützt sich auf ihren Schwiegervater, während Bronia und Józef, die beide aus Warschau angereist sind, über jeden ihrer Schritte wachen, aus Furcht, sie könnte zusammenbrechen. Als der Sarg in die Grube hinabgelassen wird, bewahrt Marie Haltung, will bis zuletzt am Grab bleiben, gemeinsam mit ihrem Schwager Jacques. Sie hat ein schlichtes Begräbnis gewollt. Doch hinter den Bäumen und Grabsteinen lauern Journalisten, die sich dort verstecken konnten. Blitzlichter leuchten auf. Verletzen ihre Privatsphäre. Sie hat nicht die Kraft zu reagieren.

Marie möchte ihrer Tochter Irène die traurige Nachricht

selbst überbringen. Die Perrins, die sich während der Beerdigung um die Kinder gekümmert haben, konnten sich nur flüsternd unterhalten, damit das Mädchen nicht erfährt, welches Unglück über ihre Familie hereingebrochen ist. Und auch nicht, dass ihr Vater nun unter der Erde ruht. Am Tag nach dem Begräbnis, in Anwesenheit von Bronia und Dr. Curie, nimmt Marie ihre Älteste zärtlich in die Arme. Sie zwingt sich, nicht zu weinen. Irène hört zu, wie vor den Kopf geschlagen. Doch begreift sie wirklich, was es bedeutet, dass ihr Vater tot ist? Sie wirkt geistesabwesend, starrt ihre schwarz gekleidete Mutter an. Dieses Schwarz wird Marie bis zu ihrem eigenen Tod fast dreißig Jahre später niemals ablegen. Marie, die ihre eigene Mutter aus Angst vor der Tuberkulose nie umarmen durfte, lässt Irène bei sich im Bett schlafen, drückt sie liebevoll an sich. In den langen, schlaflosen Nächten denkt sie daran, dass auch ihre Kinder nun schon so früh – viel zu früh – zu Halbwaisen geworden sind, ebenso wie einst sie selbst. Die kleine Ève, mit ihren sechzehn Monaten so fröhlich und verspielt, begreift noch nichts von der Tragödie. Dass sie niemals eine Erinnerung an ihren Vater haben wird, ist ihr natürlich nicht bewusst. Sie wird ihr Leben lang darunter leiden. Marie ist überzeugt, dass sie vor allem ihre Älteste trösten muss. Ihr eigener Schmerz ist kaum zu lindern. Sie schreibt an Pierre, ihren abwesenden Geliebten; das Schreiben ist Balsam für ihre verwundete Seele. Mit ihrer feinen Feder über das Pult gebeugt, erzählt sie ihm in den kleinen Buchstaben ihrer gestochen scharfen Handschrift von der älteren Tochter, gerade so als säße er neben ihr im Zimmer oder als sei er nur kurz verreist. Berichtet ihm, welch eine hervorragende Mitarbeiterin das ernste Mädchen für ihn ganz sicher hätte werden können.

Der Tag geht zu Ende am Boulevard Kellermann. Ihr Liebster ruht nun auf dem Friedhof. Die Kinder schlafen bereits, und Marie bleibt mit ihrer Verzweiflung ganz allein. Vor Kollegen und Freunden kann die neununddreißigjährige Witwe ihren Schmerz nicht äußern. Sie will niemandem zur Last fallen, keine Schwäche zeigen. Für Ablenkung sorgt die kleine Ève, die fröhlich und übermütig durch die Wohnung tollt, sich ankuschelt, Küsschen verlangt und schmusen will, was ihr der gütige Großvater gerne gewährt. Doch in der Dunkelheit der Nacht kommt Marie der Verlust ihres geliebten Mannes wieder so schmerzlich zu Bewusstsein, als würden ihre Haut und ihr Herz von einer Klinge durchbohrt. Also flüchtet sie sich ins Schreiben, es ist ihr einziger Ausweg. Sie erstattet dem Toten Bericht über sein eigenes Begräbnis. Neben ihren zahlreichen Notizheften ist dies das einzige Tagebuch, das sie je führen wird:

»Pierre, mein Pierre, da liegst du bleich wie ein armer Verwundeter, der schlafend mit verbundenem Kopf ruht [...]. Ich habe deine Lider geküßt, die du schlossest, damit ich sie küssen könnte, wenn du mir deinen Kopf mit einer vertrauten Bewegung zuwandtest. [...] Wir haben dich am Samstagmorgen in den Sarg gelegt, und ich habe dabei deinen Kopf gestützt. Wir haben dein kaltes Gesicht zum letzten Mal geküßt. Dann haben wir Immergrün aus dem Garten in den Sarg getan und mein kleines Bild, das du ›die kleine brave Studentin‹ nanntest und das du liebtest. Es war das Bild, das dich ins Grab begleiten sollte, das Bild derjenigen, die das Glück hatte, dir so zu gefallen, daß du es dir nicht überlegtest, ihr anzubieten, dein Leben mit ihr zu teilen, nachdem du sie nur einige Male gesehen hattest. [...] Dein Sarg ist geschlossen, und ich sehe dich nicht mehr. Ich will nicht, daß man ihn mit dem grauenhaften schwarzen Zeug bedeckt. Ich bedecke ihn mit Blumen und setze mich zu ihm.«[35]

Zum Schmerz über Pierres Tod kommen die materiellen Sorgen. Wie soll sie ohne Pierres Gehalt zurechtkommen, das höher war als das ihre? Von der Witwenpension allein wird sie ihren beiden Töchtern nicht viel bieten können. Vor allem, da Marie diese Unterstützung sogar ablehnt. Sie will das Auskommen der Familie allein bestreiten, ohne fremde Hilfe. Wahrscheinlich weiß sie nach den schwierigen Jahren in Polen und ihrer Anfangszeit in Paris, als sie völlig mittellos war, den Wert der Unabhängigkeit zu schätzen, die zuallererst eine wirtschaftliche Unabhängigkeit ist, wie Simone de Beauvoir später schreiben würde. Doch wie soll es nun weitergehen?

Maries Schwester Bronia und ihr Schwager Jacques Curie, Pierres Bruder, machen sich Sorgen. Da plötzlich kommt ihnen eine gewagte, fast schon verrückt zu nennende Idee. Sie wenden sich an die Sorbonne. Könnte Marie Curie, Nobelpreisträgerin und damit auf dem Gebiet der Wissenschaft ebenso renommiert wie ihr Mann, nicht dessen Lehrstuhl übernehmen? Sogleich formiert sich Widerstand. Eine Frau an der Sorbonne? Auch wenn die hohen Herren es nicht offen zugeben wollen, hegen sie starke Vorbehalte. Doch ein paar namhafte – männliche – Wissenschaftler insistieren. Und die Sorbonne, für die es letztendlich ein immenser Prestigegewinn ist, dass eine Nobelpreisträgerin in ihren Mauern lehrt, beruft Marie Curie am 13. Mai 1906, weniger als einen Monat nach Pierres Tod, auf dessen Lehrstuhl für Physik. Sie soll auch das Laboratorium ihres verstorbenen Mannes leiten.

Doch wird sie körperlich und seelisch in der Verfassung sein zu unterrichten? Kein Zweifel. Sie hat in ihrem Leben bereits so viele Schwierigkeiten durchgestanden, da kommt es nicht infrage, dass sie sich gehen lässt. Es ist eine große Herausforderung, doch sie wird sich ihr mit aller Kraft stellen, trotz Trauer und Schmerz. Für den Sommer hat sie schon einmal ein Ziel, sie wird beharrlich ihre Kurse vorbereiten. Allerdings muss sie einen Nachfolger für ihr Amt an der École Normale Supérieure de Jeunes Filles in Sèvres finden. Auf keinen Fall will sie ihre Studentinnen dort im Stich lassen, denn sie setzt große Hoffnungen in diese neue Generation junger Frauen und deren zukünftige Rolle in der französischen Wissenschaft. Mit sanftem Nachdruck bittet sie Paul Langevin, sie wenigstens für ein Jahr an dieser renommierten Schule zu vertreten. Der Freund der Familie ist einverstanden. Marie fällt ein Stein vom Herzen. Die Ausbildung der Sèvres-Mädchen, ihrer Töchter im Geiste, ist gesichert. Nun ist sie bereit für die Sorbonne.

Am 5. November 1906 drängen sich im Hörsaal an der Rue des Ècoles Wissenschaftler, Bewunderer, Freunde, Studenten, Studentinnen aus Sèvres, Prominente, Snobs, Neugierige und Journalisten. Einige besonders herausgeputzte Damen haben sich schon eine Stunde im Voraus durch ihren Kutscher einen Platz reservieren lassen. Marie würdigt sie keines Blickes, als sie unter dem Beifall der Menge den Hörsaal betritt. Was zählt, ist nur die Wissenschaft, ihre und Pierres Arbeit. Sie setzt die Vorlesung genau an der Stelle fort, an der ihr geliebter Mann sie unterbrochen hatte. Zwar versteht die Mehrzahl der Anwesenden kein Wort, doch das ist unwichtig, denn diese Antrittsvorlesung – eine Premiere – wird in den Salons der Pariser Gesellschaft Gesprächsthema sein.

Ob Marie in dieser Stunde wohl daran denkt, was sie in weniger als zehn Jahren geschafft hat? Ob sie an den Weg denkt, den sie seit ihrer Hauslehrerinnentätigkeit zurückgelegt hat, isoliert bei missgünstigen polnischen Familien auf dem Lande? Nein, sie bringt ihren Unterricht zu Ende, denkt schon an die nächste und die übernächste Sitzung und an ihre beiden Kinder. An ihre Familie in Polen, denn Bronia muss wieder nach Hause zurückkehren. Die Verbundenheit zwischen den beiden Schwestern ist größer denn je, sie lieben einander so sehr, dass nur der Tod sie trennen könnte.

Der 6. Dezember 1906 ist ein merkwürdiger Geburtstag. Einmal mehr vermisst Marie ihren Pierre aufs Schmerzlichste. Um den Abendbrottisch sitzen Doktor Curie, Irène und die kleine Ève, die an diesem Tag zwei Jahre alt wird. Marie betritt das Zimmer, küsst ihre Töchter, nimmt sie in die Arme, isst mit ihnen und ihrem Schwiegervater zu Abend, lässt ihre Jüngste zwei Kerzen auspusten und verbirgt ihre Tränen. Sie erträgt diese Wohnung nicht mehr. Pierre, so fern, ist hier allzu präsent. Sie braucht eine neue Umgebung, an der sie nicht alles ständig an ihren verstorbenen Mann erinnert. Auch möchte sie nicht mehr in Paris leben, sondern träumt von einem Haus mit Garten, einem Ort, an dem ihre Kinder wohlbehalten aufwachsen können. Sceaux ist damals noch weit von der schlechten Luft und dem Lärm der Hauptstadt entfernt, dieser Hauptstadt, auf deren Straßen ihr geliebter Mann zu Tode kam. In Sceaux haben Pierre und sie geheiratet, hier liegt er begraben. Ohne dass die Mädchen es bemerken, könnte sie häufiger Pierres Grab besuchen. Der Weg zum Laboratorium wäre dann zwar länger, doch das ist nebensächlich. Sie würde eben morgens früher aufbrechen und abends später zurückkehren. Doch ihre Töchter würden in einer gesünderen Umgebung leben. Tagsüber könnte sich ihr Großvater um sie kümmern. Und das ist wichtiger als alles andere.

Irène gewöhnt sich rasch an das neue Leben. Und auch Eugène Curie, dem liebevollen und rüstigen Großvater, hilft das Zusammensein mit seinen Enkelinnen dabei, den Tod des Sohnes zu verarbeiten. Irène ist schon neun, sie ist willensstark, versucht zu bestimmen und diskutiert mit ihm, sie lauscht den Gesprächen der Erwachsenen, saugt förmlich alles auf, was sie hört, und lernt daraus. Sie interessiert sich bereits für wissenschaftliche Fragen. Hat der Großvater vielleicht schon einmal einen dieser Dinosaurier gesehen? Der kleinen Ève tut seine Zärtlichkeit gut, seine männliche Präsenz, denn schließlich ist er jetzt der Mann im Haus. Später wird die Jüngste in der Biografie, die sie über ihre Mutter verfasst, ihren Großvater folgendermaßen beschreiben:

»Ève ist noch zu klein, um ihm wirklich näherzutreten, doch ist er der unvergleichliche Freund der Älteren, dieses scheuen Kindes, dessen Wesen er dem dahingegangenen Sohn so tiefgehend ähnlich fühlt. Er begnügt sich nicht damit, Irène in die Naturgeschichte, in die Botanik einzuführen, ihr seine Begeisterung für Victor Hugo mitzuteilen […]. Das seelische Gleichgewicht der jetzigen Irène Joliot-Curie, ihre Abneigung, sich Kummer und Schmerz hinzugeben, ihr den Realitäten des Lebens zugewandter Sinn, selbst ihr Antiklerikalismus und ihre politischen Sympathien hat sie unmittelbar von ihrem Großvater übernommen.«[36]

Morgens geht Marie nun früh aus dem Haus; wenn sich die Mädchen für die Schule fertigmachen, arbeitet sie bereits im Zug, der sie nach Paris bringt. Es gilt, keine Minute zu verlieren. Die ständige Beschäftigung lenkt sie außerdem von ihrer Trauer ab, auch wenn die Erinnerung an Pierre jeden Moment präsent ist. An den Wochenenden unternimmt sie mit ihren Töchtern Fahrradausflüge oder ausgedehnte Spaziergänge, bei Wind und Wetter, sogar bei Sturm. Die Mädchen sollen lernen, keine Angst zu haben, sie sollen unabhängig werden. Es kommt gar nicht infrage, sich auch nur im Geringsten vor einem Donnergrollen zu fürchten. Blitz und Donner bieten Marie die Gelegenheit, ihren Töchtern beizubringen, dass ein Gewitter umso weiter entfernt ist, je mehr Sekunden zwischen Blitz und Donner vergehen. Auf diese Weise kann die Wissenschaft helfen, Dinge zu verstehen und Ängste zu überwinden.

Marie gibt sich auch weiterhin kämpferisch. Trotz ihres Renommees als Nobelpreisträgerin und ihrer Entdeckungen hält die Sorbonne ihre Verpflichtung nicht ein, ihr ein moderneres und besser ausgestattetes Laboratorium zur Verfügung zu stellen. Sie droht daraufhin der ehrwürdigen Lehranstalt mit Kündigung und einem Wechsel an das Institut Pasteur, dessen Direktor, Doktor Roux, ein guter Bekannter von ihr ist.[37] Die Herren von der Sorbonne nehmen die Drohung ernst. Sie stellen ein Grundstück zur Verfügung und bewilligen Finanzmittel für den Bau eines separaten Gebäudes, des Radium-Instituts, mit zwei Laboratorien. In dem einen sollen unter der Leitung des Arztes und Radiologen Professor Claudius Regaud biologische Forschungen über die medizinischen Anwendungsmöglichkeiten von radioaktiver Strahlung zur Krebsbehandlung durchgeführt werden, während sich das zweite, der sogenannte Curie-Pavillon, unter der Leitung von Marie Curie der physikalisch-chemischen Erforschung radioaktiver Elemente widmet. Wenige Jahre später wird Professor Regaud anlässlich des Ersten Weltkriegs sein ärztliches Engagement unter Beweis stellen und eine neue Methode anwenden, indem er schwer verwundete Soldaten an Ort und Stelle medizinisch versorgen lässt. Dadurch wird verhindert, dass sie in den sicheren Tod geschickt werden. Das von ihm geleitete Krankenhaus in Gérardmer in den Vogesen weist die niedrigsten Sterberaten auf. Dafür, dass er so vielen Menschen das Leben gerettet hat, verleiht ihm 1915 der eigens angereiste Staatspräsident Raymond Poincaré den Verdienstorden der Ehrenlegion. Nach dem Ende des Krieges nimmt Claudius Regaud seine Funktionen wieder auf; bis 1937 wird er die medizinische Abteilung der 1920 gegründeten Curie-Stiftung leiten. Marie Curie hat es verstanden, sich die Mitarbeit der fähigsten Wissenschaftler zu sichern, die ebenso anspruchsvoll und passioniert sind wie sie selbst.

Der Winter 1910 ist bitterkalt. Im verschneiten Sceaux plaudert Doktor Curie mit seiner Enkelin Irène, die beinahe schon ein Teenager ist. Die Botanik-, Mathematik- und Biologiestunden, die er ihr erteilt, haben sie bereits geprägt. Die Ältere der Curie-Töchter begeistert sich für die Naturwissenschaften. Noch weiß sie nicht, in welche Richtung ihr Leben sich entwickeln wird, doch immer spitzt sie die Ohren, wenn ihre Mutter oder ihr Großvater sich unterhalten. Und sie diskutiert mit. Wenn Irène ihre Fragen stellt, ist Pierres Vater ganz entzückt. Er versucht auch immer, darauf einzugehen, doch von Zeit zu Zeit muss er sich ausruhen, sich eine Weile hinlegen. Inzwischen ist er dreiundsiebzig und ermüdet sehr rasch. Es fällt ihm immer schwerer, sich zu erheben. Marie, die ihn beobachtet, macht sich Sorgen. Dieser großzügige, gebildete, humorvolle und lebhafte Mann ist für sie ein unentbehrlicher Freund geworden, ihr Retter in der Not, und zu einem Ersatzvater für Irène und Ève. Doch trotz ihrer hingebungsvollen Pflege zieht Doktor Curie sich eine Lungenstauung zu, der er im Februar 1910 schließlich erliegt, umringt von seinen drei »Curie-Mädchen« und seinem Sohn Jacques. Ein trauriger Winter. So lässt der alte Mann Marie allein mit der Erziehung ihrer Kinder. Irène ist zutiefst erschüttert. Mit ihren zwölf Jahren fühlt sie sich im Stich gelassen von ihrem Spielgefährten, dem geliebten Großvater, der ihr so vieles nahegebracht hat: die Kultur, die Wissenschaften, die Schönheit der Welt, die Politik, die Literatur, das Freidenkertum. Es ist ein fürchterlicher Schlag für sie. Die fünfjährige Ève dagegen ist zwar traurig, kann jedoch die Tragweite des Verlusts noch nicht ermessen. Wenn die beiden Mädchen nun von der Schule nach Hause kommen, ist kein Erwachsener mehr da, mit dem man ein Gespräch führen könnten, kein Erwachsener, der mit Marie diskutieren und sie mit seiner vertraulichen und herzlichen Art trösten könnte. Wieder ist Marie in Trauer. Wieder muss sie einen Mann aus der Familie Curie auf dem Friedhof von Sceaux begraben, diesmal bei klirrender Kälte. Im Februar des Jahres 1910 fegt ein eisiger Wind über die Île-de-France. Marie zittert. In diesem Moment kommt Pierre ihr in den Sinn – wie hätte es auch anders sein können? –, und sie hat einen Einfall. Sie ordnet an, Pierres Sarg aus dem Grab zu heben. Der Sarg ihres Schwiegervaters wird sodann als erster hinabgelassen, Pierre über seinem Vater bestattet. Der Ältere muss zuunterst im Familiengrab ruhen. Und wenn es eines Tages Zeit ist, ihm zu folgen, soll der Sarg ihres geliebten Mannes der erste sein, der sichtbar wird. Während der Beisetzung von Pierres sterblichen Überresten wendet Marie sich ihren vollkommen durchgefrorenen Töchtern zu. Sie brauchen sie, ebenso wie das Laboratorium und die Forschung sie braucht. Sie darf nicht zusammenbrechen. Kämpfen muss sie, nicht nachlassen. Standhaft bleiben.

Wie soll sie mit ihrer Trauer fertigwerden, ihren Kummer lindern, falls das überhaupt möglich ist? Durch Arbeit, auch Arbeit für die Kinder. Marie setzt alles daran, ihnen eine ausgewogene Erziehung angedeihen zu lassen, nach dem Motto: ein gesunder Geist in einem gesunden Körper. Doch im französischen Schulsystem ist kaum Platz für Bewegung und Sport. Marie hat ihre eigenen Vorstellungen. Die Kinder sollen so viel Zeit wie möglich an der frischen Luft verbringen. Immer wieder machen sie lange, oftmals auch anstrengende Wanderungen. An einem Turngerüst im Garten von Sceaux üben sich Imatrène und Ève an einem Kletterseil und an Gymnastikringen. Sie werden Klassenbeste im Sport. Im Sommer müssen sie ausgedehnte Fahrradtouren machen, Dutzende von Kilometern über Land, bei denen sie keine Müdigkeit vorschützen dürfen. Außerdem legt die Mutter großen Wert darauf, dass die Mädchen lernen, mutig zu sein, keine Angst zu haben. Marie, die einerseits eine liebevolle und andererseits durch den frühen Tod der Mutter und die russische Besatzung eine schwere Kindheit hatte, hält es für unerlässlich, dass man lernt, die Angst zu besiegen. Das Allerwichtigste ist, stets einen kühlen Kopf zu bewahren. Weder im Dunkeln noch vor einem Gewitter dürfen die Mädchen sich fürchten. Marie selbst hat einst erfahren, wie es sich anfühlt, Angst zu haben. Es darf nicht sein, dass ihre Kinder ebenfalls darunter leiden müssen.

In den vier Jahren, seitdem Pierre von ihr gegangen ist, ist es ihr unmöglich gewesen, seinen Namen auszusprechen oder ihn ihren Kindern gegenüber zu erwähnen. Wahrscheinlich liegt es daran, dass dieser geliebte Name mit so viel mühsam verdrängtem Leid verbunden ist. Wenn sie ihn aussprächε, würde sie dann nicht unwillkürlich in Tränen ausbrechen und damit den Töchtern einen verstörenden Anblick bieten? Irène hat ja erlebt, wie ihre Mutter den Vater zu dessen Lebzeiten ansprach. Pierre, dieser Name wäre in Irènes Ohren ein Symbol für die Liebe des Ehepaars Curie. Doch wie sollte Ève sich daran erinnern können? Dieses Nicht-Aussprechen ist für die beiden vaterlosen Mädchen eine solche Bürde, dass Ève sich als Erwachsene erinnert:

»Niemals spricht sie mit den Kindern von ihrem Vater, was ihr auch rein physisch eine Unmöglichkeit ist. Bis ans Ende ihrer Tage wird es ihr die größte Schwierigkeit bereiten, seinen Namen auszusprechen, ›dein Vater‹ oder ›mein Mann‹ zu sagen. Sie führt die kunstvollsten Manöver aus, um im Gespräch die gefährlichen Klippen der Erinnerung zu umgehen. Sie findet es richtig, so zu handeln; der Pietät zuliebe sollen die Kinder nicht an das tragische Ende ihres Vaters gemahnt werden.«[38]

Wahrscheinlich hat Ève am meisten darunter gelitten. Ohne eigene Erinnerungen an ihren Vater muss die Jüngere mit diesem Schweigen und der Abwesenheit aufwachsen, wie mit einem Schatten, über den sie nicht sprechen darf.

»Immer diese Suffragetten!«

Mit dreizehn interessiert sich Irène mehr für Wissenschaft als für Politik. Durch die Zeitung erfährt sie von den Aktionen der Suffragetten in England. Diese machen regelmäßig Schlagzeilen, sie demolieren Schaufenster, bedrohen Abgeordnete und organisieren bei Wind und Wetter Demonstrationen, die bei vielen Briten Zorn und Entrüstung auslösen. Der Ton wird rauer, doch die – männliche – Regierung geht nicht auf die Forderungen der Frauenrechtlerinnen ein. Am 18. November 1910 demonstrieren zahlreiche Frauen vor dem britischen Parlament. Die Polizei geht mit massiver Gewalt gegen sie vor. Viele Suffragetten werden verletzt, zwei sogar getötet, etwa hundert werden verhaftet, verurteilt und eingesperrt. Immer härtere Strafmaßnahmen werden gegen die Frauen verhängt. Der damalige Innenminister Winston Churchill wird ihr ärgster Feind. Er ordnet die Zwangsernährung von Suffragetten an, die in den Hungerstreik getreten sind, und nimmt dafür Folterungen, Erstickungsgefahr und Verletzungen in Kauf. »Danach haben sie nie wieder demonstriert, ohne gründlich vorbereitet zu sein«, schreibt Elizabeth Crawford.[39] Von Edith Margaret Garrud werden Suffragetten in Jiu-Jitsu trainiert. Die nur 1,50 m große militante Frauenrechtlerin, die mit ihrem Mann in London eine Kampfsportschule betreibt, wird zur festen Lehrerin der Suffragetten, genauer gesagt der Women's Social and Political Union, ihrer Organisation.[40] Sie ist eine der ersten Frauen überhaupt, die Kampfsport unterrichten. Infolge der Hetze durch die Presse, die die Aktionen für das Frauenwahlrecht lächerlich macht, werden die Aktivistinnen zum Teil auch auf offener Straße Opfer männlicher Aggression. Von allen Seiten werden sie bedroht, auf den Straßen macht man regelrecht Jagd auf sie. Die Gewalt ist allgegenwärtig, und mehr denn je müssen sie sich verteidigen. Aber aufgeben kommt für sie nicht infrage. Im Gegenteil: Sie gründen ihrerseits einen Ordnungsdienst, wahrhaftige Leibwachen, die sogenannten »Amazonen«.

Die junge Irène hört von diesen Auseinandersetzungen, bei denen es zu Misshandlungen und teilweise sogar zu Inhaftierungen und Folterungen von Demonstrantinnen kommt. Doch da sie gerade erst ihren dreizehnten Geburtstag gefeiert hat, kann sie den Mut dieser Frauen noch nicht ermessen. An ihre Mutter schreibt sie: »Mir ist aufgefallen, dass fast jeden Tag ein englischer Minister fast von den Suffragetten getötet wird, aber ich glaube, dass dies keine besonders glorreiche Art ist, zu zeigen, dass sie imstande sind, zu wählen.«[41] Irène weiß noch nicht, dass einige dieser Frauen mutige Wissenschaftlerinnen sind, die schon bald ihren Lebensweg kreuzen werden. Eine von ihnen wird den Curies gar eines Tages Trost und Unterstützung bieten. Ein paar Jahre später, 1918, wird das britische Parlament den *Representation of the People Act* verabschieden, der acht Millionen Britinnen das Wahlrecht beschert, allerdings nur, wenn sie über dreißig sind und bestimmte Bedingungen erfüllen. Erst 1928 wird es so weit sein, dass alle britischen Frauen über einundzwanzig Jahre wählen dürfen. Die Curies würden noch Gelegenheit erhalten, den Kampf dieser Frauen für die Gleichberechtigung aus größerer Nähe mitzuerleben.

Das Haus wirkt nun recht leer. Irène ist inzwischen zu einem Teenager herangewachsen, und auch Ève ist kein Kleinkind mehr. Maries Ansichten über Erziehung sind Anfang des 20. Jahrhunderts fast revolutionär zu nennen. Zu dieser Zeit tragen Frauen noch lange Kleider, in denen sie sich kaum normal bewegen können, und sportliche Aktivitäten werden nur in den vornehmsten Kreisen, zu denen die Familie Curie allerdings nicht gehört, akzeptiert. Als modern denkende Frau vertritt Marie die Auffassung, dass auf jede Stunde Arbeit eine Stunde Bewegung folgen muss. Also lässt sie im Garten ein Turngerüst mit Ringen und einem Kletterseil errichten. Marie legt Wert auf Spitzenleistungen, das wissen die Kinder, und sie wollen es ihrer Mutter unbedingt recht machen. Beide finden Gefallen an Anstrengung und Wettbewerb, auch wenn Ève später einräumt, dass die Ältere mehr Ausdauer hat; ihren eisernen Willen hat sie wohl von ihrer Mutter geerbt … Bald werden sie für ihre sportlichen Leistungen in einer Turnhalle in der Nähe von Sceaux mit Preisen bedacht. Wenn sie auf dem Gebiet der Wissenschaften etwas erreichen wollen, dürfen sie ohnehin weder unterwürfig noch ängstlich sein. Ob diese Erziehung wohl auf Maries eigene Erfahrungen mit der Unterdrückung durch die russischen Besatzer, mit Demütigungen und schließlich dem Exil zurückzuführen ist? Darauf, dass sie die Zähne zusammenbeißen musste, als es galt, Armut und Einsamkeit zu ertragen in einem Alter, in dem junge Mädchen eigentlich ausgehen, lachen, träumen, lernen und sich verlieben wollen? Marie möchte auf jeden Fall verhindern, dass ihre Töchter später einmal mit denselben Schwierigkeiten konfrontiert sein werden wie einst sie selbst. Daher lautet ihre Devise, dass man sich in allen Lebenslagen aus eigener Kraft helfen muss.

Manchmal ist Marie sehr müde. Langsam macht sich die Wirkung der Strahlen bemerkbar, auch wenn sie dem keine Beachtung schenken will. Lieber schwingt sie sich aufs Fahrrad und macht einen Ausflug über Wiesen und Felder. Irène fährt inzwischen so schnell, dass sie ihre Mutter überholt, aber das macht nichts. Marie, die sich müht, mit ihrer Tochter mitzuhalten, kehrt am Abend manchmal völlig erschöpft und kraftlos zurück. Wie herrlich es ist, für ein paar Stunden das Laboratorium zu vergessen und sich stattdessen in der Natur zu ergehen! Ein unschätzbares Glück. Und die Mädchen lachen und wirken so froh.

Warum sich also nicht auch in den vielen neu aufkommenden Sportarten versuchen? Die Berge, die die Kinder bereits von Besuchen in Polen bei ihrer Tante Bronia kennen, locken mit einer neuen Herausforderung, dem Skilaufen. Skilaufen mit Steigfellen, ohne Lift, in den Ohren das Pfeifen des Windes, der einem ins Gesicht peitscht, und vor den Augen das blendende Weiß des Schnees, das ist ein berauschendes Erlebnis, das den Curie-Töchtern nicht vorenthalten wird. Irène wird sich später erinnern: »In einer Zeit, wo kaum je von Wintersport die Rede war, nahm meine Mutter mich und meine Schwester an Weihnachten mit in einen kleinen Ort im Jura, um auf einem zugefrorenen See Schlittschuh zu laufen, und ich schnallte mir zum ersten Mal Skier an, auf zehn Meter hohen Hängen. Auch wenn das eher bescheidene Darbietungen waren und ich anschließend bis 1922 nicht mehr zum Wintersport gefahren bin, kann ich mich damit brüsten, wahrscheinlich eine der ältesten Skiläuferinnen Frankreichs zu sein.«[42] Später wird die Familie ein Chalet im Dorf Courchevel erwerben, das damals allerdings noch weit davon entfernt ist, ein angesagtes Wintersportgebiet zu sein. Es wird ein zweiter Zufluchtsort für die Familie, ein Kokon. In der Bretagne haben sie das Meer, in den Alpen die Berge. Nur für wenige war in der Zeit vor dem Zweiten Weltkrieg eine solche Ausgewogenheit möglich. Ein Glücksfall für Irène und Ève.

Die Erziehung der Curie-Kinder fällt aus dem Rahmen. Ève und Irène wissen nicht, wie sehr sie sich von anderen jungen Mädchen zu Beginn des 20. Jahrhunderts unterscheiden, die sich nichts anderes wünschen, als eine gute Partie zu machen und einen biederen Ehemann mit einem ansehnlichen und gesicherten Einkommen zu finden. Ihre Jugend erscheint ihnen unbeschwert, zumal sie sie mit anderen Akademikerkindern verbringen. Ève besitzt ein musisches Talent, das ihrer Mutter schon früh aufgefallen ist. Seit ihrem vierten Lebensjahr erhält sie musikalischen Elementarunterricht und spielt viele Lieder und Melodien auf dem Klavier. Die Freunde staunen, Marie ist hingerissen. Vielleicht wird ihre Jüngste ja einmal eine Pianistin, die ebenso begabt ist wie Irène und sie selbst in den Naturwissenschaften? Ein Wunderkind? Irène ist davon nicht so begeistert. Èves Üben geht ihr auf die Nerven und stört sie beim Nachdenken über ernsthafte Probleme wie Physik- und Chemieaufgaben. Bald darauf, an ihrem sechsten Geburtstag, spielt Ève dem polnischen Pianisten und Komponisten Ignacy Paderewski vor, der gegenüber der entzückten Marie die »außergewöhnliche« Begabung der Kleinen lobt. Hat sie das Zeug zu einer Virtuosin? Diese Hoffnung lässt Marie aufblühen, nach und nach kehrt ihre Lebensfreude zurück.

Im Januar 1911 begibt sich Marie eiligen Schrittes in ihr Laboratorium. Sie muss eine schwierige Entscheidung treffen. Soll sie sich um einen Sitz in der Académie des Sciences, dieser Männerdomäne par excellence, bewerben? Immerhin wurde ihr die renommierteste Auszeichnung der Welt zuerkannt, der Nobelpreis für Physik. Wieso sollte eine so berühmte Frau in dieser ehrwürdigen Institution nicht die Mehrheit der Stimmen auf sich vereinen können? Einige Kollegen ihres verstorbenen Ehemannes machen darauf aufmerksam, dass Marie Curie bereits Mitglied mehrerer ausländischer Akademien der Wissenschaften ist, etwa in Schweden, den Niederlanden und sogar in Sankt Petersburg, wo die russischen Akademiemitglieder über ihre polnische Herkunft hinweggesehen haben. Was will Frankreich mehr?

Als ihr Gegenkandidat wird ein Franzose mit katholischem Hintergrund leidenschaftlich unterstützt, zumal das Nobelkomitee es gewagt hat, den Nobelpreis für Physik 1909 dem italienischen Erfinder Guglielmo Marconi zu verleihen und damit die Arbeit des französischen Physikers Édouard Branly zu übergehen. Dabei hatte dieser das Prinzip der drahtlosen Telegrafie und der Telemechanik entdeckt und wurde so zu einem Wegbereiter der Funktechnik. Eine Ungerechtigkeit, die die bedeutendsten französischen Wissenschaftler wiedergutmachen wollen. Da mischt sich plötzlich auch noch die Presse ein, insbesondere Léon Daudet mit seinen Anschuldigungen in dem Blatt *Action Française*, wonach ein »Komplott« aus Dreyfus-Anhängern sich entschlossen habe, die »Ausländerin« zu unterstützen und damit die Kandidatur eines katholischen Franzosen zu behindern. Am 24. Januar 1911 drängen sich vor der Académie Massen von Zuschauern, die Marie gegenüber feindselig eingestellt sind. Dennoch steht es nach der ersten Abstimmung 29 gegen 28, Branly hat nur eine Stimme Vorsprung. In der zweiten Abstimmung erreicht er die für eine Wahl erforderlichen 30 Stimmen. Marie unterliegt also mit einem durchaus ansehnlichen Ergebnis, trotzdem fühlt sie sich gedemütigt. Möglicherweise würde man sie ja auf den nächsten vakanten Sitz wählen? Es war so knapp …

Irène, die schon ein Teenager ist, schmiegt sich an ihre Mutter und tröstet sie, doch diesen Tag wird sie nie vergessen. Sie schweigt und prägt sich alles ein. Wer weiß, vielleicht wird sie ja einmal selbst vor dieser Versammlung kandidieren?

Eines schönen Tages im Frühling 1910 hatte sich Marie anlässlich eines Abendessens mit befreundeten Wissenschaftlern bei den Borels eingefunden. Als Marguerite Borel, die unter dem Pseudonym Camille Marbo Romane schreibt, Marie die Tür öffnet, ist sie völlig perplex: Die bereits seit vier Jahren verwitwete Freundin ist nicht in Schwarz gekleidet! Und sie lächelt, strahlt geradezu vor Heiterkeit. Sehr bald schon beginnt in Wissenschaft-lerkreisen die Gerüchteküche zu brodeln. Marie wird rot, wenn sie auch nur den Namen des Physikers Paul Langevin ausspricht, den sie im Übrigen als »Genie« bezeichnet. So unfassbar es auch ist, sie hat sich verliebt. Sie glaubt Langevin, wenn dieser über seine zerrüttete Ehe klagt. Geprägt von ihrer harmonischen und respektvollen Beziehung zu Pierre Curie idealisiert Marie sehr bald diesen Liebhaber, da sie in ihm eine Ähnlichkeit mit ihrem verstorbenen Mann zu erkennen glaubt. Schon bald mietet sie gemeinsam mit ihm in der Rue Banquier im 13. Arrondissement eine kleine Wohnung. Dieses Refugium hat den Vorteil, weit ge-nug vom Domizil der Langevins und gleichzeitig nicht zu weit von den Laboratorien der beiden Liebenden entfernt zu sein. Was Paul Langevin ihr auch erzählt, Marie glaubt jedes Wort. Schließlich war Pierre, die Liebe ihres Lebens, dieses grenzenlo-sen Vertrauens würdig. Und ein genialer Wissenschaftler kann einfach der geliebten Frau gegenüber nichts anderes sein als ein Gentleman. Doch Madame Langevin kennt die Eskapaden ih-res Mannes nur zu gut. Wutentbrannt überhäuft sie Marie mit Beschimpfungen, droht ihr gar Gewalt an. Eingeschüchtert be-schließt Marie, ihr Haus zu verlassen. Der Physiker Jean Perrin schaltet sich als Vermittler ein und schafft es, Langevins Frau zu beruhigen. Der untreue Ehemann verpflichtet sich, »diese Polin« nicht mehr wiederzusehen. Doch da erfährt Jeanne Langevin, dass alle beide am Internationalen Kongress für Radiologie und Elektrizität in Brüssel teilnehmen. Diese Nachricht fasst sie als Verrat auf. Was folgt, ist eine Kriegserklärung. Und die ist nicht unbegründet, denn in der Tat setzen Paul und Marie ihre Treffen in der Rue du Banquier fort, da sie sich von Jeanne unbeobachtet glauben.

Während Marie wohl einfach nur naiv ist, was die Liebes-abenteuer vieler französischer Männer angeht, verblüfft doch die Leichtfertigkeit Paul Langevins. Als Marie eines Tages unter Tränen feststellt, dass das Schloss der Wohnung in der Rue du Banquier aufgebrochen wurde und ihre Liebesbriefe entwendet worden sind, ahnt sie noch nicht, was auf sie zukommt. Umso mehr, als Paul Langevin, der weithin für seine Intelligenz gerühmt wird, zu Hause vor Wut tobt, randaliert und im Sommer 1911 angeblich sogar seine Frau ohrfeigt, bevor er mit seinen beiden Söhnen die eheliche Wohnung verlässt und sie ins Ausland mitnimmt, nach England. Als jedoch im Oktober in den Zeitungen Fotos von einer weiteren gemeinsam besuchten Konferenz in Belgien veröffentlicht werden, hält Madame Langevin es nicht länger aus. Dieses Mal geht sie zum Angriff über und wird dabei von den Frauen ihres Umfelds unterstützt, allen voran von der eigenen Mutter. Diese hat Beziehungen zur Presse, und Journalisten lieben nun einmal Skandalgeschichten. Schnell wird eine Strategie entworfen; man will bei der französischen Öffentlichkeit auf die Tränendrüse drücken. Wenn es um Ehebruch geht, sind für die öffentliche Meinung ohnehin immer die Frauen die Schuldigen. Am 4. November, einem herrlich sonnigen Tag, wird Marie ein Telegramm von befreundeten Physikern zugestellt. Die Zeitung *Le Journal*, deren Auflagenhöhe bei 750 000 Exemplaren liegt, titelt an diesem Morgen mit der zumindest zweideutigen Schlagzeile: »Eine Liebesgeschichte – Madame Curie und Professor Langevin«. Der Artikel führt auf der Stelle zu einem Eklat. Als äußerst geschickter Schachzug erweist es sich, dass die Mutter von Jeanne Langevin ein Interview gibt, in dem sie wehklagt, dass eine Polin ihrer armen Tochter den Mann »gestohlen« habe. Am nächsten Tag veröffentlicht eine andere Tageszeitung einen noch vernichtenderen Artikel, diesmal wird auch ein Gespräch mit Jeanne Langevin selbst abgedruckt. In der Öffentlichkeit sind die Gemüter aufs Äußerste erregt. Marie protestiert mit einer Stellungnahme in *Le Temps*. Auf keinen Fall will sie sich das alles gefallen lassen. Sie droht jenen, die solche Gerüchte verbreiten, mit Schadenersatzforderungen.

Bei ihrer Rückkehr nach Paris erhält die Wissenschaftlerin ein weiteres Telegramm. Der zweite Schock: Man verleiht ihr – ihr allein – den Nobelpreis für Chemie. Sie ist damit die erste Frau, der eine solche Auszeichnung ungeteilt zuerkannt wird, und die einzige zweifache Preisträgerin. Diese Ankündigung, die die Franzosen eigentlich mit Bewunderung für Marie Curie hätte erfüllen müssen, kommt zum denkbar schlechtesten Zeitpunkt.[43] Denn ein Nobelpreis gilt nicht viel im Vergleich zu einem Skandal, dem das Flair des Ehebruchs anhaftet. Aber das Schlimmste steht noch bevor. Gustave Téry, ein ehemaliger Kommilitone von Paul Langevin und seines Zeichens antisemitischer und rechtsextremer Journalist, veröffentlicht in der von ihm 1904 ins Leben gerufenen Zeitung *L'Œuvre* Auszüge aus Maries Briefen, in denen sie Paul Langevin Ratschläge zum Umgang mit seiner Frau erteilt. Nun kocht der Volkszorn hoch. Was fällt dieser Ausländerin ein, eine Ehe zu zerstören? Vor Kurzem noch wie eine Heilige verehrt, wird sie nun zu einer bösen Hexe stilisiert.

Der Schlag ist fatal. Eine aufgepeitschte Menge belagert das Haus der Curies in Sceaux. Es ertönen Pfiffe und Rufe: »Weg mit der Ausländerin!«, »Nimmt einer französischen Frau den Mann weg!«. Zusammen mit André-Louis Debierne beschließt Marguerite Borel, Ehefrau des Mathematikers Émile Borel, der auch stellvertretender Direktor der École Normale Supérieure ist, Marie Curie in die Rue d'Ulm mitzunehmen und sie in ihrer Dienstwohnung in Sicherheit zu bringen. Vergeblich alarmiert Marguerite ihren Vater, den Dekan der naturwissenschaftlichen Fakultät der Sorbonne; dieser rät, Marie solle nach Polen zurückkehren. Zur gleichen Zeit droht Bildungsminister Théodore Steeg Émile Borel mit Entlassung. Dieser bleibt jedoch standhaft. Feierlich erklärt er dem Minister: »Madame Curie bleibt mein Gast, solange sie möchte.« Eine kleine Gruppe Gelehrter, die einander seit der Dreyfus-Affäre in Solidarität verbunden sind, lanciert schließlich einen Gegenangriff – mit Erfolg: »Dank fünf von uns (Monsieur und Madame Borel, Monsieur und Madame Perrin, André Debierne), die sie gegen die ganze Welt in Schutz nahmen und der Schlammlawine, die sie zu verschlingen drohte, Einhalt geboten, blieb Marie Curie in Frankreich. Ohne uns aber wäre sie nach Polen zurückgekehrt, und wir wären für alle Zeiten mit einer ewigen Schande gebrandmarkt worden«, erinnert sich Camille Marbo in *Souvenirs et Rencontres*. Zusätzliche Unterstützung erhält Marie Curie von dem Abgeordneten Paul Painlevé und von Raymond Poincaré, dem Cousin des Mathematikers Henri Poincaré, Anwalt Maries und auch Anwalt der Pariser Pressegewerkschaft: Bei seinem Präsidenten setzt er durch, dass keine Artikel mehr über Marie Curies Privatleben erscheinen. Diese kleine Gruppe schafft es schließlich, durch ihren Zusammenhalt und ihre Einflussnahme sowohl bei den politischen Machthabern als auch bei der Sorbonne, sich den nationalistischen Seilschaften und dem Konformismus der republikanischen Eliten entgegenzustellen.

Die kleine Ève versteht nicht, warum sie mit ihrer Mutter in einem Zimmer bei fremden Leuten eingesperrt sein muss. Die Presse beschuldigt die »polnische Dreyfus-Anhängerin«, eine französische Ehe zerstört zu haben, und fordert sie auf, das Land zu verlassen. Nicht mehr die Anerkennung einer Wissenschaftlerin steht auf dem Spiel, sondern die Ehre Frankreichs. Paul Langevin dagegen hat weit weniger zu befürchten als Marie. Die Eskapaden der Herren der besseren Gesellschaft, die Geschichten über ihre Liebesnester bringen bestenfalls die Pariser Society zum Schmunzeln. Der Physiker riskiert nicht viel. Allerdings sind Duelle zu Beginn des 20. Jahrhunderts in Frankreich noch in Mode. Paul Langevin fühlt sich gezwungen, den Journalisten

Gustave Téry, der seinen Ruf beschmutzt hat, zu fordern. Am 25. November kommt es im Parc des Princes zu einem Pistolenduell zwischen den beiden Männern, in Anwesenheit einiger unwilliger Sekundanten und einer Handvoll Journalisten, die auf ein Blutvergießen lauern. Dann kommt der Moment, in dem der erste Schuss abgefeuert werden soll. Doch es bleibt totenstill. Alle sind sprachlos. Paul Langevin hat seine Waffe gesenkt und nicht geschossen. Daraufhin tat Gustave Téry – leicht verunsichert – das Gleiche. Das Duell endet ohne einen Tropfen Blut. Beide Männer bleiben unverletzt.

Probleme gibt es jedoch weiterhin, insbesondere im Außenministerium am Quai d'Orsay, wo man mit den katastrophalen Auswirkungen umgehen muss, die diese Affäre auf das internationale Ansehen Frankreichs hat, obwohl doch dieser zweite Nobelpreis für Marie Curie eigentlich ein Segen für die französische Wissenschaft hätte sein müssen. Der französische Botschafter in Stockholm übermittelt dem Quai d'Orsay innerhalb eines Monats vier Depeschen, von denen drei allein in der Woche vom 7. bis 14. Dezember 1911 ergehen. Die erste ist so vertraulich, dass sie handschriftlich verfasst und an das Kabinett des Ministers adressiert ist. Der Diplomat versäumt nicht, darauf hinzuweisen, dass Madame Langevin die Korrespondenz zwischen ihrem Mann und Marie Curie an die Öffentlichkeit gebracht und Klage erhoben hat.

Nach den Worten des Botschafters herrscht große Aufregung in Stockholm. Man erwägt, die Feierlichkeiten zu Ehren von Marie Curie abzusagen, die Schwedische Akademie der Wissenschaften fragt sie, ob sie wirklich vorhabe, zu kommen. Wie der Botschafter schreibt, fürchtet man einen Eklat während der Preisverleihung: »Schließlich ging gestern Abend das Gerücht um, dass, wenn sie zu dem Festakt am 10. Dezember erschiene, die Verkündung ihres Namens trotz der Anwesenheit des Königs mit Pfiffen von Feministinnen begrüßt würde, deren Stolz Madame Curie bislang war, deren Schande sie aber nun geworden ist. Auch wurde mitgeteilt, der König, der am Abend des 11. Dezember das übliche Festessen für die Nobelpreisträger geben wird, habe erklärt, dass er Madame Curie nicht empfangen werde.«[44] In den Depeschen wird nicht auf die herausragende Tatsache hingewiesen, dass eine Frau einen zweiten Nobelpreis in einer wissenschaftlichen Disziplin erhält. Das Einzige, was zählt, ist ihre Beziehung zu Paul Langevin.

In Stockholm überstürzen sich die Ereignisse. Dank einer außergerichtlichen Einigung zwischen Paul Langevin und seiner Frau ist eine Wende zugunsten von Marie Curie schließlich möglich. Die nächsten beiden diplomatischen Depeschen, diesmal mit Schreibmaschine geschrieben, vom 7. und 11. Dezember 1911, zeugen von der Erleichterung des französischen Botschafters in Schweden und der Kunst, den Skandal abzuwenden und zu kaschieren: »Die Marie Curie zugeschriebenen Briefe sind Fälschungen.« Die Schweden – Offizielle und Presse – müssen Abbitte dafür leisten, dass sie die Preisträgerin beleidigt haben. Der Botschafter »entdeckt«, dass Marie Curie überall, wo sie hinkommt, Ovationen zuteilwerden, dass die Sache noch größer hätte sein können und dass einige »ihr geraten hätten, den Preis abzulehnen. Der berühmte Mathematiker konnte, als er mir dies anvertraute, nur mit Mühe seine Gefühle beherrschen«[45]. Vor allem aber ist Frankreichs guter Ruf gerettet – Diplomatie verpflichtet.

Von Prag aus verfolgt Albert Einstein die Geschehnisse um seine Freundin Marie Curie in der Presse. Er selbst, der mehrere Liebesbeziehungen und Trennungen erleben wird und stets darauf besteht, dass man sein Privatleben respektiert, behält die zweifache Nobelpreisträgerin als »außergewöhnliche Frau« in Erinnerung. Er hatte sie im Herbst 1911 in Brüssel auf einer von dem belgischen Industriellen Ernest Solvay organisierten Fachkonferenz getroffen, bei der unter anderem über Einsteins Theorie diskutiert wurde, die auf Vorbehalte und sogar Feindseligkeiten stieß. An der Zusammenkunft nahmen die bedeutendsten Physiker aus aller Welt teil, darunter Henri Poincaré, Paul Langevin, Max Planck, einer der Wegbereiter der Quantenmechanik und Gegner Einsteins, der Neuseeländer Ernest Rutherford und Marie Curie, die einzige Frau in dieser renommierten Gruppe.

Während der Konferenz kursierten Gerüchte über eine mögliche Affäre zwischen Paul Langevin und der Witwe von Pierre Curie, die im Dezember den Nobelpreis für Chemie erhalten sollte. Einstein empfindet Sympathie sowohl für Paul Langevin als auch für Marie Curie, kann sich aber nicht vorstellen, dass Letztere mit ihrer ernsten und streng wirkenden Art für den französischen Physiker attraktiv sein könnte. Zwar habe Marie Curie, so schrieb er an einen Freund, »eine sprühende Intelligenz, ist aber trotz aller Leidenschaft nicht anziehend genug, um jemandem gefährlich zu werden«[46]. Ihm ist es ein besonderes Anliegen, zu den Angriffen auf Marie Stellung zu nehmen, weil er selbst gerade seine neue Relativitätstheorie gegen prominente Physikerkollegen zu beiden Seiten des Atlantiks verteidigt. Sein Biograf Denis Brian macht darauf aufmerksam, dass Einsteins Theorie für viele Physiker »das Universum nicht in verständlichen Begriffen«[47] beschrieb. Umso mehr schätzt Einstein die Zeichen des Respekts und des Vertrauens, die Marie Curie ihm entgegenbringt. Aus Prag, wo er eine Universitätsprofessur innehat, schreibt er ihr einen leidenschaftlichen Brief:

»Liebe Frau Curie, hoch geehrte Frau Curie,
Lachen Sie nicht über mich, wenn ich Ihnen schreibe, ohne Ihnen etwas Verständiges zu sagen zu haben. Aber ich bin

so wütend über die niederträchtige Art, in der sich der Pöbel gegenwärtig mit Ihnen zu befassen wagt, dass ich diesem Gefühl unbedingt Ausdruck geben muss. Aber ich bin überzeugt, dass Sie diesen Pöbel stets gleich verachten, ob er Ehrfurcht heuchelt oder seine Sensationslust durch Sie zu stillen sucht! Es drängt mich, Ihnen zu sagen, wie ich Ihren Geist, Ihre Tatkraft und Ihre Ehrlichkeit bewundern gelernt habe, und dass ich mich glücklich schätze, Ihre persönliche Bekanntschaft in Brüssel gemacht zu haben. Wer nicht zu den Reptilien zählt, wird sich nach wie vor freuen, dass wir solche Persönlichkeiten wie Sie und auch Langevin unter uns haben, wirkliche Menschen, im Verkehr mit denen man sich glücklich fühlt. Wenn sich der Pöbel noch weiter mit Ihnen befasst, so lesen Sie einfach das Gewäsch nicht, sondern überlassen es dem Reptil, für das es fabriziert ist.

Es grüßt Sie und Langevin freundschaftlichst Ihr ganz ergebener A. Einstein«[48]

Vermutlich hat Marie Curie geglaubt, in Paul Langevin einen Partner gefunden zu haben, mit dem sie, wie einst mit Pierre Curie, eine dauerhafte und erfüllende Beziehung aufbauen könnte, eine menschliche und intellektuelle Verbundenheit, die vergleichbar wäre mit derjenigen, die sie mit ihrem verstorbenen Mann erlebt hatte. Tatsächlich waren die beiden Männer jedoch von sehr unterschiedlichem Charakter. Paul Langevin ähnelte vielen französischen Männern der Oberschicht, die sich mit ihren Gespielinnen vergnügen möchten, ohne dass dies ihren sozialen Rang, ihren Ruf und ihre bürgerliche Bequemlichkeit in irgendeiner Weise gefährdet. Marie Curie hat diesen Mann wahrscheinlich idealisiert, in einer Zeit, in der eine Ehescheidung noch eine Seltenheit war.

Ève ist damals erst sieben Jahre alt. Zu jung, um zu verstehen, was auf dem Spiel steht, aber alt genug, um zu erkennen, dass ihr Leben sich nun radikal ändert. Wie hätte sie nicht traumatisiert sein sollen? In ihrer späteren Biografie über ihre Mutter deutet sie die Affäre mit Langevin an, ohne sie allerdings jemals explizit zu benennen. In ihren Worten klingt noch immer die Wut an, die sie beim Schreiben empfunden haben muss:

»In einem plötzlichen Ausbruch von menschlicher Bosheit und Vernichtungswillen wird die vierundvierzigjährige, von einer ungeheuren Arbeitslast niedergedrückte, schutzlos dastehende Frau zum Zielpunkt eines heimtückischen Verleumdungsfeldzuges gemacht, dessen Schauplatz Paris ist.

Marie, die einen Männerberuf ausübt, hat unter Männern ihre Freunde, ihre Vertrauten gefunden, die alle – und vor allem einer unter ihnen – tiefgehend unter ihrem Einfluss stehen. Mehr bedarf es nicht! Die Gelehrte, deren würdiges, zurückhaltendes Leben von nichts als ihrer Arbeit weiß, […] wird eines Ehebruchs und einer Entehrung des Namens beschuldigt, den sie mit solchem Glanze trägt.

Es steht mir nicht zu, diejenigen zu richten, die das Zeichen zum Angriff gegeben haben, noch auch von dem verzweifelten, geradezu tragischen Ungeschick zu sprechen, mit dem Marie sich oft verteidigte … Genug, die Untat ist geschehen, sie hat Marie an den Rand des Selbstmords, der geistigen Verwirrung gebracht; die physisch Erschöpfte fiel in schwere Krankheit.«[49]

In diesem Abschnitt über den Skandal wird der Name Paul Langevin nicht erwähnt. Zwischen den Zeilen ist er jedoch präsent. Als Erwachsene hat Ève es fertiggebracht, diese wenigen schmerzvollen Sätze zu verfassen. Doch hat sie nie mit Nahestehenden über dieses Thema gesprochen, es blieb ein Tabu: »Sie erwähnte dieses Ereignis nicht«, erinnert sich Anne Joliot-Curie, die Ehefrau ihres Neffen Pierre, die ihre Vertraute und beste Freundin war. »Es blieb unausgesprochen. Und ich hätte mir nicht erlaubt, es zu erwähnen.« Hélène Langevin-Joliot wiederum sagt über ihre Großmutter: »Trotz allem kann Marie Curie nicht so wahnsinnig verliebt in Langevin gewesen sein, denn später sind sie Freunde geworden.«[50]

Marie reist allen Widrigkeiten zum Trotz nach Stockholm, begleitet von der vierzehnjährigen Irène und ihrer älteren Schwester Bronia. Auf diese Weise zeigt Marie den schwedischen und internationalen Institutionen, dass sie auch eine Mutter ist, die sich um ihre Kinder kümmert. Für ihre Älteste ist es eine höchst sonderbare, fremde Welt: Frauen in Abendkleidern und Männer im Smoking – das ist das genaue Gegenteil zu der Atmosphäre, die sie aus Paris und ihrem bretonischen Sommerrefugium L'Arcouest, ja sogar aus Polen gewohnt ist. Irène beobachtet alles ganz genau. Ihr Vater ist ja nicht mehr da, und auf gewisse Weise vertritt sie ihn. Ängstlich sieht sie zu, wie Marie ganz allein auf das Podium steigt, mit energischem Gesichtsausdruck, bereit, die Fundiertheit ihrer wissenschaftlichen Entdeckungen unter Beweis zu stellen. 1904 ist es Pierre gewesen, der in ihrer beider Namen sprach, doch dieses Mal, als alleinige Preisträgerin, ist Marie entschlossen, der ganzen Welt zu beweisen, dass sie den Preis zu Recht erhalten hat, für ihre eigene Forschung, ohne Wenn und Aber. Denn einige Leute haben es gewagt, den Wert ihrer Arbeit infrage zu stellen. Sie spricht mit Nachdruck, wägt ihre Worte genau ab und formuliert bewusst in der Ich-Form, sagt zum Beispiel »die von *mir* als radioaktiv bezeichneten Teilchen« oder »*meine* Hypothese, wonach Radioaktivität eine atomare Eigenschaft der Materie ist«. Sie spricht unbeirrt und hochkonzentriert, doch als die Zeremonie beendet ist, empfindet sie es als eine Erleichterung. Es hat keinen Zwischenfall gegeben. Sie kann sich nun zum Bankett des Königs begeben, desselben Königs, der sich nach den Worten des französischen Botschafters noch vor wenigen Tagen geweigert hat, sie zu empfangen. Aus Gründen des Protokolls sitzt sie ihm sogar fast gegenüber. Am nächsten Tag hält die zweifache Nobelpreisträgerin vor einem großen Fachpublikum einen weiteren Vortrag über ihre Entdeckungen und die von Pierre, dem sie unbedingt die Ehre erweisen möchte. Marie kann erleichtert nach Paris zurückkehren. Dank ihrer Fähigkeiten und ihrer Hartnäckigkeit hat sie den mächtigen Männern aus Schweden und Frankreich die Stirn geboten. Und sie ebnet damit auch anderen Frauen den Weg zum Nobelpreis, da ist sie sich sicher. Einfach wird dies allerdings auch in Zukunft nicht sein. Bis heute haben nur wenige Frauen den Nobelpreis in einer wissenschaftlichen Disziplin erhalten.

Zurück in Frankreich leidet Marie unter den Nachwirkungen des Skandals und verfällt in eine Depression. Die Demütigung hat sie ihrer Kräfte beraubt. Unmöglich kann sie in Sceaux wohnen bleiben, wo Passanten sie als widerliche Ausländerin beschimpft haben. Hinzu kommen die viel zu weiten Fahrten zum Laboratorium. Sie entschließt sich, eine Wohnung auf der Île Saint-Louis im Zentrum von Paris zu mieten, doch kurz vor dem Umzug wird sie, von höllischen Schmerzen gepeinigt, in eine Klinik in der Rue Blomet eingeliefert, wo sie sich einer Notoperation an den Nieren unterziehen soll. Die Ärzte erklären jedoch, dass ihre körperliche Verfassung einen solchen Eingriff nicht zulässt. Zuerst müsse sie wieder zu Kräften kommen. Ihre Töchter wissen nicht, ob sie gerettet werden kann. Irène ist vor Sorge wie versteinert, sie versteht, wie ernst die Lage ist. Marie hört nicht auf zu fiebern, und auch die Schmerzen lassen nicht nach. Bis in den Januar 1912 hinein bleibt sie im Krankenhaus in der Obhut der Marienschwestern, die sich diskret und aufopfernd um sie kümmern. Ein trauriger Jahresbeginn für die zweifache Nobelpreisträgerin, die viel dafür gegeben hätte, in ihr Laboratorium zurückzukehren und die Feiertage mit ihren Kindern zu verbringen. Im März kann endlich die Operation vorgenommen werden. Danach fühlt sich Marie noch elender und verfasst ein wissenschaftliches Testament, das sie jedoch nicht der noch zu jungen Irène anvertraut, sondern einem Freund von Pierre.[51] Abgemagert und erschöpft wie sie ist, kann sie ihre Lehrtätigkeit an der Sorbonne nicht wiederaufnehmen. Welch eine Enttäuschung für einen Menschen, dem so viel daran liegt, seine Verpflichtungen einzuhalten. Ihr erbärmlicher Zustand erinnert sie an die Situation ihrer Mutter, der sie sich als Kind nicht nähern und die sie nicht umarmen durfte. Nun hat es sie selbst getroffen. Vielleicht würde sie ebenso jung wie ihre Mutter sterben? Doch Aufgeben kommt nicht infrage, denn ihr Laboratorium und ihre Kinder brauchen sie. Die von häufigen Erholungsaufenthalten und Abwesenheiten geprägte erste Hälfte des Jahres 1912 verläuft recht trist, doch nach und nach kommt Marie wieder zu Kräften. Schließlich ist sie so weit wiederhergestellt, dass sie in ihre neue Wohnung im dritten Stock am Quai de Béthune 36 einziehen kann. Die Île Saint-Louis besitzt ein altmodisches Flair, wird aber von Milliardären und alteingesessenen Adelsfamilien bewohnt. In diesen prunkvollen Gebäuden zieren antike Möbel und Kunstwerke die Räume. Welch ein Kontrast zur Wohnung der Curies! Marie interessiert sich nicht für die Einrichtung, aber die Lage ist praktisch. Morgens muss sie lediglich die Tournelle-Brücke überqueren, um zu ihrem Laboratorium auf der anderen Seite der Seine zu gelangen. In den ersten sechs Monaten wird sie ohnehin kaum dort sein. Sie wird sich in ein Haus in Thonon-les-Bains im Departement Haute-Savoie flüchten, dessen kühles Klima für seine heilsame Wirkung bei Nierenleiden bekannt ist. Die Erinnerungen an die Demütigungen der Langevin-Affäre sind immer noch lebendig. Marie ist auf der Hut und meldet sich stets unter einem falschen Namen an. Sie vermisst ihre Töchter, die so weit weg von ihr sind.

Der Frühling ist da, der Sommer steht vor der Tür; der erste seit dem Skandal um die Briefe an Paul Langevin. Marie freut sich unbändig, bald wieder mit ihren Töchtern zusammen zu sein, zu kuscheln, zu spielen, zu laufen, Rad zu fahren, stundenlang zu schwimmen, sich mit den anderen Wissenschaftlern zu amüsieren, zu tanzen. Aber auch darauf, am Abend mit den Mädchen die Schulaufgaben zu erledigen. Irène ist inzwischen ein Teenager, sie lernt viel, macht Entdeckungen und interessiert sich für fremde Kulturen. Vielleicht nur, um ihrer Mutter eine Freude zu machen, schreibt sie ihr von einer Reise einen Brief, von dem sie weiß, dass Marie, die sie Mé nennt, ihn aufmerksam lesen wird:

»Weißt du, liebe Mé, dass das Lesen mir ein großes Bedürfnis ist? Wenn ich ein Buch habe, verschlinge ich es. Stell dir vor, was für eine Qual es ist, Bücher zu haben und den Inhalt nicht zu kennen. Also habe ich mich ganz tapfer darangemacht, gleichzeitig *Minna von Barnhelm* zu lesen, zwei oder drei Geschichten von Shakespeare (in einer Bearbeitung für Kinder), das Ende von *Ondine*, den Anfang von *David Copperfield* (auf Englisch; Isabelle hat es mir geliehen), den *Alten Seemann* (weißt du noch, das ist das Buch, das ich für meine Englischstunden kaufen musste), ein paar kurze Geschichten in Èves Deutschbuch und schließlich noch einige kleine Geschichten in dem Berlitz, den mir André geliehen hat. Das sind sieben Sachen [...]. Bete, dass ich heil aus diesem Durcheinander von englischen und deutschen Büchern herauskomme …«[52]

Natürlich ist die Mutter begeistert: »Dein Brief, in dem du mir von deinen vielfältigen Leseabenteuern berichtest, hat mich sehr amüsiert. Er hat mir auch große Freude bereitet, denn es besteht kein Zweifel daran, dass du auf diese Weise große Fortschritte beim Fremdsprachenlernen machen wirst.«[53] Doch Marie ist nierenkrank, und der Heilungserfolg der Behandlungen, denen sie sich unterzieht, ist noch ungewiss. Sie beschließt, nach Paris zurückzukehren, um mit ihren Töchtern die Sommerferien an einem Ort und mit einer Frau zu verbringen, deren Einfluss Irène und Ève prägen wird. Es ist ein herrliches Gefühl, den Ärmelkanal zu überqueren, weit weg zu sein von den französischen Journalisten, die ihren Namen und ihren Ruf beschmutzt haben, und Zuflucht bei einer ihr ebenbürtigen Wissenschaftlerin zu finden, mit der sie sich angefreundet hat. Vorsichtshalber reist sie jedoch unter ihrem Mädchennamen.

Hertha Ayrton ist eine durch und durch beeindruckende Frau. Die 1854 geborene Engländerin, deren Vater polnisch-jüdischer Abstammung war, zieht im Alter von neun Jahren zu ihren Cousins nach London. Diese wecken in ihr die Begeisterung für die Mathematik.[54] Als sie ihr Studium in Cambridge abschließt, erhält sie keinen akademischen Titel, da dieser Frauen nicht zugesprochen wird. Ein Jahr später legt sie daher an der University of Science in London eine weitere Prüfung ab. Bereits zuvor hatte sie dank ihrer Erfindungsgabe ein Instrument zur Messung des Blutdrucks entwickelt. Hertha Ayrton ist zunächst als Hauslehrerin tätig, unterrichtet Mathematik an einem Gymnasium in Notting Hill und arbeitet nebenbei noch an mathematisch-technischen Anwendungen. 1884 meldet sie als Dreißigjährige ihr erstes von 26 Patenten an. Nach dem Besuch von Abendkursen zum Thema Elektrizität beginnt sie über den elektrischen Lichtbogen zu forschen. Und sie ist die erste Frau, der es gestattet wird, ihre Ergebnisse der Institution of Electrical Engineers vorzustellen.

Noch vor Anbruch des 20. Jahrhunderts erfahren ihre Arbeiten internationale Anerkennung. Ihre Entdeckungen sind so bedeutsam, dass die British Society for the Advancement of Science, zu der bisher nur Männer zugelassen waren, beschließt, ihre Gremien für Frauen zu öffnen. Im Jahr 1900, parallel zur Weltausstellung in Paris, spricht die englische Wissenschaftlerin auf dem Internationalen Elektrizitätskongress, der parallel in der französischen Hauptstadt abgehalten wird. Es ist ein historischer Moment, in dem die Zuschauer von der »Fée électricité« fasziniert sind. Dieser Erfolg und die Anerkennung durch ihre Kollegen, die allesamt Männer sind, führen dazu, dass Hertha Ayrton zur Aufnahme in die angesehene Royal Society, das britische Pendant zur Académie française, vorgeschlagen wird. Doch einige der Herren finden eine Ausrede, um ihr die Mitgliedschaft zu verweigern. Verheiratete Frauen kommen für eine solche Ehre nicht infrage! Diese Vorgehensweise wird Anfang der 1900er Jahre in Frankreich zu ähnlichen Ablehnungen führen. Doch Hertha Ayrton gibt nicht auf. Das ist sie sich als Feministin schuldig, und sie hat nicht vor, ihre wissenschaftlichen Entdeckungen zu beschweigen. Sie hat Talent und scheut sich nicht, ihre Fortschritte mit anderen zu teilen. Dann gelingt ihr etwas nie Dagewesenes. Im Jahr 1904, nur wenige Monate, nachdem Pierre und Marie den Nobelpreis für Physik erhalten haben, darf sie als erste Frau vor den Mitgliedern der Royal Society in London einen Vortrag über ihre Erkenntnisse zum Thema »Ursprung und Wachstum von Rippelmarken«[55] halten. Und zwei Jahre später, 1906, erhält sie für ihre Entdeckungen auf dem Gebiet der Physik[56] die renommierteste wissenschaftliche Medaille Großbritanniens, die Hughes-Medaille[57] der Royal Society[58]. Bis 1949, also 43 Jahre lang, wird sie die einzige Frau mit dieser Auszeichnung bleiben.

Ebenso bedeutsam wie ihr wissenschaftliches Werk ist Hertha Ayrtons feministisches Engagement. Dabei hat sie nicht bis zu ihrer Volljährigkeit gewartet, um sich für die Rechte ihrer Geschlechtsgenossinnen einzusetzen. Schon als Jugendliche nimmt sie an Demonstrationen teil. Am 18. November 1910 begibt sie sich gemeinsam mit der Suffragette Emmeline Pankhurst zum britischen Premierminister in die Downing Street No. 10. An diesem Tag unternehmen 300 Suffragetten, die gehofft hatten, dass der neue Premierminister sein Versprechen, den Frauen das Wahlrecht zu gewähren, einhalten würde, einen Protestmarsch durch London zum Parlament. Diesmal dringen jedoch nicht nur die Buhrufe, Pfiffe und Beschimpfungen von den Bürgersteigen zu ihnen; die Polizei lässt den Mob passieren, der sich auf die Demonstrantinnen stürzt, um sie – oftmals auch sexuell – zu attackieren und sie mit Fäusten und Stöcken zu traktieren, während die Polizisten sie ihrerseits niederknüppeln. Es ist ein verheerender Anblick. Angesichts der aufgeheizten Stimmung weigert sich der Premierminister, die Frauen zu empfangen. Hertha Ayrton, Emmeline Pankhurst und einige andere beginnen eine heftige Diskussion mit seinem Privatsekretär. Zwei Suffragetten sterben an den Folgen der auf der Demonstration ausgeübten Polizeigewalt. Der damalige Innenminister Winston Churchill lehnt es ab, dass die Angreifer, von denen einige polizeibekannt sind, vor Gericht gestellt werden, und schützt sie auf diese Weise. An diesem finsteren Tag, der als Black Friday in die Geschichte Großbritanniens eingehen wird, beschließen die Feministinnen, ihre Taktik zu ändern. In Zukunft werden sie Fensterscheiben einwerfen, um mehr Zeit für eine unauffällige Flucht zu haben.

Auch in der französischen Presse ist von diesen Übergriffen

zu lesen, und Marie empfindet Respekt und Sympathie für den Mut ihrer britischen Freundin, die zudem eine Ausnahmewissenschaftlerin und älter als sie selbst ist – eine ältere Schwester in der Wissenschaft sozusagen. Sie erfährt, dass Hertha Ayrton Emmeline Pankhurst beherbergt. Diese kommt gerade völlig entkräftet von einem Hungerstreik aus dem Gefängnis, wo sie ebenso wie andere Suffragetten unter unerträglichen Schmerzen durch ihren durchbohrten Bauchnabel zwangsernährt worden war. Solche Maßnahmen würden heute als Folter gelten.

Einige Jahre später, 1913, wird Emmeline Pankhurst verhaftet, als sie das Haus von Hertha Ayrton verlässt, um sich zur Beerdigung der Feministin Emily Davison zu begeben. Die Vierzigjährige hatte sich im Juni 1913 beim berühmten Epsom Derby vor das Pferd mit den Farben des Königs geworfen. Vor Tausenden von Zuschauern wurde sie zertrampelt und erlag vier Tage später ihren Verletzungen. Das Foto von diesem Unglück geht um die Welt. An ihrer Beerdigung nehmen zweitausend Suffragetten teil, von denen die meisten auf Befehl Churchills verhaftet werden. Diese Tragödie verschafft dem Kampf für das Frauenwahlrecht weltweite Aufmerksamkeit, und die Öffentlichkeit beginnt, den Mut der Suffragetten zu bewundern. Allein Emily Davison ist in vier Jahren neunmal inhaftiert worden, und zwar jedes Mal, weil sie sich für die Sache der Frauen eingesetzt hatte. Auf dem Höhepunkt der Repressionen gegen die Suffragetten macht Hertha Ayrton wissenschaftliche Entdeckungen, die wie jene von Marie Curie während des Ersten Weltkriegs von Nutzen sein würden.

Dieser von Unglück und Gewalt geprägte Weg beeindruckt Marie, die in Hertha ihre eigene Hartnäckigkeit wiedererkennt. Sie beschließt, Frankreich nach dem Albtraum der Langevin-Affäre inkognito zu verlassen und mit Hertha Ayrton in die Ferien zu fahren – ein »Befreiungsschlag«, der sie mit großer Vorfreude erfüllt. Als sie sich allein nach Dover einschifft, kann sie es kaum erwarten, ihre englische Kollegin in Devonshire, ihrem Urlaubsort an der »britischen Riviera«, wiederzusehen. Dort atmet sie die saubere, jodhaltige Luft und genießt, entspannt im Liegestuhl sitzend, die Gespräche mit der Freundin. Endlich fühlt sie sich in Sicherheit. Marie freut sich auch, Herthas bereits 25-jährige Tochter Barbara zu treffen. Die junge Frau hat 1909 ihr Studium der Naturwissenschaften abgebrochen, um sich ausschließlich um die Organisation der berühmten Women's Social and Political Union zu kümmern[59] und das mittlerweile zum Standardwerk avancierte Pamphlet für das Frauenwahlrecht *The Democratic Plea*[60] zu veröffentlichen. Auch sie ist bereits verhaftet und von Churchills Polizei misshandelt worden. Vielleicht könnte Barbara der jungen Irène von ihren Aktionen berichten. Diese interessiert sich für den Kampf der Suffragetten und weiß, dass Hertha Ayrton ihre Mutter während des Skandals um die Briefe an Paul Langevin im Dezember des Vorjahres unterstützt hat.

Maries Töchter, die den Juli in Polen bei ihrer Tante Bronia verbracht haben, sind inzwischen ihrer Mutter nach England nachgereist. Die siebenjährige Ève hört zwei Monate lang fast ausschließlich Englisch – die beste Schule, um die Sprache und den Akzent zu erlernen. Noch weiß sie nicht, dass dieser Aufenthalt später für sie der Schlüssel zur angelsächsischen Kultur werden wird. Die vierzehnjährige Irène bedient sich des Englischen ganz selbstverständlich und diskutiert mit Hertha und Barbara in der Sprache des von ihr und ihrer Mutter so verehrten Autors Kipling über mathematische und physikalische Themen. Die Mädchen sind auf diese Weise – ein damals seltener Glücksfall – von drei Kulturen umgeben: der französischen, der polnischen und der englischen. Drei Welten, die künftig die Basis für ihr Leben, ihren beruflichen Werdegang und ihre Interessen bilden werden. Bei ihrer Freundin Hertha findet Marie zwar etwas Erholung, doch sie kommt nicht so zu Kräften, wie sie es sich erhofft hatte. Noch immer erschöpft, sagt sie ihre für den Herbst geplanten Reisen ab. Es deprimiert sie zusätzlich, dass sie körperlich nicht in der Lage ist, an den aktuellen wissenschaftlichen Diskussionen, insbesondere über Radioaktivität, teilzunehmen[61], was ausgerechnet in jenem Jahr, unmittelbar nach der weltweiten Aufmerksamkeit durch ihren zweiten Nobelpreis, so wichtig wäre. Hinzu kommt die Feindseligkeit ihrer männlichen Kollegen in Frankreich und im Ausland, weil sie eine Frau ist. Immer wieder muss sich Marie aufs Neue verteidigen, ihre Arbeit und ihre Entdeckungen rechtfertigen.

Doch nach und nach lebt sie auf. Im Sommer 1913 ist sie so weit wiederhergestellt, dass sie wieder ausgedehntere Spaziergänge machen kann, und sie beschließt, mit ihren Töchtern im Engadin wandern zu gehen, die Schweizer Berge mit ihren Seen und Lärchenwäldern zu genießen, den obligatorischen Rucksack auf dem Rücken. Albert Einstein, der zu diesem Zeitpunkt noch nicht den Nobelpreis erhalten hat, schließt sich Marie und ihren Töchtern gemeinsam mit seiner Frau Mileva und den beiden Söhnen an. Bei einem Spaziergang an einem See achtet der Physiker kaum auf Stolpersteine und Felsspalten, er träumt beim Gehen vor sich hin, sodass er ständig Gefahr läuft, zu fallen. Und der Fall als physikalisches Phänomen ist tatsächlich das, was ihn auf diesen steilen Pfaden beschäftigt und bedrängt: »Wissen Sie«, ruft er Marie zu, wobei er ihren Arm nimmt und ihr tief in die Augen schaut, »ich muss einfach verstehen, was genau mit den Insassen eines Fahrstuhls passiert, wenn dieser abstürzt.«[62] Die drei älteren Kinder, darunter Irène und die achtjährige Ève, brechen in schallendes Gelächter aus. Der Freund ihrer Mutter macht ein so gequältes Gesicht, als ob sein Leben auf dem Spiel stünde. Und in der Tat geht es um nichts Geringeres als um die

Gravitation. Doch Einstein stellt sich auch die Frage, ob Frauen biologisch betrachtet die gleichen intellektuellen Fähigkeiten wie Männer haben können. Unglaublich, wo doch viele seiner Entdeckungen auf den wissenschaftlichen Austausch mit seiner ersten Frau, Mileva Marić-Einstein, zurückgehen, die ebenfalls Physikerin ist. Später wurde sogar über die Urheberschaft der Relativitätstheorie und die Rolle von Einsteins Ehefrau bei der Entwicklung dieser Theorie diskutiert. Abgesehen von Mileva ist Marie Curie für Einstein eine intellektuelle und wissenschaftliche Ausnahmeerscheinung. Davon zeugen Fotos von Physikerkongressen. Marie Curie ist dort stets als einzige Frau inmitten von Männern zu sehen.

»Auf keinen Fall sollen meine Töchter diese schreckliche französische Schule besuchen«, sagt sich Marie. Die Sekundarschulbildung in Frankreich ist zwar nicht schlecht, dafür aber eine freudlose Angelegenheit. Und der Unterricht in den Jungenschulen ist deutlich anspruchsvoller. Das Leben der Frauen ist auf den familiären, privaten Bereich beschränkt, dabei geht es nicht um Unabhängigkeit im Sinne einer wirtschaftlichen Eigenständigkeit, die durch einen Beruf und eine Erwerbstätigkeit ermöglicht wird. Bald wird in England, dem Land ihrer als Suffragette aktiven Freundin Hertha Ayrton, die Schriftstellerin Virginia Woolf den Essay *Ein Zimmer für sich allein* schreiben und darin das gleiche Leitmotiv aufgreifen. Eine Frau kann nur dann unabhängig sein, wenn sie über finanzielle Unabhängigkeit verfügt, was für den Großteil der Frauen weltweit bedeutet, einen anständig bezahlten Beruf auszuüben.

Marie treibt noch eine andere Sorge um: Ihre Töchter sollen eine ausgewogene intellektuelle und körperliche Erziehung erhalten. Und Zugang zu einer hervorragenden Ausbildung haben. Würde man von einer zweifachen Nobelpreisträgerin etwas anderes erwarten? Das Beste ist gerade gut genug, auch wenn die Messlatte manchmal zu hoch erscheint. Die Kinder werden nicht in die französische Schule gehen, die französische Schule kommt zu ihnen. Und sie werden nicht etwa von Lehrern und Lehrerinnen unterrichtet, sondern von Universitätsprofessoren, Freunden und Kollegen von Marie, die sich als Hauslehrer betätigen, ähnlich wie bei den Knaben aus reichen Familien im Griechenland und Rom der Antike. Schließlich wurden auch Pierre Curie und sein Bruder Jacques so erzogen. Schon bald macht sich eine lärmende und lachende Schar Wissenschaftlersprösslinge auf den Weg zum Chemielaboratorium von Jean Perrin. Anschließend fährt man zu Paul Langevin nach Fontenay-aux-Roses, wo ein Tag der Mathematik gewidmet ist. Am dritten Tag der Woche geht es dann zurück nach Paris zu einem Physikkurs, den Marie in einem nicht mehr genutzten Raum der École Municipale de Physique et de Chimie hält. Später gesellen sich noch weitere Kollegen hinzu, die den Kindern ihr Wissen über Literatur und Geschichte sowie Kenntnisse der englischen Sprache vermitteln. Ève schreibt später, dass dieser Unterricht zwar »hinreißend«, für die Erwachsenen jedoch auch sehr aufreibend sein konnte. Eine Horde begeisterter und neugieriger Kinder, die ständig nach Erklärungen verlangen, ist eine anstrengende Sache für Marie und ihre Kollegen. So vergehen zwei Jahre. Die hochkarätigen Wissenschaftler können ihrer Forschung nicht mehr so viel Zeit und Energie widmen. Für Irène und Ève wird es Zeit, an eine weiterführende Schule zu wechseln, die zwar den klassischen Bildungskanon vermittelt, aber in privater Trägerschaft und nicht konfessionell gebunden ist. Marie selbst hat ihren Glauben in jungen Jahren verloren und will ihren Töchtern keine Religion aufzwingen. Sie ist der Auffassung, dass diese später noch Gelegenheit haben werden, sich selbst ein spirituelles Leben aufzubauen, wenn sie das möchten. Sie jedenfalls würde die Mädchen nicht daran hindern, sondern ihre Entscheidung respektieren. Doch zuerst einmal beschließt Marie, die nach wie vor Spitzenleistungen erwartet, ihre Töchter im Collège Sévigné in Paris, Rue de Condé 10, anzumelden. Diese in der Nähe des Jardin du Luxembourg gelegene erstklassige Mädchenschule genießt einen hervorragenden pädagogischen Ruf.

Die Lehrpläne sind fast dieselben wie für Jungen an den besten Gymnasien. Die Schülerinnen lernen, wie erfüllend Arbeit ist. Und auch wenn Ève im Moment noch weniger Eifer aufbringt als die ehrgeizige Irène, werden die beiden Schwestern später unermüdlich und beharrlich für ihre Ziele arbeiten und sich durch nichts aufhalten lassen.

3

DER ERSTE WELTKRIEG:
MARIE UND IRÈNE AN DER FRONT

Im Sommer 1914 verbringen Irène und Ève die Ferien in der Bretagne, im Kreis befreundeter Familien. Sie sind glücklich, genießen das Meer und die frische Luft. Auch Marie ist guter Dinge. Die Bauarbeiten am Radium-Institut in Paris sind abgeschlossen. Endlich. Und doch empfindet Marie eine gewisse Anspannung. Ende Juni sind in Sarajevo der österreichische Thronfolger, Erzherzog Franz-Ferdinand, und seine Frau von einem serbischen Nationalisten erschossen worden. Marie schreibt an Irène: »Die politische Situation ist wirklich beunruhigend, man hat den Eindruck, auf einem Vulkan zu leben, die Leute gewöhnen sich sogar daran. Niemand kann vorhersagen, was passieren wird.«[63] Am Abend des 31. Juli, als Europa bereits am Rande des Abgrunds steht, wird der sozialistische Politiker und Pazifist Jean Jaurès, der sich seit Jahren dafür einsetzt, einen Weltkrieg zu verhindern, in einem Café in der Rue Montmartre nahe des Sitzes seiner Zeitung *L'Humanité* von einem Nationalisten ermordet. Von nun an sind alle politischen Parteien vereint in der heiligen Allianz gegenüber dem gemeinsamen Feind Deutschland. Es ist Krieg.

Am 2. August dringen die Deutschen in Frankreich ein. Marie begreift, dass es ihr unmöglich ist, zu ihren Töchtern in die Bretagne zu gelangen. Sie muss in Paris das Institut schützen und sich vor allem nützlich machen. Denkt sie dabei vielleicht an ihr Heimatland Polen, das zwischen Russland und Deutschland aufgeteilt ist? Als kleines Mädchen hat sie erlebt, wie unerträglich das Leben unter einer Besatzungsmacht sein kann. Kapitulieren kommt nicht infrage. Sie wird Frankreich verteidigen. Aus der Bretagne kommen keine guten Nachrichten. Jean Perrin wird eingezogen. Marie kann sich nicht mehr von ihm verabschieden. Doch unter den Klängen der Marschmusik stehen ihre beiden Töchter in Paimpol an seinem Eisenbahnwaggon und umarmen ihn zum Abschied. Irène versichert ihrer Mutter anschließend in einem Brief, dass es nicht traurig war und dass der Krieg ja nur von kurzer Dauer sein werde.

Marie hat ihre Zweifel. Der wissenschaftliche Fortschritt kann für mörderische Zwecke missbraucht werden. Auf Alfred Nobel sind andere Rüstungsfabrikanten gefolgt. Sie denkt an Pierres Rede anlässlich der Nobelpreisverleihung für sie beide, in der er seine Sorge darüber zum Ausdruck brachte, dass Erfindungen für verbrecherische Ziele genutzt werden können. Sie ahnt, dass in diesem Krieg neue, noch tödlichere Waffen zum Einsatz kommen werden. Aber sie will ihre Kinder nicht beunruhigen, auch wenn Irène mittlerweile fast siebzehn ist, sich für die Naturwissenschaften begeistert und sich mit ihrer Mutter schon über deren neueste Arbeiten austauscht. Marie schreibt an ihre Freundin Hertha Ayrton: »Wenn es so weit ist, werden wir gewiß die Wissenschaft beiseiteschieben und uns auf die drängendsten nationalen Interessen konzentrieren müssen.«[64] In einem Brief an ihre Töchter bereitet sie diese auf eine längere Trennung vor und kündigt ihnen an, dass es womöglich sogar schwierig werden könnte, in Verbindung zu bleiben. Genau wie sie es erwartet hat, erklärt Deutschland Frankreich am 3. August den Krieg. Am 4. August tritt auch Großbritannien in den Krieg ein. Am 6. August muss Marie an Polen denken: »Das tapfere kleine Belgien hat es auf sich genommen, sie nicht durchzulassen, ohne sich zu verteidigen […]. Der polnische Boden ist von den Deutschen besetzt. Wie wird es nach ihrem Durchzug dort aussehen? Von meiner Familie bin ich ohne Nachricht.«[65] Bald darauf, am Ende des Sommers, schreibt Marie, die in Paris festsitzt, an ihre Älteste: »Ich habe so große Lust, dir einen Kuss zu geben, dass ich fast geweint hätte.«[66] Ihr Institut hat sich geleert, das männliche Personal ist an der Front.

Ein Lichtblick inmitten der Trostlosigkeit: Irène hat ihr Abitur bestanden. Doch dieser Erfolg macht sie nur noch reizbarer und ungeduldiger. Sie möchte nach Paris zurückkehren und bei ihrer Mutter sein. Sie hat keine Lust mehr, für ein zehnjähriges Kind, mit dem kein wissenschaftliches oder ansonsten anspruchsvolles Gespräch möglich ist, die Ersatzmutter zu spielen. Marie erteilt ihr eine Absage: »Glaube nicht, dass es in den ersten Wochen leicht ist, etwas Sinnvolles zu tun. Wir überlegen noch, wie wir uns organisieren sollen, probieren Verschiedenes aus, und ich wüsste nicht, wie ich dich beschäftigen soll.« Wütend und stur beharrt Irène, die es gewohnt ist, Forderungen zu stellen, auf ihrem Willen. Aber Marie gibt nicht nach. Schlimmer noch, sie weist ihr genau die Aufgabe zu, von der sie längst die Nase voll hat: »Ich übergebe dir die Verantwortung für deine kleine Schwester, die mir eine ganz verzweifelte Karte geschrieben hat. Hilf ihr bei ihren Schularbeiten und sei mütterlich zu ihr, solange ich nicht da bin.«[67] Mütterlich! Ein grässliches Wort. Seit zwei Monaten tut sie schließlich nichts anderes! In ihren Briefen macht Irène ihrem Ärger Luft: »Ève kam heulend angelaufen, weil ein zwölfjähriger Idiot, mit dem sie gespielt hat, ihr sagte, der Krieg sei ausgebrochen ….«[68]

Das Radium wird zum »nationalen Besitz von großem Wert« erklärt, da es für die Landesverteidigung genutzt werden kann. Die deutschen Truppen rücken schnell vor. So schnell, dass die Regierung nach Bordeaux flüchtet. Es ist zu gefährlich, das Radium in Paris aufzubewahren, da die Hauptstadt eingenommen werden könnte. Ohne ihren Töchtern etwas zu sagen – das ist sicherer –, besteigt Marie in Begleitung eines Regierungsbeamten einen Zug in Richtung Bordeaux. Sie findet sogar eine Sitzbank. Die Tasche mit dem Radium in seiner Bleiumhüllung wiegt schwer. Aus Furcht, von den anderen Reisenden erkannt zu werden, bleibt Marie stumm. Trotz ihres internationalen Renommees und ihrer beiden Nobelpreise ist ihr Gesicht unbekannt. Umso besser. An die Fensterscheibe gelehnt, beobachtet sie die Autos draußen auf den Straßen, in denen die Menschen aus der Hauptstadt fliehen. Nach vielen, vielen Stunden in dem vollgestopften Zug erreichen sie endlich Bordeaux. Aber in der überfüllten Stadt gelingt es ihr weder ein Taxi noch ein Hotelzimmer zu finden. Wird sie mit dem wertvollen Radium im Gepäck die Nacht im Freien verbringen müssen? Da wird sie plötzlich von einem Angestellten der Eisenbahngesellschaft PLM erkannt. Ihre Nobelpreise sind also doch von Vorteil, wenn es darum geht, den nationalen Schatz, den sie hütet, in Sicherheit zu bringen. Der Bedienstete organisiert eine Privatunterkunft für sie. Abgekämpft und erleichtert lässt sie sich aufs Bett sinken. Am nächsten Tag, gleich nachdem die Banken ihre Schalter geöffnet haben, deponiert sie ihre kostbare Fracht in einem Schließfach. Mit leichterem Gepäck und leichterem Herzen fährt sie dann umgehend zurück ins immer noch bedrohte Paris.

Marie schweigt über diese Reise. Kaum ist sie aus der Stadt Montaignes zurückgekehrt, schreibt sie an Irène. Es ist eine Art Appell, erwachsen zu werden, denn der Krieg wird seinen Tribut fordern: »Da Ihr nicht für die Gegenwart Frankreichs arbeiten könnt, arbeitet für seine Zukunft. Viele Menschen werden leider, leider nach diesem Kriege fehlen, und es wird heißen, sie zu ersetzen. Arbeitet Physik und Mathematik, so viel Ihr könnt.«[69]

Aber was könnte sie selbst Sinnvolles beitragen? Sie erkundigt sich in ihrem Umfeld, auch bei Medizinern. Zwar wird das ganze Land mit Krankenhäusern überzogen, doch es gibt nur sehr wenig Röntgenmaterial – eine Tatsache, der Marie ins Auge sehen muss. Sie trifft sich mit einem Arzt, der sie über die erbärmlichen hygienischen Zustände bei der Versorgung der Verwundeten informiert. Diese werden unter katastrophalen Bedingungen evakuiert, oft auf schmutzigem Stroh in Viehwaggons: »Tagelang erhalten die Verwundeten keinerlei medizinische Versorgung«, schreibt Marie-Noëlle Humbert. »Es fehlt an Wasser, Nahrung und Decken. 80 % der Ärzte an der Front können nicht operieren. Auch haben sie längst keine Antiseptika, Handschuhe und Instrumente mehr.«[70] Tausende Soldaten müssen sterben, weil niemand ihnen hilft. Es ist Krieg, und das bedeutet Verletzungen durch Granaten, durch Maschinengewehre und durch Splitter, die sich in Knochen und Gewebe bohren. Viele Männer mit zerborstenen Kiefern oder gebrochenen Beinen werden unter schrecklichen Qualen zu Invaliden, weil sie nicht rechtzeitig operiert werden können. Es gilt, zu handeln, anstatt auf Genehmigungen zu warten, um sich an die Front begeben zu dürfen. Doktor Antoine Béclère ist ein Arzt, der ebenso wie Marie allen neuen Entdeckungen oder Verfahren gegenüber aufgeschlossen ist, die den Patienten helfen könnten. Wie sie reagiert auch er unverzüglich. Bereits 1895, also zwanzig Jahre vor Ausbruch des Ersten Weltkriegs, war er fasziniert von den »X-Strahlen«, die in jenem Jahr von dem berühmten deutschen Physiker Wilhelm Conrad Röntgen entdeckt wurden, der 1901 den Nobelpreis für Physik erhalten sollte, und von der ersten Radioskopiesitzung von Oudin und Barthélémy. 1896 führt Béclère an einer Patientin den ersten röntgenologischen Nachweis einer Lungentuberkulose durch. Diese Entdeckung erfüllt ihn mit großer Hoffnung. Wenn man für bestimmte Krankheiten, Verletzungen, Brüche und Unfälle Röntgenuntersuchungen einsetzen würde, könnte man die Patienten wesentlich wirksamer behandeln. Damit hat er seine Berufung gefunden. Sowohl in Frankreich als auch im Ausland wird er zum leidenschaftlichen Verfechter der Radiologie. Antoine Béclère organisiert den ersten Lehrgang für diese Disziplin in Frankreich und wird Abteilungsleiter im Hôpital Tenon und anschließend im Saint-Antoine-Krankenhaus in Paris, wo er das erste französische Zentrum für Radiologie gründet.

Marie hat es also mit einer anerkannten Kapazität zu tun, die ebenso kämpferisch und effizient ist wie sie selbst. Doktor Béclère wird sie in der medizinischen Anwendung der Röntgenstrahlen ausbilden. Auch wenn sich Maries Arbeiten nicht mit dieser Strahlung befassten, erinnert sich Ève Curie, hat sie diesem Thema doch mehrere Vorlesungen an der Sorbonne gewidmet: »In spontaner Umstellung ihrer wissenschaftlichen Kenntnisse sieht sie sofort voraus, was das grauenhafte Blutbad erfordern wird: es ist von größter Dringlichkeit, Röntgenstationen und wieder Röntgenstationen zu schaffen.«[71] Marie denkt daran, Ambulanzen einzurichten, und sucht dafür Freiwillige, doch das allein reicht nicht aus. Es wäre besser, die Hilfe mit Krankenwagen zu den Verwundeten zu bringen. Aber das ist unmöglich, da es in diesen Fahrzeugen keinen Strom gibt und man die Geräte nirgends anschließen kann.[72]

Welche Strategie lässt sich nun finden bzw. erfinden, um etwas tun zu dürfen? Marie lässt sich zur technischen Leiterin der Radiologieabteilung der zum französischen Roten Kreuz gehörenden Union des femmes de France ernennen. Die Damen sind hocherfreut, eine Nobelpreisträgerin in ihren Reihen zu haben. Ein solcher Titel dürfte die Militärs beschwichtigen, die ja an Frauen nicht gewöhnt sind, abgesehen natürlich von Krankenschwestern. Marie stellt mehrere Männer ein und bildet sie aus, darunter Jean Perrin und den Mathematiker Émile Borel, die sich üblicherweise ruhmreicheren Aufgaben widmen. So findet sich der stellvertretende Direktor der École Normale Supérieure Rue d'Ulm auf der Schulbank wieder, mit Marie als Lehrerin, derselben Marie, der er und seine Frau, die Schriftstellerin Camille

Marbo, drei Jahre zuvor anlässlich des Skandals um den Brief-wechsel mit Paul Langevin in der Rue d'Ulm Zuflucht geboten hatten. Die wissenschaftliche Großfamilie der Curie-Getreuen ist also unter sich. Émile Borel hatte sich im Übrigen gleich zu Beginn des Krieges freiwillig gemeldet, wurde aber von der Front nach Paris zurückgerufen, um die strategischen Aufgaben des Generalsekretärs des Premierministers wahrzunehmen.

Marie will an die Front, um den Verwundeten vor Ort Hilfe zu leisten. Doch wie soll sie das bewerkstelligen? Was sie braucht, sind Fahrzeuge. Mit der Idee, mobile Röntgenstationen einzurichten, wendet sie sich an Claudius Regaud, den Leiter des Pasteur-Pavillons des Radium-Instituts, und an Antoine Béclère. Die Ausstattung von Kastenwagen soll mit Geldern aus den USA finanziert werden. Die radiologische Ausrüstung aufzutreiben wird allerdings ein schwieriges Unterfangen. Außerdem will Marie möglichst nahe an die Frontlinie heran. Dabei verschlechtert sich die Situation von Tag zu Tag. Am 5. September 1914 beginnt die Schlacht an der Marne. Die deutschen Streitkräfte hatten im August eine Reihe von Siegen über die französischen und englischen Truppen errungen, die daraufhin nach Paris zurückweichen mussten. Joffre hofft immer noch, einen siegreichen Gegenangriff führen zu können und fordert Verstärkung an. Der Militärgouverneur von Paris, General Gallieni, requiriert die Pariser Taxis, die mit Vollgas Soldaten transportieren sollen, um die französischen Truppen im Kampf am Ourcq zu unterstützen. Die deutsche Offensive kann schließlich gestoppt werden. Während die leichte Artillerie der französischen Armee mit ihrer unheimlichen Präzision den deutschen Elan bricht, trifft Marie eine Entscheidung: Da der Krieg andauert, wird sie nicht zu ihren Töchtern in die Bretagne fahren. So schmerzlich das für sie ist, so selbstverständlich ist es auch. Sie hat die Pflicht, ihr Laboratorium zu schützen, denn falls die Deutschen in Paris einmarschieren, würden sie es in ihrer Abwesenheit zerstören. Vielleicht auch in ihrer Anwesenheit, doch Marie hofft, dass sie das nicht wagen … Auf keinen Fall jedoch wird sie dem Feind irgendetwas schenken, die Demütigung durch die russischen Besatzer in Warschau, als sie ein Kind war, hat ihr genügt.

Paris ist zwar vorübergehend gerettet, aber der Krieg, das spürt sie, wird sich hinziehen. Immer mehr Truppen werden in die Schlacht geschickt, die Generäle nehmen enorme Verluste in Kauf, um die deutschen Invasoren zu besiegen. Es ist an der Zeit, Irène und Ève endlich nach Hause – nach Paris – zurückkommen zu lassen. Ève weint viel, während Irène ihre Mutter unterstützt. Marie hat zwar keinen Ehemann mehr, aber eine große Tochter an ihrer Seite. Wie kann sich ein Teenager in Kriegszeiten nützlich machen? Ihre guten Noten in Mathematik und Physik werden ihr an der Front nichts nützen. Marie rät ihr, einen Krankenpflegekurs zu machen. Begeistert stürzt Irène sich in die Arbeit. Endlich behandelt man sie fast wie eine Erwachsene. Mit ihrem sprichwörtlichen eisernen Willen schafft sie ihr Examen. Doch Marie muss ihre Tochter noch in anderer Hinsicht prüfen. Wird dieses junge Mädchen den Anblick von Blut und Verletzungen ertragen, von Menschen mit abgerissenen Gliedmaßen oder solchen, die behindert, blind oder entstellt sind? Marie lässt sich nicht beirren. Bevor sie Irène auf ihre Kastenwagenfahrten mitnimmt, muss sie testen, wie die Tochter auf verwundete Soldaten reagiert.

Um mit ihren Autos in ein Kriegsgebiet fahren zu dürfen, benötigt sie Genehmigungen und Passierscheine. Dafür wendet sie sich an das Rote Kreuz – ohne Erfolg. Aber sie gibt nicht auf, sondern bleibt hartnäckig und schreibt an das Kabinett des Kriegsministers, erhält jedoch ebenfalls eine Absage. Nach beharrlichem Drängen erteilt man ihr schließlich die Erlaubnis, nach Verdun zu fahren. Dort müssen die Fahrzeuge dann ausgerüstet werden. Marie lässt sich nicht abwimmeln, diskutiert, tritt immer selbstbewusster auf. Sie will Leben retten, und sie weiß auch, wie. Also appelliert sie zum einen an Beamte und zum anderen an Damen der Gesellschaft, die einen sinnvollen Beitrag leisten wollen. Ohne Scheu geht sie Privatpersonen um Spenden an. Großzügige Frauen wie die Marquise de Ganay und die Prinzessin Murat stellen ihr ihre Limousinen zur Verfügung, die sie sogleich in Röntgenstationen umwandelt. »Nach dem Kriege gebe ich Ihnen Ihren Wagen zurück«, verspricht sie mit heiterer Unbefangenheit. »Wirklich, wenn er noch brauchbar ist, gebe ich ihn Ihnen wieder!«[73] Da zu jener Zeit nur die Oberschicht Autos besitzt, können die begüterten Damen zu diesen Äußerungen nur lächeln. Sie wissen, dass sie sich nur eine neue Limousine zu bestellen brauchen …

Einige Frauen aus sehr vermögenden Häusern melden sich freiwillig, um Verwundeten zu helfen und sich nützlich zu machen. Sich auf diese Weise zu engagieren gibt ihnen das Gefühl, gebraucht zu werden, und manche von ihnen werden sich auch nach dem Krieg daran erinnern. Marie weiß nur zu gut, dass Krisen und Kriege eine ungeahnte Hilfsbereitschaft hervorbringen können. Für viele Menschen bietet sich nun die Gelegenheit, sich zu beweisen. Auch in anderen Gesellschaftsschichten werden Frauen aktiv. Sie ersetzen die Männer, die eingezogen wurden, und arbeiten in Fabriken, unter anderem auch in Rüstungsbetrieben. Bereits vor 1914 haben französische Frauen begonnen, sich ihren Platz in der Kunst und der Kultur zu erobern. Ein Beispiel dafür ist die weltberühmte Schauspielerin Sarah Bernhardt, der man den Beinamen »die Göttliche« gegeben hat. Auch die medizinischen Fakultäten der Universitäten öffnen sich langsam für Frauen. Im Jahr 1896 begann Nicole Girard-Mangin ihr Medizinstudium. Ihr Bildnis wurde aus Protest gegen die Anwesenheit von Studentinnen verbrannt. Sechsundneunzig Professoren und Ärzte unterzeichneten eine Petition, in der sie forderten, dass Medizinstudentinnen keinen Anspruch auf eine Assistenzarztstelle erhalten dürften. Girard-Mangin ist später die einzige Ärztin, die während des Ersten Weltkriegs an die Front geschickt wird, wohl aufgrund eines Irrtums der Verwaltung, die sie für einen Mann hält und sie anschließend nur mit dem Gehalt einer Krankenschwester entlohnt. Frauen sind mit zahllosen Schwierigkeiten konfrontiert, wenn sie Naturwissenschaften studieren wollten. Nur 35 000 Mädchen besuchen eine Oberschule, und die École Normale Supérieure de Jeunes Filles in Sèvres gibt sich Mühe, den jungen Frauen, die das Auswahlverfahren bestanden haben und von den Männern, auch von Politikern und Akademikern, oft als »Blaustrümpfe« bezeichnet werden, die bestmögliche Ausbildung zu bieten.

Schockiert von der Bestialität der Schlachten des Ersten Weltkriegs melden sich Tausende von Frauen freiwillig als Krankenschwestern. Die Versorgung der vielen Schwerverletzten erfordert eine beschleunigte Ausbildung. Die Landfrauen wiederum ersetzen ihre Männer auf den Feldern und sorgen so für die Ernährung der Zivilbevölkerung und der Soldaten. Sie arbeiten oft bis zur Erschöpfung, da sie gezwungen sind, die Höfe mit nur wenigen Helfern zu führen und sich auch noch um die Kinder kümmern müssen. Da Arbeitspferde häufig für die Front requiriert werden, spannen sich einige Bäuerinnen zusammen mit ein oder zwei anderen, manchmal sogar alten Frauen selbst vor die Pflüge, um die Furchen zu ziehen.

Marie, die seit ihrer Kindheit weiß, wie es ist, für wenig Geld schwer arbeiten zu müssen, hat genug Realitätssinn, um sich im Klaren darüber zu sein, dass für diese Arbeiterinnen und Bäuerinnen zu den anstrengenden Arbeitstagen noch die Angst vor dem Verlust ihrer Männer hinzukommt, die oft als einfache Soldaten an vorderster Front in den Schützengräben stehen. Sehr schnell werden viele dieser Frauen zu Witwen. Mit der wachsenden Zahl an Toten und Verwundeten wird der Einsatz weiblicher Arbeitskräfte ab 1916 offiziell zur Priorität.

Bisher ist es Marie gelungen, etwa zwanzig Fahrzeuge zu ergattern, die ihr von wohlhabenden Personen geschenkt wurden. Eines davon behält sie für sich, um damit über die Schlachtfelder zu fahren. Der Fahrer, der bei Wind und Wetter, Sturm und Regen, in seiner obligatorischen dunklen Uniform neben ihr sitzt, muss auf den holprigen und engen Straßen schnell fahren, manchmal mit über 50 Stundenkilometern – der reine Wahnsinn! Doch wegen ordnungswidriger Fahrweise angehalten zu werden, kann sie sich nicht leisten; die Verletzten warten nicht. Sie lässt die feldgrau angestrichenen Röntgenwagen, die von den Armeeangehörigen liebevoll »kleine Curies« genannt werden, mit einem Roten Kreuz und einer französischen Flagge versehen.

Marie fährt überallhin, in die Krankenhäuser von Amiens, Ypern, Verdun. Viele Jahre später wird Ève berichten:

»An die Arbeit! […] Sie packt ihre Instrumente aus, setzt die einzelnen Teile zusammen. Man entrollt das Kabel, das den Apparat mit dem im Wagen verbliebenen Dynamo verbinden soll. Marie […] kontrolliert die Stromstärke. […] [S]ie verdunkelt den Raum. In einer improvisierten Dunkelkammer nebenan wird alles zur Entwicklung der Platten Nötige hergerichtet.«[74]

Dann werden die Verwundeten auf Krankentragen vorgeführt. Auf dem Röntgenschirm werden Granatsplitter und Kugeln sichtbar. Der Chirurg operiert. Marie kontrolliert, dass das Skalpell an der richtigen Stelle angesetzt und korrekt geführt wird. Bei diesen Eingriffen, so berichtet Ève, arbeitet sie ohne Kopfbedeckung und in einem einfachen Arbeitskittel. Nach etwa hundert

Operationen, manchmal auch mehr, während derer sie den dunklen Raum nicht verlassen hat, packt sie ihre Ausrüstung wieder zusammen und fährt in ihrem Ford zum nächsten Krankenhaus, bevor sie schließlich nach Paris zurückkehrt. Wenn der Fahrer nicht verfügbar ist, fährt sie den Wagen selbst. Ganz gleich, wie müde sie nach den unendlich langen Arbeitsstunden ist, in denen sie nicht einmal zum Essen kommt: Sie setzt sich ans Steuer und fährt los, ohne Pause. Überall, wo sie hinkommt, kauft sie Feldpostkarten und schreibt ein paar Zeilen an ihre Töchter. Keine sehr erfreulichen Nachrichten, manchmal enthalten sie Hinweise auf die Bombenangriffe in Dünkirchen, den Kanonendonner in Fruges und Poperinge; all diese Namen haben neuerdings einen unheimlichen Klang.

Irène, die nach einem anstrengenden Sommer endlich zu Hause ist, wird langsam ungeduldig. Das Studium muss warten, auch sie will jetzt vor allem den Verwundeten helfen. Marie kommt erschöpft von ihren Fahrten zurück, mit schmutzigen Kleidern und schlammigen Stiefeln, aber voller Freude, ihre beiden Töchter wiederzusehen. Groß sind sie geworden und auch reifer. Irène ist inzwischen eine richtige junge Frau, anspruchsvoll, mit wachem Blick und energischem Charakter. Sie sieht Marie geradeheraus an und verlangt unverblümt: »Ich will mit dir fahren und dir helfen.« Marie, die wieder einmal kaum etwas gegessen hat, denkt an die nächsten Einsätze und an die Ausrüstung, die sie mitnehmen muss, aber sie kann sich ihrer Ältesten nicht entziehen. Eine kurze Ruhepause gönnt sie sich nur, wenn ihr Nierenleiden ihr wieder einmal unerträgliche Schmerzen bereitet. Pierre wäre amüsiert über den unbeugsamen Charakter seiner Tochter gewesen; sicherlich hätte er sich an die junge Marie erinnert gefühlt: eine mittellose Studentin mit unerschütterlichem Willen. Marie streicht mit der Hand über Irènes Wange, betastet ihr schlichtes Kleid, das für eine Siebzehnjährige vielleicht eine Spur zu streng ist, und versinkt in Gedanken. Pierre ist nicht mehr da, aber seine Kinder sind es. Irène ist bereit, seine Nachfolge anzutreten. Wird sie dazu in der Lage sein? Marie will ihr eine Chance geben, sie ausbilden. Etwas weitergeben, helfen, nützlich sein. Darauf kommt es an.

Bald wird Irène in die Radiologie eingeführt, denn es ist keine Zeit zu verlieren. Sie begleitet ihre Mutter, beobachtet ihre Gesten, Reaktionen und Handgriffe und hört zu, welche Anweisungen sie den Chirurgen gibt. In einer Zeit, in der Frauen oft von Arbeit und Beruf ferngehalten werden, traut Marie ihrer Tochter etwas zu. Irène wird ohne sie an die Front aufbrechen und mit ihren siebzehn Jahren den Ärzten erklären, an welcher Stelle sie einen Verwundeten operieren müssen. Sie lässt sich nicht einschüchtern von dieser so maskulinen Zunft, von dem Zögern der Männer oder ihrer spontanen Weigerung, Irènes Anweisungen zu befolgen. Doch das junge Mädchen arbeitet professionell und präzise. Ärzte und Chirurgen, manche mit älteren und weniger aufgeweckten Töchtern, finden sich schließlich damit ab. Hat sie denn nicht jedes Mal recht? Dank der Röntgenstrahlen gelingt es ihnen, das Skalpell an der richtigen Stelle anzusetzen. Auch sie können mit den Ergebnissen ihrer Operationen zufrieden sein. Irène wird von Tag zu Tag sicherer. Endlich wird sie achtzehn. An ihrem Geburtstag ist sie weit weg von ihrer Familie. Der Mutter schreibt sie, wie sie diesen Tag erlebt hat: »Liebste Mé, ich habe meinen Geburtstag prächtig verbracht, nur du warst nicht da, meine Süße. Zuerst habe ich die Schürze wiedergefunden, bei der ich den Verdacht hatte, du hättest sie böswillig verschwinden lassen. Dann habe ich eine Hand geröntgt, in der vier ziemlich große Granatsplitter steckten, die ich lokalisiert habe und die heute entfernt werden [...]. Danach habe ich im Zelt unter einem wunderschönen Sternenhimmel geschlafen.«[75] Ja, an diesem 13. September 1915 hatte Irène einen schönen achtzehnten Geburtstag. Marie kann erleichtert sein. Die Curie-Nachfolge ist gesichert.

In einem Jahr lernt Irène viel und mit 19 Jahren ist sie so weit, dass sie Männer, die älter sind als sie, in die Röntgentechnik einweisen kann. Mit oder ohne ihre Mutter reist sie mehrmals nach Belgien, und manchmal lässt sie ihren Ernst hinter sich und trällert heitere kleine Lieder, die sie in L'Arcouest gelernt hat und die einen Hauch von Fröhlichkeit in ihren Alltag bringen. Die ernste Irène kann nämlich durchaus auch lustig und ironisch sein. Sie ist selbstbewusster geworden und neben ihren Fahrten an die Front erwirbt sie sogar noch das Zertifikat für allgemeine Mathematik. Auch Marie ist wachsenden Anforderungen ausgesetzt. Ihre Erfolge sind in der ganzen Truppe bekannt, ebenso wie ihr präziser Blick und ihre Professionalität. Von überallher erhält sie Anfragen, die in immer freundlicheren Worten verfasst sind. Doch was fehlt, ist Material. Trotz ihrer Berühmtheit und der Anerkennung, die ihr von Chirurgen, Pflegepersonal und dankbaren Verwundeten entgegengebracht wird, kommt sie bei der Armee nicht weiter. Es fehlt an allem, und bald müssen die Röntgenwagen wieder zurück in die Garage. Aber nun ist sie nicht mehr allein. Die Ärzte setzen sich bei der Militärführung dafür ein, dass sie mit dem wertvollen Material ausgestattet wird. Das Kriegsministerium willigt schließlich ein, aber nur unter einer Bedingung: Sie darf nicht mehr an die Front fahren. Doch wer glaubt, dass sie sich daran hielte, kennt sie schlecht: Mit einem falschen Passierschein kommt sie durch bis zu den Feldlazaretten in der Nähe der Kampfgebiete. Ständig drängt sie ihren Fahrer zur Eile, was dazu führt, dass eines Tages ein neuer Chauffeur, der ihre Hartnäckigkeit noch nicht kennt, eine Kurve zu schnell nimmt und in den Straßengraben fährt. Mit unbeschreiblichem Getöse wird Marie unter Apparaten und Kisten begraben. Sie hätte tot sein können, übersteht den Unfall jedoch ohne große Kratzer. Allerdings, so berichtet ihre Tochter Ève, ist die Wissenschaftlerin ein wenig verstimmt darüber, sich so geschunden zeigen zu müssen, und sie befürchtet, dass die Röntgenplatten zerbrochen sein könnten. Aber das Wichtigste ist, dass sie noch am Leben ist und sich somit weiterhin nützlich machen kann!

Im Übrigen würde sie sich niemals von einem banalen Verkehrsunfall aufhalten lassen. Im Gegenteil. Die zwanzig »kleinen Curies«, die von Marie ausgestatteten Röntgenwagen, reichen bei Weitem nicht aus. Mit der ihr eigenen Beharrlichkeit lässt sie nach und nach 200 stationäre Röntgenstationen einrichten. Einer Million Soldaten kann auf diese Weise geholfen werden.[76] Und da auch Röntgentechniker ausgebildet werden müssen, wird am Radium-Institut ein entsprechender Intensivlehrgang für sogenannte »Manipulateurs« organisiert.

Am 11. November 1918, einem kalten Tag, ist Marie gerade bei der Arbeit in ihrem Institut, umringt von jungen Praktikanten, als plötzlich in ganz Paris heftiges Glockengeläut ertönt. Waffenstillstand! Ihr Herz klopft zum Zerspringen. Für sie ist es ein doppelter Sieg. Der Sieg ihrer Wahlheimat und der Sieg des wiederauferstandenen Polens. Sie hält es nicht mehr aus, muss irgendetwas tun. In allen Schubladen sucht sie vergeblich nach einer französischen Flagge und näht schließlich aus ein paar Stoffresten selbst eine zusammen. Dann geht sie hinaus auf die Straße und, wie Ève voller Rührung schreibt, besteigt ihr altes und von vier Jahren des ständigen Einsatzes auf holprigen Pfaden stark mitgenommenes Auto. Ein junger Mann fährt sie durch Paris, und plötzlich kommt das rechte Seine-Ufer in Sicht, dann der Fluss selbst, und schließlich öffnet sich vor ihnen die Place de la Concorde, die voller Menschen ist – ein überwältigender Anblick. Die Menge jubelt ausgelassen. Die glücklich lächelnde Marie wird in ihrem Wagen trotz der dunklen Kleidung erkannt.

Im Siegestaumel klettern einige Männer auf das Dach und die Trittbretter des Renault. Sie fährt weiter, mit diesen »blinden Passagieren«, ganz langsam, in diesem etwas zu schweren Wagen, doch zum ersten Mal seit Pierres Tod zwölf Jahre zuvor empfindet sie endlich wieder ein wahrhaftiges Glücksgefühl. Wird der Frieden in Frankreich und Polen halten? Werden ihre Wünsche in Erfüllung gehen?

Die im Krieg praktizierte Radiologie wird im Frieden überall als Instrument der allgemeinen medizinischen Versorgung ein exponentielles Wachstum erleben. Die Wissenschaft in den Dienst der Kranken zu stellen ist stets ein Traum von Pierre und Marie Curie gewesen.

Wie soll Marie, die bereits angeboten hatte, ihre goldenen Nobelpreismedaillen einschmelzen zu lassen, für diese Leistung belohnt werden? Später wird Ève notieren, dass sie für ihren täglichen Einsatz in vier Jahren Krieg gern den Orden der Ehrenlegion für militärische Verdienste erhalten hätte. Doch dazu kommt es nicht:

> »Viele Frauen wurden ausgezeichnet … Meine Mutter ging leer aus. Nach wenigen Wochen verlor sich die Rolle, die sie in dem großen Drama gespielt hatte, aus aller Erinnerung. Und trotz ihrer immerhin außergewöhnlichen Verdienste dachte niemand daran, ein kleines Soldatenkreuz an Madame Curies Kleid zu heften.«[77]

Waren das immer noch die Folgen der sieben Jahre zurückliegenden Langevin-Affäre? Auszuschließen ist das nicht. Marie macht sich allerdings bereits über etwas anderes Gedanken: Wie kann sie als Wissenschaftlerin am Aufbau des Friedens mitwirken?

Wie herrlich ist der Anblick des neu erbauten Radium-Instituts. Der Garten ist voller junger Menschen, und die 1914 unterbrochene Forschung kann endlich weitergeführt werden. Das Leben geht schnell wieder seinen gewohnten Gang, und Marie findet Halt in ihrer Umgebung. Da ist zunächst einmal Irène, die bereits 1917, mitten im Krieg, ihren zwanzigsten Geburtstag gefeiert hat. Inzwischen ist sie einundzwanzig und damit volljährig, und aus ihr ist eine selbstsichere und intelligente junge Frau geworden, die leidenschaftlich und unermüdlich arbeitet. Der Krieg hat ihr ein Selbstbewusstsein verliehen, das so vielen jungen Mädchen fehlt, die nie Gelegenheit hatten, ihre Intelligenz, ihr Können und ihr Talent unter Beweis zu stellen. Schon als Teenager wusste Irène, dass sie Physikerin werden würde. Wie die Mutter, so die Tochter. Marie ist darüber sehr froh. Auch Pierre, der nun seit dreizehn Jahren tot ist, wäre sehr stolz darauf, dass seine älteste Tochter denselben Weg einschlagen will wie ihre Eltern. Da liegt es doch nahe, auch Ève dabei zu helfen, ihre Berufung zu finden und – wer weiß – vielleicht eines Tages in die Fußstapfen ihrer Schwester und ihrer Eltern zu treten? Marie denkt an die neuen Perspektiven, die sich angesichts der Fortschritte in der Radiologie eröffnen. Der bald Fünfzehnjährigen schlägt sie vor, Medizin zu studieren. Als Ärztin könnte sie Leben retten und an segensreichen Entdeckungen mitwirken oder auch die therapeutischen Anwendungen des Radiums erforschen.

Ève senkt den Blick und seufzt. Wissenschaftlerin werden wie ihre Schwester, die ihr immer sieben Jahre voraus sein und sie wie das Baby der Familie behandeln wird? Keine sehr verlockende Aussicht. Auch wenn sie die Mutter nicht kränken will, stellt sie sich ihre Zukunft abseits der familiären Pfade vor. Eines Tages fasst sie sich ein Herz und gesteht, dass sie davon träumt, Pianistin zu werden. Marie und Irène sind verblüfft. Pianistin! Das bedeutet, acht Stunden am Tag das Üben von Tonleitern in der

Wohnung ertragen zu müssen, was sich auch nur dann lohnen würde, wenn Ève ein Ausnahmetalent wäre, die Voraussetzung für eine Karriere als Musikerin … Zwar hat ein bekannter polnischer Pianist sie als kleines Mädchen für hochtalentiert gehalten, doch trotzdem verlangt die enttäuschte Marie, dass ihre Jüngste zuerst einmal das Abitur macht.

Auch wenn es die Mutter und die ältere Tochter zunächst an den Rand der Verzweiflung bringt, gewöhnen sie sich schließlich daran, dass Èves Fingerübungen die Wohnung auf der Île Saint-Louis erfüllen. Die Jüngere wird ihre Abschlussprüfungen ablegen, weil ihre Mutter es so will. Dennoch ist sie unsicher, fühlt sich allein und hilflos gegenüber diesen beiden Frauen, durch deren Reife und Verbundenheit sie sich ausgegrenzt fühlt aus einer Gemeinschaft, zu der sie keinen Zugang hat, deren Fachjargon und wissenschaftliche Codes sie nicht kennt. Die Nobelpreisträgerin erwartet von ihrer Jüngsten Ausdauer und Disziplin. Ève sucht ihre Rolle in dieser rein weiblichen Familie und leidet unter der Abwesenheit eines Vaters. Sie besucht das Collège Sévigné, wo sie aufmerksam dem Unterricht folgt, und bekommt passable Zensuren. Wenn Mutter und Schwester von der Arbeit nach Hause kommen und sich auf einen ruhigen Feierabend freuen, übt Ève ihre Tonleitern.

Insgeheim stellt sich Ève die bange Frage, ob sie wohl jemals gut genug sein wird, um den Ansprüchen ihrer Mutter zu genügen. Hat sie wirklich ihren Weg gefunden? In der Stille der Nacht, an ihre geliebte Katze gekuschelt, gibt sie sich Grübeleien hin. Sie fühlt sich beklommen. Es ist schwer, eine Curie-Tochter zu sein, sich in einer Familie von Ausnahmewissenschaftlern zu behaupten. Sie träumt von einem erfüllten Leben jenseits des Laboratoriums, von dem unentwegt die Rede ist, und hofft, dass andere, noch unbekannte Welten ihren Horizont bald erweitern werden.

»Macht schnell, wir müssen uns beeilen!«

Endlich fahren sie zu dritt wieder in die Ferien in den Norden der Bretagne, zum ersten Mal nach dem Krieg. Das Haus in einem Fischerdorf an der Pointe de l'Arcouest, von wo man einen atemberaubenden Blick auf die Île de Bréhat mit ihren markanten ockerfarbenen Felsen hat, ist eine Oase der Ruhe. Endlich werden sie all die vielen Freunde wiedersehen, schwimmen, wandern, tanzen – alles, was das Herz begehrt. Hier besitzen zahlreiche Wissenschaftlerfamilien ihr eigenes Häuschen. Das der Curies liegt an der Felsenküste, hinter den Kiefern kann man die Segelboote sehen und hat einen beeindruckenden Blick auf den Horizont. Marie schöpft neue Kraft. Was für eine gute Idee von Charles Seignobos, dem Historiker und Präsidenten der Liga für Menschenrechte, sich Ende des 19. Jahrhunderts hier ein Haus und später ein Segelboot zu kaufen! Es ist in der Tat ein kleines Paradies. Der Neurophysiologe Louis Lapicque hat ebenso wie Marie Curie und Jean Perrin, der im Jahr 1926 den Nobelpreis für Physik erhalten wird, dort ein Haus bauen lassen. Die Häuser dieser Wissenschaftler mit ihren säkularen und republikanischen Überzeugungen liegen in der Nähe des Anwesens von Émile Borel und seiner Frau Camille Marbo. Man trifft sich zu Tanzabenden und einfachen Abendessen und genießt die gemeinsame Zeit an diesem herrlichen Ort. Alle haben Alfred Dreyfus unterstützt. Alle respektieren einander. Eitelkeiten sind verpönt, man kleidet sich leger, treibt Sport und findet sich am Ende des Tages zu einfachen gemeinsamen Essen und Tanzabenden zusammen. Es ist eine geschlossene Gesellschaft, in der der Intelligenzquotient ein wichtiger gemeinsamer Nenner ist. »Sorbonne-Plage«, könnte man sagen. Hier kann Marie schreiben und nachdenken. Ihre Arbeit zu vergessen ist ihr unmöglich, doch schafft sie es, täglich mehrere Stunden mit sportlichen Aktivitäten zu verbringen, die häufig anstrengend sind. »Ein gesunder Geist in einem gesunden Körper« ist das Leitmotiv ihres gesamten Lebens. Ihre Töchter bevorzugen Fahrradtouren und Wanderungen über Dutzende von Kilometern. Manchmal wird Marie vom Wettkampfgeist gepackt: Mit einem Fernglas beobachtet sie heimlich ihre Kollegen und deren Gattinnen beim Schwimmen und setzt dann alles daran, deren Schnelligkeits- und Distanzrekorde im kalten Meerwasser zu brechen. Irène und Ève werden dank ihrer Mutter zu perfekten Schwimmerinnen, und etwas später wird die Jüngere überall auf der Welt bei jedem Wetter ihre Schwimmkilometer absolvieren, egal wie kalt das Wasser ist.

Doch bald darauf wird Marie von einer Freundin ins Departement Var eingeladen. Südfrankreich, die Côte d'Azur, das sind Literaturschauplätze und Sehnsuchtsorte für viele Polen und andere Bewohner nördlicherer Gefilde, vor allem auch für viele Russen. Seit der Oktoberrevolution sind zahlreiche Adelige ins Exil gegangen, nachdem sie von den Bolschewiki enteignet und vertrieben wurden und oft alles verloren haben. Marie fährt im September an diesen Ort und ist hingerissen von dem Wasser, das hier wärmer ist als in der Bretagne, den vielen Sonnenstunden, dem intensiven Licht und der üppigen Vegetation. Ein richtiges Paradies. Sie kehrt dorthin zurück, kauft ein Stück Land und baut ein Haus, das sehr schlicht ist, aber eine atemberaubende Aussicht besitzt. Ève und Irène verstehen den Wunsch ihrer Mé, Häuser zu besitzen, die Zuflucht bieten, »Leuchtturmbehausungen«, wie die Jüngste später schreiben wird. Ève besucht diese Häuser immer wieder und wird sie nach Maries Tod erben.

Während dieser glücklichen Auszeit verschlechtert sich Maries Gesundheitszustand erneut. Diesmal sind es nicht die Nieren, die ihr zu schaffen machen, sondern die Augen. Diese Augen, die sie so dringend braucht, um die Berichte ihrer Mitarbeiter und ihrer Tochter und die neuesten wissenschaftlichen Veröffentlichungen lesen zu können. Da die Arbeit im Radium-Institut für sie so erfüllend ist, gerade jetzt, wo sie endlich selbst über ihr Tun und Lassen bestimmen kann, ist sie sehr besorgt. Was, wenn die Mitarbeiter merken, was mit ihr vor sich geht? Oder wenn die Presse davon Wind bekommt und sie aus Sensationslust als schwach oder gar blind darstellt? Das würde ihre Glaubwürdigkeit und den Status des Instituts untergraben, vielleicht für immer. Und weil ein Unglück selten allein kommt, verschlechtert sich auch ihr Hörvermögen. Sie schreibt an Bronia, der sie nichts verheimlicht:

»Die größten Sorgen bereiten mir meine Augen und Ohren. Meine Augen sind sehr geschwächt, und man kann wahrscheinlich nicht viel dagegen tun. In den Ohren peinigt mich ein fast ununterbrochenes, oft sehr lautes Sausen. Ich bin sehr beunruhigt: Meine Arbeit könnte davon gestört – ja unmöglich gemacht werden. Vielleicht hat das Radium etwas mit diesen Störungen zu tun, aber es lässt sich nichts Sicheres darüber sagen. Dies sind meine Leiden. Sprich mit niemandem darüber, damit sich keine Gerüchte verbreiten.«[78]

Sie muss am Grauen Star operiert werden. Ève kümmert sich rührend um ihre Mutter, füttert sie beispielsweise geduldig mit einem kleinen Löffel. Man schreibt bereits das Jahr 1923. Es erweist sich, dass die Operation nicht den erhofften Erfolg gebracht hat. 1924 muss sich die durch die Strahlenbelastung mehr und mehr geschwächte Wissenschaftlerin 1924 zwei weiteren Augenoperationen unterziehen, 1930 schließlich einer letzten. Neben dem körperlichen Leiden belastet Marie die panikartige Angst, ihre Mitarbeiter könnten etwas davon bemerken. Sie trägt immer stärkere Brillen und zusätzlich übergroße Lupen, die sie auf ihr Gesicht klebt. Aber sie muss die Erforschung des berühmten Radiums unbedingt fortsetzen. Die Freude an der Arbeit ist nach wie vor ungebrochen, ebenso wie ihr eiserner Wille.

Der Erste Weltkrieg und seine Millionen von Toten, Verstümmelten, Witwen und Waisen bescheren ihr schlaflose Nächte, werfen einen Schatten auf ihre Erinnerungen. Und die Träume vom Frieden verblassen bereits. Marie macht sich Sorgen. Wieder einmal geht es um Polen. Der Erste Weltkrieg ist zwar vorbei, aber der Sowjetisch-Polnische Krieg beginnt. Von Februar 1919 bis März 1921 bekämpfen sich Russen und Polen, die wie andere Nationen Opfer des Versailler Vertrags sind. Warum nur haben die Siegermächte, darunter Frankreich, es angesichts des russischen Appetits auf Polen unterlassen, die Grenzen zwischen den beiden Staaten klar festzulegen? Die in Russland an die Macht gekommenen Bolschewiki wollen die Gebiete des Russischen Imperiums von 1914 zurückerobern. In diesem Konflikt steht Polen wieder einmal als Verlierer da, obwohl die Niederlage des Deutschen Reiches für die Länder Mitteleuropas eine Chance war, ihre Autonomie zurückzugewinnen.

Die Souveränität Polens nach einhundertdreiundzwanzig Jahren der Unterwerfung hat nur drei Jahre gedauert. Die Rote Armee hat die zarentreuen Weißgardisten vernichtend geschlagen. Lenin ist überzeugt, dass sich die Völker erheben werden, um einen Weltkommunismus zu schaffen. Polen soll die nächste Eroberung der Kommunistischen Internationale sein. Immer wieder wird das Land zerrissen und mit Füßen getreten. Diesmal will Lenin dort ein bolschewistisches Regime errichten, das als Vorposten für eine Eroberung Westeuropas dienen soll.

Die Curies sind untröstlich. Marie leidet mit ihrem Land, durchlebt noch einmal die Erinnerungen an die einstigen Demütigungen und Schikanen und an die Unterdrückung der polnischen Identität. Gleichzeitig sieht sie sich mit einem Dilemma konfrontiert, das erschwerend hinzukommt: Immer mehr Forscher, darunter Maries und Irènes beste Freunde, lassen sich von den kommunistischen Postulaten »im Dienste der Völker« verlocken. Beeinflusst durch Paul Langevin, beobachtet Irène Jahr für Jahr mit Ingrimm die – wie ihr Biograph Louis-Pascal Jacquemond schreibt – inflationistische Haushaltspolitik, die zu einer ständigen Kürzung der Bezüge der Wissenschaftler sowie der Mittel für die Forschung führt.[79]

Für die ältere Curie-Tochter ist die Wissenschaft von fundamentaler Bedeutung, während sie für die politischen Machthaber offensichtlich einen nur geringen Stellenwert hat. Es ist eine Mischung aus Empörung und Tatendrang, die die Nachwuchswissenschaftlerin empfindet, schließlich wurde sie im Glauben an den Fortschritt im Dienste der Menschheit erzogen, sei es im sozialen oder im medizinischen Bereich. Daher erwägt Irène, sich in einer linken Bewegung zu engagieren, was bei den Intellektuellen der damaligen Zeit sehr populär ist. Dabei steht zunächst der Traum vom Frieden im Vordergrund. »Nie wieder Krieg« heißt das verbindende Motto. Nie wieder soll es ein Blutbad unter den Völkern geben.

4

AMERIKA – EIN TRAUM WIRD WAHR

Der Frieden hat den Mitarbeiterinnen und Mitarbeitern des Radium-Instituts, das in unmittelbarer Nähe des Pantheons liegt, Lebensmut und Hoffnung zurückgegeben. Dennoch häufen sich die Probleme. Wie soll man in einem ausgebluteten Land an Material kommen, um den Betrieb des Instituts sicherzustellen? So erfährt Marie beispielsweise, dass es keine Mikroskope mehr gibt, da diese von den Ärzten in Bordeaux, wohin sich die französische Regierung zurückgezogen hatte, mitgenommen worden sind. Marie muss jeden Centime umdrehen, versucht, günstige Möbel zu erstehen, feilscht um Papier, Maschinen und Schutzhüllen für ihre chemischen Apparate. Das Finanzministerium weigert sich, ihr, der zweifachen Nobelpreisträgerin, irgendwelches Material für ihre Experimente kostenlos zu überlassen.[80] Wie wenig Anerkennung die Forschung in Frankreich doch besitzt, sagt sie sich, ganz im Gegensatz zu Deutschland oder den USA, wo Kollegen und Kolleginnen, wie man hört, umfangreiche private Kredite erhalten. Marie aktiviert sämtliche Netzwerke, und dank ihres Engagements an der Front und bei den Schützengräben erhält sie von allen Seiten Unterstützung. Sie schreibt: »Ich bin nicht mehr jung, und ich frage mich, ob es mir eines Tages gelingen wird, für diejenigen, die nach mir kommen, ein Radium-Institut aufzubauen, das meinen Ansprüchen gerecht wird, zum Andenken an Pierre Curie und im Interesse der Wissenschaft.«[81]

Es gelingt ihr, Radiologiegeräte, die sie selbst zuvor in Lazaretten installiert hatte, wiederzubeschaffen.[82] Sie hatte vor, sie an Tuberkulosestationen zu verteilen und so mit dieser neuen Technologie möglichst vielen Menschen zu helfen. Trotz der miserablen Transportmöglichkeiten und des allgemeinen Chaos, das nach wie vor im Land herrscht, kann sie einige Instrumente wieder in ihren Besitz bringen. Manche von ihnen sind allerdings defekt. Doch obwohl es ihrem Institut an fast allem fehlt, richtet Marie dank ihres eisernen Willens, den sie sich aus ihrer schwierigen Jugend in Polen bewahrt hat, und der Unterstützung ihrer Schwester Bronia nach und nach immer mehr Röntgenstationen ein.

Der Bekanntheit Marie Curies und ihrem vorbildlichen Fronteinsatz ist es zu verdanken, dass einige amerikanische Offiziere und Soldaten, die in Frankreich geblieben sind und die Entdeckerin des Radiums bewundern, eine Ausbildung am Radium-Institut beginnen. Die Begegnung mit diesen begeisterten jungen Männern aus Amerika, diesem ihr noch unbekannten Land, ist für Marie die schönste Anerkennung und Motivation. Was für ein Geschenk, ihr Wissen und ihre Erfahrungen an eine internationale Gemeinschaft junger Menschen weitergeben zu können! Pierre hätte sich darüber gefreut, sie beide haben ja einst beschlossen, auf Patente zu verzichten. Ebenso froh ist Marie darüber, dass Irène mittlerweile zu einer selbstbewussten jungen Frau mit naturwissenschaftlichen Ambitionen herangereift ist. Sie kann nun Mitarbeiterin ihrer Mutter werden. Seit Langem schon weiß sie, dass sie in die Fußstapfen ihrer Eltern treten wird. Nun ist es so weit. Zu Beginn der Zwanzigerjahre empfindet Marie das, was man Glück nennt, und – obwohl Pierre nicht mehr da ist – eine gewisse Lebensfreude. Zum Nachmittagstee schließt sie sich der jungen Generation in ihrem Institut an, und zwischen den Kommentaren über die neuesten chemischen Entdeckungen wird ausgiebig gelacht und gescherzt. In dieser Gruppe blüht Irène auf, und ihre Mutter sieht es mit Wohlwollen. Trotz ihrer nach außen hin nüchternen Art ist Marie voller Sympathie für diese angehenden Forscher und Forscherinnen, hört ihnen gern zu und ermutigt sie.

Die Historikerin Natalie Pigeard-Micault merkt an: »Wenn Marie Curie Frauen in ihrem Laboratorium beschäftigt, dann nicht, weil sie irgendeiner feministischen Sache dienen will. Nein, Marie Curie nimmt Frauen zu denselben Bedingungen auf wie Männer. Niemals wird sie bei der Auswahl ihrer Mitarbeiter irgendwelche geschlechtsspezifischen Kriterien anwenden.«[83] Im Laufe der Jahre werden Forscherinnen aus Frankreich, Europa und Amerika am Radium-Institut ausgebildet. Nach ihrem Studium gehören sie oft zu den ersten Frauen, die in ihrem Land eine wissenschaftliche Führungsposition einnehmen. Da jedoch die meisten Geschichtsbücher von Männern geschrieben werden, lassen sich nur selten vollständige Biografien dieser Frauen finden. Trotz dieser schwierigen Voraussetzungen ist es Natalie Pigeard-Micault gelungen, die Lebenswege von fünfundvierzig solcher Wissenschaftlerinnen zu rekonstruieren. Ihr Werdegang zeigt, dass das häufig gezeichnete Klischee vom »Blaustrumpf« keinesfalls auf diese Forscherinnen zutrifft. Die meisten von ihnen sind verheiratet und haben Kinder, genauso wie Irène Joliot-Curie.

Dass am Institut ganz offensichtlich keine Frauen aus Asien, Afrika, dem Maghreb oder dem Nahen und Mittleren Osten studieren, ist allerdings eine unleugbare Tatsache, die höchstwahrscheinlich damit zu tun hat, dass Anfang des 20. Jahrhunderts zur Diskriminierung von Frauen in diesen Regionen die Last des Kolonialismus noch erschwerend hinzukam. Die damaligen Kolonialreiche waren äußerst mächtig und geprägt von einer archaischen und patriarchalischen Geisteshaltung. Auch dürften die Frauen, die am Radium-Institut aufgenommen wurden, weiß und westlich gebildet gewesen sein. Dennoch darf nicht vergessen werden, dass Marie Curie stets gegenüber allen Kulturen äußerst offen war und keine Diskriminierung duldete, wovon ihr gesamtes Leben zeugt.

Da auf Entdeckungen, die mit Radium im Zusammenhang stehen, keine Patente angemeldet wurden, fehlt es dem Laboratorium an Geld. Zwar hatte der Industrielle und Philanthrop Andrew Carnegie dank der Vermittlung der Gräfin Greffulhe, die Marcel Proust zu seiner Figur der Herzogin von Guermantes inspiriert hat und die sich leidenschaftlich für die Wissenschaft einsetzte, Maries Laboratorium 1907 eine beträchtliche Summe zur Verfügung gestellt, doch diese reicht bei Weitem nicht aus, um den Betrieb sicherzustellen. Marie Curie ist auch dankbar dafür, dass die Sorbonne und das Institut Pasteur bereits 1909 beschlossen hatten, ein Laboratorium für sie zu bauen, das später als Radium-Institut bekannt wurde. Ein immenser Fortschritt. Nichtsdestotrotz muss sie den Tatsachen ins Auge sehen. Sie verfügt, insbesondere im Gesundheitsbereich, nicht über genügend Mittel für ihre Forschungstätigkeiten und kann nicht einmal ein Gramm Radium kaufen. Das ist bitter für eine zweifache Nobelpreisträgerin, die die Energie der Zukunft entdeckt hat. Was soll sie tun? Marie ist deprimiert, es ist eine sehr belastende Situation. Da drängt sie ein Freund, der Schriftsteller Henri-Pierre Roché, der später mit dem Roman *Jules und Jim* berühmt werden wird, ihr eine amerikanische Journalistin vorstellen zu dürfen. Marie lehnt ab, auf gar keinen Fall, für so etwas hat sie keine Zeit. Seit den Erlebnissen vom Dezember 1911 und der Affäre Langevin ist sie Journalisten gegenüber ohnehin mehr als misstrauisch. Doch Roché besteht darauf. Diese Reporterin ist eine der bekanntesten Pressevertreterinnen der USA und verfügt über einen erheblichen Einfluss auf die amerikanischen Frauen. Was Marie noch nicht wissen kann: Marie Mattingly Menoley, genannt Missy Meloney, hat – ebenso wie sie selbst – einen Weg voller Fallstricke hinter sich, sie hat die Feindseligkeiten ihrer männlichen Kollegen zu spüren bekommen, und sie hat Hindernisse, mit denen Frauen allein deswegen zu kämpfen haben, weil sie Frauen sind, erfolgreich überwunden.

In dem von ihr herausgegebenen Magazin propagiert Missy Meloney das Bild der sportlichen, emanzipierten Frau am Steuer eines Automobils, dem Symbol der Freiheit in den USA, wo öffentliche Verkehrsmittel wie Busse und U-Bahnen nicht so verbreitet sind wie in Europa. Kurz gesagt, sie bringt den Frauen bei, unabhängig zu sein. Die in Kentucky geborene Arzttochter wurde vor allem von ihrer Mutter Sarah Irwin beeinflusst, der Gründerin und Chefredakteurin des *Kentucky Magazine*, einer der ersten literarischen und wissenschaftlichen US-Zeitschriften, die von einer Frau herausgegeben wurden. Sie war ein großes Vorbild für die Tochter, die ihren eigentlichen Berufswunsch, Pianistin zu werden, nach einem Reitunfall aufgeben muss. Missy Meloney schlägt also einen anderen Weg ein und entscheidet sich für den Journalismus mit seiner Strahlkraft, der auch ihrem Verlangen entgegenkommt, mit der Welt zu kommunizieren. Sie nimmt sich ein Beispiel an ihrer Mutter. Bei den Meloneys begeistert man sich für alles Moderne, die Solidarität unter Frauen, die neuen Entdeckungen in Naturwissenschaften und Medizin. Außerdem findet die trotz all ihrer Einschränkung energiegeladene Missy genau den richtigen Ton, um Marie »herumzukriegen«. Eines Tages würde sie über sich sagen: »Ich hatte mit fünfzehn ein lahmes Bein, mit siebzehn eine kranke Lunge, und seitdem arbeite ich für drei.«[84] Missy ist klein und zartgliedrig, doch sie hat einen eisernen Willen und ist entschlossen, sich kopfüber ins Leben zu stürzen und die ganze Welt zu bereisen. Sie heiratet William Brown Meloney, den Chefredakteur der *New York Sun*. Sie selbst hat zu diesem Zeitpunkt als eine der jüngsten

Reporterinnen Amerikas bereits bei mehreren Zeitungen gearbeitet: Mit 15 berichtete sie bei der *New York World* über die National Convention der Republikanischen Partei, mit achtzehn war sie in Washington, D.C., Korrespondentin für die *Denver Post*, die *New York Sun*, die *New York World* und den *Delineator*. Im Namen dieser Frauenzeitschrift bittet sie um ein Interview mit Marie Curie. Ohne Erfolg. Aber sie gibt nicht auf. Von diesem Treffen träumt sie seit Jahren. Also schreibt sie der Wissenschaftlerin einen Brief, nur ein paar Worte, die aber von Herzen kommen: »Sie [...] sind für mich seit zwanzig Jahren wichtig, und ich möchte Sie gern ein paar Minuten sehen.«[85]

»Unmöglich« ist ein Begriff, der im Wortschatz der amerikanischen Journalistin nicht vorkommt, und sie hat vor, den Beweis dafür anzutreten. Auf Drängen verschiedener Freunde gibt Marie, deren Neugier durch diese so simple Botschaft geweckt ist, schließlich nach. Aber nur für ein kurzes Gespräch! Ein sehr kurzes. Auf keinen Fall darf ihr zu viel von ihrer kostbaren Arbeitszeit dadurch verloren gehen. Seufzend öffnet Marie die Tür und erblickt diese kleine Frau, die nicht größer ist als sie selbst, diese Amerikanerin, die geradewegs von diesem riesigen Kontinent kommt, der bekanntlich von allen Ländern der Erde über die größte Menge des wertvollen Radiums verfügt, das für die Zukunft ihrer Forschung den Dreh- und Angelpunkt bildet.

Missy wiederum erhebt sich mit einem strahlenden Lächeln auf dem Gesicht und – bleibt verdutzt stehen. Sie beschreibt im Nachhinein diese Begegnung mit folgenden Worten:

»Die Tür öffnete sich [...] und eine blasse, schüchterne Frau trat ein, die das traurigste Gesicht hatte, das ich jemals gesehen habe. Sie war schwarz gekleidet. Das wundervolle sanfte Gesicht hatte den abwesenden, nach innen gekehrten Blick der Menschen, die sich mit geistigen Dingen beschäftigen. Plötzlich hatte ich das Gefühl, ein Eindringling zu sein. Meine Schüchternheit wurde immer größer. Obwohl ich mich seit mehr als zwanzig Jahren mit Reportage berufsmäßig beschäftigte, gelang es mir nicht, an diese wehrlose, schwarzgekleidete Frau auch nur eine einzige Frage zu richten. Ich versuchte, ihr auseinanderzusetzen, daß die Frauen Amerikas an ihrem großen Werk interessiert seien, ich bemühte mich, meine Zudringlichkeit zu entschuldigen.«[86]

So viel Höflichkeit schmeichelt Marie, sie lächelt sanft und beginnt von sich aus die Unterhaltung, spricht von ihren Sorgen und Nöten. Amerika besitzt große Radiummengen, die sie so dringend bräuchte, um ihre Arbeit fortzusetzen. Anschließend zählt sie, einen nach dem anderen, die Orte auf, an denen sich das wertvolle Material befindet, und fügt ohne Umschweife hinzu, dass der Preis dafür so hoch ist, dass er die Möglichkeiten ihres Instituts bei Weitem übersteigt. In Frankreich ist sie weit entfernt von den berühmten Laboratorien des Amerikaners Edison, der durch seine Patente steinreich geworden ist. Ein Wissenschaftler, der die amerikanische Öffentlichkeit fasziniert. Hier hingegen wirkt alles klein, karg und beschränkt.

Nun stellt Missy zwei Fragen, die ihrer beider Leben verändern werden. Wie viel Radium besitzt die Wissenschaftlerin? »Ein einziges Gramm«, antwortet Marie, und auch das gehöre nicht etwa ihr, sondern dem Laboratorium. Patente anzumelden, die es – wie Ève später betonen würde – Marie ermöglicht hätten, ein gut ausgestattetes Laboratorium einzurichten, kommt nicht infrage. Hier setzt Missy an, vorsichtig, aber hartnäckig. Was ist es, das Marie dringend braucht? Natürlich ein Gramm Radium. Aber der Preis dafür ist wahnsinnig hoch, hunderttausend Dollar! »Gut«, antwortet die Journalistin, »ich werde Ihnen das Geld dafür besorgen. Unter einer Bedingung. Sie müssen in die USA kommen, um sich das Gramm Radium selbst abzuholen.«

Auf ihrer Schiffspassage zurück in die USA erstellt Missy Meloney in ihrer Erste-Klasse-Kabine eine Liste der reichsten Frauen ihres Landes, die sie um jeweils 10 000 Dollar bitten will. Sie verliert keine Zeit. Kaum ist sie in New York, trifft sie sich mit ihnen und beschreibt ihnen voller Begeisterung das großartige Projekt dieser Frau, die in Frankreich Leben rettet. Doch die Damen zögern, handelt es sich für jede Einzelne von ihnen doch um eine beträchtliche Summe. Der Plan geht nicht auf. Missy denkt an ihre Zeitschrift, die von vielen Frauen in den USA gelesen wird. Warum nicht eine landesweite Spendenaktion starten, an der sich jede mit nur einem oder zwei Dollar beteiligt? Sie müsste einfach nur einen Artikel schreiben, in dem sie Marie Curies Engagiertheit und Uneigennützigkeit hervorhebt. Die Amerikanerinnen könnten von der Weigerung der Gelehrten, Patente auf ihre Entdeckungen anzumelden, insbesondere im Zusammenhang mit der Krebsbekämpfung, beeindruckt sein. Das ist vorbildlich und weit entfernt von den finanziellen Überlegungen, die in Amerika üblich wären. Eine säkulare Heilige sozusagen. Missy gründet also ein Komitee, das sich aus Prominenten, Journalistinnen und Ärzten zusammensetzt. Mit dem sogenannten *Marie Curie Radium Fund* startet sie eine landesweite Kampagne. Nach und nach fließen dem Fonds immer mehr Spendengelder aus den amerikanischen Kleinstädten zu. Ein Jahr später hat sie das Geld zusammen.

Als Marie in Paris im Radium-Institut diese Nachricht liest, ist sie vollkommen überwältigt. Die Großzügigkeit dieser Frauen, die Tausende von Kilometern von Frankreich entfernt an der Pazifikküste oder im Mittleren Westen der USA leben und sie nicht einmal kennen, berührt sie. Vielleicht fällt ihr in diesem Moment wieder ein, wie sie einst selbst ihren mageren Lohn, den sie als junges Mädchen in Polen bei reichen, selbstgefälligen und egoistischen Arbeitgebern so mühsam verdiente, an Bronia schickte, damit diese in Paris weiter studieren konnte? Jetzt legen Frauen aus einem anderen Land für sie zusammen. Oder vielmehr für einen wissenschaftlichen Fortschritt, der allen gehören soll.

Doch nun ist es an Marie, ihr Versprechen einzulösen. Sie muss das Gramm Radium in den USA persönlich in Empfang nehmen – aus den Händen des Präsidenten der Vereinigten Staaten. Sie ist unsicher. In ihrer Wohnung am Quai de Béthune sieht sie zu, wie vor den Fenstern die Schleppkähne vorbeiziehen, und überlegt. Menschenmengen sind ihr verhasst, und auch nach neun Jahren hat sie sich noch nicht von den Schmähungen erholt, mit denen die Journalisten sie einst überschüttet haben. Ist die amerikanische Presse nicht eine Skandalpresse? Erneute Verleumdungen könnte sie auf keinen Fall ertragen, es würde über ihre Kräfte gehen. Andererseits braucht sie dieses Radium so sehr … Beim Abendessen wird ihr bewusst, wie angenehm für sie in diesem zwar karg möblierten, dafür aber mit Büchern, Èves Klavier und über den Boden verstreuten wissenschaftlichen Artikeln und Werken angefüllten Raum die Anwesenheit ihrer Töchter ist. Die beiden geben ihr Sicherheit. Daher stellt Marie eine Bedingung: Ève und Irène müssen mitreisen. Und Missy verspricht ihr, bei den anderen Zeitungsverlegern vorstellig zu werden, damit diese sich verpflichten, nicht auf den schmerzhaften Skandal anzuspielen, an dem Marie fast zerbrochen wäre.

Der prominenten amerikanischen Pressefrau gelingt es, die Journalisten auf Linie zu bringen und einige von ihnen sogar dazu zu veranlassen, in den Radiumfonds einzuzahlen. Eine beachtliche Leistung! Sie startet eine Werbekampagne bei amerikanischen Verlagen, damit diese die Memoiren von Marie Curie herausbringen. Auf französischer Seite löst die Nachricht von der Amerikareise Erstaunen aus. Und vor allem befürchtet man plötzlich, Frankreich könne den Eindruck erwecken, es sei weniger dankbar als Amerika, da es sich geweigert hatte, Marie Curie als Mitglied in die Académie des Sciences aufzunehmen. In Regierungskreisen und in der gehobenen Pariser Gesellschaft wird man also unruhig. Man entdeckt, dass die Wissenschaftlerin trotz zweier Nobelpreise und ihres mutigen Einsatzes auf den Schlachtfeldern nicht den Verdienstorden der Ehrenlegion erhalten hat. Eine Unterlassung, die es umgehend auszubügeln gilt. Ihr wird also die prestigeträchtigste Medaille Frankreichs angeboten, doch zum zweiten Mal lehnt Marie sie ab. Nach dem ersten Nobelpreis hatten sie und ihr Mann dies bereits getan: »Ich sehe keine Notwendigkeit dafür«, hatte Pierre Curie erklärt. Im Gegensatz dazu wäre Marie 1918 bereit gewesen, die Ehrenlegion anzunehmen, wenn sie sie als militärische Auszeichnung für ihren Einsatz im Ersten Weltkrieg erhalten hätte, wie ihre Tochter Ève später klarstellen wird. Aber 1918 – und auch heute noch – war dies nicht möglich, da man für eine solche Begründung im Kampf verwundet oder getötet worden sein muss, was bei Marie Curie nicht der Fall war. Die französischen Behörden zeigen sich enttäuscht.

Unter diesen Umständen bietet es sich an, ein Fest zu Ehren der Wissenschaftlerin zu veranstalten, am besten in einem glanzvollen Ambiente, zum Beispiel in der Pariser Oper. Der Vorschlag wird angenommen, zumal Sacha Guitry, dessen scharfzüngige Stücke mit ihrem bissigen Humor regelmäßig das Publikum begeistern, auf Initiative des Magazins *Je sais tout* den Empfang gestalten wird. Die Spenden des Abends kommen natürlich dem Radium-Institut zugute. Eine große Schauspielerin ist ebenfalls zugegen: Sarah Bernhardt. Mit ihren über siebzig Jahren und trotz einer Beinamputation, die man 1915 bei ihr vornehmen musste, um sie vor einem durch Knochentuberkulose verursachten Wundbrand zu retten, beklagt sich die Grande Dame nie und tritt noch immer unter dem frenetischen Beifall des Publikums auf. Natürlich ist auch sie von der Arbeit Marie Curies während des Ersten Weltkriegs angetan. Die berühmte Schauspielerin hat selbst bereits den Orden der Ehrenlegion erhalten, zum einen für ihre Verdienste um »die weltweite Verbreitung der französischen Sprache«, zum anderen aber auch, weil sie 1870/71 im deutsch-französischen Krieg Verwundete gepflegt hat. Marie ist entzückt, das Publikum außer sich vor Begeisterung. Es wird einer der letzten Auftritte von Sarah Bernhardt sein. Zwei Jahre später stirbt sie plötzlich und unerwartet an akutem Nierenversagen. Als erste Frau in Frankreich erhält sie ein Staatsbegräbnis.

Mit Stars wie Sarah Bernhardt und auch Lucien Guitry, dem Vater von Sacha Guitry, wird der Festakt zu einer Galaveranstaltung, bei der die Damen ihre prächtigsten Roben und Juwelen zur Schau stellen, während Marie wieder einmal nur ein einfaches schwarzes Kleid trägt. Trotz unablässiger Bemühungen ist es Ève nicht gelungen, sie dazu zu bringen, eine passendere Garderobe zu kaufen. Es ist ein Bienenkorb voller Schauspieler, Schauspielerinnen, Musiker und Musikerinnen, Politiker und befreundeter Wissenschaftler. Alle feiern Marie Curie und überhäufen sie mit Komplimenten, während sie selbst mit Unbehagen an die lange und anstrengende Reise quer durch den amerikanischen Kontinent und an bevorstehende gesellschaftliche Anlässe wie diesen denkt, die sie wird auf sich nehmen müssen, um das berühmte Gramm Radium zu bekommen. Sie ist zu Recht beunruhigt. Ob sie es gewagt hätte, die Reise anzutreten, wenn sie gewusst hätte, was auf sie zukommt?

Schließlich ist der Augenblick der Abreise in die Neue Welt gekommen. Langsam öffnet Missy Meloney mit Hilfe eines Kabinenchefs einen Spaltbreit die für Marie reservierte Suite auf dem Passagierschiff Olympic. Seit zehn Jahren ist dieses Schiff eines der Prunkstücke der britischen Marine und der White Star Line. Sie hat kaum mehr Konkurrenz, nachdem 1912, ein Jahr nach dem Stapellauf der Olympic, die Titanic gesunken ist. Gerne treffen sich hier Berühmtheiten auf ihren Reisen nach Amerika, etwa der Prinz von Wales oder prominente Schauspieler vom Film, dieser neuen Kunstform. Marie wird in der prachtvollsten Erste-Klasse-Suite untergebracht, ein Luxus, der ihr Unbehagen bereitet. Wozu dient wohl dieser Zigarrenhalter im Badezimmer? Und der Gymnastikraum, der ihr zwar gefällt, in dem sie sich aber keinesfalls in Sportbekleidung vorzustellen vermag? Ihre Töchter, die zwei fabelhafte Zimmer auf dem Oberdeck bekommen haben, sind dagegen hellauf begeistert. Rasch packen sie ihren einzigen Reisekoffer aus, in dem sich auch einige elegante Kleider befinden. Marie beobachtet die beiden. So viel überflüssiges und luxuriöses Zeug! Ève hingegen ist vor Entzücken über ihre neuen Cocktail- und Abendkleider ganz aus dem Häuschen. Eine dieser Roben hat sie schon bei der Veranstaltung in der Pariser Oper eingeweiht. Männer umschwirrten sie wie ein Hornissenschwarm und waren sehr galant zu der jungen Demoiselle. Nie wird sie diesen Abend vergessen. Würde sie jemals Gelegenheit haben, diese traumhaften Kleider und Kostüme zu tragen? Sie beginnt wahrzunehmen, dass ihr geschmeidiger Gang, ihre schönen Augen, ihr Lächeln, ihre Intelligenz, ihre Bildung und ihr Humor das Interesse der Männer wecken.

Auf dem Promenadendeck der ersten Klasse vertritt Marie sich ein wenig die Beine. Sie muss etwas Luft schnappen und sich an das Schaukeln gewöhnen. Irène weicht ihr nicht von der Seite. Die beiden haben mit den Naturwissenschaften immer Gesprächsstoff – Lieblingsthemen, von denen Ève ausgeschlossen ist. Marie wird immer mürrischer. Ihr wird hier entschieden zu viel Luxus zur Schau getragen, nichts könnte ihrem Wesen und ihrem Lebensstil ferner sein, und sie fühlt sich ein wenig verloren, obwohl sie noch nicht einmal in der Neuen Welt angekommen ist. Vom Schiff aus schreibt sie an ihre Freundin, die Ehefrau von Jean Perrin:

>»Liebe Henriette, an Bord habe ich deinen netten Brief vorgefunden. Er hat mir gutgetan, denn ich verließ Frankreich nicht ohne Befürchtungen, was dieses große Unterfangen betrifft, das so wenig meinem Geschmack und meinen Gewohnheiten entspricht. Die Überfahrt gefiel mir nicht; das Meer war trüb, dunkel und laut. Ich war nicht seekrank, litt aber unter Schwindelgefühlen, und die meiste Zeit über bin ich in meiner Kabine geblieben. Meine Töchter scheinen sehr zufrieden zu sein.«[87]

Wie hätte es auch anders sein können? Sie schlendern über das Deck, trainieren im Gymnastikraum, lernen neue Tänze und sehen sich Kinofilme an, häufig in Begleitung von Missy Meloney. Für die beiden ist es ungeheuer spannend, sie über ihre Abenteuer als Journalistin und ihren Kampf für die Rechte amerikanischer Frauen zu befragen.

Irène und Ève stellen überrascht fest, dass der Journalistenberuf, den sie als Quelle für so viel Schmerz und Erniedrigung kennengelernt haben, auch zu einer Berufung werden und erfüllend sein kann. Schreibend kann eine Frau mit der Welt in Kontakt treten, Initiative ergreifen, etwas bewegen. Vielleicht könnte dieses Metier es Frauen ermöglichen, ihre Rechte durchzusetzen? Ève gerät ins Nachdenken, und auch Irène ist von Missy Meloneys Schilderungen ergriffen. Hier ist also eine Frau, ähnlich der britischen Suffragette Hertha Ayrton, die ihnen zeigt, wie man Hindernisse überwindet und sein Leben selbst gestaltet. Kurz darauf, nach Tagen voller Nebel, Kälte und Wind, geht die Sonne über der Skyline von New York auf. Majestätisch und ernst hebt die Freiheitsstatue ihren Arm zur Begrüßung. Ève und Irène haben bereits eine Menge gelernt. Noch wissen sie nicht, dass diese Reise sie verwandeln wird.

Ganz New York scheint auf den Beinen zu sein. Mit seinem Fernglas erspäht der Kapitän den Menschenauflauf am Kai, viele Schaulustige, darunter junge Leute polnischer Herkunft, Erwachsene und Kinder, Regierungsbeamte, alle sind gekommen, um die Lebensretterin zu begrüßen. Es gilt, einen Tumult zu vermeiden, rasch wird Marie in einen Sessel gesetzt und von ihrem grässlichen Hütchen befreit. Die Journalisten stürmen an Deck, fordern sie auf, den Kopf zu drehen, nach rechts, nach links … Sie hat das Schiff noch nicht verlassen, da hält sie es schon nicht mehr aus. Ève, die Elegante in der Familie, steht neben ihr in Seidenstrümpfen und hochhackigen Schuhen und zieht alle Blicke auf sich. Die Jüngste beobachtet ihre Mutter leicht beunruhigt, kann sich aber ein Lächeln nicht verkneifen. Während Irène die Verleihung des Nobelpreises 1911 in Stockholm miterlebt hat, wird Ève erst in diesem Moment bewusst, dass Marie, die zurückhaltende Gelehrte, außerhalb Frankreichs nicht nur eine Berühmtheit ist, sondern regelrecht vergöttert wird. Was für ein Schock!

Doch nun müssen sie die Gangway hinabsteigen, sich in die begeisterte Menge stürzen, die jungen Mädchen polnischer Herkunft begrüßen, die mit Armen voller roter und weißer Rosen gekommen sind, den Farben der polnischen Flagge, die überall in der Menschenmenge flattert. Marie hält eine kurze Ansprache, in der sie darauf hinweist, dass mit Radium bereits verschiedene Krebsformen erfolgreich therapiert werden konnten. Anschließend werden die drei Curies unter Polizeigeleit in Automobile verfrachtet, die sie mit Vollgas in die von Missy Meloney reservierte Unterkunft in Greenwich Village in Manhattans 14. Straße bringen. Hier können sie sich ausruhen, umgeben von einem Meer aus Blumensträußen. Doch sie haben keine Zeit, Museen zu besuchen oder den Central Park und das Empire State Building zu erkunden, denn ein Empfang jagt den nächsten. Und ihre überaus aufmerksame Gastgeberin ist beunruhigt, hat Marie doch kein akademisches Gewand mitgebracht, das geeignet wäre, um an amerikanischen Universitäten die Ehrendoktorwürde entgegenzunehmen. Innerhalb weniger Minuten lässt sie einen Schneider kommen, der die benötigte Robe in Windeseile anfertigen soll, doch Marie nörgelt herum. Das Kleidungsstück sei unbequem, nicht tragbar, sie könne es unmöglich anziehen. Die drei Frauen versuchen, sie zu beschwichtigen. Die elegante Ève weiß nur zu gut, wie stur ihre Mutter sein kann.

Am Ende bekommt sie eine entsprechende Montur, die sie zwar stört und verdrießt, doch ist es an der Zeit, sich mit den Einladungen zu befassen. Diese sind so zahlreich, dass den drei Curies schwindelig wird. Strategin, die sie ist, hat Missy Meloney die einzelnen Etappen der Reise bereits bis ins kleinste Detail ausgearbeitet und organisiert. So nimmt sie Marie, Irène und Ève mit auf eine Reise entlang der Ostküste der USA, um die renommiertesten amerikanischen Frauencolleges zu besuchen. Studentinnen! Wie an der École Normale Supérieure de Jeunes Filles in Sèvres, an der Marie viele Jahre unterrichtet hat und an der in Frankreich erstmals junge Wissenschaftlerinnen ausgebildet wurden. Welche Freude, diese Frauenuniversitäten zu entdecken, die sich einige Jahre später zu den »Seven Sisters« zusammenschließen würden, um an der gesamten Ostküste erstklassige Studienbedingungen für Frauen sicherzustellen. 1921 waren die Universitäten von Princeton, Harvard, Yale und viele andere ausschließlich Männern vorbehalten, und es sollte noch fast fünfzig Jahre dauern, bis sie sich 1970 nach Protesten und erbittertem Widerstand bereit erklärten, sich auch für Studentinnen zu öffnen.

Für Marie ist es ergreifend, diesen jungen Frauen zu begegnen, die sich für Kultur, Kunst, Philosophie und Wissenschaft begeistern. Ève freut sich darüber: »Es war ein glücklicher Gedanke, Marie Curie zunächst durch den Kontakt mit so viel begeisterter Jugend – Studentinnen, ihresgleichen also! – milde zu stimmen.«[88] New York will dem in nichts nachstehen. Die Huldigungen von Akademikerinnen reißen nicht ab, ob in der Carnegie Hall, im Waldorf Astoria, in wissenschaftlichen Gesellschaften und Unternehmerverbänden, vor begeisterten Menschenmengen oder in Anwesenheit ungerührt dreinblickender Würdenträger, darunter die Botschafter Frankreichs und Polens. So viel Begeisterung kann auch riskant sein, und eine Frau verletzt Marie, indem sie ihr unter den entsetzten Blicken der beiden Töchter vor lauter Aufregung die Hand fast zerquetscht. Nun muss ihre Mutter die lange Rundfahrt mit einem verstauchten und schmerzenden Handgelenk fortsetzen. Marie ist bereits jetzt erschöpft. Wird sie bis zum Ende der Reise durchhalten? Sie muss, denn ganz Amerika verlangt nach ihr. Und die Journalisten, die die Zeitungen Tag für Tag mit neuen Schlagzeilen versorgen müssen, sind beunruhigt, denn die dreiundfünfzigjährige Gelehrte mit den müden Augen und dem ermatteten Blick entspricht so gar nicht dem Bild, das Missy Meloneys Magazin vor ihrem Besuch von ihr gezeichnet hatte.

Zuallererst geht es jedoch darum, das Radium in Empfang zu nehmen. Die Müdigkeit und die Schmerzen im Handgelenk werden beiseitegeschoben, schließlich ist Washington nur wenige Stunden von New York entfernt. Auch der französische Botschafter Jules Jusserand reist an, um der Zeremonie beizuwohnen. Er ist nicht nur einer der brillantesten Diplomaten seiner Generation, sondern auch Historiker und hat für eines seiner geschichtswissenschaftlichen Werke den Pulitzer-Preis erhalten.[89] Am 20. Mai nimmt Marie, nachdem sie vom Vizepräsidenten der Vereinigten Staaten vorgestellt wurde, in Anwesenheit von mehreren hundert geladenen Gästen das Radium von Präsident Harding entgegen. Dieser begrüßt sie als »Adoptivtochter Frankreichs«, seiner »größten Stütze unter den großen Nationen« und als »Tochter Polens«. Er legt ihr ein Band um die zarten Schultern und überreicht ihr einen Schlüssel zu der 50 Kilogramm schweren Schatulle, die das wertvolle Radium enthält. Eine gut inszenierte Show für die Medien, denn in Wirklichkeit ist das Gramm gut verborgen und gesichert, da es hochgefährlich ist. Marie hakt sich beim Präsidenten unter, und so schreiten sie gemeinsam an den Gästen vorbei. Endlich lächelt sie. Die Freundlichkeit der Amerikaner, ihre Spontaneität und der herzliche Empfang, den sie ihr bereiten, belohnen sie für die Strapazen. Ihre Forschung kann nun fortgesetzt werden, zu ihrem eigenen Gewinn und zum Wohle der Menschheit. Im Blauen Zimmer des Weißen Hauses erklärt Marie: »Wenn wir aber die Dinge sich selbst überließen, würde das Radium nach meinem Tode das Eigentum von Privatpersonen – meiner Kinder – werden. Das Radium, das mir Amerika schenkt, soll der Wissenschaft für immer gehören.«[90] Das Radium soll ihr heimlich übergeben werden, wenn sie das Schiff besteigt, das sie nach Frankreich zurückbringen wird. Vorerst jedoch setzt sie ihre Reise fort. Auf dem Weg von Washington nach New York macht sie halt in Philadelphia, wo man ihr fünfzig Milligramm Mesothorium zum Geschenk macht, das sie für ihre Forschungen gebrauchen kann, und ihr die John-Scott-Medaille verleiht.

Doch ihr Interesse gilt der Industriestadt Pittsburgh. Ganz in Schwarz gekleidet besichtigt die Nobelpreisträgerin am Arm eines Leiters der dortigen Radiumveredelungsanlage die Instrumente, mit denen das berühmte Metall für den amerikanischen

Markt vorbereitet wird. Ihre Gesichtszüge sind angespannt, ihr Blick konzentriert. Hier entdeckt sie eine andere Facette ihrer Arbeit mit Pierre, dem nie die Gelegenheit zuteilwurde, dieses Abenteuer zu erleben. Vor allem aber staunt sie, wie immens die Möglichkeiten im Vergleich zu Frankreich sind. Welch ein materieller Wohlstand verglichen mit den mageren Mitteln, die ihrem Institut zur Verfügung stehen! Die beeindruckende Größe der Fabrik lässt sie erschaudern. In diesem Werk der Standard Chemical Company in Canonsburg und Pittsburgh, das sie nun besichtigt, werden 76 Gramm der 120 weltweit vorhandenen Gramm Radium hergestellt – auch das Gramm, das Marie von den Women of America geschenkt wurde. Es ist nämlich ebendieses Unternehmen, das den Auftrag zur Herstellung »ihres« Gramms erhalten hat. 1969 ließ die Universität Pittsburgh eine Gedenktafel zur Erinnerung an diesen Besuch anbringen, die vom Erzbischof von Krakau enthüllt wurde, dem späteren Papst Johannes Paul II.

Marie kann sich entspannen. Ihre Reise ist ein voller Erfolg, und Missy Meloney hat von den Amerikanerinnen bereits mehr als 100 000 Dollar an Spendengeldern zusammenbekommen. Es wird also noch etwas davon übrigbleiben, um ihr Institut zu modernisieren. Und nachdem sie die Laboratorien in den Vereinigten Staaten in Augenschein nehmen konnte, wird sie mit neuen Ideen für ihr eigenes Arbeitsumfeld nach Paris zurückkehren.

Jetzt ist es wichtig, sich ein paar Tage in New York auszuruhen, bevor es Richtung Westen geht, um die nächsten Abenteuer in Angriff zu nehmen. In San Francisco und Los Angeles werden die Curies schon sehnsüchtig erwartet. Auch die dortigen Frauen, die an der Spendenaktion teilgenommen haben, wollen die Chance bekommen, Marie Curie zu feiern. San Francisco befindet sich gerade im Wiederaufbau, um nach dem verheerenden Erdbeben von 1906 seine Stellung als Wirtschaftsmetropole am

Pazifik wiederzuerlangen. Das Erdbeben hatte die Stadt am selben Tag erschüttert, an dem Pierre Curie in Paris von einer Kutsche überfahren und getötet wurde.

Doch plötzlich bricht Marie erschöpft zusammen. Zur Bestürzung der Journalisten muss sie in New York das Bett hüten. Erneut sind es ihre strahlengeschädigten Nieren, die ihr Schmerzen verursachen. Hinzu kommt ein gefährlich niedriger Blutdruck. Sie muss sich ausruhen, ihr bleibt keine andere Wahl. Und auch Missy Meloney fühlt sich erschöpft. Beide Frauen haben ihre Energie überschätzt. Auch wenn es traurig ist, müssen sie dem Unvermeidlichen ins Auge blicken und die Reise zum Pazifik absagen. Was für eine Enttäuschung für die Kalifornierinnen! Und wer weiß, ob Marie in Hollywood nicht einen berühmten Regisseur kennengelernt hätte – den unvergessenen Charlie Chaplin, dessen Film *The Kid* drei Monate zuvor in die Kinos kam und ein Riesenerfolg wurde.

Nein, jede Anstrengung muss unbedingt vermieden werden, und da die Töchter sie begleiten, ist es nunmehr an ihnen, die Mutter zu vertreten. Irène hat keine Berührungsängste. Schon mit siebzehn Jahren hat sie sich im Ersten Weltkrieg den härtesten Herausforderungen gestellt. Daher wird sie nun anstelle ihrer Mutter die wissenschaftlichen Vorträge halten. Mit ihren dreiundzwanzig Jahren ist das für sie etwas vollkommen Selbstverständliches.

Für Ève hat sich noch nicht die Gelegenheit geboten, eine derartige Rolle zu übernehmen, doch seit ihrer Ankunft in Amerika blüht sie auf, sie lacht und amüsiert sich und kann gar nicht genug bekommen von der überwältigenden Energie dieses Landes und seiner Bewohner. Die Wohnung am Quai de Béthune und die Ufer der Seine scheinen Lichtjahre entfernt zu sein! Um sie herum lodern die Farben der Städte, der Landschaften, der Kleider der Mädchen und Frauen so fröhlich, wie es in Frankreich unvorstellbar wäre. Alles ist erfüllt von einer Begeisterung und einer Herzlichkeit, die ohne Scheu zum Ausdruck gebracht wird, es ist ein ständiges Fest, unterbrochen zwar von einigen Vorträgen, die man aber dank der vielen Auszeichnungen und Huldigungen schnell vergisst. Ève genießt es unverhohlen, dass junge Männer beginnen, sie zu grüßen, dass sie mit ihrer Schwester zu Kanufahrten oder Spaziergängen eingeladen wird. Das Leben ist schön, und jede Station der Reise wird zu einer berauschenden Erfahrung für das junge Mädchen.

Ève hat sich verliebt in Amerika; wohin diese Liebe sie einmal führen wird, kann sie sich allerdings noch nicht vorstellen. Mit sechzehn Jahren hat sie das ganze Leben noch vor sich und alle Zeit der Welt, um ihre Jugend zu genießen und Neues zu lernen. Endlich hat sie wieder Gelegenheit, Englisch zu sprechen, diese geliebte Sprache, die sie einen Sommer lang bei der britischen Physikerin und Suffragette Hertha Ayrton gelernt hat. Sie beobachtet ihre Schwester, deren Lächeln etwas gezwungen wirkt. Sie selbst würde sich auf dem Podium anders verhalten, das spürt sie. Nie würde sie mit wissenschaftlichem Anspruch zu punkten versuchen, sondern ihren Charme und ihre Eleganz einsetzen, um ihre Zuhörerschaft zu verzaubern. Gemeinsam mit Irène hält sie eine Rede nach der anderen und formuliert Dankesworte, sie wird immer forscher, lächelt und unterhält sich in makellosem Englisch mit einem leichten französischen Akzent. So erobert sie ihr Publikum. Während die Tage vergehen und Marie sich langsam von der Erschöpfung erholt, haben Irène und Ève, jede auf ihre Weise und ohne es zu merken, Weichen für ihre zukünftigen Lebenswege gestellt.

Schließlich wird es Zeit, die Reise fortzusetzen. Nicht zum Pazifik, das wäre zu weit, doch die Curie-Töchter träumen davon, mit Missy Meloney den berühmten Grand Canyon in Colorado zu erkunden. Dafür begeben sie sich auf eine dreitägige Zugfahrt entlang des Santa-Fé-Trails, der später als Kulisse für zahlreiche Western dienen würde. Da die Ankunft der Curies in den jeweiligen Städten von Journalisten im Voraus angekündigt wird, kommt es nicht selten zu tumultähnlichen Szenen. In Santa Fé, wo man so stolz darauf ist, »Madame Curie« zu empfangen, drängen sich die Neugierigen auf dem Bahnsteig, um den Frauen zuzujubeln. Für Marie kommt es nicht infrage, sich erneut einem solchen Stress und gesundheitlichen Risiko auszusetzen. Ab sofort halten die Züge bereits ein Stück vor der jeweiligen Bahnstation, damit Irène, Ève und sie das letzte Stück bis zu ihrem Etappenziel in aller Ruhe mit dem Auto zurücklegen können. Erneut fühlt Marie sich entkräftet. Die Mädchen hingegen sind begeistert. Die lange Zugfahrt erleben Irène und Ève wie im Traum. Den Grand Canyon reiten sie nach traditioneller Sitte auf Maultieren hinunter. Das ist zwar harmlos, aber wenn dann das Maultier in jeder Wegbiegung den Kopf ein wenig in Richtung Abgrund neigt … Den Mädchen gefällt es, immerhin scheinen sie schwindelfrei zu sein. Sie sind von diesem Naturschauspiel fasziniert und vollkommen überwältigt. Schon bei ihren Aufenthalten in L'Arcouest in der Bretagne oder auch nur in dem kleinen Garten vor dem Radium-Institut, wo Marie Rosen gepflanzt hat, erwies sich die Empfänglichkeit der Curie-Frauen für die Schönheit der Natur. Hier allerdings ist alles gigantisch. Es ist eine glückliche Zeit, an die sie sich ihr Leben lang erinnern werden.

Bald schon müssen sie die Rückreise antreten. Ein mit allem Komfort ausgestatteter Zug bringt sie durch völlig anders anmutende Landschaften im Norden der USA, nahe der kanadischen Grenze. Chicago erwartet sie – und der Empfang ist grandios. Die gesamte polnische Gemeinschaft der Stadt scheint auf den Beinen zu sein, in der Menschenmenge tragen Tausende von Mädchen und Jungen die Farben ihrer fernen Heimat, Menschen jeden Alters bereiten Marie Curie einen Triumphzug, und sie ist vollkommen überwältigt, ergriffen von der Liebe zu dem Land ihrer Herkunft. Innerhalb eines Jahrhunderts sind mehr als eine Million Polen in die Vereinigten Staaten ausgewandert, und die meisten von ihnen haben sich in dieser Stadt niedergelassen, die 1921 die zweitgrößte der USA ist.

Einige Polen und Polinnen versuchen, sich Marie zu nähern, sie zu berühren und ihre Hände zu küssen. Auch wenn das eigentlich zu viel für sie ist, bleibt sie sitzen und lächelt, während eine Parade ihrer Landsleute an ihr vorbeizieht und die Nationalhymnen gesungen werden – die amerikanische, die polnische und die französische. Wieder einmal ist Marie erschöpft, aber Chicago hat ihr Herz berührt. Sie besucht auch ihre Nichte Helena, Bronias Tochter und einziges Kind, die leider im Dauerkonflikt mit ihrer Mutter steht und psychische Probleme hat. Fern von ihren Eltern hofft die ganze Familie, dass die junge Frau sich fängt, zur Ruhe kommt und ihr seelisches Gleichgewicht wiederfindet. Sie arbeitet, wie Natacha Henry in ihrer Biografie über Marie Curie und Bronia Dłuska anmerkt, bei einem der zahlreichen in Chicago erscheinenden polnischsprachigen Blätter, der sozialistischen Tageszeitung *Dziennik Ludowy*.[91] Inzwischen hat die junge Frau wieder etwas mehr Selbstvertrauen gewonnen, sie nimmt auch an den Aktionen der polnischen sozialistischen Partei in Chicago teil, aber ist ihr Zustand wirklich stabil? Marie hat ihre Zweifel, als sie sich gemeinsam mit Irène und Ève nach diesem allzu kurzen Wiedersehen inmitten des Trubels ihrer aufgekratzten Landsleute liebevoll von Helena verabschiedet.

Noch kehren sie nicht nach New York zurück, und es bleibt ein wenig Zeit, sich auszuruhen. Nachdem sie in mehreren amerikanischen Frauencolleges sprechen durfte, muss Marie nun noch die Universitäten besuchen, die schon seit hundert oder zweihundert Jahren Frauen diskriminieren und nur Männer aufnehmen – allen voran natürlich die renommierteste von allen: Harvard. In der dortigen Kollegenschaft ist man uneins, was die Qualität von Maries Entdeckungen nach dem Tod ihres Mannes 1906 angeht. Einige Wissenschaftler stellen die Genialität und die Originalität ihrer Erkenntnisse infrage. Dass diese Frau 1911, fünf Jahre nach Pierre Curies Tod, für ihre Arbeit einen zweiten – ungeteilten – Nobelpreis erhalten hat, diesmal für Chemie, wird von den Herren Wissenschaftlern geflissentlich übersehen. Die Geschichte hat über die Jahrhunderte hinweg gezeigt, wie schwer es den Männern fällt, insbesondere im wissenschaftlichen und intellektuellen Bereich, einzuräumen, dass eine Frau ihnen ebenbürtig sein könnte. Eine Mehrheit der physikalischen Fakultät in Harvard hat sogar dagegen gestimmt, Marie Curie die Ehrendoktorwürde zu verleihen. Universitätspräsident Lawrence Lowell hat dennoch die Güte, sie mit Newton zu vergleichen, einem Mann, dessen Entdeckungen stets über jeden Zweifel erhaben waren. Welch eine Ernüchterung nach der Begeisterung, die ihr in Chicago zuteilwurde! Die Kälte, mit der man ihr in Harvard begegnet, ist Marie allerdings nur zu vertraut. Schon 1911 wurde ihr die Aufnahme in die Académie des Sciences verwehrt. Das Amerika Harvards hat keine Ähnlichkeit mit dem herzlichen Amerika des Mittleren Westen. In der Biografie, die Ève später über ihre Mutter schreiben wird, findet sich kein einziges Wort über diesen Eklat auf ihrer Reise, als ob sie beschlossen hätte, ihn besser aus dem kollektiven Gedächtnis zu löschen. Aber Ève und Irène werden diese Erfahrung dennoch nicht vergessen, insbesondere Irène nicht, wenn sie sich in den nächsten Jahren immer wieder gegenüber französischen Wissenschaftlern behaupten musste. Der Unterschied zu den Frauencolleges, wo sie mit Begeisterung aufgenommen worden waren, ist riesengroß. Auch in den USA liegt noch einiges im Argen, und es bleibt noch viel zu tun, bis Frauen in der Wissenschaft die ihnen gebührende Anerkennung erhalten. Das ist Irène und Ève klar geworden, und sie werden es sich merken. So ist diese Amerikareise ein Wechselspiel von Licht und Schatten, und Herzlichkeit und Ablehnung wechseln einander ab. Ganz ähnlich wird es auch im Leben der Curie-Töchter sein.

Es ist Zeit, sich wieder an Bord der Olympic zu begeben. Der Kapitän begrüßt seinen berühmten Passagier überaus zuvorkommend und geleitet Marie zu ihrer Kabine. Dort hofft sie, sich endlich ausruhen zu können. Sie hat es bitter nötig. Doch als sich die Tür öffnet, stöhnt sie auf. Der ganze Raum ist über und über mit Blumen und Telegrammen angefüllt. Wo soll sie sich nun entspannen? Schnell räumen Irène und Ève alles beiseite, damit ihre Mutter sich hinlegen kann. Zur Sicherheit wird rasch noch einmal nachgesehen; das Gramm Radium ist sorgfältig im Gepäck verstaut!

Marie lässt das Abenteuer Revue passieren, das sie in den vergangenen Wochen erlebt hat. Ein Kontinent voller Menschen aus allen sozialen Schichten hat ihr die Ehre erwiesen. Mit Ausnahme einiger eifersüchtiger Wissenschaftler hat man sie mit offenen Armen empfangen. Amerika mit seiner Lebendigkeit und seiner Tatkraft wird ihr in glücklicher Erinnerung bleiben. Sie denkt an die Frauenverbände, die ihr geholfen haben. Aber auch an die Sèvres-Studentinnen in Frankreich, die eine selbstgewählte berufliche Laufbahn verwirklichen möchten, an die Suffragetten, die mit ihren Demonstrationen die Herrschenden das Fürchten lehren, an die Frauen, die vergebens Gleichbehandlung fordern, auch wenn viele andere Frauen glänzende Erfolge feiern. Irène und Ève haben die Kraft dieser Gruppierungen erfahren, ebenso wie ihre politische Bedeutung. Auch wenn sie sich dessen noch nicht bewusst sind, werden diese Erlebnisse ihren späteren Lebensweg prägen.

Während das Schiff die Freiheitsstatue passiert, denkt Marie an ihre Familie in Polen. Sie brennt darauf, ihren Lieben von dieser außergewöhnlichen Reise zu erzählen, vor allem ihrer älteren Schwester Bronia. Und sie vergisst auch nicht die Freundin, die auf der Pier in New York zurückgeblieben ist: Missy Meloney mit ihrem Lächeln, ihrer Intelligenz, ihrem Talent, ihrer Leidenschaft und ihrem Feingefühl, die sie Tag und Nacht begleitet hat, ist nun nicht mehr an ihrer Seite. Doch den Erfolg der Reise hat sie dieser Frau zu verdanken. Neben Respekt und Dankbarkeit empfindet Marie für sie auch eine aufrichtige und tiefe Zuneigung. Dank Missy wird es möglich sein, ihre Forschung weiterzuführen, um Menschen zu heilen und Leben zu retten. Missy Meloney ist mehr als nur eine Freundin geworden, sie gehört zur Familie. Zurück in Frankreich vergisst die Nobelpreisträgerin nicht, sie für den Orden der Ehrenlegion vorzuschlagen. Und sie wird ihn bekommen.

Bei ihrer Ankunft in Le Havre und an der Gare Saint-Lazare in Paris ist plötzlich alles ganz anders. Niemand ist da, um die Curies willkommen zu heißen. Während sie ins alte Europa zurückgekehrt sind, ist einer ihrer Landsleute in die USA aufgebrochen, um einen historischen Boxkampf zu bestreiten. Georges Carpentier, dem es ein Jahr zuvor gelungen war, in Jersey City den Weltmeistertitel zu erringen, wird für seinen »blendenden« Stil bewundert. Nun soll er erneut in den USA kämpfen, und ganz Frankreich denkt an nichts anderes als an diesen jungen, brillanten Sportler, dessen Eleganz die Amerikaner fasziniert. Die Journalisten kümmern sich nicht mehr um die erfolgreiche Amerikareise der Curies, sondern folgen nur noch atemlos diesem fabelhaften Champion. Am Bahnhof ist kein Taxi zu bekommen. In der Stadt regt sich nichts. Wie sollen die Curies nun mit ihrer bleischweren Radiumschatulle auf die Île Saint-Louis gelangen? Und wie das kostbare Gut schützen? Alle Autofahrer sind aus ihren Fahrzeugen ausgestiegen, um über die in den Straßen aufgestellten Lautsprecher die Live-Übertragung des berühmten Kampfes zu verfolgen, bei dem Georges Carpentier von dem US-Boxer Jack Dempsey nach einigen Schlägen niedergestreckt wird. Glücklicherweise ist ein junger Mitarbeiter von Marie zum Bahnhof gekommen, um sie abzuholen und die wertvolle Kiste ins Institut zu bringen. Doch das Tor ist verschlossen, kein Concierge weit und breit. Hier steht Marie nun mit ihrem kostbaren Radium, dieser hochriskanten Fracht, für die sie den Atlantik überquert und ganz Amerika durchmessen hat und die sie unter größten Sicherheitsvorkehrungen zurückbringen musste. Ein Albtraum. Mehrere Stunden sitzt der junge Wissenschaftler buchstäblich auf der Straße und wartet, den Blick stets auf das Tor gerichtet.[92] Es wird dunkel. Am späten Abend schließlich kehrt der Concierge in aller Seelenruhe in seine Loge zurück und kann endlich das Institut aufsperren. Das Radium ist gerettet!

Der Sommer ist da. Endlich kann Marie in die Bretagne aufbrechen, neue Kraft schöpfen in ihrem Haus am Meer in L'Arcouest, dieser Lieblingsurlaubsregion der Sorbonne-Gelehrten, die frische Luft dort atmen und die alten Freunde wiedersehen. Wie immer sind auch ihre Töchter mit von der Partie, und sie genießt das Schwimmen, die Gartenarbeit, die Mußestunden und die ausgedehnten Spaziergänge. Trotzdem verspürt sie nach wie vor eine quälende Müdigkeit, sie sorgt sich um ihre schwindende Sehkraft und hat Angst, vollständig zu erblinden. Ein Termin bei einem New Yorker Augenarzt hat diese Sorge keineswegs ausräumen können, im Gegenteil. Marie ist erst fünfundfünfzig Jahre alt und für die Weiterführung ihrer Arbeit auf ihr Augenlicht angewiesen.

Doch als ob die Bürde ihrer gesundheitlichen Probleme nicht schon groß genug wäre, nimmt sie ein Jahr später eine neue Mission an; in diesem Fall ist es keine wissenschaftliche, sondern eine ideelle. Das Trauma des Krieges hat die Menschen und Nationen tief erschüttert. Solche Konflikte in Zukunft zu vermeiden ist die Zielsetzung des berühmten Völkerbundes. Diese internationale Organisation mit Sitz in Genf, deren Satzung Bestandteil des Versailler Vertrags wird, ist 1919 auf Initiative des US-Präsidenten Woodrow Wilson in der Hoffnung gegründet worden, nach dem Ersten Weltkrieg den Frieden in Europa zu bewahren. Marie wird zum Mitglied der 1922 offiziell gebildeten Internationalen Kommission für geistige Zusammenarbeit ernannt. Ab August 1922 finden zahlreiche Sitzungen dieser Kommission statt, anfangs unter dem Vorsitz des französischen Philosophen Henri Bergson. Neunzehn prominente Mitglieder bilden den Vorstand: achtzehn Männer und eine Frau. Marie trifft dort langjährige Freunde wieder, etwa Paul Langevin und Albert Einstein. Die endlos sich hinziehenden Diskussionen, die in Belgien und in der Schweiz stattfinden, nehmen viel Zeit in Anspruch, die der Wissenschaftlerin dann im Laboratorium fehlt. Doch für Marie ist diese Arbeit eine echte Herzensangelegenheit. Es ist keine leichte Aufgabe, für die wissenschaftliche Zusammenarbeit mit dem 1918 besiegten Deutschland einen Weg zu finden, der für das Land nicht demütigend wäre. Ein viel zu mühsames, am Ende nutzloses Unterfangen also? Diese Frage stellt sie sich manchmal. Einstein für sein Teil gibt die Arbeit in der Kommission bald auf. Und Marie Curie wird es nicht mehr miterleben, dass die französische Delegation 1945, in der Anfangsphase der UNO, auf Initiative von General de Gaulle und dank des Verhandlungsgeschicks von Léon Blum erreicht, dass die Organisation der Vereinten Nationen für Erziehung, Wissenschaft und Kultur – kurz: UNESCO – auf französischem Boden errichtet wird, und zwar in Paris, unmittelbar gegenüber dem Eiffelturm.

Die UNESCO wird also die Nachfolgeorganisation dieser Kommission sein, für die Marie all ihre Kräfte einsetzt. Für sie ist das keineswegs verschwendete Zeit. Auch wenn sie nicht ahnen kann, dass fünfundzwanzig Jahre später, im Jahr 1947, ihr Schwiegersohn, der Chemienobelpreisträger Frédéric Joliot-Curie, und François Mauriac, späterer Literaturnobelpreisträger, bei ihren Reden zur Einweihung der französischen UNESCO-Kommission daran erinnern würden, wie viel diese Organisation der Vereinten Nationen Marie Curie zu verdanken hat. Natürlich sind die beiden Herren, die für die Eröffnungsreden eingeladen werden, für ihr Talent bekannt. Doch hätte man nicht trotzdem zuallererst die Tochter von Marie Curie, ebenfalls Nobelpreisträgerin, bitten müssen, mit ein paar Worten auf das Engagement aufmerksam zu machen, das ihre Mutter in der Zwischenkriegszeit dem Völkerbund gewidmet hat? Nein, 1947 war die Welt der UNESCO männlich; zur Vergewisserung muss man sich nur die Fotos aus jener Zeit ansehen. Erst ab 2009 ist die UNESCO-Spitze erstmals in der Geschichte weiblich, zunächst mit der bulgarischen Generaldirektorin Irina Bokowa, anschließend mit der Französin Audrey Azoulay. Beide haben sich stets mit Nachdruck für die Förderung von Frauen in den Bereichen Wissenschaft, Kultur, Bildung und Pressefreiheit stark gemacht und tun dies nach wie vor, was voll und ganz im Sinne von Marie, Irène und Ève Curie gewesen wäre und ihrem Streben nach Gleichberechtigung entsprochen hätte.

Trotz aller in Amerika gewonnener Eindrücke vergisst Marie niemals ihr geliebtes Polen, ihre Heimat und auch die von Bronia und den anderen Familienmitgliedern. Immer noch brennt in ihr der Wunsch, ihr befreites Land wiederzusehen. Schließlich ist die Reise wesentlich kürzer als die Überquerung des Atlantiks mit einem Passagierschiff und die Zugfahrt durch die USA. Und weniger anstrengend. Voller Hoffnungen und Emotionen kehrt sie also in das Land ihrer Kindheit zurück, das endlich vom russischen Joch befreit ist, entdeckt vertraute Orte, Landschaften und Gesichter wieder. Wie schön, endlich Bronia und ihren Mann Kazimierz Dłuski in die Arme zu schließen. Die beiden sind allerdings nach wie vor in großer Sorge um ihre einzige Tochter Helena, die in Chicago lebt. Als Marie sie auf ihrer Reise durch Amerika kurz getroffen hat, war sie sich nicht sicher, ob die junge Frau endlich ihren inneren Frieden gefunden hat. Auch macht es Marie traurig, dass das Paar schweren Herzens ihr Lebenswerk, das Sanatorium für Tuberkulosepatienten in Kościelisko, aufgeben musste, das sie über zwanzig Jahre hinweg aufgebaut und sehr erfolgreich geführt hatten. Dieses schmerzhafte Opfer haben sie gebracht, um im Falle von Helenas Rückkehr näher an Warschau sein und sich um sie kümmern zu können.[93] Bronia und Kazimierz haben ein Anwesen im Grünen nahe der Hauptstadt gekauft und bauen dort das Sanatorium in bescheidenerem Maßstab wieder auf. Sie werden weiterhin Menschen heilen und Leben retten, aber die Traurigkeit wird bleiben, das spürt Marie.

Auf ihrer Reise durch Polen verbringt sie ein paar Tage bei Bronia und Kazimierz und findet so vorübergehend ein wenig Ruhe. Es ist Oktober, und die Bäume des Waldes vor ihrem Fenster leuchten in der ganzen Farbenpalette des Herbstes. Plötzlich wird ihr etwas klar: Von Herzen gern würde sie ein Radium-Institut in Warschau gründen, eines, das dem in Paris ebenbürtig wäre und das Bronia leiten könnte. Ja, sie möchte wieder in der Familie arbeiten, dieses Glück wiederfinden, das sie zusammen mit Pierre entdeckt hat und das sie so sehr vermisst. Was gibt es Erfüllenderes als eine Familie, die zusammenhält und all ihre Liebe und Energie in eine gemeinsame Sache steckt, ein Projekt, das sie selbst überdauern wird. Diese Art von Trost hat Marie schon einmal nach Pierres Tod erfahren, als sie während des Krie-

ges gemeinsam mit Irène in den »kleinen Curies« über die Schlachtfelder fuhr. Sie weiß zwar, dass Irène für die Radiumforschung
brennt, doch wenn auch Bronia sich ihr anschließen könnte, wäre
das ein zusätzlicher Lichtblick in ihrem Leben als Forscherin, Wissenschaftlerin und auch als Witwe.

Doch Marie muss weiterreisen, Bronia und Kazimierz verlassen. Eine geraume Weile wird sie die beiden nicht wiedersehen.
Zumindest glaubt sie das. Doch plötzlich erreicht sie die Nachricht, sie müsse dringend ihre ältere Schwester anrufen. Helena,
Bronias und Kazimierz' einzige Tochter, hat sich in Chicago das
Leben genommen. Marie ist am Boden zerstört. Nach dem Tod
des kleinen Sohnes ihrer Schwester hatte diese nur noch dieses
eine Kind, diese Tochter, die gegen die Schatten einer schrecklichen Krankheit kämpfte. Jetzt haben Bronia und Kazimierz keine Kinder mehr. Und die streng religiöse Haltung, die in Polen
vorherrscht, beschert den trauernden Eltern zusätzlichen Kummer. Weil Helena Selbstmord begangen hat, kann sie weder bei
ihren Angehörigen noch bei ihrem Bruder in Warschau beerdigt
werden. Was für eine Grausamkeit, ihrer Nichte eine würdige
Grabstätte zu verwehren … Marie ist erschüttert. Der Besuch
in Polen, der für sie ursprünglich eine so große Freude bedeutet
hatte, hinterlässt nun einen bitteren Geschmack von Asche.

Marie ist in Sorge. Wie werden ihre Schwester und ihr Schwager über den Verlust ihrer beiden Kinder hinwegkommen? Der
einzige Weg, diesen tiefen Schmerz zu überwinden, ist wohl die
Arbeit. Zunächst, so Natacha Henry, »schenken sie ihr Anwesen
der Sozialistischen Partei, die dort ein Kinderheim eröffnen soll.
Unter zwei Bedingungen: Das Kinderheim wird Helenas Namen
tragen, und es muss säkular sein.«[94] Marie ist klar, dass sie ihren
Plan, ein Radium-Institut in Warschau zu gründen, nun voran-
treiben muss. Bronia könnte sich dann um die zahlreichen Erledigungen kümmern, die notwendig sind, um Gelder aufzu-

treiben und einen Standort zu finden. All dies würde viel Zeit und Energie in Anspruch nehmen und ihre ältere Schwester ablenken. Je erschöpfter sie abends nach Hause kommen würde, desto besser, sie würde dann vielleicht ein wenig Schlaf finden. Schließlich ist Bronia in ihrer Eigenschaft als Ärztin stets sehr interessiert an den neuesten medizinischen Erkenntnissen, insbesondere beim Thema Krebstherapie. Mit großem Eifer hat sie einst nach Pierres Tod den Bau des Radium-Instituts in Paris und dessen Eröffnung 1914 bei Kriegsausbruch verfolgt. Auch sie weiß, dass sich das verfügbare Radium in den USA befindet. Marie hat ihr so oft von den Problemen der Beschaffung erzählt, dass Bronia sich nun ihrerseits unbedingt in Polen dafür einsetzen will, Radium zu bekommen. Ja, dies wird *ihr* Institut sein und vielleicht, wenn es eines Tages eröffnet wird, ebenfalls Leben retten.

Zurück in Paris, denkt Marie an das vergangene Jahr zurück. Es war ein Auf und Ab von Freude und Leid: einerseits der Verlust ihrer Nichte Helena, andererseits diese großartige internationale Anerkennung, die ihr in den USA im Beisein ihrer Töchter zuteilwurde, schließlich das Geschenk eines Gramms Radium, das unerlässlich für die Fortsetzung ihrer Arbeit ist. Nun, zu Beginn des neuen Jahres, will sie nur noch an die Forschung denken. Doch eine Überraschung erwartet sie. Obwohl die französische Académie des Sciences sie nicht in ihre Reihen aufgenommen hat, erweist sich die Académie Nationale de Médecine als weniger frauenfeindlich und engstirnig. Man bietet Marie einen Platz an. Schließlich hat sie dazu beigetragen, neue Methoden der Krebsbehandlung zu entwickeln. Sie hat Leben gerettet und wird dies auch weiterhin tun. Es ist an der Zeit, diese hochbegabte Frau zu ehren, die sich der Gesundheit anderer verschrieben hat – auf Kosten ihrer eigenen, wie ihre Hände und Augen beweisen. Sie verdient wahrhaftig einen Ehrenplatz und ist mehr als würdig, die erste Frau zu sein, die zum freien Mitglied ernannt wird. Eine Leistung in doppelter Hinsicht. Natalie Pigeard-Micault, Kuratorin des Curie-Museums, verweist darauf, dass Marie Curie sich nicht selbst um diese Mitgliedschaft beworben hat. Die Erinnerung an die Ablehnung durch die Académie des Sciences im Jahr 1911 hat bei ihr einen mehr als bitteren Nachgeschmack hinterlassen, und sie befürchtet viel zu sehr, dass gewisse Zeitgenossen den Skandal um ihre Affäre mit Paul Langevin und bestimmte verleumderische Zeitungsartikel aus den Archiven ausgraben könnten. Noch immer ist sie seelisch und körperlich von dieser Erfahrung so mitgenommen, dass sie keine weitere Kränkung mehr ertragen könnte.

Mit dem Tod des Zoologen Edmond Perrier wird am 31. Juli 1921 ein Platz in der Académie Nationale de Médecine frei. Professor Antoine Béclère, Arzt und Pionier der medizinischen Radiologie und Strahlentherapie in Frankreich, startet im November desselben Jahres eine Petition, die von fünfunddreißig Akademiemitgliedern unterzeichnet wird. Doch eine Frau aufzunehmen war 1922 für die fünf Akademien des Institut de France eine ganz und gar abwegige Vorstellung! Glücklicherweise ist die Académie Nationale de Médecine nicht an das Institut angegliedert. Ihre Mitglieder können daher aus freien Stücken beschließen, ein weibliches Mitglied aufzunehmen. Die Petition hat jedoch nicht den erhofften Erfolg. Die meisten Ärzte in dieser Vereinigung sind von konservativer Gesinnung, und der damalige Präsident lehnt die Petition vehement ab. Doch Antoine Béclère, beharrlich und mutig wie er ist, lässt nicht locker. Bei einer geheimen Sitzung findet eine Abstimmung unter den Mitgliedern der Akademie statt. Damit soll sichergestellt werden, dass Marie, sollte ihre Kandidatur offiziell bekannt gegeben werden, nicht erneut eine Demütigung erleben würde. Das Ergebnis der Abstimmung ist mehr als ermutigend. Natürlich bleibt es nicht geheim, und als Paris davon erfährt, brodelt die Gerüchteküche. Die anderen Kandidaten für die Nachfolge Edmond Perriers ziehen sich zurück. Am 17. Februar wird Marie Curie mit vierundsechzig Stimmen gewählt, etwa zwanzig Mitglieder hatten es vorgezogen, fernzubleiben. Dies ist ein Sieg, eine Anerkennung, der Marie viel Gewicht beimisst. Umgehend beschließt sie, in den Ausschüssen der Akademie mitzuarbeiten, insbesondere in jenen, die für Preisverleihungen zuständig sind.[95] Wieder ein neues Arbeitsfeld, auf dem sie sich beweisen kann, unermüdlich wie eh und je.

Dank Paul Langevin, der seit 1909 ordentlicher Professor am Collège de France ist, entsinnt sie sich ihres alten Freundes Albert Einstein. Auch wenn die Wunden des Ersten Weltkriegs noch lange nicht vernarbt sind, will Paul Langevin unbedingt, dass ihr gemeinsamer Gefährte nach Paris kommt, um seine berühmte Relativitätstheorie vorzustellen. Zu diesem Zeitpunkt hat er noch nicht den Nobelpreis für Physik erhalten. Das Ganze ist eine Herausforderung, sowohl für Paul Langevin als auch für Albert Einstein, der zwar die Staatsbürgerschaft der Schweiz besitzt, aber von den französischen Zeitungen als Deutscher angesehen wird und obendrein noch Jude ist. Feindselige Reaktionen sind also vorprogrammiert, und Marie bangt um die Sicherheit des Freundes. Als sein Zug in Paris ankommt, sieht sich Einstein gezwungen, bereits vor dem Bahnhof auszusteigen; anders als Marie ein Jahr zuvor in den USA muss er sich jedoch nicht dem Jubel, sondern dem Hass der Menge entziehen. Das Quartier Latin ist in Aufruhr. In der Rue Saint-Jacques und in der Rue des Écoles, gegenüber der Sorbonne und dem Collège de France, den symbolträchtigsten Orten der französischen Hochschulbildung, werden spontan Barrikaden errichtet. Für den jungen Physiker ist es äußerst wichtig, seine Lehren vor namhaften französischen und internationalen Wissenschaftlern zu präsentieren, da er noch nicht die Anerkennung erfahren hat, die er eigentlich verdient.

Diese schon seit Jahren andauernde Ungerechtigkeit ist der Tatsache geschuldet, dass manche seine Theorien einfach nicht verstehen. Auch unter den Mitgliedern des Nobelkomitees gibt es Vertreter mit konservativer Gesinnung. Also muss Einstein das Publikum von der Richtigkeit seiner Beweisführungen überzeugen. In dem Hörsaal, zu dem aus Furcht vor Ausschreitungen nur geladene Gäste Zutritt haben, herrscht dichtes Gedränge. In der ersten Reihe sitzen Einsteins treue Freunde Marie Curie und Paul Langevin. Seit Jahren schon können sie sich aufeinander verlassen. Einstein spricht Französisch, hin und wieder unterstützt von Paul Langevin. Seine Vorlesung an der Sorbonne wird zu einem Triumph. Doch auch die politischen Gräben treten offen zutage. Mitglieder der Académie Française haben gedroht, den Saal zu verlassen, sollte Einstein dort auftreten. Denis Brian, der Biograf des Physikers, verweist auf einen Artikel in der Zeitung *L'Humanité*, in dem es – auf dem Höhepunkt der bolschewistischen Revolution – hieß, es sei »für die französischen Gelehrten eine Ehre, gegenwärtig Albert Einstein zu Gast zu haben, dessen geniale Theorien unsere grundlegenden Vorstellungen von der Welt als solche und insbesondere unsere Vorstellungen von Raum und Zeit revolutioniert haben.«[96]

Marie entspannt sich. Sie kennt ihren Freund gut genug, um zu wissen, dass er mit seinem Scharfsinn, seinem Humor, seiner Intelligenz und seiner sympathischen Art seine Zuhörer am Collège de France erobern wird. Einstein selbst ist sich jedoch mehr als jeder andere der antisemitischen Bedrohung bewusst, unter der die Luft für ihn immer dünner wird. Seine Sorge ist umso begründeter, als Hitler ein Jahr später, 1923, in München einen Putschversuch unternehmen und mit seinen hasserfüllten Reden die jüdische Gemeinschaft zunehmend in Angst und Schrecken versetzen wird. Außerdem hat die 1918 erlittene Niederlage jenseits des Rheins zu Unmut und Hass geführt. Der Versailler Vertrag hat die Deutschen gespalten. In Berlin greift der Antisemitismus immer mehr um sich. Der noch wenig bekannte Hitler ist bereits unumstrittener Anführer der Nationalsozialisten, die in den Anfangsjahren der Weimarer Republik – vorerst noch lokal begrenzt – für Gewaltexzesse sorgen. Die Ernennung von Walter Rathenau zum Außenminister löst Unruhen aus und führt zu Morddrohungen und Attentaten. Ein jüdischer Minister auf einem so wichtigen Posten ist für die Nazis ein Affront.

Albert Einstein verfolgt diese politischen Spannungen mit Sorge. Walter Rathenau, der strenge Sicherheitsvorkehrungen zum Schutz vor rechtsextremen Fanatikern ablehnt, fährt weiterhin im offenen Cabriolet durch Berlin. Er stirbt durch fünf von einem Motorrad aus abgefeuerte Kugeln. Zu seiner Beerdigung findet sich eine große Menschenmenge ein, und auch Einstein ist zugegen. Er nimmt die Drohungen, die bei ihm eingehen, immer ernster und beschließt, eine Weile zu verreisen. Seine Vortragsreise durch China und Japan wird zu einem großen Triumph. An Bord des Schiffes, mit dem er kurz zuvor Tokio verlassen hat, erfährt er im Herbst 1922, dass er den Nobelpreis für Physik für das Jahr 1921 erhalten hat, der noch nicht vergeben wurde. Endlich! Über zehn Jahre hat es gedauert, bis ihm diese Auszeichnung zuerkannt wurde, obwohl viele seiner Vorgänger ihn favorisiert hatten. Als Marie Curie davon erfährt, ist sie erleichtert und glücklich. Endlich ist diesem Ausnahmewissenschaftler, der ihr und ihren Töchtern auch später noch seine Unterstützung und Freundschaft erweisen sollte, Gerechtigkeit widerfahren. Als Albert Einstein die Internationale Kommission für geistige Zusammenarbeit, an die er nicht mehr glaubt, verlassen will, versucht Marie, ihn umzustimmen.

Vom Laboratorium und vom Quai de Béthune aus verfolgt die junge Irène die ideologischen und wissenschaftlichen Flügelkämpfe. Politik und Wissenschaft scheinen ihr immer stärker miteinander verflochten zu sein. Könnte hier der Ursprung für ihre spätere Motivation liegen, sich gegen die faschistischen Diktaturen in Deutschland, Italien, Spanien und Portugal zu engagieren? Dies ist durchaus vorstellbar. In jedem Fall hat sie schon in sehr jungen Jahren ein scharfes Gespür dafür entwickelt, wie wichtig Freiheit, Demokratie und der Kampf für die Gleichberechtigung der Frauen sind. Ihr Entsetzen angesichts des wachsenden Antisemitismus wird sie bis an ihr Lebensende nicht loslassen. Seit frühester Jugend ist sie umgeben von starken Persönlichkeiten, die für die Verteidigung der Menschenrechte und für ihre Forschung einstehen.

Für Ève hieß es nach ihrer Rückkehr aus Amerika, ihre Ausbildung am Collège Sévigné wiederaufzunehmen und – stets angeleitet von ihrer Mutter – ernsthaft zu lernen. Außerdem will sie ihr Klavierspiel perfektionieren, wobei sie die beiden anderen Curie-Frauen so wenig wie möglich stören darf. Ève kann auch durchaus eine aufmerksame Tochter sein, und sie ist als die Jüngere eher verfügbar als Irène. So kümmert sie sich bei jeder Augenoperation um ihre Mutter, hilft ihr beim Essen und beim Lesen der Post. Marie wiederum, die unbedingt so rasch wie möglich ihre Arbeit fortsetzen will, ist auf sie angewiesen. Als sie sich etwas erholt hat, nimmt sie Ève mit nach Genf zu einer Sitzung der Internationalen Kommission für geistige Zusammenarbeit. In der Schweiz machen Mutter und Tochter einen Spaziergang am Ufer des Genfer Sees, gemeinsam mit Albert Einstein, der Ève seit ihrer frühesten Kindheit kennt und es liebt, mit ihr zu lachen und zu scherzen. Zwar weiß Ève es noch nicht, doch bald schon wird sie nach Genf zurückkehren und sich später dieser Stadt ein Leben lang verbunden fühlen.

5

STRAHLKRAFT UND RÜCKZUG EINER AUSNAHMEWISSENSCHAFTLERIN

»Was für eine unerträgliche und kalte Frau! Ich weiß nicht, ob ich weiter an diesem Institut arbeiten werde.«

Dieser lebhafte, gutaussehende, hochgewachsene, redselige und charmante junge Mann hat als Jahrgangsbester die École Municipale de Physique et de Chimie Industrielles de la Ville de Paris absolviert, eine Schule, die der Familie Curie sehr am Herzen liegt. Hier ist die Erinnerung an Pierre Curie auch achtzehn Jahre nach seinem Tod noch lebendig. Einer der Professoren, nämlich Paul Langevin, mit dem Marie immer noch eine harmonische, freundschaftliche Beziehung pflegt, hat ihr diesen Frédéric Joliot empfohlen. Im Dezember 1924, mitten in den Wilden Zwanzigerjahren, in denen die Jugend das Leben in vollen Zügen genießt, vertraut Marie Irène die Ausbildung dieses neuen Mitarbeiters an. Keine einfache Sache, wie sich bald herausstellt. Irène, die erst kürzlich diverse Enttäuschungen in Liebesangelegenheiten hinnehmen musste, legt Frédéric Joliot gegenüber eine distanzierte, trockene Art an den Tag. Geschwätzigkeit und Zügellosigkeit bei Männern stoßen sie ab. Frédéric wiederum hat ziemlich veraltete Vorstellungen von der Rolle der Frauen in der Gesellschaft. Obwohl er es durchaus schätzt, sich in seinem Lebenslauf als Laborant bei Marie Curie ausweisen zu können[97], kann er es nicht ertragen, von einer Frau beurteilt oder kritisiert zu werden. Doch das nützt ihm nichts, Irène hat kein Erbarmen mit ihm, noch weniger als Marie. Er muss ebenso lernen, wie alle anderen auch, und damit basta.

Für Irène steht fest, dass ihr Leben der Forschung gewidmet sein wird. Etwas anderes käme gar nicht infrage. Sie bereitet Maries Vorlesungen an der Sorbonne vor und assistiert ihr bei ihren Arbeiten zum Polonium. 1922, so Irènes Biograf Louis-Pascal Jacquemond, »entwickelte sie ein Elektroskop, das die Radioaktivität von uran- oder thoriumhaltigen Düngemitteln misst. 1923 vertieft sie diese Studien, weshalb sie umfangreiche Poloniumquellen braucht. Und so entwickelt sie Verfahren zur Trennung von Polonium und Radon, das aus dem Zerfall von Radium stammt«.[98]

Wird Frédéric Joliot in diesem Laboratorium bleiben, in einem solchen Umfeld? Er bezweifelt, dass er es wird aushalten können. Doch mit der Zeit gelingt es ihm, Irène zuerst zum Lächeln und später sogar zum Lachen zu verführen – eine Meisterleistung. Die beiden entdecken auch zwei gemeinsame Leidenschaften, die Natur und den Sport, und schließlich ihre ähnlichen politischen Eistellungen und die Liebe zu denselben Büchern. Vielleicht ist diese Nobelpreisträgertochter doch nicht so unsympathisch, wie sie auf den ersten Blick wirkt?

Frédéric hat noch nicht gekündigt, als er am 27. März 1925 mit mehreren hundert französischen und ausländischen Wissenschaftlern und Neugierigen in einem überfüllten Hörsaal sitzt, um mitzuerleben, wie Irène Curie ihre Dissertation über die von Polonium emittierten Alphastrahlen verteidigt – ein Thema, das in direktem Bezug zu den Entdeckungen der Familie steht. In dem bunt gemischten Publikum sitzen auch zahlreiche elegante Herrschaften in maßgeschneiderter Garderobe, Symbol für ihren Wohlstand. Ganz im Gegensatz zu Irène. Marie ist nicht anwesend. Dieser Tag gehört ihrer Tochter, und wenn sie gekommen wäre, würde sie nur die Aufmerksamkeit von Irène ablenken. Alles, was in Paris Rang und Namen hat, wohnt der Darbietung dieser berühmten jungen Wissenschaftlerin bei, man lächelt, tuschelt und versteht rein gar nichts. Irène ist das egal, sie nimmt diese Leute ohnehin kaum wahr, so konzentriert ist sie auf ihre Notizen und ihren Vortrag. Nach einer schnellen Beratung der Jury wird Irène unter großem Applaus promoviert. Marie erwartet ihre Tochter zusammen mit Freunden, Familie und Kollegen im Garten des Radium-Instituts. Unter einem trotz der Kühle der ersten Frühlingstage wolkenlosen Himmel trinken sie Champagner aus den Bechern des Laboratoriums, Laborinstrumente dienen als Teekannen, und auf kleinen Tellern, die sonst für Experimente benutzt werden, bietet man Kekse an. Die Gäste verteilen sich im Garten des Instituts und versuchen, einen Keks zu erhaschen oder vom Champagner zu kosten, aber es ist nicht genug für alle da.

Fast zehn Jahre, nachdem sie mit den »kleinen Curies« in den Kriegsgebieten Leben gerettet hat, ist Irène nun Doktorin der Physik. Als hochkompetente Wissenschaftlerin kennt sie sich in ihrem Fachgebiet hervorragend aus. Sie ist zugleich bewegt und gelassen. Vor allem aber ist sie mit Recht stolz auf sich, und sie kann für andere Frauen ein Vorbild sein. 1925 wird für Irène zum Jahr des Eintritts in die Welt, wenngleich sich diese Welt deutlich von der ihrer Schwester unterscheidet. Ève, die am Ende des Jahres ihren einundzwanzigsten Geburtstag feiern und damit volljährig sein wird, wird bald ihre ersten Klavierkonzerte geben – eine große Herausforderung.

Die internationale Presse, vor allem die amerikanische, ist von Irènes Doktorarbeit begeistert. Die *New York Times* widmet ihr einen umfangreichen Artikel. Niemand hat die Reise der drei Frauen in die USA und das vom Präsidenten selbst überreichte Gramm Radium vergessen. Die amerikanischen Zeitungen veröffentlichen begeisterte und lobende Artikel. Die französische Presse dagegen entblödet sich nicht, Irène zu fragen, ob sie nicht Angst davor habe, mit ihren 28 Jahren einen Beruf auszuüben, der für eine Frau doch recht schwierig und anstrengend sei? Im Gegensatz zu ihrer Mutter lässt sich Irène von den Medien jedoch nicht einschüchtern. Auf die Fragen des Journalisten der Tageszeitung *Quotidien* findet sie klare Worte: »Keineswegs«, antwortet sie. »Ich glaube, dass die wissenschaftlichen Fähigkeiten einer Frau und eines Mannes genau die gleichen sind. Aber eine Wissenschaftlerin muss auf gesellschaftliche Verpflichtungen verzichten.« – »Und was ist mit den familiären Verpflichtungen?« – »Die kann sie übernehmen, vorausgesetzt, sie trägt auch die entsprechenden Belastungen, ansonsten … Ich für meinen Teil betrachte die Wissenschaft als das Vorrangige in meinem Leben.«[99] Albert Einstein schickt ihr ein Glückwunschtelegramm.[100] Missy Meloney meldet sich aus den USA, wo sie ihren Kreuzzug fortsetzt und amerikanische Frauen dazu ermutigt, ihre beruflichen Interessen zu verfolgen. Irène ist überglücklich und stört sich auch nicht an den Neidern, die es missbilligen, dass sie die Tochter zweier Nobelpreisträger ist; als hätte die junge Frau nicht schon mit siebzehn bewiesen, wie hart sie arbeiten kann. Die Presse stürzt sich auf das Ereignis, wie sie es auch bei den ersten Konzerten von Ève im selben Jahr tun wird. Schließlich sind Irène und Ève die Töchter der größten französischen Gelehrten.

Um nur ja nichts zu verpassen, lauern die Journalisten fortan beständig auf die Aktivitäten der Curie-Töchter. In der Wohnung am Quai de Béthune sitzt Ève am Klavier und bereitet sich auf ihr erstes öffentliches Konzert vor. In einem Monat, am 6. Dezember 1925, wird sie einundzwanzig Jahre alt und damit volljährig. Ein eigenartiges Gefühl. Sie träumt von einer Karriere als Künstlerin, so fremd dies auch sein mag für ihre Eltern und ihre ältere Schwester, die ihr seit frühester Kindheit immer überlegen gewesen ist. Klaviertöne hallen durch die Wohnung, akzentuiert vom Tuten der auf der Seine vorbeifahrenden Schleppkähne. Ève spielt Stunde um Stunde, während ihr die Katze Gesellschaft leistet, dieses drollige Tier, das sie mal mit ernster Miene beobachtet, mal plötzlich wild umherspringt und dem sie manchmal aus L'Arcouest lustige Briefchen schreibt.

Doch die Hoffnung auf eine glänzende Karriere wird schon bald getrübt. Der angesehene Musiker und Klavierpädagoge Alfred Cortot hat sie als Schülerin abgelehnt – ein Schock für Ève. Allerdings erklärt sich der Meister bereit, ihr Können zu testen. So macht sie sich erneut Hoffnungen. Im Dezember 1925 schwärmt ganz Paris von Djagilews Ballets Russes und Charlie Chaplins neuem Film *Goldrausch*. Der britische Regisseur und Schauspieler prangert darin auf subtile Weise die soziale Ungerechtigkeit an. Sehr zum Ärger von Edgar J. Hoover, dem hartleibigen Direktor des FBI, der Chaplin für einen gefährlichen Kommunisten hält. Bis an sein Lebensende wird er den Filmschaffenden verfolgen und schikanieren. Was Ève betrifft, darf sie am 8. November 1925 endlich ihr erstes Konzert geben. Leider ist es kein berühmter Saal, in dem sie debütiert. Die Salle des Agriculteurs ist ein Anbau der École Normale de Musique de Paris, einer privaten Musikhochschule, deren künstlerische Leitung Alfred Cortot innehat. Dennoch hat die jüngere Curie-Tochter die Aufmerksamkeit der Presse auf sich gezogen, und man will die noch unbekannte Pianistin unbedingt interviewen. Was für ein Jahr für die Familie! Es wäre doch eine Sensation, wenn sich nun auch die junge Ève als Ausnahmetalent erweisen würde.

Dennoch ist sie so ganz anders als ihre ältere Schwester, die schon lange ihre Bestimmung gefunden hat. Ève in ihrem eleganten Kleid bezaubert mit ihrer ruhigen Sprechweise und ihrem bescheidenen Tonfall die Journalisten, die gekommen sind, um sie spielen zu hören. Marie sitzt in der ersten Reihe; alle beobachten sie unauffällig. Sie ist stolz und vor allem voller Hoffnung. Hat Ève wirklich ihren Weg gefunden? Wird sie endlich glücklich sein? Schon bald wird sie das Erbe ihres Vaters erhalten, das ihre Mutter gut angelegt hat, und eine Wohnung mieten können. Doch Ève kommt weiterhin zum Quai de Béthune, um gemeinsam mit ihrer Mutter zu Abend zu essen. Noch macht sie sich keine Vorstellung davon, welch ein schillerndes gesellschaftliches Leben sie einmal führen wird.

Die Konzertkritiken sind wohlwollend, höflich, aber nicht enthusiastisch. Liegt es vielleicht daran, dass man von einer Künstlerin, die den illustren Namen Curie trägt, mehr erwartet hat? In der vielbeachteten Tageszeitung *Le Temps* hebt der Kritiker die Ungleichmäßigkeit ihrer Darbietung hervor, lobt jedoch die »intelligente und sichere Konzeption, die Idee und die Hingabe, die Leidenschaft und [...] die besondere Autorität«[101] ihres Spiels. Die Kommentare geben Ève zu verstehen, dass sie noch viel und hart arbeiten muss. Sie nimmt es sich zu Herzen und gibt drei Monate später, im Februar 1926, ein zweites Konzert, über das sich derselbe Musikkritiker von *Le Temps* noch positiver äußert: »Es scheint, dass der Anschlag runder und leichter, der Klang vielschichtiger geworden ist.«[102] Ihre Ehre ist gerettet, aber die Partie, das spürt sie wohl, noch nicht gewonnen. Ihre berufliche Zukunft ist alles andere als sicher.

In Warschau legt Marie 1925 in Gegenwart ihrer Schwester und ihres Schwagers und an der Seite des polnischen Staatspräsidenten den Grundstein für das Radium-Institut, das sie Bronia anvertrauen will. Sie hofft, dies werde dem Paar helfen, mit der Trauer um seine beiden Kinder besser fertigzuwerden. Vier Jahre ist es bereits her, dass Helena ihrem Leben ein Ende gesetzt hat. Marie hat kein zweites Gramm Radium, das sie hätte spenden können, um die Einrichtung eines Forschungslaboratoriums zu sichern, doch sie sinnt intensiv über eine Lösung nach. Im Moment beaufsichtigt Bronia die Arbeiten. Vielleicht wird hier schon bald ein Zentrum für die Erforschung und Früherken-

nung von Krebserkrankungen seine Pforten öffnen? Das endlich befreite Polen muss beim Wiederaufbau unterstützt werden.
Eine Aufgabe, die nicht leicht, aber notwendig ist. Seit mehreren
Jahren reist Marie immer wieder in dieses Land, um ihre Familie
und ihre Schwester zu besuchen und vor allem, um in Warschau
nach dem neuen Institut zu sehen, das ihren Namen tragen soll.
Dies ist, wie ihre Tochter Ève sich später erinnern wird, seit
dem Ende des Krieges und der Befreiung ihres Heimatlandes ihre
ganze Leidenschaft. Während das Radium-Institut Gestalt an-
nimmt, muss Marie daran denken, wie weit sie und ihre Schwester es in den wenigen Jahren gebracht haben, seit sie zum Studium nach Paris gekommen sind, in ihr gelobtes Land. Und war
nicht das jetzige Staatsoberhaupt Stanisław Wojciechowski in
Paris ein Jugendfreund der beiden Schwestern, als sie alle drei
noch fernab der polnischen Heimat dort studierten?

Marie beschränkt sich jedoch nicht auf Polen und Frankreich.
Ein Jahr später erklärt sie sich angesichts der überwältigenden
Erfahrung ihres Amerikabesuchs, der ihr so viel Bestätigung gegeben hat, zu einer Reise durch Brasilien bereit; allerdings nur
unter der Bedingung, dass eine ihrer Töchter sie begleitet. Diesmal wird es Irène sein, mit der sie sich über die gemeinsame wissenschaftliche Arbeit austauschen kann. Die Reise steht unter einem guten Stern. Ève wird nicht mitkommen. Sie hatte zunächst
überlegt, den Journalistenberuf zu ergreifen, den Marie wegen
der Hetzkampagne anlässlich des Briefwechsels zwischen ihr
und Paul Langevin aus tiefstem Herzen verachtete. Den Vertretern dieser Zunft wirft sie vor, durch gezielte Lügen und Über-
treibungen nur die Auflagen ihrer Zeitungen steigern zu wollen.
Allerdings hat die Begegnung mit Missy Meloney, der sie das
Gramm Radium verdankt, sie in diesen Ansichten etwas milder
stimmen können. Ève, die noch ihren Weg sucht, ist unschlüs-
sig. Das Herz ist ihr schwer, sie fühlt sich allein und auch ein we-

nig orientierungslos. Mit einundzwanzig, bald schon zweiundzwanzig Jahren befindet sich die junge Frau mitten in einer existenziellen Krise. Ihr Leben zu meistern, ihre Bestimmung zu finden wie ihre Mutter und ihre Schwester, das ist für sie alles andere als einfach. Von Bord des italienischen Passagierschiffs, das sie nach Brasilien bringt, schickt Marie ihrer Jüngsten ein paar Zeilen, in denen sie ihre Sorge zum Ausdruck bringt: »Chérie, als ich heute Morgen an Deck kam, erhielt ich deine Nachricht, dass der Vertrag [für eine Konzertreihe] für die Vereinigten Staaten abgeschlossen ist. Das ist eine wichtige Entscheidung, mein Kind, und ich kann mich erinnern, dass du Bedenken hattest. Aber nun musst du all deinen Mut zusammennehmen und alles daransetzen, dieses Unternehmen zu einem erfolgreichen Abschluss zu bringen, und das kannst du, wenn du es nur willst, und du willst es ja gewiss.«[103]

In einem weiteren Brief, den sie einige Tage später, kurz vor der Ankunft des Schiffes, schreibt, heißt es: »Noch nie war ich so weit weg von dir, und unsere Briefe kommen mit so großer zeitlicher Verzögerung an, dass ich mir dauernd Sorgen mache. Ich bezweifle übrigens, dass diese Reise den erheblichen Aufwand lohnen wird.«[104] Nichtsdestotrotz wird Marie in Anwesenheit des französischen Botschafters ein herzliches Willkommen bereitet. Zwar ist die Atmosphäre sehr förmlich, es gibt zahlreiche Empfänge und Konferenzen, doch die Menschenmassen und die Hektik, die sie fünf Jahre zuvor erlebt hat, bleiben ihr erspart. Ihre Vorträge hält sie stets in dunkle Roben gekleidet und unter dem aufmerksamen Blick ihrer ältesten Tochter, ihrer Doppelgängerin. »Sie kriegt es sehr gut hin«, schreibt Irène an Ève. Marie bereitet ihren Unterricht vor, macht ihre tägliche Gymnastik, nimmt ihre Bäder.

Doch sie fürchtet die Nachrichten aus Frankreich. Sie bezweifelt, dass Ève ihr vertraut, und außerdem ist sie erschüttert wegen des letzten Briefs, den ihre Jüngste ihr nach Brasilien geschrieben hat. In diesem teilt sie ihrer Mutter mit, dass sie den Vertrag für die Konzerttournee durch die USA gekündigt hat. Marie fragt sich, was Ève dazu gebracht haben könnte. Ein finanzielles Problem mit ihrem Agenten oder eine Liebesangelegenheit? Hat sie nicht genug Selbstvertrauen? Über die Männer, die ihr den Hof machen, schweigt Ève sich aus, und in Paris kursieren Gerüchte über ihre Eroberungen. Die Jüngste der Curies ist eine beeindruckende und bezaubernde Erscheinung. Marie gibt ihr zwei Ratschläge: viel zu arbeiten, aber auch, da die Ferien bevorstehen, in die Bretagne oder nach Cavalaire zu fahren, anstatt in Paris zu versauern. Am 9. August 1926 schreibt Marie an ihre Tochter: »Jetzt solltest du dich nicht mehr über diese Sache aufregen, sondern nur noch ausdauernd üben, um auf ein Niveau zu kommen, mit dem du selbst zufrieden bist.« Marie und Irène setzen ihre Reise fort und entdecken die atemberaubende Pflanzenwelt des Amazonasgebiets, die sie in ihrer Eigenschaft als Wissenschaftlerinnen genau unter die Lupe nehmen und damit das Interesse ihrer Botaniker- und Naturforscherkollegen wecken. Doch Marie ist in Sorge. Warum ist ihre Jüngste nicht in Urlaub gefahren? Wenn sie sich keine Pause gönnt, wird sie im kommenden Winter möglicherweise völlig überarbeitet sein. Hat ihre Tochter vielleicht einen Liebeskummer, über den sie nicht sprechen möchte?

Der Tag bricht an am Quai de Béthune, es ist noch früh am Morgen, die Katze miaut und fordert Aufmerksamkeit. Die Reise nach Brasilien scheint schon eine Ewigkeit her zu sein. Ève und Marie sitzen – noch etwas verschlafen – am Frühstückstisch. Da neigt sich Irène zu ihrer Mutter herüber und sieht sie lächelnd von der Seite an. Mit leiser Stimme und im selben gleichmäßigen Tonfall wie immer verkündet sie, dass sie den Laboranten heiraten wird! Marie erstarrt, die verblüffte Ève lacht laut auf:

»Eines Morgens im Jahre 1926 teilte die verschlossene Irène den Ihren mit, daß sie sich mit Frédéric Joliot verlobt habe, dem glänzendsten und ideenreichsten Mitarbeiter des Radium-Instituts. Das Leben im Hause war auf den Kopf gestellt! Ein junger Mann tauchte in dem Frauenquartier auf, das mit Ausnahme einiger weniger vertrauter Freunde niemals einen Besuch sah.«[105]

Marie ist sprachlos. Sie, die nie einen Sohn gehabt hat, gewinnt zwar einen Schwiegersohn und wird bald einen Mann in der Familie haben, doch trotzdem verspürt sie eine gewisse Beklemmung. Wird sie nun ihre Tochter verlieren, die seit Pierres Tod immer an ihrer Seite gewesen ist? Seit nunmehr zwanzig Jahren betrachten und kommentieren sie gemeinsam die Welt und entwickeln ihre Forschung weiter, in einer symbiotischen Beziehung. Frédéric, dieser fröhliche Jüngling mit der umwerfenden Ausstrahlung wird ihr ihre Tochter wegnehmen, ihr Alter Ego. Zwar wird Irène auch weiterhin im Laboratorium arbeiten. Aber wird Marie sich mit einem Mann in ihrem Haus arrangieren können, der nicht Pierre ist und nie Pierre sein wird? Noch dazu ein jüngerer Mann, der vielleicht darauf spekuliert, einmal ihr Nachfolger im Radium-Institut zu werden? Marie hat Angst. Zwar kann sie Irènes Vermählung mit diesem jungen Frauenhelden nicht verhindern, doch hat sie die Pflicht, ihre Tochter, ihre Arbeit und die Errungenschaften der Familie um das Radium, das Lebenswerk der Curies, zu schützen. Es gelingt ihr, ihre Älteste davon zu überzeugen, bei der Eheschließung Gütertrennung zu vereinbaren. So bleiben das Radium und die Entdeckungen der Familie vollständig im Besitz der Curie-Frauen. Allzu gut kennt Marie das Leben und weiß um das Leid, das es bereithält, die finanziellen Wechselfälle, wie ihr Vater sie erlebt hat, und die Vertrauensbrüche, die vorkommen können, als dass sie auch nur das geringste Risiko eingehen würde. Als der Vertrag unterschrieben ist, atmet sie auf. Dennoch verspürt sie ein gewisses Unbehagen, denn nun heißt es, sich an diesen redseligen und lebhaften Jungen zu gewöhnen, der ihr obendrein die Tochter wegnimmt.

Immerhin hat sie selbst Frédéric eingestellt, nachdem er ihr von Paul Langevin wärmstens empfohlen worden war. Innerhalb von vierundzwanzig Stunden war sie damals überzeugt gewesen. Aber wird die Wohnung jetzt nicht viel zu groß und vor allem zu leer sein? Könnten Irène und Frédéric nicht eine Weile dort wohnen bleiben, solange sie noch keine Kinder haben? Marie hofft auf diese Lösung, die für sie weniger schmerzhaft wäre. Und die jungen Leute könnten den Bücherregalen und dem Flügel durchaus noch ein paar Möbel hinzuzufügen. Allerdings dürften sie nicht die zahllosen Einladungs- und Speisekarten anrühren, die Marie in den letzten Jahren erhalten und sorgfältig aufbewahrt hat. Dies hat sie keineswegs aus Eitelkeit getan, auch wenn die darauf zu lesenden klangvollen Namen der Gerichte ihr zuweilen ein Lächeln entlocken, sondern weil sich die Rückseiten dieser Karten als sehr nützlich für das Notieren irgendwelcher wissenschaftlicher Berechnungen oder wichtiger Erledigungen erwiesen haben.

Am 9. Oktober 1926 findet im 4. Arrondissement im Marais-Viertel nahe der Île de la Cité eine schlichte Hochzeitszeremonie statt, an die sich ein Mittagessen zu Hause mit Familie und guten Freunden anschließt. Danach kehren Irène und Frédéric noch am selben Nachmittag ins Laboratorium zurück. Die Wissenschaft macht schließlich keine Pause. Heiraten ist für die Curies eine Formalität, nicht mehr und nicht weniger, die möglichst rasch und ohne großen Aufwand erledigt wird, ebenso wie einst die Hochzeit von Pierre und Marie. Es fehlen nur die Fahrräder, dafür gibt es in diesem Fall Labortische und Chemikalien. Auch die Hochzeitsreise fällt aus, allerdings fährt Marie am nächsten

Tag aus beruflichen Gründen nach Dänemark und nimmt Ève mit. So kommen Irène und Frédéric in den Genuss, die Wohnung eine Woche lang für sich zu haben. Ihr ausgeprägter Sinn für die Gleichberechtigung von Mann und Frau veranlasst Irène im Übrigen, einen Doppelnamen anzunehmen und so ihren Geburtsnamen zu behalten, wie es die Feministin Hubertine Auclert Jahre zuvor angeregt hat.[106]

Marie ist sehr erleichtert zu hören, dass Irène und Frédéric einverstanden sind, für eine Weile im »Stammhaus« der Curies wohnen zu bleiben. So verbringt man bald ungewohnt gesellige Abende und Wochenenden miteinander. Frédéric umschmeichelt die drei Frauen mit seiner lebhaften, charmanten und humorvollen Art, und diese lassen sich das nur zu gern gefallen. Doch Irène ist misstrauisch. Ève ist inzwischen kein Kind mehr, sondern eine hinreißende, elegante junge Frau, die gerne mit ihrer Schönheit, ihrem Sinn für Humor und ihrer Intelligenz beeindruckt. Könnte sie Frédéric zu nahe kommen? Möglicherweise sieht Irène in ihrer Schwester eine Rivalin. Es ist Zeit für ein eigenes Domizil. Die beiden Jungvermählten ziehen ins Quartier Latin, wo Marie ihnen in einem Mehrparteienhaus in der Rue Froidevaux, in dem noch andere Wissenschaftler wohnen, eine Wohnung mietet, ganz in der Nähe der Rue Daguerre mit ihren vielen Geschäften und der Place Denfert-Rochereau, gegenüber einer Grünanlage, in der einmal die Kinder der beiden werden spielen können.

Schweigend, ohne sich ihre Traurigkeit anmerken zu lassen, helfen Marie und Ève dem Paar beim Hinunterbringen des Gepäcks. Dann erkunden sie gemeinsam das Viertel unweit des Friedhofs Montparnasse und der Vergnügungstempel der Wilden Zwanziger: das Café La Coupole und das Café de la Rotonde, das Le Dôme und die Closerie des Lilas. In diesen Cafés, in denen sich Künstler und Touristen aus aller Welt ein Stelldichein geben, geht es immer hoch her, und die fröhliche Stimmung gefällt den Curies sehr. Die neue Wohnung liegt ziemlich weit vom Quai de Béthune entfernt, dafür aber umso näher am Laboratorium. Am Esstisch sitzen Marie und Ève nun nur noch zu zweit, neben ihnen die Katze. Ève wird inzwischen häufig zu Abendgesellschaften eingeladen, bei denen sie gerne in eleganten Kleidern erscheint, die ihr die großen Modeschöpfer zur Verfügung stellen. Mit dem Aussehen eines Fotomodells, ihren Konzerten und ihrer hervorragenden Bildung hat sich die jüngste Vertreterin der mit drei Nobelpreisen ausgezeichneten Familie Curie zu einer geheimnisvollen und faszinierenden Persönlichkeit entwickelt. Wenige Jahre später wird sie im Abendkleid auf der Titelseite der Zeitschrift *Match* zu sehen sein – ein Star aus der Welt der Wissenschaft. Manchmal taucht sie in Begleitung prominenter Männer aus der Pariser Glamour-Szene auf. Ève erwähnt diese Beziehungen Marie gegenüber nicht, sie trägt ihr Herz nicht auf der Zunge. Ihre Mutter, davon ist sie überzeugt, würde ihr Leben ohnehin nicht verstehen.

Marie kommt unterdessen ein wenig zur Ruhe. Und sie ist glücklich, denn Irène erwartet ihr erstes Kind. Das Leben geht weiter, eine neue Curie-Generation kündigt sich an. Dass Pierre diese Generation nie kennenlernen wird, ist ein Wermutstropfen, dennoch freut sich Marie unbändig über diese Schwangerschaft. Und wer weiß, vielleicht wird bald ein Erbe oder eine Erbin für das Radium geboren? Irène ist noch jung, da muss es der französisch-polnischen Gelehrten wohl gestattet sein, von einer ganzen Linie von Wissenschaftlern zu träumen … Ein knappes Jahr nach ihrer Hochzeit, am 19. September 1927, bringt Irène ihr erstes Kind, die kleine Hélène, zur Welt. Marie ist hingerissen von ihrer kleinen Enkelin, die ihre Großmutter anlächelt und schon sehr bald ihren Willen durchzusetzen versucht. Diese Ehe bringt

Marie mehr Freude, als sie je gedacht hätte. Auch Irène ist tief bewegt. Plötzlich ist sie nicht mehr nur die Tochter von Marie Curie, sondern Mutter eines kleinen Mädchens, das sie braucht, ihr Fleisch und Blut ist. Ihr Glück teilt sich nun auf zwischen dem Laboratorium, der Forschung und der Mutterschaft. Sie hat eine Familie. Diese neue Realität stellt alles auf den Kopf. Feministin und Mutter zu sein, Mutter und Wissenschaftlerin, erweist sich nicht als Widerspruch, im Gegenteil, diese Welten ergänzen einander. Allerdings hat Irènes Gesundheit unter der Schwangerschaft gelitten. Ihr Arzt ordnet Untersuchungen an. Die erschütternde Diagnose lautet: Tuberkulose. Irène darf keine weiteren Kinder bekommen, da sind sich die Ärzte einig. Doch die junge Wissenschaftlerin lässt sich davon nicht einschüchtern. Allen Widrigkeiten zum Trotz kehrt sie ins Institut zurück. Die Arbeit wartet.

Indessen eilt Ève zwischen Empfängen, Konzerten und Abendgesellschaften hin und her, jede Ablenkung ist ihr recht, um ihr Unbehagen und ihre Unentschlossenheit angesichts ihrer beruflichen Zukunft zu überspielen. Marie versucht, ihr eine positive Lebenseinstellung zu vermitteln, und beschwört sie, aufmerksam zu sein für die Schönheit der Natur und der Dinge in ihrer Umgebung: »Ich weiß, dass es nicht richtig ist, immer nur in sich selbst zu kreisen, man muss auch empfänglich für die Außenwelt bleiben – auch wenn uns das nicht immer gelingt –, denn unsere Sorgen und Nöte verstellen uns den Blick auf die Schönheit der Welt und die wohltuende Wirkung, die sie auf uns haben kann.«[107]

Da hat Ève eine Idee. Sie könnte sich dem Schreiben zuwenden, schließlich hat sie ihr diesbezügliches Talent schon oft in scharfsinnigen Briefen unter Beweis gestellt. Doch obwohl sie gern gesehener Gast bei der Pariser Prominenz ist, umworben und bewundert wird für ihre Intelligenz und ihre Eleganz, ist sie unsicher. Wie wird ihre Mutter diese Entscheidung wohl aufnehmen? 1911 hat die Presse Maries Ruf in den Schmutz gezogen. Für Marie sind Journalisten Lügner und Totengräber, verletzen die Privatsphäre ehrbarer Menschen. Doch Ève wagt es. Schließlich ist sie volljährig. Während es langsam dunkel wird auf dem Quai de Béthune und die Schleppkähne die Seine hinauffahren, hört Marie den Ausführungen ihrer jüngeren Tochter zu. Sie schweigt. Angstvoll beendet Ève ihr Plädoyer. Wird ihre Mutter Einspruch erheben?

Marie, ganz in Schwarz wie immer, seufzt und schweigt, doch sie bleibt gelassen. Sie ist vor allem eine Mutter, die sich um ihre Tochter sorgt. Vielleicht ist die Idee gar nicht so schlecht? Schließlich kann man nie wissen. Es ist wichtig, dass Ève ihren Lebensunterhalt verdienen kann und ihre Arbeit gerne tut. Da sie für die Wissenschaften kein Talent besitzt und es mit der Karriere als Pianistin nicht geklappt hat, kann sie ebenso gut einen anderen Weg versuchen. Marie stimmt also zu. Ève fällt ein Stein vom Herzen. Sie brennt darauf, zu schreiben und die Welt kennenzulernen. Sie kann es kaum erwarten, Künstler, Designer, Modeschöpfer, Schriftsteller, Filmschaffende, Maler, Fotografen, Zeichner und Galeristen zu treffen – es gibt so vieles, für das sie sich begeistert. Bald erscheinen in den Zeitschriften Fotoreportagen über sie. Doch vor allem wird Ève schreiben, viel schreiben. Diese ersten Artikel werden eine Art Lehrzeit für sie, ein Auftakt zu etwas Größerem. Doch das weiß sie noch nicht. Als Marie Ève bei dieser neuen Berufswahl ihre Unterstützung zusichert, hat sie keine Vorstellung davon, welche Bewährungsproben ihre Tochter noch vor sich hat und dass sie, dem Beispiel der beiden anderen Curie-Frauen folgend, brillieren wird.

»Ich fahre nach Genf«, verkündet Marie.

Zum wiederholten Male begibt sie sich in diesem Jahr, 1929,

auf eine Reise. Sie schont sich nicht, denn es geht um eine wahre Mammutaufgabe: Ein weiterer Weltkrieg muss unbedingt verhindert werden. In zahlreichen Briefen berichtet die Wissenschaftlerin ihren Töchtern von der anspruchsvollen, langwierigen und komplizierten Tätigkeit bei der Internationalen Kommission für geistige Zusammenarbeit innerhalb des Völkerbundes, des Vorläufers der Vereinten Nationen. Gemeinsam mit Albert Einstein und Paul Langevin leistet sie eine mühselige und nie enden wollende Arbeit. Wie sollen die Werte der Demokratie Eingang finden in Erziehung, Wissenschaft und Kultur? Nach mehreren Sitzungen in Brüssel und Genf stellt Marie fest, dass diese Zusammenkünfte in keinerlei konkrete Ergebnisse münden. Doch trotz allem will sie weitermachen. An Ève schreibt sie:

»Man ist hier sehr beschäftigt mit der Frage, ob die Arbeit der Kommission[108] und des Instituts[109], die häufig kritisiert worden ist, neu organisiert werden muss. Die Gemüter sind sehr erregt, wie du dir denken kannst. Ich für meinen Teil bin überzeugt, dass die internationale Arbeit eine sehr schwierige, doch unverzichtbare Aufgabe ist, die erlernt und geleistet werden muss, auch um den Preis, persönliche Ansichten zuweilen zurückstellen zu müssen. Das sollte man in Genf lernen können, wenn alle bereit wären, diesen Standpunkt einzunehmen. Das wäre wirklich eine Leistung von großer Bedeutung für die Zukunft.«[110]

Doch Ève hat andere Sorgen. Wird es mit ihrer Journalistenkarriere klappen? Die junge Frau erlebt gerade die Sorgen und Nöte der Selbstständigkeit. Maries Bedenken wegen des Völkerbunds berühren sie nicht allzu sehr. Zumindest noch nicht. Noch sind die Probleme von internationaler Tragweite für sie kein Interessenschwerpunkt. Nichtsdestotrotz sensibilisieren die Worte ihrer Mutter sie für die globalen Herausforderungen und mögliche Strategien zu deren Bewältigung. Ohne es zu merken, lernt sie dazu. Irène nimmt diese Entwicklung ihrer Schwester nicht wahr. Zurzeit sieht sie bei Ève lediglich Ungeschicklichkeiten und Schwächen. Und doch werden die Curie-Schwestern bei den fundamentalen Fragen, die die Welt des zwanzigsten Jahrhunderts nach dem Ersten Weltkrieg erschüttern, wieder zueinanderfinden, mit unbeirrbarem Scharfblick, inspiriert durch den wissenschaftlichen Geist der Familie und daher kompromisslos gegenüber den zukünftigen Ereignissen.

Es ist Herbst in Paris, ein schöner, kühler, sonniger Oktober. Doch wieder einmal ist Marie im Aufbruch begriffen, eine Schiffsreise steht an, natürlich in Sachen Radium. Sechs endlos lange Tage auf See stehen ihr bevor. Auf ihrer Fahrt über den Atlantik, die Marie ganz allein, ohne Töchter, Sekretärin oder Gesellschafterin antritt, steht ihr eine besonders geräumige Kabine zur Verfügung, »3,50 m × 3,50 m«[111], wie sie an Ève schreibt. Sie genießt es, auch wenn sie weiß, dass viele Menschen in Paris nicht das Glück haben, über so viel Platz zu verfügen. Um neugierigen Mitreisenden, dem Wind und der Seekrankheit zu entgehen, bleibt sie meistens im Bett. Sie weigert sich, Interviews zu geben. Zum Glück besitzt das Schiff viele Räume und Treppen, sodass Marie sich verstecken kann: »Das Schiff ist so groß und verwinkelt, dass man sich nicht so leicht begegnet ... Was ich in der Kabine am meisten vermisse, ist das Tageslicht.«[112] Die Ankunft im Hafen von New York an diesem Tag des Jahres 1929 gestaltet sich weniger turbulent als 1921, auch wenn Dutzende von Journalisten an der Pier warten. Marie gelingt es mithilfe des Kapitäns und ihrer treuen Freundin Missy Meloney, die ihr vor einigen Jahren zu Weltruhm verholfen hat, über eine Personaltreppe an Land zu gelangen und rasch in einer schicken Limousine zu verschwinden. Bei diesem Abenteuer muss die Wissenschaftlerin unwillkürlich lächeln, da ihr spontan Ève einfällt, die nach dem Kauf ihres ersten Autos berauscht war von der Geschwindigkeit und dem damit verbundenen Freiheitsgefühl. Marie versteht plötzlich, warum sie bereit gewesen ist, ihrer Jüngsten Geld für diese Investition zu leihen, obwohl sie ihr zunächst wie ein verrückter Luxus vorgekommen war. In New York stellt man Marie einen Chauffeur zur Verfügung und behandelt sie wie einen Staatsgast, was ihr durchaus nicht missfällt. In einem Brief an Ève und Irène gesteht sie ein, welches Vergnügen es ihr bereitet: »Es ist ein wunderschöner und recht heißer Tag hier, […] unsere Fahrt von New York nach Long Island glich einem Autorennen. Vor uns her fuhr ein Polizist auf einem Motorrad mit Sirene, der mit energischen Handbewegungen zur einen oder anderen Seite alle Fahrzeuge auf der Straße dazu brachte, uns Platz zu machen, sodass wir wie ein Feuerwehrauto dahinsausten. Das war wirklich lustig.«[113]

Marie muss offizielle Termine absolvieren. Genau das, wovor ihr graut, was sie ermüdet und sie langweilt. Sie, die zugleich Polin und Französin ist, hat dank dieser beiden Kulturen einen scharfen Blick für Situationen, der durch ihre wissenschaftliche Herangehensweise noch verstärkt wird. Doch bei einem Bankett zu Ehren von Thomas Alva Edison wird sie neugierig auf diesen amerikanischen Erfinder und Industriellen, den Gründer von General Electric, Pionier der Elektrizität, Erfinder des Kinos und der Tonaufzeichnung. Für jede seiner Erfindungen hat dieser Mann Patente angemeldet und damit genau entgegengesetzt gehandelt wie sie selbst. Nie wollte Marie auch nur einen Centime für die Entdeckung des Radiums durch sie und Pierre für sich beanspruchen, obwohl sie beträchtliche Summen hätte verdienen und damit ihr Laboratorium, ihre wissenschaftliche Arbeit und den Kauf von wertvollem Radium hätte finanzieren können. Forschen ohne Geldprobleme – ein Traum, der in den USA wahr geworden ist, der sich für sie jedoch nie erfüllen wird, weil er ihren Prinzipien der universellen Zugänglichkeit und des Dienstes am Gemeinwohl widerspricht.

Dennoch sind sowohl Thomas Alva Edison als auch Marie Curie Vollblutforscher. Bereits im Alter von zwölf Jahren hatte Edison mehrere automatische Morseübertragungsverfahren erfunden und an seinem Arbeitsplatz in einem Zug eine Presse eingerichtet, mit der er seine erste eigene Zeitung drucken und an die Fahrgäste verkaufen konnte. Schon als Kind mit einer unersättlichen und überbordenden Fantasie begabt, wurde ihm bei zahlreichen Arbeitsstellen gekündigt, weil er dort chemische Experimente durchführte, die zuweilen in Explosionen endeten. Die vielfältigen Erfahrungen seiner Jugendjahre haben Edison zu der Devise veranlasst: »Erfinde nie etwas, was die Leute nicht haben wollen.« Wie Marie lernt er bei allen seinen Projekten dazu und perfektioniert seine Signalübertragungsmaschinen. Er schläft neben den Börsentickern, studiert nachts die Maschinen und repariert sie bei einem Ausfall. Schließlich gründet er 1874 im Alter von 27 Jahren in New Jersey unweit von New York sein Unternehmen und seine Forschungslaboratorien. Er wird 40 Projekte gleichzeitig betreuen und im Laufe seines Lebens 1093 Patente einreichen, von denen 106 mit Elektrizität und Licht zu tun haben.

Bei dem besagten Bankett spricht Edison nur wenig. Da er seit einem Unfall in seiner Jugend schwerhörig ist, kann er sich leichter absondern und sich auf seine Forschung konzentrieren. Marie stellt im Kreis der zahlreichen geladenen Gäste erfreut fest, dass die offiziellen Ansprachen in den USA meist wesentlich kürzer sind als die oft endlosen Reden französischer Akademiker. Auch Edison fasst sich kurz. Zwei Jahre später stirbt der bereits hochbetagte Erfinder. Aber sie erfährt, dass Henry Ford ein Museum der Geschichte von Edisons Entdeckungen, der Elektrizität sowie des Laboratoriums einrichten will. Ist dies der Ursprung für die Idee des späteren Curie-Museums? Immerhin sind die Amerikaner höflich und zollen der zweifachen Nobelpreisträgerin Respekt: »Man sprach in den Reden sehr liebenswürdig von mir, sogar in der Funkbotschaft, die Richard Byrd vom Südpol bzw. aus dessen Umgebung sendete.«[114] Der amerikanische Forscher hatte im Jahr zuvor seine erste Expedition in die Antarktis, die dank einer Funkausrüstung mitverfolgt werden konnte, erfolgreich beendet. Einen Monat nach seiner Grußbotschaft an Marie wird Richard Byrd den Südpol in einem achtzehn Stunden dauernden lebensgefährlichen Tiefflug überfliegen, der ihm bei seiner Rückkehr einen triumphalen Empfang in den Straßen von New York beschert.

Die Reise ist noch nicht zu Ende, doch Marie befürchtet, dass sie über ihre Kräfte gehen wird. Ève und Irène gegenüber berichtet sie von ihrer Angst vor einer Erkältung, die sie vollständig schwächen könnte. Die Ansammlung der radioaktiven Strahlung, die sie nie beim Namen nennt, löst bei ihr häufig Schwindelgefühle und Erschöpfungszustände aus, hinzu kommen ihre Augenbeschwerden und die Nachwirkungen ihrer Operationen. Sie hat bereits unter so vielen gesundheitlichen Problemen gelitten, dass sie weiß, wie anfällig sie ist. Auch ihre Töchter sind sich dessen bewusst. Sie machen sich Sorgen um ihre Mutter, die ja ganz allein auf der anderen Seite des Atlantiks weilt. Da sorgt ein ungenau formuliertes Telegramm von Missy Meloney bei den beiden Schwestern für zusätzliche Aufregung. Ist Marie vielleicht schwer erkrankt? Es handelt sich jedoch nur um ein Missverständnis. Schon bald werden sich allerdings die Warnsignale häufen und ein Auf und Ab von Krankheitsphasen einläuten. Die Auswirkungen der Radioaktivität werden schon bald das Leben der drei Frauen bestimmen.

In der folgenden Woche steht Washington auf dem Plan, das eigentliche Ziel ihrer Reise. Hier soll sie ein Gramm Radium für das Institut in Warschau abholen. Beim Gedanken an diesen offiziellen Besuch mit weiteren Verpflichtungen, denen sie sich nicht würde entziehen können, ist ihr unbehaglich zumute. Im Weißen Haus zu logieren ist eine Ehre, die man nicht ablehnen kann, zumal der Präsident der Vereinigten Staaten von Amerika ihr dort persönlich das Radium überreichen wird. Schon sein Vorgänger hatte 1921 eine solche Zeremonie ausgerichtet; dahinter kann Präsident Hoover nun, acht Jahre später, nicht zurückstehen.

Dieser Donnerstag im Oktober 1929, fünf Tage bevor Marie Curie im Weißen Haus empfangen wird, beginnt an der New Yorker Börse wie ein ganz normaler Tag. Doch plötzlich stürzen die Aktienkurse ab. Panik macht sich breit. Einige Anleger springen von Hochhäusern oder jagen sich eine Kugel in den Kopf. Andere verkaufen überstürzt ihre Aktien. Im ganzen Land stürmen die Menschen die Banken, um wenigstens einen Teil ihrer Ersparnisse zu retten. Dieser 24. Oktober wird als »Black Thursday« in die Geschichte eingehen, der Auftakt einer Krise an der Wall Street, die fünf chaotische Tage lang andauern und überall in den USA und der westlichen Welt, auch in Europa, eine jahrelange wirtschaftliche Depression und Arbeitslosigkeit auslösen wird. Mitten in diesem Durcheinander wird Marie im Weißen Haus empfangen: »Ich bin hier genau zum Zeitpunkt des Börsenkrachs gelandet, von dem ihr drüben sicherlich gehört habt. Das bedaure ich sehr, weil ich den Eindruck habe, dass alle außerordentlich beunruhigt sind, und ich niemandem zur Last fallen will. [...] Trotzdem bin ich hier sehr freundlich empfangen worden. Gestern habe ich mit Präsident Hoover und seiner Familie zu Abend gegessen, und heute haben wir uns immerhin noch zum Lunch getroffen. Er ist ein sehr zurückhaltender Mann, der recht leise spricht, dem jedoch offenbar das Wohlergehen seines Landes sehr am Herzen liegt.«[115]

Hoover legt Wert darauf, trotz der Krise sein Wort gegenüber der zweifachen Nobelpreisträgerin zu halten. Ungeachtet der unruhigen Tage und Nächte in der Woche des Börsenkrachs, des Kommens und Gehens von Beratern, Industriellen und Politikern, die alle genauso erschüttert sind wie er, hält er an der Zeremonie fest, bei der er Marie einen Scheck über fünftausend Dollar überreicht. Beim letzten Abendessen, wohl in der Hoffnung, dass das Schlimmste vorüber sei, wird der Staatschef gesprächiger, wie Marie an Ève schreibt: »Die Finanzkrise, die hier gewütet hat, scheint sich beruhigt zu haben. Die Regierung und die Banken, die massive Aktienkäufe tätigten, haben wahrscheinlich ein gutes Geschäft gemacht und gleichzeitig die Panik gestoppt. Es war sehr schmerzhaft für mich, all dies zu erfahren, und wenn ich gekonnt hätte, wäre ich in diesen stürmischen Tagen lieber nicht hier gewesen.«[116] So konnte das Radium mit knapper Not doch noch abgeholt werden.

Drei Jahre nach dem Börsenkrach kommt es in der Familie Curie zu einem freudigen Ereignis, das Marie wieder aufblühen lässt. Am 12. März 1932, fünf Jahre nachdem Hélène das Licht der Welt erblickt hat, und gegen den Rat der Ärzte wegen ihrer Tuberkulose, bringt Irène einen kleinen Jungen zur Welt. Seine Eltern beschließen, ihn Pierre zu nennen. Es ist ein Sieg über die Krankheit, das Leiden und die körperliche Anfälligkeit der älteren Curie-Tochter, und auch Ausdruck ihrer Willensstärke. Marie ist tief bewegt. Diesen Namen, den Namen ihres verstorbenen Mannes, den sie vor ihren inzwischen erwachsenen Töchtern nicht aussprechen kann, wird sie von nun an hören und auch selbst zu ihrem Enkelkind sagen müssen. Sechsundzwanzig Jahre nach seinem Fortgang ist Pierre gewissermaßen zurückgekehrt. Das Leben ist wieder schön, bekommt einen neuen Glanz. Marie und Irène sind überglücklich.

Schweigend beobachtet Ève die beiden. Sie sollte sich freuen, denn sie hat nun einen Neffen, der den Namen ihres Vaters trägt, an den sie sich im Gegensatz zu Irène und Marie nicht erinnern kann. Ein neues Familienmitglied, in dem die Freude und der Schmerz über den abwesenden Vater symbolisch vereint sind. Daran wird sie sich wohl gewöhnen müssen. Seit zwei Jahren teilt sie ihr Leben mit Marc Chadourne, einem Reiseschriftsteller, der ehemals Kolonialverwalter in Ozeanien und später in Kamerun war, einem weit gereisten Mann also. Als er 1930 den Prix Femina für sein Buch *Cécile de La Folie* erhält, steht die junge Frau an seiner Seite, doch sie blickt verdrossen. Sie spürt, dass diese Beziehung angesichts der ständigen ausgedehnten Abwesenheiten ihres Partners keine Zukunft hat. Bei seiner nächsten Reise verlässt sie ihn. Aus Trotz porträtiert der Schriftsteller sie in der Romanheldin seines neuen Buchs *Absence*, das 1933 erscheint und in dem die ganze Pariser Gesellschaft die Einzelheiten der Trennung erfährt. Nebenbei stichelt er gegen seinen Nachfolger und beschreibt dessen Offensive zur Eroberung einer der begehrtesten jungen Frauen der Pariser Society. Ein Mann, der älter ist als er? Wie kann das sein? Folgendes Zitat einer Figur aus Chadournes Roman spricht für sich:

»›Was heißt nicht möglich? Bei gewissen Frauen steht er noch immer hoch im Kurs. Und vor allem besitzt er beträchtliche Mittel. Er ist ein Mann, der sich für nichts zu schade ist. Er hat sie mit Blumen bombardiert, sie immer wieder in teure Restaurants eingeladen und zu Empfängen mitgenommen.‹ Er erinnert sich noch an ein Abendessen im Ritz, von dem sie ihm geschrieben hatte, und weiß noch ungefähr den Kommentar.«[117]

Während Chadourne sich in Shanghai aufhält, trifft Marie Curies jüngere Tochter bei diversen Abendgesellschaften auf einen sehr erfolgreichen Mann, der sie umwirbt, sie zu den glamourösesten Veranstaltungen von Paris einlädt und sie mit Komplimenten und Geschenken überhäuft. Allerdings ist dieser Mann auch skandalumwittert und besitzt – nach Auffassung seiner Freunde und Bekannten – einen unmöglichen Charakter. Er schreibt Stücke, von denen einige an Boulevardtheatern gespielt, andere später von Alain Resnais für den Film adaptiert werden, wie z. B. *Mélo*. Der Name dieses Mannes ist Henri Bernstein. Der 1876 in eine jüdische Bankiersfamilie hineingeborene Dramatiker, der als Kind von Édouard Manet porträtiert wurde, ist steinreich, exzentrisch und übt in der Literatur- und Theaterszene große Macht aus. Es gibt bei dieser Verbindung nur zwei Probleme. Henri Bernstein ist verheiratet, und er ist vierundfünfzig Jahre alt, während Ève erst achtundzwanzig ist. Auch wenn Fotos von den beiden bei öffentlichen Anlässen kursieren, ist sie sich darüber im Klaren, dass sie von ihm nichts zu erwarten hat. Der Unterschied des Alters und des sozialen Umfelds verbietet es Ève, Bernstein am Quai de Béthune zu erwähnen. Marie hat zwar von diesem schillernden Snob gehört, der meilenweit von ihren eigenen Wertvorstellungen entfernt ist, aber dass ihre Tochter seine Geliebte sein könnte, liegt jenseits ihrer Vorstellungskraft. Dennoch besucht Marie die Premiere des Stücks, das Ève aus dem Englischen übersetzt und gemeinsam mit ihm inszeniert hat. *145 Wall Street* ist der französische Titel dieses amerikanischen Bühnenstücks von George S. Brooks und Walter B. Lister, einer Satire auf die amerikanische Finanzwelt, die unter dem Originaltitel *Spread Eagle* bereits vor dem Börsenkrach von 1929 geschrieben wurde, aber erst zur Zeit der großen Depression auf die Bühne kommt. Die Handlung basiert auf der Lebensgeschichte des Milliardärs William Randolph Hearst, eines gefürchteten und skrupellosen Medienbosses, dessen Sensationsartikel wahlweise rufschädigend oder imagefördernd sein können und sogar militärische Konflikte auslösen. Kurz vor der Premiere am 25. Oktober 1932 empfängt Henri Bernstein die Presse und bedankt sich zuerst bei seiner Ehefrau und anschließend bei Ève Curie, die beide anwesend sind, für ihre Unterstützung … Würde Marie sich eine solche Beziehung für Ève wünschen? Wohl kaum, und es bleibt zu hoffen, dass sie nicht begriffen hat, dass ihre junge und schöne Tochter diesem viel älteren und obendrein verheirateten Mann anhing.

Einige Monate zuvor, Mitte August, schreibt sie an Ève:

»Mein liebes Kind, ich wünsche mir, dass du so bald wie möglich deine Ängste und Sorgen ablegen kannst und dein Leben in ruhigere und vernünftigere Bahnen lenkst. Vielleicht kann ich dir nicht gut erklären, worin das Glück besteht, aber es liegt sicher nicht im Drama, und davon gibt es reichlich um uns herum, selbst wenn wir nicht danach suchen. Ich glaube, ich werde den Rest meines Lebens in ständiger Angst vor unerwarteten Ereignissen verbringen, die irgendwo lauern und uns schließlich überwältigen. Beruhige mich baldmöglichst, zumindest in Bezug auf die unmittelbare Gegenwart und die allernächste Zukunft.«[118]

In der Schlussformel küsst Marie sie wie immer zärtlich. Insgeheim stellt sie sich alle möglichen Fragen. Wird Ève jemals mit sich ins Reine kommen? Da ist sie sich nicht mehr so sicher.

6

DIE CURIE-SCHWESTERN –
AUS DEM SCHATTEN ANS LICHT

Im Januar 1934 plötzlich ein Anruf von Irène. Das Gespräch ist kurz und intensiv, und die frohe Botschaft löst bei Marie ein unerwartetes Glücksgefühl aus. Sie soll unverzüglich mit Paul Langevin in Irènes und Frédérics Laboratorium kommen. Maries angegriffenes Herz schlägt ihr vor Erregung bis zum Hals. Frédéric und Irène haben vor, Marie das schönste Geschenk zu machen, das sich eine Wissenschaftlerin nur wünschen kann. Frédéric Joliot-Curie berichtet darüber folgendermaßen:

»Marie Curie war Zeugin unserer Arbeit, und nie werde ich den Ausdruck intensiver Freude vergessen, von der sie erfasst wurde, als Irène und ich ihr in einem kleinen Glasröhrchen das erste künstlich erzeugte radioaktive Element zeigten. […] Um das, was wir ihr auseinandersetzten, selbst zu überprüfen, trat sie an das Geiger-Müller-Zählrohr heran, sodass sie die zahlreichen Knackgeräusche des Strahlungsmessers hören konnte. Dies war wahrscheinlich die letzte große Freude ihres Lebens.«[119]

Überwältigt schreibt sie Ève am Folgetag einen enthusiastischen Brief, um ihre Begeisterung mit ihr zu teilen. Sie nimmt sich vor, ihrer Tochter diese Entdeckung, die die Medizin revolutionieren und weitere Leben retten wird, mündlich zu erläutern.

Doch das Glück ist nur von kurzer Dauer. Maries Gesundheitszustand verschlechtert sich. Sie ist völlig entkräftet und stimmt schließlich einer Einweisung ins Krankenhaus zu. Wieder einmal kümmert sich Ève um ihre bettlägerige Mutter und konsultiert mehrere Ärzte, die eine durch radioaktive Strahlung verursachte Niereninsuffizienz diagnostizieren. Marie muss sich in ein Sanatorium in den Alpen begeben, begleitet von Ève und einer Krankenschwester. Die Reise kommt ihr trotz der herrlich grünen Landschaften endlos vor. Die Vibrationen des Zuges sind für sie unerträglich, fast verliert sie das Bewusstsein auf dieser scheinbar ewig dauernden Fahrt nach Saint-Gervais und zum Sanatorium Sancellemoz.

Als sie schließlich unter dem Pseudonym Madame Pierre dort aufgenommen worden ist, wird sie von dem renommierten Genfer Professor Roch untersucht. Dieser fällt, im Gegensatz zu den Ärzten in Paris, ein Urteil in letzter Instanz: Marie leidet an einer perniziösen Anämie, einer durch die Schädigung des Knochenmarks bedingten Bluterkrankung. Es gibt keine wirksame Behandlung gegen ihre schrecklichen und sinnlosen Qualen. Ève, die als einziges Familienmitglied anwesend ist, muss ihre Tränen verbergen, Irène und Bronia in Polen benachrichtigen und vor allem ihrer Mutter verschweigen, dass es für sie keine Hoffnung mehr gibt. Um Marie nicht zusätzlich zu beunruhigen, wird vereinbart, dass in diesem Stadium niemand sonst aus der Familie herkommen soll. Es gibt nur eine einzige Priorität: Marie soll möglichst wenig leiden. Die Ärzte geben ihr Schlafmittel und Medikamente gegen die Schmerzen. Alsdann beginnen Marie Curies letzte Tage, die Ève in ihrer Biografie eindringlich beschreibt.

Während Bronia noch im Zug aus Warschau sitzt, ein wenig polnische Erde im Gepäck, treffen Irène und Frédéric ein. Am 2. Juli sind sie da und versuchen, Marie zu beruhigen. Doch diese, ganz Wissenschaftlerin, ist hartnäckig. Jede Stunde analysiert sie ihren Gesundheitszustand. Sie fühlt sich besser, die Luft tut ihr gut, glaubt sie. Am 3. Juli verlangt sie, ihre Temperatur zu messen. Das Fieber ist gesunken. Was für eine Erleichterung! Sie ist gerettet. Plötzlich betrachtet sie ihre Kaffeetasse und fragt ganz benommen: »Hat man es mit Radium oder Mesothorium hergestellt?«[120] In der Nacht sitzt Ève an ihrem Bett und hält ihre schwieligen und verbrannten Hände, diese Hände, die so viel gearbeitet und mit gefährlichen Stoffen hantiert und die so viele Leben gerettet haben. Ève fühlt sich allein, doch die Ärzte und Krankenschwestern bleiben immer in ihrer Nähe, fürsorglich, aufmerksam, schweigend. Alle wissen, dass dies die letzte Nacht ist. Ihre letzte Nacht. Im Morgengrauen des 4. Juli schließt Ève ihrer Mutter die Augen. Das Radium, so wird sie später schreiben, hat sie getötet. Marie Curie ist erst sechsundsechzig Jahre alt.

Umringt von den Ärzten und dem Krankenhauspersonal bleibt Ève am Bett ihrer Mutter sitzen und lässt ihre Hände nicht los. Liebe übermannt sie angesichts dieses gebrechlichen Körpers, der ihr das Leben geschenkt hat. Der behandelnde Arzt, Dr. Tobé, macht folgenden Vermerk: »Es handelt sich um eine schnell verlaufende, von Fieber begleitete perniziöse Anämie. Das Knochenmark hat nicht reagiert, wahrscheinlich weil es durch andauernde Einwirkung von Strahlungen Veränderungen erlitten hatte.«[121]

Im Radium-Institut in Paris herrscht gedrückte Stimmung. Alle sind schockiert. Zwar führen inzwischen Irène und Frédéric Joliot-Curie die Aufsicht über die Forschungstätigkeit, doch war Marie seit fast einem halben Jahrhundert und in fünf Sprachen das lebende Gedächtnis aller Arbeiten über Radium und Radioaktivität. Die Beerdigung findet im kleinen Kreis statt, da Marie eine offizielle Zeremonie abgelehnt hatte. So versammeln sich die Trauergäste auf dem Friedhof von Sceaux, gegenüber dem Grab, in dem bereits Pierre ruht. Auch die Freunde aus guten und schlechten Tagen, die Marie bei Pierres Tod und während der Langevin-Affäre beigestanden haben, sind an diesem heißen Julitag gekommen und geben ihrer Trauer Ausdruck: die Perrins, die Borels, Claudius Regaud und Paul Langevin. Bronia und anschließend ihr Mann Kazimierz werfen beide eine Handvoll Erde aus Polen auf den Sarg. Auf dem Grabstein wird die Inschrift »Marie Curie-Sklodowska, 1867-1934« eingraviert. Von der Presse im In- und Ausland wird die Verstorbene in den höchsten Tönen gewürdigt. Einige französische Zeitungen kritisieren jedoch die Schlichtheit des Begräbnisses. Irène und Ève reagieren mit einer Pressemitteilung, in der sie darauf hinweisen, dass sie nur den Willen ihrer Mutter respektiert haben.

Irène ist sich darüber im Klaren, dass sie den Tod der Mutter besser verarbeiten wird als die jüngere Ève. Die Lebensentwürfe der beiden Schwestern sind so grundverschieden, wie sie nur sein können. Irène hatte bereits mit 17 Jahren ihren Weg gefunden, zwischen ihr und Marie bestand eine geistig und emotional nahezu symbiotische Verbindung, und sie hat einen Mann geheiratet, den sie mit unverhohlener Zärtlichkeit »mon grand Chéri« nennt und mit dem sie ganz offensichtlich dieselben geistigen Interessen und Weltanschauungen teilt. Ève dagegen hat wechselnde Liebespartner. Trotz des sozialen Drucks und der öffentlichen Meinung, die nur verheiratete Frauen toleriert, bleibt sie ledig.

Ève weiß schon länger, dass sie nicht über das nötige herausragende Niveau für eine internationale Karriere als Pianistin verfügt. Die wenigen Artikel von Musikkritikern, die über sie erschienen sind, können ihr weder Sicherheit geben noch zur Berühmtheit verhelfen. Hat sie vielleicht eine andere geheime Leidenschaft? Sie liebt es, zu schreiben und sich bei Abendgesellschaften zu zerstreuen, wo ihre Eleganz, ihr Humor, ihre Intelligenz und ihre Schönheit ihr die Türen zur Pariser feinen Gesellschaft öffnen. Natürlich gibt es auch Freundschaften, beispielsweise zu Colette, die sich durch Èves Unabhängigkeit an den unkonventionellen Lebensstil ihrer eigenen Jugend und die Skandale ihrer Variétézeit erinnert fühlt. Dennoch sind Partys und Empfänge kein Ersatz für die Liebe und Geborgenheit einer Familie. Irène wiederum ist müde und niedergeschlagen. Marie, ihre Mé, war ihr Fundament, so unendlich nahe und vertraut, insbesondere seit Pierres Tod, bei dem sie acht Jahre alt war. Danach wurden die Curies zu einem reinen Frauenhaushalt, auch wenn bestimmte Männer, zum Beispiel Pierre Curies Vater und später sein Bruder, für eine konstante männliche Präsenz im Hause sorgten. Letztlich wurde Frédéric Joliot-Curie, den man wegen seiner Heirat mit der Tochter der Chefin beneidete, akzeptiert und anerkannt.

Während der Sarg zu Grabe getragen wird, schaudert Ève, auch wenn die Sonne heiß und grell auf die Trauergesellschaft herniederbrennt. Mit dreißig Jahren keinen Plan für die Zukunft zu haben ist eine recht entmutigende Aussicht.

Glücklicherweise wird sie durch einen Telefonanruf aus ihrer Lethargie gerissen. Amerika meldet sich bei ihr zurück. Dieses wunderbare ferne Land, das sie als Sechzehnjährige so begeisterte, als sie gemeinsam mit Irène ihre Mutter begleitete, um das Gramm Radium in Empfang zu nehmen. Der renommierte amerikanische Verlag Doubleday & Doran schlägt ihr vor, eine Biografie über ihre Mutter zu schreiben. Ève zögert. Sie hat zwar schon mehrere Artikel veröffentlicht, aber noch nie ein Buch. Ist sie damit nicht überfordert? Doch der Verlag lässt nicht locker. Historiker und Journalisten, die Marie Curie nicht gekannt haben, könnten jetzt mit Fehlern gespickte Biografien herausbringen. Nur sie, Ève, wäre in der Lage, über das berufliche, wissenschaftliche und private Leben ihrer Mutter Zeugnis abzulegen. Beim Argument der Privatsphäre wird Ève weich. Sie stimmt zu. Doch auf der anderen Seite des Atlantiks drängt die Zeit. Es muss schnell gehen, damit sichergestellt ist, dass dieses Buch die erste

Biografie über Marie Curie sein wird. Der amerikanische Verlag überzeugt Ève und stellt ihr einen Übersetzer zur Verfügung, der systematisch Seite für Seite unmittelbar ins Englische übertragen wird, nachdem sie sie auf ihrer edlen Schreibmaschine, die fortan für Jahre ihre treue Begleiterin sein wird, getippt hat. Das alles muss in Windeseile geschehen, denn die Biografie soll zuerst in den Vereinigten Staaten erscheinen, natürlich auf Englisch. Der Verleger ist sich sicher, dass er damit bei der Leserschaft in den USA und anderen angelsächsischen Ländern einen Nerv treffen wird. Das kann er einschätzen, denn es ist sein Publikum. Für Ève ist dies der Beginn von zwei Jahren Arbeit, Recherche und Schreiben unter Hochdruck.

Für die wissenschaftlichen Themen, die Forschung und die Entdeckungen ihrer Mutter, braucht sie Irène. Irène ist die Wissenschaftlerin, Ève die Autorin. Die Jüngere muss also diplomatisch vorgehen, um an Informationen zu gelangen, an Papiere, die im Tresor des Instituts eingeschlossen sind, zu denen nur Irène Zugang hat und die nur sie versteht. Natürlich verspricht Ève ihrer Schwester, dass sie ihr die entsprechenden Passagen zeigen wird. Sie vertraut Irène an: »In diesem Sommer habe ich nicht einen Tag ohne Arbeit verbracht, und ich kann mir ein Leben ohne eine Schreibmaschine unter den Fingern gar nicht mehr vorstellen.«[122] Auch der gute Ruf ihrer Mutter nach der Verleihung des zweiten Nobelpreises im Jahr 1911 ist ihr ein Anliegen: »Die Leute haben die vage Vorstellung, dass Mé nach ihrem zweiten Nobelpreis und dem Krieg nichts Außergewöhnliches mehr geleistet hat. Mit diesem Gerücht möchte ich endlich aufräumen, indem ich in einer allgemein verständlichen Art und Weise darlege, wie fruchtbar ihr Werk weiterentwickelt wurde, und zwar sowohl durch sie selbst als auch durch ihre Schüler.«[123]

So beginnt in aller Heimlichkeit ein Wettlauf gegen die Zeit.

Ève fährt fort, sich bei Partys und ähnlichen Anlässen an der Seite von Henri Bernstein zu zeigen, den sie ins Vertrauen gezogen hat. Auch wenn er in Gesellschaft ein großer Unterhalter ist, wird er sie nicht verraten. Als Autor von Theaterstücken weiß er nur zu gut, wie wichtig Verschwiegenheit für jedes literarische Projekt ist. Als sie sich in Lausanne aufhält, von wo sie mehrfach an Irène schreibt, steigt er sogar im selben Hotel ab. Möglicherweise freut sich sogar für Ève. Er spürt, wie sie mit jeder Buchseite an Selbstvertrauen gewinnt. Nach und nach wird sie immer sicherer, dass sie die Biografie zu Ende bringen wird. Sie lebt förmlich auf. Doch wieder und wieder muss sie sich an ihre Schwester wenden, ihr schöntun, Bitten formulieren. Der Ton ist höflich, aber bestimmt:

> »Könntest du mir, zum Beispiel über Madame Razet, die Briefe von Mé zur Verfügung stellen, die du mir ja letztlich nie gegeben hast, und auch die Notizhefte mit den handschriftlichen Aufzeichnungen von Pé und Mé, von denen Fred mir erzählt hat? […] Ich weiß natürlich, dass ich die fachlichen Inhalte ohne Hilfe nicht verstehen kann. Dennoch könnten sie sehr hilfreich für mich sein und mir ein konkretes Bild von der gemeinsamen Arbeit der beiden vermitteln.«[124]

Die Schickeria von Paris spottet über diese berühmte junge Frau, die in einen Mann verliebt ist, von dem sie nichts zu erwarten hat. In einer Zeit, da die Ehe das Maß aller Dinge ist, gilt Ève als hoffnungsloser Fall. Claude Mauriac, Journalist und Sohn des Schriftstellers François Mauriac, ist gerade einundzwanzig, als er im August 1935 in Pyla »Bernstein und seine unvermeidliche Ève Curie«[125] trifft. Er macht sich über den Dramatiker lustig. Dieser, so schreibt er, leide unter seinem Alter. Mit Ève Curie spreche er nicht und zeige ihr auch nicht seine Liebe, weil er fürchte, lächerlich zu wirken. »Er merkt, dass man über ihn lacht.«[126] Zurück in Paris notiert er im Oktober desselben Jahres in seinem Tagebuch ein »Mittagessen bei Henri Bernstein [...] mit Jean Fayard und natürlich der Dame des Hauses, Ève Curie [...], charmant, zurückhaltend, schön, aber bereits verbraucht und traurig.«[127] Traurig vielleicht, aber verbraucht? Sie ist gerade einmal fünfunddreißig ... Die Familie Mauriac pflegt, vom Vater bis zum Sohn, die gleiche hämische Frauenfeindlichkeit. Ève aber wird der Welt bald zeigen, dass sie noch einiges zu sagen hat.

Vorerst arbeitet sie noch mit Feuereifer an der Biografie ihrer Mutter, als ihre Schwester Irène und ihr Schwager Frédéric den Nobelpreis für Chemie erhalten.

Die Zeremonie in Stockholm ist bewegend, doch die französischen Journalisten halten sich mit der Beschreibung von Irènes Erscheinungsbild auf – was sie bei den übrigen anwesenden Nobelpreisträgern nicht tun. Sie ist die einzige Frau, die auf dem Podium sitzt, in der ersten Reihe, immerhin in der Mitte, umgeben von achtzehn Männern im Smoking. Neben ihr sitzt Frédéric Joliot-Curie, zu ihrer Linken der Deutsche Hans Spemann, Embryologe und Nobelpreisträger für Medizin. Irènes Garderobe wird von den Journalisten genauestens unter die Lupe genommen und mit sexistischen Bemerkungen bedacht.

»Aller Augen richteten sich während der Zeremonie auf diese Frau mit der wunderschönen Stirn, die eine rührende Schlichtheit ausstrahlte; kein Schmuckstück, kein Tand, und das vor einem Publikum voller dekorierter Fräcke und prächtiger Abendtoiletten. Brav saß sie zwischen ihrem Mann und dem englischen Physiker Sir James Chadwick, dem Preisträger für Physik, auf einem blumengeschmückten Podium, über dem die bärtige Büste des Wohltäters

Alfred Nobel thronte, und hatte ihre Aufregung kaum unter Kontrolle … Auch wenn man das künstliche Radium entdeckt hat, ist die weibliche Neugier wohl stärker als alles andere. Madame Joliot-Curie öffnete ihre Urkunde einen Spaltbreit und bewunderte sie [...], sodass auch die anderen Preisträger, ermutigt durch dieses Beispiel, der Versuchung nicht widerstehen konnten. Der Anblick war sehr charmant, und die steifen Würdenträger, Akademiker und reichen alten Fregatten, von denen es im Publikum nur so wimmelte, entspannten sich und lächelten einander zu.«[128]

Nein, Irène ist kein kleines Mädchen, dem man eine Puppe schenkt, ganz im Gegenteil, und diese herabsetzende Beschreibung ist die Karikatur eines Backfischs. Irène erinnert sich daran, mit welcher Geringschätzung man ihre Mutter behandelte, als diese 1903 zusammen mit ihrem Mann Pierre Curie den ersten Nobelpreis erhielt. Sie macht ihre Beobachtungen und merkt sie sich. Im Anschluss an die Preisverleihung findet ein ausgesprochen förmliches Bankett statt. Der deutsche Preisträger beendet seinen Festvortrag mit einem Hitlergruß, was der französische Journalist als »pikantes Detail«[129] vermerkt … Die Journalisten haben nicht vor, diesen Forscher, der sich den Nazi-Theorien und der Treue zum Führer verpflichtet fühlt, zu kritisieren … Was dachten in diesem Moment wohl Irène und Frédéric, deren Wissenschaftlerfreunde Antifaschisten oder – als Juden – Opfer von Rassismus und Faschismus waren? Albert Einstein, der langjährige Freund der Familie, musste bereits, wie andere auch, ins Exil gehen.

In Stockholm spricht Irène als Erste, zwar nicht so lange wie Frédéric Joliot-Curie, aber sie will nicht zulassen, dass die Jury sie so herablassend behandelt, wie dies 1903 bei ihrer Mutter der Fall gewesen war.

Bei dieser Reise nach Schweden ist die jüngere Schwester wieder einmal nicht dabei. Ève hat an keiner der drei Nobelpreisverleihungen teilgenommen, bei denen ihre Familie geehrt wurde. Insgesamt sind es fünf Nobelpreise. Die beiden Schwestern bewegen sich in völlig verschiedenen Welten. Es scheint, als hätten sie einander nicht mehr viel zu sagen, und doch müssen sie sich schon bald wiedersehen. Im schneereichen und bitterkalten Winter 1935/36 ahnen sie noch nicht, dass das neue Jahr Umwälzungen mit sich bringen wird, die sie auch ganz persönlich betreffen. Als Frauen und, ob sie es wollen oder nicht, als Schwestern. Die Familienbande lassen sich nun einmal nicht ignorieren.

In diesem eisigen Dezember 1935 hält Irène am Rande der Nobelpreiszeremonie in einem brechend vollen Saal einen Vortrag vor der Alliance Française in Stockholm. Sie erläutert die letzten wissenschaftlichen Entdeckungen ihrer Mutter und ihre eigenen und spricht auch über weibliche Erwerbsarbeit[130]. Irène, die ruhigere der Curie-Töchter, die Besonnene, die immer gelassen bleibt und – laut ihrer Schwester Ève – Konflikte scheut, kann äußerst heftig werden, wenn es um Dinge geht, die ihr am Herzen liegen: um die Frauenrechte, insbesondere das Recht auf Arbeit, die Öffnung der Berufe für Frauen, aber auch die Bereitstellung eines anständigen Budgets für die französische Forschung durch den Staat. Denn Forschung ist teuer, das weiß sie aus ihrer eigenen Erfahrung mit der schwierigen finanziellen Situation des Radium-Instituts nur zu gut.

Zurück in Paris nutzt Irène den Preis, um sich für die französische Forschung einzusetzen, und fordert einen beträchtlichen Teil des nationalen Budgets dafür ein. Sie verliert aber auch nicht die Verteidigung und Förderung der Frauenrechte aus den Augen. Die Wirtschaftskrise von 1929 hat die Welt in eine Konjunkturflaute gestürzt, die bis 1945 nachwirken sollte. 1935 sorgt sich

Irène um das Recht der Französinnen auf Arbeit, das durch die wirtschaftlichen Folgen des Börsenkrachs von 1929 immer mehr infrage gestellt worden ist. Auch wendet sie sich über die Presse an die Öffentlichkeit:

»Wir erleben derzeit in allen Ländern Angriffe auf das wertvollste Recht der Frauen, das Recht auf Arbeit, ohne das es keine persönliche Freiheit gibt. Als Pierre Curie 1904 als Professor an die Sorbonne berufen wurde, bot man Madame Curie an, die für sein Laboratorium geschaffene Stelle des Leiters der wissenschaftlichen Arbeiten zu übernehmen. Meine Mutter, die eine glühende Feministin war, wusste diese Geste sehr zu schätzen: Sie sah darin nicht nur ein Zeichen der Wertschätzung für sich selbst, sondern auch ein hervorragendes Beispiel für den liberalen Geist unseres Landes, denn zu dieser Zeit hatten Frauen noch keinen Zugang zur Hochschullehre. Zwei Jahre später, nach Pierre Curies Tod, wurde auch sie zur Professorin an der Sorbonne ernannt.

Damit hat Frankreich vor dreißig Jahren dem Willen Ausdruck gegeben, bei der Besetzung der höchsten Positionen in einem der erhabensten Betätigungsfelder des Landes keinen Unterschied zwischen Frauen und Männern zu machen.

Heute, 1935, hat sich die Erwerbsarbeit von Frauen in allen Bereichen bewährt. In den letzten Jahren ist das Recht der Frau auf Arbeit jedoch immer stärker eingeschränkt worden und droht, durch neue Gesetze weiter beschnitten zu werden. Diese Gesetze, die sich heute gegen verheiratete Frauen und Beamtinnen richten, könnten sich schon bald auch auf weitere Frauengruppen ausweiten, wie es in anderen Ländern bereits geschehen ist.

Werden wir erleben, dass eine Regierung die Vergangenheit verleugnet und das Recht zurücknimmt, das Marie Curie 1904 spontan gewährt wurde, nämlich das Recht, unter den gleichen Bedingungen wie Männer Zugang zu Arbeitsplätzen zu erhalten, für die sie aufgrund ihrer Leistung und ihrer Tätigkeit qualifiziert sind?
Wir werden mit aller Kraft dafür kämpfen, dies zu verhindern.«[131]

Dieser Artikel stellt damals einen der kämpferischsten Beiträge zum Thema Frauenrechte dar. Und dabei darf man nicht vergessen, dass die Verfasserin selbst trotz ihres Nobelpreises immer noch kein Wahlrecht hat.

Einige Monate später, im März 1936, beklagt sie sich über die miserable Ausstattung der Laboratorien in ihrem Land und erklärt:

»Bei der wissenschaftlichen Produktivität nimmt Frankreich derzeit unter den großen Nationen einen beschämenden Rang ein. Das gilt für alle Bereiche, mit Ausnahme der Mathematik. Und warum? Weil die Mathematik relativ wenig kostet. Die anderen Wissenschaften sind teuer; ein Luxus, wie es scheint, den sich unser Land nicht leisten kann. Was für die Naturwissenschaften gilt, trifft auch auf die meisten anderen Bereiche zu. Der Anteil der Analphabeten ist in Frankreich höher als in den meisten anderen großen Ländern, das Gesundheitswesen ist auf dem niedrigsten Stand usw. Die Bildung, die Gesundheit: ein Luxus, der für uns zu teuer ist. Und die Mittel für die Wissenschaft, die Primarschulbildung und das Gesundheitswesen sind noch weiter gekürzt worden.«[132]

Die Zeiten sind turbulent, nicht nur in Frankreich, sondern in ganz Europa. Die Linke hat sich von der Machtübernahme Hitlers 1933 nicht wieder erholt. Finanzskandale, darunter die Stavisky-Affäre[133], führen zu rechtsextremen Demonstrationen. Sogar Marie hatte kurz vor ihrem Tod einen Brief an ihre jüngere Tochter geschrieben, in dem sie sich schockiert über die gefährlichen Verbindungen zwischen Politikern und Kriminellen zeigt. Die linken Parteien beschließen, eine antifaschistische Volksfront zu bilden. Nach den Wahlen von 1936 setzen die Feministinnen große Hoffnungen auf den designierten Premierminister Léon Blum. Dieser Politiker ist stets ein treuer Unterstützer des Frauenwahlrechts gewesen und hat seit 1930 bekundet, Frauen in die Regierung berufen zu wollen.[134] Trotzdem gelten selbst verheiratete Frauen als unmündig, sie sind weder wahlberechtigt noch wählbar. Vor seinem Amtsantritt fordert Blum in seinem Werk *Du mariage* (»Über die Ehe«), dass Frauen selbst über ihren Körper bestimmen dürfen, und tritt für das Recht auf Empfängnisverhütung ein. Antoine Tarrago hält fest, dass Léon Blum bereits in der ersten Fassung seines Buches schreibt: »Der Zeitpunkt der Mutterschaft muss frei gewählt werden [...]. Zuerst die Freiheit, dann die Kinder.«[135] Schon dieser Standpunkt ist revolutionär. Léon Blum ist vielen seiner Landsleute – und nicht nur männlichen – weit voraus. Und er will Frauen in seine Regierung aufnehmen, ein Novum in der Geschichte der Französischen Republik.

Doch welche Frauen kämen dafür infrage? Die Wahl von Suzanne Lacore als Unterstaatssekretärin für den Schutz der Jugend mag überraschen. Lacore ist pensionierte Lehrerin, wenn auch in verschiedenen sozialistischen Gruppen aktiv. Cécile Brunschvicg, Unterstaatssekretärin für das Bildungswesen, ist hingegen für ihr herausragendes feministisches Engagement bekannt. Seit 1926 leitet sie die 1906 gegründete Wochenzeitschrift

La Française, die sich für das Frauenwahlrecht einsetzt. Sie verfolgt auch die Entwicklung der Gesetzgebung und veröffentlicht Artikel über Außenpolitik und die Situation von Frauen weltweit. Suzanne Lacore und Cécile Brunschvicg arbeiten Hand in Hand; sie führen Schulkantinen ein, um die Unterernährung von Kindern zu bekämpfen, und bringen weitere bildungspolitische Reformen auf den Weg, ebenso wie medizinische Programme für Schulen, da die hygienischen Bedingungen in vielen Familien erbärmlich sind. Wie Antoine Tarrago erinnert, gelingt es ihnen sogar, Maßnahmen zur Unterstützung bedürftiger alleinerziehender Mütter durchzusetzen und Kinderschutzkommissionen zu gründen.[136]

Neben diesen beiden progressiven Politikerinnen, die zur Verbesserung der Lage sowohl der Frauen als auch der Kinder in ihrem Land beitragen, beruft Léon Blum auch Irène Joliot-Curie als Unterstaatssekretärin für Wissenschaft und Forschung in die neue französische Regierung. Eine äußerst sinnvolle Entscheidung: Die Wissenschaftlerin mit ihrem untypischen und außergewöhnlichen Profil ergänzt das neue Kabinett hervorragend. Sie kann mit ihrem Werdegang andere Frauen ermutigen und eigene Initiativen starten. Denn sie ist auch eine Visionärin.

Für Irène stellt es einen kolossalen Kontrast zu ihrem Beruf als Forscherin dar, eine der ersten drei Frauen in einer Regierung zu sein. Die Politik ist alles andere als eine exakte Wissenschaft, und sie hält sie, wir ihr Biograf Louis-Pascal Jacquemond schreibt, im Wesentlichen für »Wortgeklingel«. Nutzloses, oft anmaßendes Geschwätz, das zu nichts Konkretem führt und für sie, die nur strenge Beweisführungen duldet, von Lügen und Unsinn wimmelt. Sie macht die Erfahrung, dass die Frauen nicht für voll genommen werden und die Männer sich häufig nur selbst reden hören wollen. Für eine Nobelpreisträgerin, die es gewohnt ist, sich ausschließlich mit konkreten Experimenten zur Überprüfung von Hypothesen zu befassen, ist das schlichtweg unerträglich. Seit ihrer Kindheit ist Irène mit Frauenfeindlichkeit konfrontiert. Sie denkt an die Beleidigungen, die ihre Mutter, »die Polin«, 1911 erfahren hat. Auch Irène ist den Missbilligungen, dem Spott und der Häme der Journalisten ausgesetzt. Sie straft sie mit Verachtung und geht über ihre Kränkungen hinweg. Sie scheut sich nicht, auf Kritik zu reagieren. Die Presse höhnt über ihr Erscheinungsbild, das jeder Eleganz entbehrt, wohingegen ihre Schwester die Titelseiten von Gesellschaftsmagazinen ziert. Während Ève taktvoll agiert und gezielt charmante Blicke einsetzt, nimmt Irène meist kein Blatt vor den Mund.

Das Verhältnis zu ihrem vorgesetzten Minister Jean Zay ist gleichfalls spannungsreich. Irène, noch ganz erfüllt vom Stolz auf ihren sechs Monate zuvor verliehenen Chemienobelpreis, stellt empört fest, dass sie nicht einmal über ein eigenes Büro verfügt! Drei Wochen später verlangt sie einen Amtsdiener, eine Schreibkraft und weitere Büroräume. Die Verwaltung hüllt sich in Schweigen. Nichts davon wird ihr gewährt. Jean Zay hat sich vorgenommen, ihr klarzumachen, dass sie ihm untergeordnet ist. Und nichts zu sagen hat. Er ist der Minister, nicht sie. Auch die Politik macht er. Für ihn ist sie nur eine »Alibi-Frau«[137], ein Publicity-Coup, der für die Regierung, für Léon Blum und vor allem für ihn selbst von Nutzen sein soll. Er kann jedoch nicht verhindern, dass Ève einen Artikel über ihre Schwester veröffentlicht: »Sie ist eine Wissenschaftlerin. Sie ist die Tochter von zwei Wissenschaftlern. Sie ist die Frau eines Wissenschaftlers. Und sie muss eine sehr starke Persönlichkeit haben, um dieses Wunder zu vollbringen: niemandem zu ähneln, niemanden nachzuahmen, nicht einmal diese berühmte Mutter, in deren Fußstapfen sie ganz offensichtlich getreten ist, von den Entdeckungen bis zum Nobelpreis.«[138]

Irène erweckt den Eindruck der ewigen Musterschülerin, brav, unauffällig und gleichmütig, auch wenn ihre Schulzeit eigentlich ganz anders war, mit diesen Vorlieben für Sport und eine gesunde Lebensweise, die die Mutter den Kindern eingeimpft hat. Damit Politiker und Journalisten die heftigen und schroffen Reaktionen ihrer älteren Schwester besser verstehen, erklärt Ève, dass Irènes Art, unumwunden und direkt ihre Meinung zu sagen, die logische Folge ihres besonderen Charakters ist: »Keine menschliche Kraft kann Irène Curie zwingen, etwas zu tun, was sie anödet, sich etwa um ihre Garderobe zu kümmern oder aufdringliche Menschen zu treffen, ebenso wenig wie sie irgendjemand davon abhalten kann, bei einem offiziellen Termin zu gähnen [...]. Sie ist ein gnadenlos authentischer Mensch, und sie zeigt sich jedem genau so, wie sie ist, mit all ihren Stärken und Schwächen, und ohne zu versuchen, irgendetwas vorzutäuschen oder irgendjemandem zu gefallen.«[139]

Dieses Porträt hat den Vorteil, dass die Leserinnen und Leser eine Kostprobe von Èves Schreibtalent erhalten. Abschließend amüsiert sich die jüngere Schwester:

»Die nüchterne Physikerin entbrennt jetzt auch für soziale Fragen und sogar für politische Lehren. Und weil wir in gewissen Punkten unterschiedlicher Meinung sind, ist es mir vor einiger Zeit gelungen, mit meiner sprichwörtlich unaufgeregten Schwester mindestens sieben Minuten lang eine hitzige Diskussion zu führen! Verblüfft und erstaunt über diesen unverhofften Effekt blickten wir uns schweigend an. Dann fingen wir an zu lachen.«[140]

Èves Humor kommt beim Publikum gut an und missfällt auch Irène nicht, die von der Langsamkeit der politischen Entscheidungen und den endlosen Verhandlungen entnervt ist. Durch die Schuld der Politiker verschwendet sie ihre Zeit. Ihre Forschung tritt auf der Stelle. Ihr Ehemann Frédéric ist sehr verstimmt. »Mein Vater«, wird Pierre Joliot-Curie später berichten, »war wütend, dass meine Mutter in die Regierung berufen wurde. Er war der Meinung, dass dies ihm zustand. Und er konnte es nicht ertragen, dass er sie um Finanzmittel für das Laboratorium bitten musste.«[141]

An die amerikanische Freundin der Familie, Missy Meloney, schreibt Irène, dass sie das Amt wegen ihres feministischen Engagements angenommen habe, aber auch, um der Forschung einen höheren Stellenwert zu verschaffen. Ein Thema, das Deutschland und die Sowjetunion sehr gut verstanden und in ihre nationalen Strategien integrierten. Irène fordert von ihrem Minister eine erhebliche Erhöhung des Forschungsbudgets und will »für die Studentinnen in Sèvres die gleichen Studienbedingungen durchsetzen, wie sie für die männlichen Studenten in der Rue d'Ulm bestehen: Anspruch auf ein Stipendium und auf ein Praktikum in einem Laboratorium, das Recht, das Lizenziat und die Agrégation zu absolvieren, um sowohl im Hochschulbereich als auch im Sekundarbereich lehren zu können, und das Recht auf gleiche Bezahlung wie ihre männlichen Kollegen«.[142]

Die École Normale Supérieure de Jeunes Filles in Sèvres bildet junge Wissenschaftlerinnen aus, die trotz der berühmten »gläsernen Decke« und der Diskriminierungen im akademischen Betrieb Universitätsdozentinnen oder Laborleiterinnen werden wollen. Für diese jungen Frauen ist es ein langer und mit zahllosen Hindernissen gepflasterter Weg, eine Position zu erreichen, die ihren Qualifikationen und Kompetenzen entspricht. Irène hat nicht vergessen, dass ihre Mutter von 1900 bis 1906, zeitgleich mit der Pariser Weltausstellung, in Sèvres Physik lehrte und ihren Studentinnen von damals ein Wissen vermittelt hat, das für das gesamte 20. Jahrhundert wegweisend war.

Die Ungleichbehandlung von Frauen im Bildungswesen reicht bis weit in die Vergangenheit zurück. Der Kampf um den Zugang von Mädchen zur Sekundarschulbildung war von jeher auf große Widerstände gestoßen. Noch 1870, am Ende des Zweiten Kaiserreichs, durften Mädchen keine Ausbildung erhalten, die derjenigen der Jungen entsprochen hätte. Der damalige Bildungsminister Victor Duruy hatte 1866 an Kaiserin Eugénie geschrieben, dass »der Einfluss der Mutter auf die Erziehung des Sohnes und auf die Lenkung der Geisteshaltung so groß ist, dass die Frauen nicht vom geistigen Leben der modernen Welt ausgeschlossen bleiben dürfen«[143]. Die Kaiserin schlug vor, dass an der Sorbonne ein allgemeinbildendes Programm für junge Mädchen vermittelt werden sollte. Natürlich in Anwesenheit ihrer Mütter, damit sie nicht Gefahr liefen, eine »schlechte Bekanntschaft« zu machen ... Das Programm scheiterte jedoch am heftigen Widerstand der katholischen Kirche. Schließlich bereitete der dreißigjährige Abgeordnete Camille Sée einen Entwurf vor, der von Premierminister Jules Ferry vorgelegt wurde und in das Gesetz vom 20. Dezember 1880 über die Einrichtung staatlicher Mädchenschulen und -gymnasien mündete.

Ein großes Problem blieb jedoch bestehen. Camille Sée hatte festgelegt, dass diese Einrichtungen von Frauen mit regulären Abschlüssen geleitet werden sollten. Um sie auszubilden, wurde in Sèvres die École Normale des Professeurs-femmes gegründet. Nicht ohne Widerstand im Senat: »Worum geht es? Es geht darum, ein neuartiges Institut zu schaffen. Ein weltliches Seminar für junge Mädchen, die *professeurs-femmes* genannt werden, von diesem Monstrum habe ich nie gehört.«[144]

Das Gesetz zur Gründung der Hochschule wurde im Juli 1881 verabschiedet. Nach einer von Jules Ferry durchgeführten Studie wurde beschlossen, die Schule in der ehemaligen Königlichen Porzellanmanufaktur von Sèvres unterzubringen, die unter der Herrschaft von Ludwig XV. auf Anraten von Madame de Pompadour[145] erbaut worden war, aber seit einigen Jahren leer stand. Ein großes, geschütztes Gebäude, in dem die jungen Mädchen sicher sein konnten, dass sie keine Männerbekanntschaften machten, und somit ihr Ruf nicht gefährdet war. In Anbetracht der Rolle und des erheblichen Einflusses von Madame de Pompadour auf die Förderung von Kunst und Kultur am Hofe Ludwigs XV. ein symbolträchtiger Ort.

Die Ergebnisse waren beeindruckend. Die ersten Absolventinnen verließen die Schule 1883. Sie wurden Lehrerinnen an Mittelschulen und Gymnasien und etwa ein Dutzend von ihnen Direktorinnen an Gymnasien für Mädchen. Man vergab Reisestipendien, die es den jungen Frauen ermöglichten, andere Kulturen, Wissenschaften und Lebensweisen kennenzulernen. Allerdings durften sie immer noch kein Abitur machen. Dies wurde erst 1910 möglich, fast dreißig Jahre nach der Gründung der Schule und zu einem Zeitpunkt, als Marie Curie bereits seit 1900 dort unterrichtete. Die Zahl der Studentinnen stieg schließlich an, auch derjenigen aus dem Ausland, denn zu jener Zeit – Marie Curie hatte es selbst erlebt – gab es in Europa keine Ausbildungsmöglichkeiten und keine speziellen Prüfungen für junge Frauen.[146] Also kamen sie nach Sèvres. Erst nach dem Ersten Weltkrieg, im Jahr 1924, wurde die Sekundarschulbildung für Mädchen der für Jungen angeglichen, was jungen Frauen endlich die Hoffnung auf mehr Gestaltungsspielraum für ihr Leben gab.

Seitdem sie eine politische Funktion innehat, gelingt es Irène trotz des Widerstands von Jean Zay, Initiativen und Entscheidungen auf den Weg zu bringen. Und das ist dringend nötig. Sie weiß nicht, wie lange sie in diesem Amt bleiben wird, so prestigeträchtig es für die Öffentlichkeit, für Léon Blum und für die Wissenschaftler auch sein mag. Irène lässt sich nicht unterkriegen. Sie erreicht, dass verheiratete Studentinnen ihr Studium fortsetzen dürfen. Sie sorgt dafür, dass die École Normale in Sèvres nicht mehr der Verwaltung für das Sekundarschulwesen, sondern der für das Hochschulwesen unterstellt wird. Dieser Beschluss ergeht im Dezember 1936, nachdem Irène das Kabinett bereits verlassen hat, und führt zu einer Erhöhung der Mittel und zur Schaffung von Stellen. Nach dem Zweiten Weltkrieg würden die Sèvres-Absolventinnen es leichter haben, eine Hochschullaufbahn einzuschlagen, ebenso wie die Forscherinnen, die Irène und Marie am Radium-Institut schon lange ausbildeten.

·Leiterin der renommierten Schule wird 1936 auf Irènes Betreiben hin Eugènie Cotton, ehemalige Sèvres-Schülerin von Marie und Freundin der Joliots, einst Jahrgangsbeste bei der Agrégation in Physik und Naturwissenschaften für das Lehramt an höheren Mädchenschulen. Gemeinsam würden die beiden Frauen die weibliche Hochschulausbildung reformieren, das Niveau des naturwissenschaftlichen Unterrichts, insbesondere für Mädchen, verbessern und trotz aller Vorurteile berufliche Perspektiven für sie schaffen, vor allem, weil die Sèvres-Absolventinnen nicht denselben Status haben wie ihre männlichen Kommilitonen von der École Normale Supérieure Rue d'Ulm. Irène Joliot-Curie wird Eugénie Cotton später euphorisch würdigen:

»Madame Cotton hat sich unermüdlich dafür eingesetzt, dass die École Normale Supérieure de Jeunes Filles einen Status erhält, der dem der École Normale Rue d'Ulm äquivalent sei. Ich bin glücklich, dass ich ihr bei dieser Aufgabe ein wenig helfen konnte, als ich Unterstaatssekretärin für Wissenschaft und Forschung war. Heute nun ist das Ziel erreicht: Die Studentinnen der École Normale können während ihres Studiums ihr Lizenziat vorbereiten und danach die Agrégation, sie können ein Stipendium für die Arbeit in einem Laboratorium erhalten, sie können sowohl im Hochschulbereich als auch im Sekundarbereich unterrichten, ihnen stehen die gleichen Gehälter wie ihren männlichen Kollegen zu.«[147]

Mit ihrem intensiven Blick und ihrem strahlenden Lächeln prägt Eugénie Cotton, die nach Aussagen früherer Absolventinnen außerordentlich willensstark und menschlich ist, fünf Jahre lang die Schule – bis sie 1941 von der Vichy-Regierung in den Ruhestand versetzt wird. Ihr Ehemann, Aimé Cotton, ebenfalls Physiker, wird mehrmals von der Gestapo verhaftet. So wurden in den Jahren der Volksfront die Weichen für einen Weg gestellt, der es jungen Frauen nach der Befreiung ermöglichen sollte, wissenschaftliche Spitzenpositionen anzustreben. Das Collège de France stand Frauen übrigens auch nach dem Krieg noch nicht offen. Erst 1988, vierhundertneunundfünfzig Jahre nach seiner Gründung im Jahr 1529 durch Franz I., wurde dort mit der Hellenistin Jacqueline de Romilly die erste Frau auf einen Lehrstuhl berufen!

Irène hat die Kleinlichkeiten des politischen Tagesgeschäfts bald satt. Jean Zays Vorbehalte, ihr einen wirklichen Platz und mehr Sichtbarkeit zuzugestehen, verärgern sie. Der Minister will die alleinige Kontrolle über sämtliche Initiativen im Forschungsbereich behalten, obwohl er keinerlei fachliche Kompetenz besitzt. Er will ganz allein von der Arbeit einer Nobelpreisträgerin für Chemie profitieren. Irène ist nützlich für ihn, erfüllt aber ihre Rolle der unterwürfigen Frau nicht so, wie er es sich vorgestellt hat. Das ist bei einer Frau von Irènes Format aber auch unmöglich. Das lässt sie nicht mit sich machen. Jean Zay rächt sich und bewilligt ihr nicht die geforderten Mittel. Hinzu kommt Irènes Enttäuschung über Léon Blum. Trotz allem schätzt sie diesen Mann, von dem ihr schon ihre Mutter erzählt hat und den sie bereits vor ihrem Eintritt in die Regierung kannte. Von ihm erhoffte sie sich eine deutliche Verbesserung der Lage der französischen Frauen. Irène will, dass das Frauenwahlrecht eingeführt wird, und ab dem 18. Juli 1936, dem Tag, an dem der Spanische Bürgerkrieg ausbricht, wünscht sie darüber hinaus eine entschlossenere Unterstützung Frankreichs für die mit einem Militäraufstand konfrontierte Spanische Republik.

Auf die Nobelpreisträgerin wartet eine weitere Enttäuschung. Am 30. Juli 1936 spricht sich die Nationalversammlung mit 475 gegen null Stimmen zum wiederholten Mal für das Frauenwahlrecht aus. Doch neunzehn Mitglieder der Regierung enthalten sich der Stimme. Léon Blum greift nicht ein, zumal er mit den Radikalsozialisten koaliert, die das Frauenwahlrecht nicht in ihrem Programm stehen haben. Die Regierung enthält sich also und verpflichtet den Senat nicht, den Entwurf auf die Tagesordnung zu setzen. Die Feministinnen sind enttäuscht, hatten doch die Frauenrechtlerinnen ihren Kampf für das Wahlrecht schon über vierzig Jahre zuvor, lange vor dem Ende des 19. Jahrhunderts, begonnen. Viele französische Feministinnen sind bereits verstorben, ohne dass sie ein einziges Mal hätten wählen oder sich zur Wahl stellen dürfen. Auch Marie Curie hat nie in ihrem Leben die Möglichkeit gehabt, zu wählen, während die Frauen in den angelsächsischen und skandinavischen Ländern, in Neuseeland und Australien inzwischen das Wahlrecht erhalten haben. Der Überdruss der französischen Aktivistinnen nach zwei Generationen ergebnislosen Kampfes ist also leicht nachvollziehbar. Irène stellt fest, dass bei der Gleichstellung der Frauen in Frankreich kaum Fortschritte gemacht worden sind, seit sie und ihre Mutter in den »kleinen Curies« zu den Schützengräben fuhren, um verwundete Soldaten zu retten.

Aus Deutschland kommen immer besorgniserregendere Nachrichten. Hitler, der im Januar 1933 zum Reichskanzler gewählt wurde, hat schon sehr bald nach der Machtübernahme mit seiner antisemitischen Politik begonnen. Die bedeutendsten deutschen Wissenschaftler verlassen Deutschland und Österreich und gehen in die Vereinigten Staaten, um den Atlantik zwischen sich und die neuen Machthaber zu bringen. Noch sind die beiden deutschen Invasionen in Frankreich von 1870 und 1914 präsent, und Albert Einstein hat begriffen, dass Paris immer noch zu nahe bei Berlin liegt, um sich dort sicher fühlen zu können. Der Physiker hat es bereits 1932 vorgezogen, in die USA auszuwandern, und ist inzwischen Professor am renommierten Institute for Advanced Study in Princeton, New Jersey, obwohl das Collège de France ihm einen Lehrstuhl anbieten wollte. Auch Intellektuelle, Schriftsteller, Philosophen und Filmschaffende gehen ins Exil. Der Engländer Charlie Chaplin muss miterleben, dass viele prominente Schauspieler und Regisseure sich nach Hollywood begeben. Er wird zu denjenigen gehören, die sich der faschistischen Gefahr am meisten bewusst sind, wovon sein Film *Der große Diktator* zeugt, für den er 1938 das Drehbuch zu schreiben beginnt, im selben Jahr, in dem das Deutsche Reich in der Reichspogromnacht landesweite gewalttätige Angriffe gegen die jüdische Bevölkerung initiiert.

Irène will der um ihr Überleben kämpfenden Regierung in Madrid beistehen. Léon Blum dagegen unterstützt die aus der »Frente popular« hervorgegangene spanische Regierung. Frankreich stellt, ebenso wie die Sowjetunion, der Spanischen Republik Waffen, vor allem aber Flugzeuge und Finanzhilfen zur Verfügung. Es lässt die Internationalen Brigaden agieren, die zahlenmäßig immer stärker werden. Doch im nationalistischen Lager beteiligen sich auch italienische und deutsche Freiwillige an den Kämpfen, die so erbittert sind, dass der Premierminister davor zurückschreckt, die französischen Streitkräfte in den spanischen Hexenkessel zu schicken. Portugal, Deutschland, Italien und viele spanischsprachige Länder unterstützen Francos Militärputsch. Léon Blum hält es für besser, die Hilfe für die Spanische Republik nicht zu verstärken. Viele Intellektuelle, darunter auch Irène, stößt dies vor den Kopf. Irène beschließt, ihr Amt niederzulegen. Sie hat sich bewährt, und sie hat demonstriert, wie wichtig es für Frankreich ist, dass Frauen Regierungsämter bekleiden. Aber auch die Forschung muss vom französischen Staat echte Unterstützung erhalten.

Die Journalistinnen der Wochenzeitschrift *La Française* mit dem Untertitel »Zeitung des weiblichen Fortschritts«, die 1906 von der Journalistin und Feministin Jane Misme gegründet und von ihr geleitet wurde, bis 1926 Cécile Brunschvicg übernahm, würdigen Irène, die in der Begründung ihres Rücktritts darauf achtet, Léon Blum nicht zu kompromittieren: »Madame Joliot-Curie hat beschlossen, ihr Regierungsamt aus gesundheitlichen Gründen aufzugeben [...]. Die französischen Feministinnen zollen ihr die größte Anerkennung für ihre solidarische Haltung, und alle schließen sich uns an, um ihr zu danken und ihr eine baldige vollständige Genesung zu wünschen.«[148]

Als Ève den letzten Satz von Irènes Porträt auf ihrer Schreibmaschine tippt, hat sie die Weichen für ihren weiteren Lebensweg gestellt. Sie entdeckt, dass sie die Gabe hat, so zu schreiben, dass sie ihrer Leserschaft Gefühle, Humor und Stimmungen vermittelt. An dem Punkt, an dem sie ihre Karriere als Pianistin aufgibt, wird das Schreiben für sie zu einer Kraftquelle und einer Zuflucht. Um den Misserfolg als Musikerin zu überwinden, wird sie der Welt die erste Biografie ihrer Mutter schenken. Und sie möchte dasselbe herausragende Leistungsniveau erreichen wie die beiden anderen Frauen ihrer Familie.

Um sich vor der Missbilligung durch ihre Schwester zu schützen, schreibt sie dieser einen Brief in heiterem Tonfall, in dem sie auf die Passagen eingeht, die sie über die Arbeit der Mutter verfasst hat: »Ich habe aus der Entdeckung des Radiums eine wissenschaftliche Erzählung (!!!) gemacht, von der mein Übersetzer begeistert war. [...] Jetzt hoffe ich, dass sie dir auf deinem Expertinnenkopf nicht die Haare zu Berge stehen lassen wird. Ich habe mich an dem Buch von Pé und Mé Curie orientiert, sodass sich die Zahl der Fehler hoffentlich in Grenzen hält.«[149]

Am Ende gab es, wie mir Hélène Langevin-Joliot versichert hat, zwischen Irène und Ève keinen Streit über die Konzeption des Buches. Irène ist konfliktscheu, wie Ève in ihrem Porträt über ihre Schwester anlässlich von Irènes Berufung in die Regierung betont hat. Zu Auseinandersetzungen kommt es also nicht. In Lausanne arbeitet Ève von morgens bis abends, manchmal auch nachts, und der von ihrem Verleger ausgewählte und bezahlte Übersetzer hält sich im Nebenzimmer stets bereit. Auch Henri Bernstein, den es nach wie vor in Èves Leben gibt, ist nicht weit.

Als sie das letzte Wort getippt hat, fühlt sich Maries jüngere Tochter ausgelaugt. Wird das Buch auf Interesse stoßen? Sie kann es nicht einschätzen. Ihr Verleger hingegen ist zuversichtlich. Er ist sehr zufrieden mit der Biografie und plant eine große Werbekampagne. Als *Madame Curie* in den USA erscheint, wird es schon bald zum Bestseller. Selbst die schärfsten Kritiker des Landes geizen nicht mit Lob. Eleanor Roosevelt, deren Kolumnen in der amerikanischen Presse von Millionen ihrer Landsleute gelesen wurden, äußert sich begeistert. Der Erfolg ist so groß, dass Ève Curie im Oktober 1937 den renommierten Literaturpreis National Book Award for Nonfiction erhält. Die Besucherzahlen anlässlich ihrer Lesereise durch Amerika übertreffen die kühnsten Erwartungen. Und dann Frankreich: derselbe Erfolg, dieselbe Anerkennung. Léon Blum und Colette senden ihr Glückwunschbotschaften, ebenso wie viele andere. Man reißt sich um das Buch.

Zu Irènes Verärgerung über das unzureichende Engagement der Volksfrontregierung bei den Kämpfen in Spanien kommt noch die Abschaffung des Forschungsministeriums hinzu. Wie ist das nur möglich? Sie weiß, und sie hat es oft genug mit Léon Blum erörtert, wie dringend nötig es für Frankreich ist, wieder mehr in die Forschung zu investieren; dies wäre eine unabdingbare Voraussetzung für Fortschritt und Souveränität in einer Welt, die aufrüstet und in der die Achsenmächte systematisch und mit beträchtlichen Finanzmitteln ihre strategischen Sektoren ausbauen. Da sie nicht mehr Teil der Regierung ist, bleibt ihr nur noch, schreibend zu protestieren:

»Gestatten Sie uns, Ihnen unmittelbar zur Kenntnis zu bringen, dass die Abschaffung des von Ihnen eingerichteten Unterstaatssekretariats für Wissenschaft und Forschung in wissenschaftlichen Kreisen große Enttäuschung ausgelöst hat […]. Es bleibt viel zu tun […]. Die ersehnte Koordination, die für den Staat so sinnvoll und gleichzeitig so produktiv wäre, konnte nur ansatzweise begonnen werden. Das Unterstaatssekretariat für Wissenschaft und Forschung schien uns die Organisation zu sein, die am ehesten in der Lage gewesen wäre, dieses umfangreiche Projekt in innovativer Weise zu verwirklichen.«[150]

Irène fühlt sich ohnmächtig. Die Weltlage wird immer angespannter, und sie hat den Hitlergruß nicht vergessen, den der Deutsche Hans Spemann 1935 in ihrer Gegenwart bei der Nobelpreisverleihung in Stockholm gezeigt hat.

Im Jahr darauf, 1938, gibt es verstörende Nachrichten. Zunächst im familiären und medizinischen Bereich. Die Curie-Stiftung, die 1921 unter großem persönlichem Einsatz von Marie gegründet worden war und sich den drei Missionen Forschung, medizinische Hilfe sowie Bewahrung und Weitergabe von Wissen verschrieben hat mit dem Ziel, den Krebs zu bekämpfen und Leben zu retten, ist in Geldnot. Es besteht die Gefahr, dass sie schließen muss. Ève und Irène wollen dies mit vereinten Kräften verhindern. Am 4. März starten sie einen Spendenaufruf. Ève, die der Öffentlichkeit aus Zeitschriften und Magazinen bekannt ist und deren amerikanischer Bucherfolg auch nach Frankreich vorgedrungen ist, gibt Zeitungsinterviews: »Ich denke daran, wie schlimm es für meine Mutter wäre, wenn ihr Krankenhaus nicht mehr existieren würde. […] Sie, die für sich selbst nie etwas verlangte und nichts annahm, legte eine wahre Leidenschaft an den Tag, wenn es darum ging, Fördergelder für ihre Forschung zusammenzutragen.«[151] In Wirklichkeit ist der Radiumpreis erheblich gestiegen, und die Spenden für die Stiftung sind oftmals zweckgebunden, wobei Gehälter und Sozialabgaben außen vor bleiben. Die Bestrahlungsgeräte, für die 11 Gramm Radium benötigt werden, müssen Tag und Nacht in Betrieb sein. Einhundertfünfzig Personen wechseln sich ab. Trotz staatlicher Unterstützung bei der Gründung der Stiftung und großzügiger Spender wie John D. Rockefeller und Dr. Henri de Rothschild geht der Stiftung das Geld aus, sodass ihr der Konkurs droht. Eine echte Katastrophe, wenn man bedenkt, dass »nach Angaben behandelnder Ärzte die Heilungschancen bei äußerlichen Krebsformen derzeit bei 95 % liegen und es bei mittelschweren Fällen 80 % und bei weit fortgeschrittenen Fällen 12 % sind«.[152] Ève weist darauf hin, dass die Curie-Stiftung mit ihren achtzig Betten zwischen 1919 und 1935, also noch vor der Gründung des Krankenhauses, 8319 Kranke behandelt hat.

Diese Argumente tun ihre Wirkung: Schon bald schaltet sich

die Stadt Paris ein, ebenso wie der Minister für öffentliche Gesundheit. Die Curie-Stiftung ist gerettet. Heute ist das Institut Curie, zu dem das Radium-Institut und die Curie-Stiftung 1970 fusionierten, ein auf Onkologie spezialisierter Klinikkomplex der Spitzenklasse an den drei Standorten Paris, Orsay und Saint-Cloud. Mit seinen achtundachtzig Forschungsteams ist es darüber hinaus eines der weltweit führenden Krebsforschungszentren. Gemeinsam haben Ève und Irène ihr Ziel erreicht.

Irène ist erschüttert angesichts der Haltung der französischen Linken im Spanischen Bürgerkrieg. Die Neutralität Frankreichs auf Druck Großbritanniens können weder sie noch Frédéric nachvollziehen. Von Léon Blum sind sie enttäuscht. Hitlerdeutschland leistet militärische Unterstützung für Francos nationalistische Truppen. Der Faschismus breitet sich weiter aus, und zahlreiche Juden aus Deutschland und Österreich verlassen Europa. Sigmund Freud kann sich dank der Hilfe von Prinzessin Marie Bonaparte in letzter Minute nach London retten. Frankreich unternimmt nichts, Irène und Ève sind alarmiert. Polen grenzt an Nazideutschland. Was wäre, wenn das Land ihrer Mutter und ihrer Vorfahren erneut überfallen würde? Eines Abends erfahren sie, dass der Premierminister Édouard Daladier in München ein Abkommen mit Hitler unterzeichnet hat, das diesen ermächtigt, das tschechoslowakische Sudetenland mit seiner zahlenmäßig starken deutschsprachigen Minderheit in das Dritte Reich einzugliedern, obwohl dies ein Verstoß gegen den Vertrag von Versailles wäre. Für die Curie-Töchter ist es unvorstellbar, vor Hitler klein beizugeben. Beide fragen sich, was wohl seine nächste Forderung sein wird.

Auch Ève ist deprimiert. Inzwischen wohnt sie in der Rue des Vignes am rechten Seine-Ufer, weit weg vom Quartier Latin, und teilt ihr Leben mit dem Politikjournalisten Philippe Barrès, dem Sohn des Schriftstellers Maurice Barrès. Dieser Mann mit dem stechenden Blick ist gerade nach einem Jahr als Korrespondent in Berlin zurückgekehrt, wo er mit zahlreichen Nazigrößen, darunter Adolf Hitler, gesprochen hat. Verblüfft musste er feststellen, dass die Entourage des Reichskanzlers über die Haltung der französischen Militärführung und die innovativen Ideen von Colonel Charles de Gaulle, der für die Franzosen selbst ein Unbekannter ist, Bescheid weiß. Mit Sorge sieht er, wie Deutschland aufrüstet und sich auf einen Angriffskrieg vorbereitet, während Frankreich eine rein defensive Strategie verfolgt und riesige Summen in die Maginot-Linie steckt, die von den deutschen Truppen schließlich doch umgangen werden wird.

Für Ève und Irène ist das allerdings noch nicht das Ende ihrer politischen Enttäuschungen. Im Sommer 1939 geht die niederschmetternde Nachricht ein, dass Josef Stalin, der für Irène und Frédéric stets eine Symbolfigur im Kampf gegen den Faschismus gewesen ist, einen Nichtangriffspakt zwischen Nazideutschland und der Sowjetunion unterzeichnet hat. Irènes positive Haltung gegenüber Stalin und dem Kommunismus zerbricht. Diesmal schließt sie sich nicht der Doktrin der Kommunistischen Partei an, sondern veröffentlicht am 30. August 1939 in den Zeitungen *L'Œuvre* und *Le Temps* eine Erklärung, in der sie erneut ihrer Sorge um die bedrohte Souveränität Polens Ausdruck verleiht.[153] Am 1. September werden ihre Befürchtungen wahr. Hitler fällt in Polen ein, mit Billigung durch die Sowjetunion. Zwei Wochen später, am 17. September, beginnt die sowjetische Invasion Ostpolens. Angesichts dieses Angriffs an zwei Fronten kapituliert die polnische Arme, und die Regierung begibt sich nach Rumänien. Am 6. Oktober haben Hitler und Stalin es geschafft, der polnischen Republik ein Ende zu setzen. Ève und Irène sind am Boden zerstört und bangen wieder einmal um ihre in Warschau verbliebenen Angehörigen. Was wird nun aus dem Radium-Institut werden, das Bronia bis zu ihrem letzten Atemzug im April 1939 geleitet hat? Wenigstens ist ihrer einige Monate zuvor verstorbenen Tante der Schmerz erspart geblieben, eine erneute Besetzung Polens mitzuerleben. Während Deutschland Westpolen und die Freie Stadt Danzig annektiert, gliedert die Sowjetunion die eroberten Gebiete in die Ukrainische und die Belarussische Sozialistische Sowjetrepublik ein. Tausende Polen fliehen, in Warschau fordern die heftigen Kämpfe viele Menschenleben. Die Curie-Schwestern erleben mit, wie die Heimat ihrer Mutter und ihrer Vorfahren erneut zusammenbricht.

7

IRÉNE UND ÈVE – GETRENNT IN DEN WIRREN DES ZWEITEN WELTKRIEGS

Der Schmerz sitzt tief bei Ève und Irène. Die Jüngere sieht in den Entwicklungen die Bestätigung, dass man im Kampf gegen den Nationalsozialismus den Kommunisten nicht trauen kann. Auch Irène ist davon überzeugt und findet das doppelte Verbrechen am Geburtsland ihrer Mutter empörend. Die Ältere ist besorgt darüber, wie schwach die Demokratien sich gegenüber totalitären Regimen erwiesen haben, und beklagt die Neutralität und das Nicht-Engagement einiger Länder angesichts des Faschismus. An Missy Meloney, die inzwischen zu einer Vertrauten geworden ist, schreibt sie: »Ich kann nicht anders, als eine große Bitterkeit zu empfinden. Die Ereignisse des letzten Jahres haben klar gezeigt, dass der Faschismus und der Kommunismus international sind. Die Faschisten in den verschiedenen Ländern helfen sich gegenseitig, und die Kommunisten tun das Gleiche. Wenn die Demokratien es nicht schaffen, ein Gefühl der internationalen Solidarität zu entwickeln, werden sie gewiss zerstört werden.«[154]

Was also soll man tun? Im Jahr zuvor hat Ève eine internationale Berühmtheit erlangt, die für Frankreich nützlich sein könnte. Oft diskutiert sie mit ihrem neuen Lebensgefährten Philippe Barrès über die strategische Lage und über Hitlers Machenschaften. Sie hat verstanden, wie ernst die Lage ist, und will auf keinen Fall untätig bleiben, sondern sich nützlich machen. Da sie häufig Vorträge hält und durch ihre Artikel und die Biografie ihrer Mutter bekannt ist, verfügt sie über eine für eine Französin seltene Sichtbarkeit. Diese will sie unbedingt nutzen.

Bereits im März 1939 hat Ève anlässlich einer begeistert aufgenommenen Lesereise durch die Vereinigten Staaten für ihr Buch *Madame Curie* geworben. Mit einer Motorradeskorte wurde sie zum Empfang beim Bürgermeister von New York, Fiorello La Guardia, gebracht, dem sie ein Exemplar der Biografie überreichte. Was für ein Triumph! 1921 war sie an derselben Pier in New York angekommen und hatte die Begeisterungsstürme zu Ehren ihrer Mutter miterlebt. Nun, achtzehn Jahre später, ist sie selbst diejenige, der die Menschen zujubeln. Hinzu kommt die Faszination der amerikanischen Öffentlichkeit für diese junge Frau, die mit ihrer Anmut und ihren raffiniert geschnittenen Kleidern die französische Eleganz verkörpert. Mit dem Zug reist sie bis nach San Francisco, wo sie von der Menge gefeiert wird. Sie spricht auf der Golden Gate International Exposition und schüttelt in wenigen Tagen zweitausend Hände. Sie trifft Eleanor Roosevelt, die sehr beliebte und sehr umstrittene Ehefrau des populären Präsidenten, die sich für Menschen- und Frauenrechte einsetzt. Natürlich hat die First Lady *Madame Curie* gelesen. Diese Begegnung ist für die beiden Frauen der Auftakt zu einer engen Freundschaft. So schafft der Krieg unvorhergesehene Verbindungen. Ève wird von den Medien als »eine der fünf berühmtesten Frauen der Welt« bezeichnet, zu denen auch Eleanor Roosevelt gehört. Bei ihrer Ankunft spielt ein Orchester für Ève die Marseillaise, und vor einem begeisterten Publikum hält sie Vorträge über »Frauen und Wissenschaft, Frauen und Gesundheit«.

In Frankreich berichten die Zeitungen über ihre USA-Reise und ihre Erfolge. Umgeben vom Nimbus dieses amerikanischen Ruhms kehrt sie als nationale Ikone nach Paris zurück. Bei ihrer Ankunft in Le Havre wird sie von einer Menschenmenge begrüßt. Am 14. Juli erhält sie den Ritterorden der Ehrenlegion und anschließend den polnischen Orden *Polonia Restitua*. Die französische Diplomatie möchte gern ihre Dienste in Anspruch nehmen. Sie wird vom Außenministerium angeworben, um im Generalkommissariat für Information für dessen Leiter, den französischen Schriftsteller Jean Giraudoux, zu arbeiten. Da ihre Vorträge Publikumsmagnete sind und Fotos von ihr in den Zeitungen abgedruckt werden, soll sie Reden halten, so bald wie möglich im Radio sprechen und vor allem schreiben, schreiben, schreiben. Sie hat keinen Tag zu verlieren. Es ist Krieg. Bereits am 15. September ist sie im Rundfunk zu hören und berichtet, dass ihre Mutter das seinerzeit darniederliegende Polen niemals aufgegeben und immerfort an die Kraft ihres Landes geglaubt hat. Ève hebt hervor, dass Marie Curie bereits als Schulkind daran gewöhnt war, Widerstand zu leisten. Und dass ihre Mutter auch heute wieder für die Befreiung ihres Landes kämpfen würde: »Wie schon 1914 würde sie auch heute an den Sieg glauben.«[155] Sie betont außerdem: »Meine Mutter hat 1919 das große Glück erlebt, das freie Polen wiederaufersehen zu sehen. Wenn sie noch am Leben wäre, würde ihr das Herz brechen angesichts des Überfalls auf Polen und des dort angerichteten Blutbads … Doch ebenso wie 1914 würde sie sich, ohne zu zögern, in den Kampf stürzen und ihre Kräfte in den Dienst ihrer beiden Heimatländer stellen.«[156]

Irène äußert sich in derselben Weise wie ihre Schwester. In der düsteren Atmosphäre des sogenannten »Drôle de Guerre«, des Sitzkriegs, hat der Schutz des Laboratoriums für sie oberste Priorität. Sie arbeitet über radioaktive Phosphorisotope, die durch Neutronenbeschuss in den schweren Elementen Thorium und Uran entstehen. Kurz zuvor, im Januar 1939, ist die Kernspaltung nachgewiesen worden, eine Entdeckung, der sie mit ihren Experimenten den Boden bereitet hatte. Sie kommt mit ihrer Arbeit gut voran. Doch es gibt noch eine andere Priorität, die immer stärker in den Vordergrund drängt: sich selbst zu schützen. Irène kränkelt und leidet unter Erschöpfungszuständen. Sie muss ihre Tuberkulose behandeln lassen und sich häufiger in das Sanatorium von Sancellemoz begeben, in dem ein paar Jahre zuvor ihre Mutter gestorben ist. Die ständigen Belastungen, das Hin- und Herreisen zwischen Paris und Hochsavoyen, diese erzwungenen Ruhepausen werden durch die Schönheit der Landschaft mit ihren reizvollen Tälern, Wäldern und Bergen versüßt – auch wenn es nicht L'Arcouest ist, dieses bretonische Paradies, wo sie so gern mit ihrem Mann und ihren Kindern Urlaub macht, diese Oase des Friedens, wo sie lesen, schreiben und über ihre Arbeit nachdenken kann. Sie vermisst ihre Familie, doch die Briefe muntern sie ein wenig auf. Allen Widrigkeiten zum Trotz will sie leben und ihrer Leidenschaft für die Arbeit nachgehen.

An ein Aufhören ist also nicht zu denken. Ève soll im Auftrag des Außenministeriums und des Generalkommissariats für Information erneut in die Vereinigten Staaten reisen und versuchen, die Amerikaner davon zu überzeugen, sich am Tag an der Seite Frankreichs zu engagieren. Am 18. Januar 1940 beginnt Ève, wie üblich in eleganten Kostümen großer französischer Modeschöpfer, die das amerikanische Publikum faszinieren, eine neue Vortragsreihe zum Thema »Frauen und Wissenschaft«. In Wirklichkeit soll sie mit ihrem Buch *Madame Curie*, das immer noch auf den Bestsellerlisten steht, die Geschichte ihrer Mutter bekannt machen, aber vor allem für die Unterstützung der Demokratien in Europa werben, da in mehreren europäischen Ländern inzwischen Diktatoren an der Macht sind, insbesondere Franco in Spanien, Mussolini in Italien, Stalin in der UdSSR und natürlich Hitler in Deutschland. In Europa werden die Aussichten von Monat zu Monat düsterer.

Ève hält mehrere Vorträge an den vornehmsten Adressen New Yorks; im Hotel Astor wird ihr zu Ehren ein Essen mit eintausendzweihundert Gästen veranstaltet. Am 2. Februar 1940 ist Ève auf Einladung von Eleanor und Franklin D. Roosevelt erneut im Weißen Haus zu Gast. Die Ehefrau des US-Präsidenten würdigt Ève in ihren Kolumnen:

»Der Präsident war hocherfreut, sie wiederzusehen [...]. Sie zeigt sich bei allen Gelegenheiten von ihrer besten Seite und begegnet den Menschen, da bin ich mir sicher, mit dem Vorsatz, sie nicht nur als Freunde für sich selbst, sondern auch für ihr Land zu gewinnen, [...] damit sie nach Möglichkeit anschließend ihrem Land gegenüber positiver eingestellt sind als zuvor. [...] Für Frankreich ist es ein Glück, Mademoiselle Curie hierherschicken zu können, denn sie gewinnt die Herzen aller, die sie kennenlernen, und die großen Leistungen ihrer Mutter als Wissenschaftlerin haben bei den Frauen in diesem Land bereits den Grundstein für ein Gefühl der freundschaftlichen Verbundenheit gelegt.«[157]

Diese Hommage soll nicht die einzige bleiben. Zehn Tage später entdeckt Ève noch während ihrer Vortragsreise ihr Foto auf der Titelseite der berühmten amerikanischen Wochenzeitschrift *Time*. Das ist der Ritterschlag. Sie ist aus dem Schatten ihrer Mutter ins hellste Rampenlicht getreten. Was für eine Anerkennung! Ein historischer Moment, denn allen drei Curie-Frauen ist nun Hochachtung zuteilgeworden, jeder von ihnen für ihr jeweiliges Talent. Marie und Irène sind zwar mit langen Artikeln in internationalen Zeitungen abgebildet worden, doch keine von ihnen hat es auf die Titelseite dieses renommierten und auf der ganzen Welt gelesenen US-Magazins geschafft.

Ève veröffentlicht darin einen Artikel über die französischen Frauen, die nun arbeiten gehen, da sechs Millionen französischer

Männer mobilisiert wurden. Während ihrer Rundreise durch Amerika schreibt Eleanor Roosevelt ihr vor ihrer Rückkehr nach Frankreich: »Ich bin mir darüber im Klaren, dass die Lage in Ihrem Land eine sehr unglückliche und deprimierende ist, wenn Sie nach Hause zurückkehren. Meine Gedanken sind bei Ihnen, und ich bete für ein schnelles Ende dieses schrecklichen Zustands.«[158] Ève antwortet ihr mit einem Brief, den ihre Schwester, die mit Höflichkeitsfloskeln auf Kriegsfuß steht, wohl kaum hätte verfassen können. Der Brief ist voller Komplimente, aber auch voller Sorge: »Ich hoffe, dass mein Land siegen wird, denn wenn nicht, wird das Leben für Menschen, die noch eine Vorstellung davon haben, was gut und was schlecht ist, sehr problematisch werden [...]. Bei Ihnen in Amerika ist der beste Mann des Landes, der edelste und intelligenteste von allen, an der Macht. Dieses Glück haben leider nur sehr wenige Länder.«[159]

Sie beendet ihre Rundreise, die sie nach Houston, Fort Worth, Tulsa, New Orleans, Toledo, Atlanta, Cincinnati, New York und Washington geführt hat. Zurück in Frankreich, gratuliert ihr Premierminister Paul Reynaud. Die Roosevelts haben mit dem französischen Botschafter in Washington über ihre Reise gesprochen und ihre Aktion gelobt. Eine Arbeit unter dem Deckmantel einer persönlichen und nicht etwa einer Regierungsinitiative, die aber in Wirklichkeit diplomatischer und strategischer Natur war. Ein politischer Schachzug, von dem man hofft, dass er aufgehen wird. Ève setzt sich für die Verteidigung ihres Landes ein. Sie will kämpfen und etwas tun, wie schon ihre Mutter und ihre Schwester in den Jahren von 1914 bis 1918.

Am 10. Mai 1940 beginnt mit dem Vorstoß der Panzerdivisionen der Wehrmacht durch die Ardennen die eigentliche deutsche Offensive gegen Frankreich. Irène und Ève befinden sich in Paris, als die Deutschen am 14. Juni 1940 in die Hauptstadt einziehen und auf dem Eiffelturm die Hakenkreuzflagge hissen, bevor sie über die Champs-Élysées marschieren. Die Soldaten haben allerdings von Hitler den Befehl erhalten, den Arc de Triomphe zu umgehen, um nicht auf das Grab des Unbekannten Soldaten zu treten.

Es ist eine schreckliche Demütigung. Die französische Armee, die 1918 über Deutschland gesiegt hat, ist vor der Tollkühnheit und der ausgeklügelten Vorbereitung der Wehrmacht zusammengebrochen. In einem Artikel richtet Ève einen Hilferuf an die Vereinigten Staaten. Aber Amerika reagiert nicht. Was soll sie tun? Widerstand leisten? Fliehen und sich vom Ausland aus engagieren? Die einzige Waffe der jüngeren Curie-Tochter ist ihr Stift beziehungsweise ihre Schreibmaschine, die sie immer bei sich hat, und ihr Talent als zweisprachige Rednerin. Ihr ist klar, dass die Zensur die Presse bald mundtot machen wird. Doch wohin soll sie gehen, um frei publizieren zu können? Die erste Schlacht gegen Deutschland ist verloren.

Am 18. Juni 1940 schifft sich Ève in Bordeaux mit 1300 anderen Flüchtlingen, darunter ihr Exgeliebter Henri Bernstein und der ehemalige Luftfahrtminister Pierre Cot, auf der *Madura*, einem überfüllten britischen Frachter, ein. Mehrere Nächte schläft sie im Freien auf einer Bank, wie so viele andere auch. Während sie die englische Küste ansteuern, teilt ihr ein junger Matrose mit, dass ein General im Radio einen Appell gehalten habe: General de Gaulle, der Offizier, von dessen taktischer Weitsicht die Nazigrößen um Hitler so schwärmten, als Philippe Barrès ein Jahr Korrespondent in Berlin war. Ève hat zwar den Aufruf nicht gehört, doch sie ist entschlossen, sich de Gaulle anzuschließen. Am 23. Juni kommt sie nach einer beschwerlichen und gefährlichen Seereise in London an und erreicht schließlich das Hauptquartier des Freien Frankreichs. Auf dem schmalen Korridor bleibt sie stehen. Im Warteraum wird der Appell vom 18. Juni von der BBC wiederholt. Ève wird von Emotionen überwältigt. Es war richtig, dass sie gegangen ist. Ihr Platz ist hier, im Zentrum eines Krieges, in dem sie eine bedeutende Rolle spielen wird, von deren Tragweite sie aber noch nichts ahnt.

General de Gaulle braucht prominente Mitstreiter, um seine Glaubwürdigkeit zu erhöhen. Die meisten hochrangigen Beamten, Richter und Diplomaten haben sich jedoch hinter Marschall Pétain gestellt. Die Karriere geht schließlich vor! Viele Juden versuchen, vor der Verfolgung durch die Nazis aus Europa zu fliehen. Ève macht sich an die Arbeit, spricht bei Radio London und verfasst Artikel für die *New York Herald Tribune*. Doch das reicht ihr nicht mehr. Vielleicht würde ihr der Gründer des Freien Frankreichs ja eine neue Aufgabe übertragen? Das hofft sie inständig. Ihr größter Wunsch ist es, etwas Nützliches tun zu können, so wie ihre Mutter und ihre Schwester im Ersten Weltkrieg. Der Zweite Weltkrieg wird der Krieg sein, in dem sie, die Jüngste der drei Curie-Frauen, sich bewähren wird.

Auch Irène, die in Paris zurückgeblieben ist, macht sich Sorgen. Sie ist am Ende ihrer Kräfte, denn es gilt, das Radium-Institut zu retten, bevor es mitsamt seinem Wissen in die Hände der Deutschen fällt. Frédéric Joliot-Curie muss seinerseits am Collège de France die Arbeiten über Radioaktivität und Atomenergie in Sicherheit bringen und den Vorrat an Schwerem Wasser und Radium schützen. Am 17. Juni 1940, als Ève an Bord des Frachtschiffs nach England geht, fahren Frédéric und Irène mit dem Auto nach Bordeaux. Doch die Reise strengt Irène, die gerade einen zweiten Tuberkuloseschub erlitten hat, so an, dass sie sich in einem kleinen Sanatorium in Clairvivre nahe Périgueux in der Dordogne erholen muss.[160] Dort bleibt sie den ganzen Sommer über.

Erst im September 1940 reist die ältere Curie-Schwester nach

Paris zurück. Ihre Kinder, Hélène und Pierre, bleiben zur Sicherheit in L'Arcouest in der Bretagne. Die Joliot-Curies sind getrennt, aber sie leben. Als Frédéric ins besetzte Paris zurückkehrt, ist sein Laboratorium bereits von deutschen Soldaten in Begleitung des berühmten deutschen Physikers Walter Bothe durchsucht worden. Bothe, der Frédéric Joliot-Curie kennt, hat sich im Laboratorium bereits der Unterlagen über das im Keller befindliche Zyklotron bemächtigt. Eine wichtige Entdeckung für die Deutschen, die nicht über ein solches Gerät verfügen. Nach seiner Rückkehr nach Paris wird Frédéric im Beisein des immer noch anwesenden Walter Bothe von einem deutschen General verhört. Frédéric scheut sich nicht, zu lügen. Möglicherweise ist das Schwere Wasser auf einem Frachter nach England unterwegs? Auf welchem Frachter? Er nennt zwei Namen von Schiffen, die bereits versenkt wurden. Das Uran? Vom Rüstungsministerium an einen unbekannten Ort verschickt. Die Deutschen beschließen, gegenüber Irènes Ehemann nichts zu überstürzen, da er als Wissenschaftler für sie zu wichtig ist, und sie hoffen, ihn zur Kollaboration bewegen zu können. Das kommt jedoch für Frédéric Joliot-Curie auf keinen Fall infrage. Die französische Wissenschaft zu retten und den Deutschen nichts zu verraten ist ein gefährliches Unterfangen, für das der Gelehrte die Deportation riskiert. Als das Laboratorium seine Tätigkeit wiederaufnimmt, sorgt er dafür, dass die Arbeit an der Kernspaltung und der Kettenreaktion unterbrochen wird. Damit nimmt er billigend in Kauf, dass er, Irène und ihre französischen Kollegen ihre Spitzenposition in der globalen Wissenschaft verlieren werden, ohne zu wissen, ob sie sie jemals zurückerlangen werden. Doch er will weitermachen, bis sein Land befreit ist: »Joliot«, so schreibt Michel Pinault, »führt also ein anstrengendes und gefährliches Doppel- bzw. Dreifachleben – in den Laboratorien, wo die Deutschen sind, im Bereich der Universität und der Forschung, bei den Industriellen und hochrangigen Beamten sowie bei der Résistance (Aktivismus, Netzwerke, Führungsaufgaben). Es geht ihm darum, vorausgesetzt, er überlebt, den Status als ›Kopf‹ der wissenschaftlichen Gemeinschaft zu erringen.«[161] Die Rettung der französischen Forschung ist für ihn stets oberstes Gebot. Daran wird sich in den ersten Tagen nach der Befreiung von Paris im August 1944 auch General de Gaulle erinnern, ihm sein Vertrauen schenken und ihm den strategisch wichtigsten Posten beim Wiederaufbau der französischen Forschung anbieten.

In der Nacht vom 7. auf den 8. September 1940 werfen Hunderte deutscher Heinkel-Maschinen unablässig Bomben über London ab. Häuser werden zerstört, Hunderte Menschen sterben, aber die Briten geben nicht auf. Am 15. September schickt Hitler 200 Bomber und Hunderte von Kampfflugzeugen in den bis dahin schwersten Luftangriff, der Großbritannien in die Knie zwingen soll. Doch man hat nicht mit dem Widerstand der Briten gerechnet. Die Royal Air Force reagiert mit der gleichen Härte. Auf gar keinen Fall will man den Deutschen die Lufthoheit überlassen. Hitler wendet daraufhin eine andere Taktik an: Er bombardiert nachts, wieder und wieder, so viele Städte wie nur möglich. Ève lebt sechs Monate lang unter diesen Bombenangriffen in der zerstörten Hauptstadt, was sie aber nicht davon abhält, zu schreiben, bei der BBC zu sprechen und Churchill und de Gaulle sowie zahlreiche nach England geflüchtete Polen zu treffen.

Wie bereits erwähnt, braucht de Gaulle Fürsprecher, prominente Namen, um die öffentliche Meinung in den USA zu beeinflussen, ohne die es für den amerikanischen Präsidenten schwierig sein würde, sich auf die Seite des Freien Frankreichs und Großbritanniens zu stellen. Dies ist seine Form der Diplomatie. Eine mühsame, langwierige Arbeit. Ève hat Erfahrung und Geschick darin bewiesen, die Massen für sich einzunehmen und mit hochrangigen Persönlichkeiten zu sprechen. De Gaulle erteilt ihr den offiziellen Auftrag, eine der Stimmen des Freien Frankreichs zu werden. Im Januar 1941 verlässt sie das zerstörte London und begibt sich auf eine Vortragsreise in die USA und nach Kanada. Interviews, Treffen, Erklärungen vor Tausenden von Zuhörern. Ihre Ausstrahlung und ihre Intelligenz faszinieren die Menschen. Und *Madame Curie* verkauft sich in Amerika weiterhin gut, nachdem es ein Jahr lang auf der Bestsellerliste der *New York Times* gestanden hat. Ihre Berühmtheit kann also nach wie vor von Nutzen sein.

Pétains Kollaborateure in Vichy sind erbost. Èves Einfluss wird durchaus ernst genommen und beunruhigt die Gemüter. Man beschließt, ihren Ruf zu ruinieren. Also wird sie in der Presse und im Rundfunk, die beide von der Vichy-Regierung kontrolliert werden, beschuldigt, sie sei vor Hunger und Kälte einfach weggelaufen, während die Franzosen leiden müssten. Doch Ève weiß sich zu verteidigen und attackiert die Kollaboration mit den deutschen Besatzern. In den Vereinigten Staaten erfreut sie sich einer außergewöhnlichen medialen Aufmerksamkeit. Man hat Respekt vor dem Namen Curie. Ève achtet sorgfältig darauf, keine Region der USA zu vergessen. Sie reist also in den Mittleren Westen und spricht in überfüllten Sälen von den Kämpfen, die auf der anderen Seite des Atlantiks um das Überleben der Demokratien geführt werden. Nach ihrer Rückkehr an die Ostküste wird sie erneut im Weißen Haus untergebracht. Nochmals porträtiert Eleanor Roosevelt sie in ihrer von Millionen von Amerikanern gelesenen Kolumne *My Day*:

»Bei diesem Besuch war Mademoiselle Curie im Mittleren Westen, und in Kürze wird sie zu einer langen Vortragsreise aufbrechen, die sie bis an die Westküste führen wird.

Sie hat, nachdem sie Frankreich verließ, in England gelebt, und ich denke, dass ihr bisweilen die ganze Mentalität in unserem Land wie ein unwirklicher Traum vorkommt. Es ist eine unleugbare Tatsache, dass der Anblick fallender Bomben, auch wenn man nicht selbst von ihnen getroffen wird, die Sicht auf die Dinge verändert. Besonders beeindruckt hat mich bei meinen Gesprächen mit Mademoiselle Curie die Gründlichkeit der Organisation, die unter den Bedingungen, unter denen viele Briten gegenwärtig leben, erforderlich ist. Das gilt insbesondere für die Industriestädte.«[162]

Als Ève im Mai 1941 ins Weiße Haus zurückkehrt, wagt sie es ausnahmsweise nicht, sich mit Franklin D. Roosevelt zu unterhalten. Schweigend reicht sie ihm ein Telegramm, das sie soeben erhalten hat: Der Tochter von Pierre und Marie Curie ist, ebenso wie General de Gaulle, die französische Staatsbürgerschaft aberkannt worden. Im Stehen, aufrecht und unbewegt, wie immer tadellos gekleidet in ihrem schicken französischen Kostüm, wartet sie auf die Reaktion des amerikanischen Präsidenten. Dieser liest es, erbleicht und gibt es ihr wortlos zurück. Ève wartet noch immer, hofft auf ein Zeichen des Beistands. Doch Roosevelt wendet sich anderen Gästen zu. Trotz der Freundschaft, die sie verbindet, sichert er ihr in dieser schweren Stunde nicht öffentlich seine Unterstützung zu. Washington unterhält noch immer Beziehungen zur französischen Regierung, soll heißen mit Pétain. Gleichzeitig ist ein US-Botschafter in Vichy, der bei Marschall Pétain akkreditiert ist.

Ist es in der aktuellen Situation nicht eine Ehre, gemeinsam mit dem Kopf des Freien Frankreichs die französische Staatsbürgerschaft entzogen zu bekommen? Die bestürzte Ève lässt sich während des ganzen Abends nichts anmerken. Sie ahnt jedoch, was sie in Frankreich erwartet. Bald darauf wird ihre Wohnung in der Rue des Vignes verwüstet und ihre Habe von den Vichy-Behörden beschlagnahmt und verkauft. Mit knapper Not kann ihre Familie einige kleine Erinnerungsstücke zurückkaufen. Die junge Frau ist ratlos. In den führenden Kreisen Washingtons sind zahlreiche deutsche Spione und französische Pétain-Anhänger aktiv. Sie spürt die Gefahr, die rundum lauert. Was, wenn sie entführt und nach Frankreich zurückgeschickt wird, um dort vor Gericht gestellt, gefoltert und erschossen zu werden? Schließlich ist auch General de Gaulle von der französischen Justiz, die einen Eid auf Marschall Pétain geleistet hat, in Abwesenheit zum Tode verurteilt worden.

Doch Eleanor Roosevelt setzt sich für sie ein. Sie würdigt noch einmal Èves Verdienste. Der Schutz durch die First Lady, die, was eine seltene Ehre ist, Ève im Weißen Haus unterbringt, zwingt die Vichy-Behörden zur Mäßigung. Allerdings sind Èves französische Ausweispapiere und ihr Reisepass nunmehr ungültig. Da nimmt sich Churchill ihrer an. Sie erhält den Pass einer *British Protected Person*, den sie bis 1949 behalten wird. In Frankreich, im Palais Berlitz in Paris, ist Ève von September 1941 bis Januar 1942 in der rassistischen und antisemitischen Ausstellung »Le Juif et la France« (Der Jude und Frankreich) zu sehen. Darin findet sich ihr gemaltes Porträt hinter dem von Henri Bernstein; aufgrund ihrer Beziehung zu dem Dramatiker wird sie als »Halbjüdin« bezeichnet. Das Bild trägt den Titel: »Perversion des französischen Geschmacks und des französischen Geistes«. Die Lehrkräfte sind verpflichtet, ihre Schülerinnen und Schüler in diese widerwärtige Ausstellung zu führen.

Doch durch die Vereinigten Staaten zu reisen, um Lobbyarbeit für das Freie Frankreich zu betreiben, reicht der jüngeren Curie-Schwester nicht mehr aus. Franklin D. Roosevelt ist sich sicher, dass Ève mit ihrer kritischen Haltung und ihrer Stilsicherheit zu mehr imstande wäre, beispielsweise könnte sie wichtige Informationen über Geschehnisse vor Ort liefern. Von zwei sehr mächtigen Zeitungssyndikaten, dem *Herald Tribune Syndicate* und dem britischen *Allied Newspapers*, wird sie als Kriegsberichterstatterin eingestellt. Am 10. November 1941 besteigt sie im Schutz der Dunkelheit eine Clippermaschine der Pan Am, die sie über den Atlantik bringen wird. Als einzige Frau und Journalistin darf sie unter amerikanischen Mechanikern an Bord dieses Flugzeugs reisen, die in Wirklichkeit den alliierten Streitkräften an der Front unauffällig zu Hilfe kommen sollen. Ève macht sich auf den Weg, um die Menschen in den Gefechtszonen zu besuchen und über ihren Alltag zu berichten. Ausgestattet mit dem Pass einer *British Protected Person*, ihrem einzigen Ausweisdokument, und mehreren Empfehlungsschreiben von Eleanor und Franklin D. Roosevelt, wird sie die Kriegsschauplätze von Nordafrika bis Asien bereisen, um die Öffentlichkeit über die Wirklichkeit des Krieges zu informieren. Sie wird die Kämpfe aus der Nähe sehen und den führenden Köpfen der Alliierten, mit denen sie in Kontakt steht – Roosevelt, Churchill, de Gaulle –, diskret ihre Analysen übermitteln. Nachdem sie bereits an Bord von Frachtschiffen war, reist sie nunmehr im Flugzeug.

1941 befinden sich Frédéric und seine Ehefrau in einer schwierigen Situation. Trotz ihrer gesundheitlichen Probleme lebt Irène wieder in ihrem Haus in Antony, am Rande des Parks von Sceaux. Frédéric arbeitet weiterhin in seinem Laboratorium im Collège de France, genauestens beobachtet von deutschen Wissenschaftlern. Einige französische Wissenschaftler fragen sich, warum sie in Frankreich geblieben und nicht in die USA geflohen sind. Ebenso wie Missy Meloney hatte auch Ève vor ihrem Aufbruch zu den Kriegsgebieten versucht, die Joliot-Curies zu überreden, zu ihr in die USA zu kommen – ohne Erfolg. Das

Radium-Institut und ihre Arbeit aufzugeben kommt für Irène nicht infrage, ebenso wenig wie es für Frédéric infrage kommt, sein Laboratorium am Collège de France zu verlassen. Solange sie ihre Entdeckungen retten und die deutschen Wissenschaftler beobachten können, fühlen sie sich nützlich.

Da er einen nahenden Krieg mit Deutschland vorausahnte, hat Frédéric 1939 drei geheime Patente angemeldet, darunter das Prinzip eines Kernreaktors und die Perfektionierung von Sprengladungen. In diesem Zusammenhang wurde Schweres Wasser benötigt, um die Neutronen in der Kettenreaktion zu verlangsamen. Im Februar 1940 hatte Irènes Ehemann die Unterstützung der französischen Regierung erhalten, um den weltweiten Vorrat an Schwerem Wasser aus Norwegen zu holen. Als die Deutschen in Frankreich einfielen, konnte dieser Vorrat auf allerlei Umwegen und trotz deutscher Spione nach Großbritannien geschleust werden, sodass er den Deutschen nicht in die Hände fiel. Frédéric Joliot-Curie hat darüber hinaus die französischen Uranvorräte in eine Mine in Marokko bringen lassen. Französische Wissenschaftler aus seinem Umfeld werden bis 1944 an den britischen Atomforschungsarbeiten in Cambridge teilnehmen.[163] Er ist erleichtert. Gemeinsam mit anderen Widerstandskämpfern hat er die ersten beiden Großtaten der französischen Résistance vollbracht. Gegenüber den Deutschen spielt der Physiker geschickt den Ahnungslosen. Irène kann stolz auf ihren Mann sein. Mit seiner Beharrlichkeit und seinem Mut ist er den Curie-Frauen ebenbürtig.

Im Dezember 1941 kämpfen sich die Soldaten Kilometer um Kilometer voran – durch Wind, Sand und sengende Hitze. Ostafrika, Tschad, Nigeria, schließlich Libyen. Ève legt Hunderte von Kilometern in dem Jeep zurück, den ihr Churchills Sohn zur Verfügung gestellt hat, aus dem allerdings in einer Nacht ein Teil ihres Gepäcks gestohlen wird. Zum Schlafen legt sie sich erschöpft auf die Sitze ihres Wagens, morgens bekommt sie nur eine Tasse Wasser zum Waschen. Auch wenn die Hitze ihr den Atem raubt, tippt sie auf der Schreibmaschine, ihrer treuen Reisegefährtin, die Tag und Nacht immer bei ihr ist, ihre Berichte und schafft es, diese an die amerikanische und englische Presse zu übermitteln. Jeden Morgen lesen Millionen von Amerikanern die Kolumne »Miss Curie says«. Überall drängen die alliierten Streitkräfte darauf, zusätzliches amerikanisches Militärmaterial zu erhalten, und geben zu bedenken, dass Deutschland über mehr Flugzeuge und Panzer verfüge als sie. Die Lage an einigen Fronten scheint hoffnungslos, was die Journalistin bezeugen kann. Ève vergisst nicht, den ihrer Meinung nach größten Präsidenten aller Zeiten, Franklin D. Roosevelt, in den höchsten Tönen zu loben. Bei jeder Gelegenheit betont sie, wie glücklich das amerikanische Volk sein könne, einen solchen Mann an seiner Spitze zu haben. Während das besetzte und ausgelaugte Frankreich nur Pétain hat … Jede ihrer Reportagen wird zum Anlass genommen, die Amerikaner zu mehr Engagement zu bewegen, doch die USA haben Deutschland und seinen Verbündeten noch immer nicht den Krieg erklärt.

Inzwischen ist sie auf dem Weg nach Ägypten. In Alexandria erwartet sie eine ungeahnte Überraschung. Weit weg vom besetzten Frankreich erblickt sie französische Kriegsschiffe! Es ist einfach zu schön, um wahr zu sein. Die Schiffe sind neu und herrlich und tragen Namen aus der französischen Geschichte, jener Geschichte, die die Nazis am liebsten ausradieren würden. Ein Lichtblick, der sie wieder ein wenig hoffen lässt, auch wenn die Nachrichten von der Front nicht sehr ermutigend sind. Ève begibt sich nach Kairo, wo sie an Malaria erkrankt und das Bett hüten muss. In der Nacht wird heftig an ihre Tür geklopft. Auch laute Rufe sind zu hören. Es ist aber kein Überfall, sondern die

Meldung, dass die Japaner Hawaii bombardiert haben, den Marinestützpunkt Pearl Harbor. Die Amerikaner haben schreckliche Verluste erlitten. Schiffe, Menschen, Kriegsmaterial – es ist die schlimmste Militärkatastrophe in der Geschichte der Vereinigten Staaten. In zwei aufeinanderfolgenden Angriffswellen haben japanische Flugzeuge Bomben über Pearl Harbor abgeworfen und dabei unter anderem fünf Schlachtschiffe versenkt und etwa zehn weitere Kriegsschiffe beschädigt. Ein schneller Erfolg, gewiss, denn das Ziel war, so viele Schiffe und Flugzeuge wie möglich zu zerstören und damit die amerikanische Einflussnahme im Pazifik de facto auszuschalten. Doch Ève begreift wie viele andere auch, dass sich nun das bis dahin für Deutschland und seine Verbündeten günstige Kräfteverhältnis ändern würde. In der Nacht trifft sie sich mit einigen englischen Offizieren. Alle sind überrascht und voller Hoffnung. Franklin D. Roosevelt hat keine andere Wahl mehr, als Japan und Deutschland den Krieg zu erklären. Endlich! Dafür hat Ève seit 1940 gekämpft. Diesmal zweifelt sie nicht daran, dass die amerikanische Bevölkerung in ihrem Zorn den Präsidenten unterstützen wird.

Admiral Yamamoto von der japanischen Marine, der den Angriff auf Pearl Harbor meisterhaft organisiert hat, wird später seinen Offizieren erklären: »Wir haben einen schlafenden Riesen geweckt ... «.[164] Die japanische Offensive hat allerdings gerade erst begonnen. Die amerikanischen Pazifikstützpunkte werden innerhalb weniger Tage einer nach dem anderen zerstört. Im Februar 1942, zwei Monate nach Pearl Harbor, besetzen die japanischen Streitkräfte Niederländisch-Ostindien. Japan profitiert nun von strategischen Öl- und Kautschukreserven – eine doppelte Niederlage für die USA und die Alliierten. Doch Ève und viele andere bleiben zuversichtlich. Eines Tages, so denkt sie, wird Frankreich schließlich befreit werden. Vorerst ist die Flotte jedoch geschwächt, die Alliierten werden Zeit brau-

chen, um wieder neue Kräfte gegen die Achsenmächte zu sammeln.

Libanon, Syrien, Iran. Ève nimmt ihre Reise als Kriegsberichterstatterin, aber auch als Informantin und Multiplikatorin, wieder auf. Ihre Begegnungen in Beirut mit General Catroux und
den französischen Offizieren erfüllen sie mit Bestürzung. Zwei
Frankreichs stehen sich gegenüber und schießen aufeinander:
die Anhänger de Gaulles und die Befürworter Pétains. Auch im
Iran hat sie kein gutes Gefühl. Die Deutschen, wenn auch unsichtbar, sind überall präsent, deutsche Waren werden auf den
Basaren verkauft. Die Iraner bewundern Hitler als starken Mann,
als wahren Antisemiten, als Sieger, dem keine Armee standhal-
ten kann. Seine militärischen Erfolge machen ihn im gesamten
Nahen Osten zu einem Helden, denn die Geschichte wird von
den Siegern geschrieben. Der nationalsozialistische Führer ist
1941 die Verkörperung des Unbesiegbaren. Diese Kraft fasziniert
die Bevölkerung im Nahen und Mittleren Osten. Ève ist in Sorge.
Der Schah, dieses zweiundzwanzig Jahre junge Staatsoberhaupt,
das versucht, sein Land zu modernisieren, hält ihr einen höflichen und sterilen Vortrag, der sie keineswegs beruhigen kann.
Er kommt ihr ein wenig verloren vor in diesem Orient, den er
gerne westlicher gestalten würde. Wird er sich, unerfahren und
jung wie er ist, gegen die Giganten der Weltpolitik – Stalin, Churchill, Roosevelt und natürlich Hitler – behaupten können? Sie
bezweifelt das. Doch ihr ist durchaus klar, dass der Nahe und
der Mittlere Osten von erheblicher strategischer Bedeutung sind.
Wenn das Öl in die Hände der Deutschen fiele, wäre das ein her-
ber Rückschlag im Kampf gegen Hitler. Das spürt sie überdeut-
lich bei ihrer Ankunft in Baku, das die deutschen Truppen sich
anschicken, zu erobern.

Mehrere Tage muss sie warten, um von den sowjetischen Behörden ein Einreisevisum zu erhalten. Schließlich verlässt sie Te-

heran in Richtung Sowjetunion, voller Neugier auf dieses kommunistische Land, für das ihre Schwester Sympathien hegt und das auch ihren Schwager fasziniert, dem sie selbst jedoch misstraut. Durch Berichte von französischen Journalisten und Schriftstellern, darunter André Gide, ist sie alarmiert wegen der Situation der sowjetischen Bevölkerung und der von Stalin errichteten Diktatur. Bereits vor dem Krieg fehlte es an allem, sodass die jetzige Lage noch dramatischer sein muss. Ève will sich jedoch selbst ein Bild machen, auch wenn sie sich darüber im Klaren ist, dass die Propagandamaschine am Werk sein wird, um die Realität des Elends, unter dem die Sowjetbürger leiden, vor ihr zu verbergen.

Es ist bitterkalt, wie schon bei Napoleons Russlandfeldzug, als die Kälte die französische Armee zum Rückzug zwang, bei dem so viele Soldaten erfroren. Eine Temperatur, die die Sowjets hoffen lässt. Der russische Winter ist ein treuer Verbündeter und Feind der Eroberer, er dürfte die Wehrmacht in die Knie zwingen oder zumindest ihren Vormarsch verlangsamen. Wie schon in Nordafrika, aber diesmal unter völlig anderen klimatischen Bedingungen, genießt Ève das Privileg, sich den Frontlinien zu nähern. Sie lernt kämpferische, verbissene und starrsinnige Männer und Frauen kennen, die wild entschlossen sind, die Invasoren zu vertreiben. In den Gesprächen betonen sie immer wieder überschwänglich ihre Liebe zum Vaterland. In Anwesenheit der Geheimpolizei, gewiss. Aber es scheint ein starker Wille durch, man ist stolz darauf, zum Volk der Erbauer der Kreml-Anlagen zu gehören, die vor Jahrhunderten als Wehrkomplexe im ganzen Land errichtet wurden, um sich gegen Angreifer von außen zu verteidigen.

Dieser Patriotismus beeindruckt Ève. Denn sie kann nicht vergessen, dass die französischen Kommunisten anlässlich des deutsch-sowjetischen Nichtangriffspakts bereit waren, ihr Land zu verraten und das französische Militär durch Sabotage zu schwächen. Eine skandalöse Haltung, die ihre Schwester damals nicht zu hinterfragen schien. Oder ist es bei Irène, deren rechtschaffene Haltung Ève im Grunde nicht bezweifelt, ein Gutteil Naivität und Verblendung gewesen? Bei den sowjetischen Frauen nimmt sie denselben Stolz wahr wie bei den Engländerinnen. Methodisch und entschlossen, effizient und standhaft, wie sie sind, machen diese Frauen ihrem Land und ihrem Volk alle Ehre. Eine Ironie der Geschichte, dass Ève hier und jetzt an ihre Mutter denken muss, an deren Kindheit unter der russischen Besatzung. Welch ein Wechselbad der Gefühle! Doch nun ist nicht die Zeit, um die stalinistische Diktatur zu kritisieren. Vielmehr muss man der gewaltigen deutschen Kriegsmaschinerie Einhalt gebieten, koste es, was es wolle.

Ève denkt stets an die Interessen Frankreichs, und gleichzeitig ist ihr bewusst, dass ihre Reportagen von einem antikommunistisch eingestellten amerikanischen Publikum gelesen werden. Ihr Schreibstil pendelt daher ständig zwischen Angedeutetem und ideologiefreier Würdigung der Tapferkeit der einzelnen Menschen. Der 19. Januar 1942 bietet ihr einen wunderbaren Schreibanlass. Kurz zuvor war das Landgut des Schriftstellers Leo Tolstoi nach erbitterten Kämpfen befreit worden. Ein starkes Symbol für das sowjetische Volk und auch für Ève. Ihr entgeht nämlich durchaus nicht, dass der berühmte Verfasser von *Krieg und Frieden* und ihre Mutter etwas gemeinsam hatten: Sie empfanden sich als privilegiert gegenüber all den Armen, mit denen sie auf ihrem Lebensweg in Berührung kamen. Tolstoi brachte Kindern das Lesen und Schreiben bei, während die junge Marie, als sie noch Maria Skłodowska hieß und selbst arm war, wenn auch weniger arm als die polnischen Bauern in der Umgebung, eine geheim Schule für die Dorfjugend ins Leben rief und dort unterrichtete.

Nach einer langen und gefahrvollen Reise verlässt Ève innerlich aufgewühlt die Sowjetunion. Dank Tolstoi hat sie hier zum Geist ihrer Mutter zurückgefunden. Sie hat Einblicke in die russische Seele bekommen und die Begeisterung vieler Russen für die französische Literatur kennengelernt. Hat Soldaten getroffen, die Émile Zola, Honoré de Balzac und Victor Hugo zitieren konnten. Sie hat auch ihre erbärmlichen Lebensbedingungen gesehen. Obwohl ihre Reise von Stalins gefürchteter Geheimpolizei ständig überwacht und vom Regime zu Propagandazwecken benutzt wurde, spielte sie das Spiel im Interesse der Alliierten mit. Später wird sie davon berichten. Im Moment stellt sie sich das Gespräch vor, das sie vielleicht eines Tages mit ihrer Schwester führen wird. Sie wird sie fragen, warum die französischen Kommunisten ihren Patriotismus nicht so offen zeigen wie die sowjetischen und warum sie ihre Befehle aus Moskau erhalten. Aus einem anderen Land. Doch unterdessen rücken die Japaner immer weiter durch Asien vor. Ève packt ihre Sachen, um sich an die Front zu begeben, wo sie in Lebensgefahr geraten oder, schlimmer noch, gefangen genommen werden könnte. Von ihrer Familie ist sie ohne Nachricht, doch sie wird versuchen, am Leben zu bleiben und Zeugnis abzulegen.

Zu Hause in Frankreich erlebt Irène die Besatzung noch schlimmer als viele andere Bewohnerinnen und Bewohner von Paris. Seit 1930 verschlechtert sich ihr Gesundheitszustand, ohne dass sie dem Beachtung schenken würde. Die Forschung wirkt wie ein Heilmittel gegen ihre Müdigkeit, wie eine Droge, die sie belebt. Doch die Krankheit ist heimtückisch und wird durch den in diesen Notzeiten herrschenden Vitaminmangel noch verstärkt. Die Unterernährung verschärft die Lage zusätzlich. Irène, ganz wie ihre Mutter, klagt nicht und hält die Stellung. Aber sie macht sich Sorgen um ihre Kinder und um ihren Mann, über

dessen Aktivitäten in der Résistance sie Bescheid weiß und zu
dem sie nicht immer Kontakt halten kann. Zwischen 1942 und
1944, während sie auch von Ève nichts hört, muss sie sich zur
Erholung in die Schweiz begeben, um wieder zu Kräften zu kommen. Dieses Hin und Her zwischen Paris und dem Schweizer
Sanatorium belastet sie und macht ihr Angst. Wenn man nun
ihren Mann verhaftet und erschießt? Was würde aus dem Institut werden, mit dessen Leitung sie sich inzwischen überfordert
fühlt? Frédéric, der sich noch immer in Paris aufhält, bekommt
geheime Aufforderungen, in die USA zu gehen, aus Frankreich
und vor den Besatzern zu fliehen. Er aber will das nicht, auch
wenn Irène wahrscheinlich in Amerika bessere Therapien bekommen würde. Er muss versuchen, zu retten, was von den
französischen Forschungsinstrumenten zu retten ist. Der Physiker fühlt sich einsam, weit weg von Irène, die an einer fortwährenden Bronchitis leidet, die in Wirklichkeit aber eine aggressi-
ve und schmerzhafte Tuberkulose ist. In Savoyen erhält sie eine
bessere Behandlung als in Paris, wo sie trotz der Eiseskälte dieses Winters ohne Heizung auskommen musste und die unzurei-
chenden Lebensmittelrationen ihren Zustand noch verschlim-
mert haben.[165] Das Leben ihres Mannes nimmt eine Wende, als
er 1942 heimlich der Kommunistischen Partei beitritt. Frédéric
Joliot-Curie bemüht sich fortan intensiv darum, die kommunistischen Hochschulgruppen in der Résistance zu einen. Sein
ehemaliger Lehrer und Freund Paul Langevin, der ihn einst Marie Curie vorgestellt hat, gehört seit dem Tod eines ihrer Kollegen ebenfalls der Widerstandsbewegung an. Durch Frédérics
Tatkraft und seine Fähigkeit, die Menschen mitzureißen, findet
die Résistance ihren Weg ins Collège de France und an verschiedene Universitäten. Ein Coup, der dazu führen wird, dass Frédéric Joliot-Curie 1944 bei der Befreiung von Paris zu einer trei-
benden Kraft wird.

Erschöpft und als einzige Frau an Bord des Flugboots, das sie bis nach Indien bringen soll, erwacht Ève erst bei der Zwischenlandung in Bahrain, wo die Gewänder der Menschen sie an die mondänen Abendgesellschaften der Vorkriegszeit erinnern. Eine Welt, die ihr längst vergangen scheint und von der sie sich meilenweit entfernt fühlt. Nach einer weiteren Zwischenlandung in Dubai kommt sie schließlich in Karatschi an. Sie hofft auf eine kleine Verschnaufpause, doch die ist ihr nicht vergönnt. Gleich nach ihrer Ankunft trommelt eine Gruppe Journalisten an ihre Tür und verlangt, sie zu sehen. Schließlich willigt sie ein, obwohl sie befürchtet, auf der Stelle einzuschlafen. Dazu erhält sie jedoch keine Gelegenheit. Aufgeregt beschweren sich die Zeitungsleute lauthals bei ihr über die britischen Besatzer. Als Ève sie fragt, ob der Vormarsch der Japaner sie nicht ängstige, beteuern sie ihren Wunsch, England bald besiegt und gedemütigt zu sehen. O nein, sie werden die Alliierten nicht gegen Hitler unterstützen, denn in ihren Augen gibt es nichts Schlimmeres als dieses britische Kolonialreich, das die Inder unterdrückt und erniedrigt. Den deutschen Reichskanzler sehen sie als einen Verbündeten.

Im Morgengrauen findet Ève endlich Schlaf, doch ihre Sorge um die Entwicklung der Kämpfe in Asien und um die Belastbarkeit der Front der Alliierten wächst. Als Nächstes muss sie nach Burma aufbrechen, das von den Japanern bedroht wird. Mithilfe britischer Offiziere gelangt sie von Mandalay, der ehemaligen Hauptstadt des birmanischen Königreichs mit ihren 730 Pagoden, nach Rangun. Was für ein Aufruhr! Während sie sich der Front nähert, trifft sie auf flüchtende Burmesen. Sie bezwingt ihre Panik. Dennoch fällt die Stadt in sich zusammen wie eine vom Wind verwehte Sandburg. Ève schließt sich britischen Truppen an. Einige der Männer haben die von ihr verfasste Biografie *Madame Curie* gelesen. Die britischen Soldaten machen keinen Hehl aus ihrer Verunsicherung. Der Krieg in Asien könnte sich noch dramatischer entwickeln, als London und Washington es sich vorstellen. Sie, die Tochter von Pierre und Marie Curie, muss Franklin D. Roosevelt und Churchill, die sie beide so gut kennt, davon überzeugen. Und der Fall Burmas mit seinen Rohstoffreserven – Silber, Zink, Blei, Zinn, Gold, Kupfer, Rubine, Wolfram, Wismut, Schwefel, Erdöl – wäre ein empfindlicher Verlust für die Alliierten.

Ève beschließt, die beiden Staatsmänner zu warnen, und verbringt die Nacht damit, auf ihrer Schreibmaschine Artikel zu tippen. Schlafen kann sie später. In den USA und in England erwartet man ungeduldig ihre Reportagen und natürlich auch ihre Berichte. Kurz vor ihrer Abreise bricht Burma unter dem Beschuss des Reichs der aufgehenden Sonne zusammen. Ève muss nach China reisen, ein Land, um das ebenfalls erbitterte Kämpfe mit den japanischen Streitkräften toben. Das Reich der Mitte ist teilweise abgeschnitten. Die großen Häfen wurden von den Japanern eingenommen, die auch die Eisenbahnlinien und viele andere strategische Punkte kontrollieren. Es ist unmöglich geworden, die riesige chinesische Bevölkerung zu versorgen.

Ève muss vor der Einreise ihre englischen, französischen und chinesischen Beziehungen spielen lassen. Sie verlässt Burma nachts in einem unbeleuchteten Flugzeug, um nicht die Aufmerksamkeit der Japaner auf sich zu ziehen. Die Pariser Gesellschaft und das Radium-Institut erscheinen ihr Lichtjahre entfernt! Was würde Marie Curie über ihre jüngste Tochter denken, die einmal von einer internationalen Karriere als Pianistin träumte und deren Berichte über die blutigen Kämpfe nun von Millionen von Amerikanerinnen und Amerikanern gelesen werden? Wäre sie nicht stolz, trotz aller Sorgen, die sie sich gewiss machen würde? Ève findet ihren Weg im aktiven Handeln, in der Verteidigung ihres Landes, ebenso wie ihre Mutter und ihre ältere Schwester zwanzig Jahre zuvor. Die Welt steht in Flammen. Nach ihrer ersten Station Kunming reist Ève weiter in die auf steilen Hügeln erbaute Stadt Chongqing. Zu ihren Gesprächsterminen bringt man sie in einer Sänfte, in der sie mit nach hinten geneigtem Oberkörper und angewinkelten Beinen sitzen muss. Sie nimmt es mit Humor und stellt sich vor, wie die Pariser Prominenz der Vorkriegszeit reagieren würde, wenn sie sie in dieser eigenartigen, fast grotesken Haltung sähe. Es ist aber kein Fotograf in Sicht, also wird das Bild wohl kaum um die Welt gehen. Die Chinesen haben andere Sorgen. Sie hoffen, dass die mit den USA, Großbritannien und Indien geschlossenen Abkommen den nach Norden zurückweichenden chinesischen Truppen fern der Häfen helfen werden, der feindlichen Offensive standzuhalten.

Ève entdeckt eine Realität, die den Europäern noch vollkommen fremd ist und die sie als eine der Ersten verstehen lernt und beschreibt: »Nach den harten Schlägen, welche die Japaner dem weissen Mann […] zugefügt hatten, war es um sein Prestige im Osten schlecht bestellt. Er hatte im Orient sein Gesicht verloren.«[166] Die chinesischen Offiziere, mit denen sie sich trifft und die wissen, dass ihre Äußerungen weitergemeldet werden, fordern amerikanische Flugzeuge. Doch nach all diesen Gesprächen kommt sie zu folgendem Schluss: China, ein Land, das derzeit unter westlicher Kontrolle steht, wird zu einer Großmacht werden, mit der man rechnen muss. Wie und wann, kann sie nicht sagen. Aber sie spürt die Kraft dieses Volkes, das zu jener Zeit zerrissen und arm ist und zum größten Teil nicht lesen und schreiben kann.

Die Weiterreise in den Norden Chinas ist für Ève deprimierend. Die chinesischen Truppen sind ausgeblutet, die veralteten Flugzeuge schrottreif. In der Nacht erreicht sie unter strenger Geheimhaltung das Versteck eines jungen kommunistischen chi

nesischen Generals, der der westlichen Öffentlichkeit noch unbekannt ist, den westlichen Geheimdiensten jedoch bei Weitem
nicht: Bei seinem Aufenthalt in Frankreich als junger Student
hielt er gemeinsam mit dem damals siebzehnjährigen Arbei-
ter-Studenten Deng Xiaoping durch Demonstrationen und Aktionen die französische Polizei und Spionageabwehr in Atem.
Der junge Tschu En Lai sollte später als Außenminister und Premierminister einer der starken Männer im kommunistischen
Regime von Mao Tse-tung werden. Ausgestattet mit einer außergewöhnlichen internationalen Bildung reiste er schon in jungen Jahren nach Deutschland, Großbritannien und Frankreich
und machte sich ein Bild von den Lebensbedingungen der dortigen Arbeiter. Als geschickter Verhandlungsführer trifft er sich
ab 1949 mit ausländischen Staatsoberhäuptern und Ministern,
die sehr schnell begreifen, dass man sich vor diesem Mann in
Acht nehmen muss. Bei seinem Treffen mit Ève beharrt der Revolutionär darauf, dass die Kommunisten Schulen und Fabriken
aus dem Süden in den Norden verlegen müssen, doch den Soldaten der Volksarmee fehlt es an allem. Die Hilfe der Alliierten
ist unerlässlich. Doch obwohl er sich in diesem erbärmlichen
Versteck aufhalten muss, bleibt Tschu En Lai ein Optimist und
Visionär: »In diesem Krieg wird erst Deutschland geschlagen
werden, weil der Kampf gegen Hitler unaufhaltsam ist. Er ist eine
Maschine ohne Bremsen[167].«
   Bei der Wiedergabe seiner Äußerungen lässt Ève Vorsicht wal-
ten. Sie sieht es als ihre Aufgabe an, die amerikanische Öffentlichkeit zu beschwichtigen. Der Kommunismus, den Tschu En
Lai und seine Unterstützer befürworten, sei nicht mit dem in der
Sowjetunion vergleichbar, schreibt sie. Er erscheine viel sanfter
und demokratischer. Diese Propaganda stimmt nachdenklich,
wenn man bedenkt, mit welcher Grausamkeit Mao sich später
an der Macht halten würde, um den Preis von Millionen von

Menschenleben. Er ging sogar so weit, die Kultur und die Geschichte des Landes zu zerstören.

Ève verlässt die Kommunisten, um die chinesischen Nationalisten zu treffen, die glühende Antimarxisten sind. Insbesondere Tschiang Kai-schek, der später Präsident der Republik China (Taiwan) sein wird. Dieser Mann ist von sehr mächtigen Frauen umgeben, den drei Song-Schwestern, die Ève detailliert beschreibt. Eine von ihnen ist mit Sun Jat-sen, dem Vater der Republik China, verheiratet, eine andere mit einem chinesischen Bankier und die dritte mit Tschiang Kai-schek. Ihre Ausstrahlung kann etwas Einschüchterndes haben. Doch nicht für Ève. Sie ist an charakterstarke Frauen gewöhnt, die selbstbewusst und kompromisslos auftreten. Diese drei Chinesinnen wollen gemeinsam mit ihren Männern China aus dem Feudalismus und der Unterwerfung unter die Kolonialmächte herausführen und es zu einer mächtigen und modernen Nation machen. Was für eine Aufgabe angesichts einer Bevölkerung, die zu drei Vierteln aus Analphabeten besteht, und eines Landes, in dem ganze Regionen in den Händen von Kriegsherren sind! Ève erkennt sehr rasch die strategischen Herausforderungen und die neu entstehenden Kräfte, die die Machtverhältnisse des 20. und 21. Jahrhunderts verändern würden. Sie begreift als eine der Ersten, dass sich die Vormachtstellung der westlichen Welt in Richtung China verlagern könnte. Und die Alliierten verfügen dank Ève Curie über Informationen aus erster Hand.

Anschließend geht die Reise weiter nach Indien, wo Ève in der ehemaligen Residenz des Vizekönigs logiert. Die Briten sind in Alarmstimmung, denn die Japaner rücken in Richtung der bengalischen Grenze vor, während die indische Armee offenbar bereit ist, die Briten im Stich zu lassen. Im Fall einer Besetzung Bengalens durch die Japaner würden die Inder sich weigern, die Politik der verbrannten Erde anzuwenden. Sie wollen ihre Fabriken unbedingt intakt halten, zumal sie an eine bevorstehende Unabhängigkeit Indiens glauben. Außerdem wirken die westlichen Staaten angesichts der Macht eines einzigen Mannes – Hitler – und seiner Wehrmacht ziemlich schwach auf sie. Die Welt verändert sich, und der Westen, also auch das Vereinigte Königreich, hat an Prestige eingebüßt.

Die Hitze ist erdrückend, die Ventilatoren kommen nicht dagegen an. Die Luftfeuchtigkeit ist so hoch, dass Èves Kleidung auf ihrer Haut klebt. Jawaharlal Nehru, die Galionsfigur der indischen Unabhängigkeitsbewegung, erscheint in einem makellosen Anzug. Kurz zuvor noch saß er im Gefängnis, weil er gegen den Gouverneur von Indien, Lord Mountbatten, gekämpft hatte. In wenigen Tagen wird Nehru seine Tochter Indira, die zukünftige indische Premierministerin, verheiraten. Während eine leichte Brise durch die transparenten Vorhänge des Wohnzimmers weht, fühlt sich Ève plötzlich einsam; Traurigkeit überkommt sie. Nehru beobachtet sie, erstaunt und distanziert. Dieser brillante und gutaussehende Mann hatte genug Kraft und politisches Gespür, um sich gegen England zu stellen. Als enger Vertrauter Gandhis macht er keinen Hehl aus seiner Wut auf das Land von Königin Viktoria. Seiner Meinung nach hat England, anders als Frankreich in seinen Kolonien, nichts für Indien getan, weder Straßen noch Schulen gebaut und im Grunde nur das Ziel verfolgt, dort einen wahrhaftigen »Friedhofsfrieden« zu installieren.

Nehru versetzt Ève noch mehr in Unruhe, als er ihr zu verstehen gibt, dass er keinen Grund sieht, warum die Inder im Falle einer japanischen Invasion die britischen Unterdrücker verteidigen sollten. Als Weggefährte Gandhis hat er am 15. Januar 1942 vor der Kongresspartei erklärt: »[…] [E]in unterdrücktes Indien [kann nicht] freiwillig oder willig einem arroganten Imperialismus helfend zur Seite stehen, der sich durch nichts vom faschistischen Autoritarismus unterscheidet.«[168] Dieser indische Zorn verheißt nichts Gutes für den Fall, dass die Japaner vorrücken, und Ève ist sich der Gefahr mehr als irgendjemand sonst bewusst. Die Alliierten können nicht sicher sein, den Krieg in Fernost zu gewinnen. Mit ihren Artikeln in der englischsprachigen Presse will sie sie warnen. Anschließend muss sie den zweiten wichtigen Oppositionellen treffen, Mahatma Gandhi, den Pazifisten, diesen kleinen, schmächtigen Mann mit dem eisernen Willen, der die Menschen im Westen so fasziniert. Es ist an der Zeit, dass seine Stimme in den Medien Gehör findet, und dafür wäre ein Treffen mit Ève eine hervorragende Chance – wenn er ihm denn zustimmt. Ob er sich wohl darauf einlassen wird?

Es ist ein lauer Abend, und Ève ist zu Gast bei General Wavell, dem Oberbefehlshaber der britischen Streitkräfte in Indien. Sie telefoniert. Als sie auflegt, huscht ein Lächeln über ihr Gesicht. Sie hat für den nächsten Morgen einen Termin mit dem Mann bekommen, mit dem der General, als Repräsentant des britischen Empire, nicht verkehren darf: mit Gandhi, dem Feind Nummer eins. Wavell gesteht der Tochter von Marie Curie, dass er sie beneidet. Es ist März 1942, und die Lage ist ernst für die Alliierten. Das Desaster und die Todesopfer von Pearl Harbor im Dezember 1941, nur wenige Monate zuvor, sind noch jedermann im Gedächtnis. Und im selben Monat hatten japanische Bomber und Torpedoboote zwei britische Großkampfschiffe, das Schlachtschiff *Prince of Wales* mit seinen 90 Kanonen und 1521 Mann Besatzung sowie den Schlachtkreuzer *Repulse*, versenkt; ein britisches Debakel nach der amerikanischen Niederlage. Wie viele andere in der westlichen Welt wird Ève ungeduldig, denn die amerikanische Kriegsmaschinerie kommt nur zögerlich in Gang. Dennoch hält sie an ihrem Vertrauen in die Entschlossenheit des US-Präsidenten fest, dem sie ja bereits mehrfach begegnet ist. Gegenwärtig sind die Alliierten im Pazifikraum auf dem Rückzug, während die japanischen Truppen an der Küste des Chinesischen Meeres vorrücken und mit hohem Tempo auf Burma zusteuern.

General Wavell vertraut Ève an, dass es ihm an allem fehlt. Es kann aber keine Seehoheit ohne Lufthoheit geben. Dies schreibt sie auch in ihren Artikeln. Der General braucht dringend Flugzeuge. Die Japaner rücken in Burma vor und drohen, Indien einzunehmen. Das Gespräch mit Nehru, das dieser zwischen zwei Inhaftierungen mit ihr geführt hat, hat sie nicht beruhigen können. Ganz im Gegenteil. Denn für die Briten, ihre Kolonialherren und Unterdrücker, würden die Inder nicht in den Kampf ziehen. Das Interview mit Gandhi verspricht schwierig zu werden.

In dieser Nacht findet Ève kaum Schlaf, obwohl ihre Fragen vorbereitet sind und das Treffen ihr keine Angst macht, im Gegenteil. Seit ihrer Jugend ist sie daran gewöhnt, dass die Freunde ihrer Mutter, allesamt bedeutende Wissenschaftler und oftmals starke Charaktere, mit ihr sprechen, diskutieren und sie respektieren. Sie ist in der Lage, ihnen zuzuhören und sich mit ihnen zu unterhalten, aber vor allem hat sie gelernt, dass jede prominente Persönlichkeit, so beeindruckend sie auch sein mag, zuallererst ein Mensch ist. Als der Morgen dämmert, muss sie an ihre Mutter denken, die diesen kleinen Mann, der den Nachfolgern von Königin Viktoria die Stirn geboten hat, bewunderte. Im Übrigen hat Nehru ihr gestanden, dass sogar er von Mahatma Gandhis Stimme beeindruckt ist, die »»weich und freundlich war, und trotzdem wie aus Stahl«« [169]. Wäre Marie nicht stolz auf ihre Jüngste gewesen? Als Ève im Morgengrauen aufsteht, fühlt sie sich mehr als je zuvor wie eine echte Curie.

»Halten Sie an«, bittet sie einige hundert Meter von Gandhis Haus entfernt den Chauffeur des Generals. Sie will den Rest des Weges zu Fuß zurücklegen. Kein Auto, kein auffälliger Luxus.

Gandhi hat sie eingeladen, ihn auf seinem Morgenspaziergang zu begleiten. Im Stehen macht sie sich Notizen, so gut sie kann. Die Worte werden sich ihr ohnehin für immer einprägen, da ist sie sicher. Und Gandhi hat verlangt, das Interview vor der Veröffentlichung noch einmal zu lesen. Dieser Bedingung wurde zugestimmt. Auf der anderen Seite des Atlantiks warten die Zeitungsredaktionen voller Ungeduld.

Der kleine, zierliche Mann mit den runden Brillengläsern steht vor ihr und lächelt sie an. Es hat etwas Komplizenhaftes. Der Mahatma hält, allen Widrigkeiten zum Trotz, an seiner Politik der Gewaltlosigkeit fest. Er hat sogar die Briten ermutigt, sich von den Deutschen überrennen zu lassen, erklärt, dass die USA trotz der Toten von Pearl Harbor niemals in den Krieg gegen Japan hätten eintreten dürfen. Er wiederholt es gegenüber Ève:

> »Wenn sie sich den Deutschen alle ohne Gewalt entgegensetzen würden, dann müssten die Deutschen sich mit ihnen einigen, *bevor* sie sterben. [...] Aber es ist nur ein Beweis großer Ungeduld, wenn man glaubt, dass irgend ein *[sic!]* Land wirklich durch den Gebrauch von Waffen befreit werden kann. Um die Deutschen – oder die Japaner – zu schlagen, muss man stärker werden als sie [...].«[170]

Ève bleibt wie angewurzelt stehen. Sie sieht ihn an, es verschlägt ihr den Atem. In wenigen Augenblicken sieht sie alles wieder vor sich: den Widerstand ihrer Mutter gegen das Zarenreich, das besetzte Polen, das 1914 und 1940 überfallene Frankreich, ihre Schwester Irène, die mit siebzehn Jahren an der Front unweit der Schützengräben die Chirurgen beriet, denen nichts anderes übrig blieb, als auf das junge Mädchen zu hören. Dank der Präzision der Röntgenapparate konnten sie genau an der Stelle operieren, an der die Granatsplitter oder Kugeln eingedrungen waren. Krieg ist keine pazifistische Angelegenheit, sondern ein Kampf zwischen zwei Feinden. Und dieser Krieg, Èves Krieg, wird auf allen Kontinenten ausgetragen, auch jetzt in diesem Moment, auch im Pazifik. Und weil sie sich nicht scheut, zu äußern, was die Erfahrung ihrer Familie sie gelehrt hat, schreibt sie, es sei besser, wenn dieser Verfechter der indischen Unabhängigkeit keiner Regierung angehöre, solange der Krieg andauere.

Während des Spaziergangs bezeichnet Gandhi sie als bourgeois. Eine solche Beleidigung kann Ève nicht auf sich sitzen lassen. Sie erinnert ihren Gesprächspartner daran, dass ihre Mutter, die junge Maria Skłodowska, in einem Zug der vierten Klasse nach Paris zu ihrer Schwester Bronia fuhr, die an der Sorbonne studierte, mittellos und oftmals hungernd. Nein, Gandhi ist ungerecht gegenüber dem Leid der Menschen in Europa. Die Standpunkte der beiden sind unvereinbar, und so endet das Treffen ohne Einvernehmen. Die Gespräche mit Nehru und Gandhi lassen vermuten, dass sehr schwere Gefechte mit den Japanern bevorstehen. Die Gegner von Hitler und Kaiser Hirohito würden nicht auf die Unterstützung des indischen Subkontinents zählen können. Wird Èves Reportage den Alliierten helfen zu erkennen, dass die Streitkräfte im Pazifikkrieg verstärkt werden müssen? Ève hofft es, doch sicher sein kann sie nicht. Die Entfernungen nach Washington und London sind zu groß, als dass sie die Wirkung ihrer Artikel beurteilen könnte. Mit ihrer wuchtigen Schreibmaschine, deren Tasten nachts unter ihren Fingern klappern, setzt sie ihre Reise fort. Sie ist sich der Gefahr bewusst – für die Alliierten und für sich selbst.

Einen Monat später, nachdem sie mit Ève gesprochen haben, werden Gandhi und Nehru erneut von den Engländern festgenommen und inhaftiert. Auf dem Rückweg nach Amerika hat die junge Frau trotz allem noch Hoffnung. Sie ist inzwischen eine der bestinformierten und bekanntesten Reporterinnen der Welt geworden. Und auch eine Politikerin. Denn ihre Analysen, die sie später in ihrem zweibändigen Werk *Journey Among Warriors* (deutscher Titel: *Eine Frau an der Front*)[171] ausführlicher darstellen wird, offenbaren eine präzise geostrategische Sicht auf die neuralgischsten Punkte des Zweiten Weltkriegs sowie ein genaues Verständnis von Denkweisen führender Politiker und Mentalitäten und enthalten eine messerscharfe Prognose der Zukunft von Ländern, die der Westen bis dahin unterschätzt hat, wie etwa China und Indien. Im Grunde, und das macht Ève Curie deutlich, ist die Unabhängigkeit der Kolonien bereits auf dem Weg.

Im Flugzeug, nach Aufenthalten in Kairo, Khartum und Liberia, drückt ihr ein Mitreisender ein Exemplar der *New York Herald Tribune* in die Hand. Sie hat auf ihrer Reise keine einzige Zeitung gesehen und weiß auch nicht, wie ihre Artikel präsentiert worden sind. Diese Zeitung ist für sie ein Schatz. Auf der stundenlangen Reise liest sie wie in einem plötzlichen Anfall von Hunger jede Zeile, auch den Sportteil und die Kreuzworträtsel: Das ist Amerika, jedes einzelne Wort ruft die Erinnerung an dieses Land in ihr wach. Sie wird von einem Glücksgefühl erfasst, das sie nicht mit den anderen Passagieren teilen kann, die ihrerseits in Lektüre vertieft sind und dabei den Krieg, die Toten, die Verwundeten, die unerträgliche Hitze und die Front vergessen. In den Vereinigten Staaten hat Eleanor Roosevelt ihre Reportagen gelesen und ihre Erlebnisse mitverfolgt, wie man einen Krimi liest oder einen Western sieht. Die Gattin des US-Präsidenten erwartet sie. Nichts geht über ein Gespräch unter vier Augen. Ève hat so viel zu erzählen. Noch ein paar Zwischenstopps in diesen lauten Flugzeugen gilt es zu überstehen, doch jede Stunde bringt sie dem geliebten Land näher. Aus dem Fenster betrachtet sie den Himmel, der in zahlreichen Blautönen leuchtet, seine Wolken, seine unendliche Sanftheit.

Was für eine Wohltat, endlich in den USA zu landen! In den Straßen von Washington herrschen eine Energie und Vitalität, wie Ève sie schon lange nicht mehr erlebt hat. Es ist Mai 1942, die Luft riecht nach Frühling. Welch ein Kontrast zu Frankreich, wo ihre Schwester, ihr Schwager und deren Kinder unter der Besatzung leiden. Wieder einmal ist Ève zu Gast im Weißen Haus. Von ihrem Zimmer aus, das wieder dasselbe ist wie beim letzten Mal, blickt sie auf die Stadt, die Gärten, den Himmel. In wenigen Minuten wird Eleanor Roosevelt sie empfangen. Am nächsten Tag würde die First Lady in ihrer täglichen Kolumne *My Day* darauf eingehen: »[…] [E]s war äußerst interessant, von [Ève Curie] ihre Eindrücke von den verschiedenen Ländern zu erfahren, die sie auf ihrer außergewöhnlichen Reise besucht hat …«.[172] Sie zeigt sich beeindruckt von der Sachlichkeit und auch von der Nervenstärke, die Ève in den gefährlichen Momenten ihrer Reise bewahren musste, und schließt mit den Worten: »Ève Curie macht den Frauen alle Ehre.«[173]

Doch Mrs Roosevelt belässt es nicht bei einem Kompliment, sondern führt lange Gespräche mit der Tochter von Pierre und Marie Curie. Ihr ist wichtig, dass Ève von vielen Menschen gehört wird. Seit dem Angriff der Japaner auf Pearl Harbor kämpfen die amerikanischen Männer im Krieg, während die Frauen Fabriken und Betriebe am Laufen halten. Knapp einen Monat nach ihrer Rückkehr wird Ève von Eleanor Roosevelt eingeladen, in New York vor viertausend Zuhörerinnen und Zuhörern zu sprechen. Sie findet die richtigen Worte, um für Frankreich einzutreten und ihm seine Würde zurückzugeben: »Frankreich«, so beteuert sie vor einem aufmerksam lauschenden Publikum, »ist nicht zu einem kleinen Boot geworden. Es ist und bleibt ein Ozeanriese – aber ein Ozenariese in Scenot«. Die First Lady zollt ihr aufrichtigen Respekt, sie lobt ihre Sachlichkeit, ihren Scharfsinn, ihren analytischen Verstand und ihre Besonnenheit und schließt mit einer Bemerkung im feministischen Geist: »Als Frau empfinde ich immer Stolz, wenn Frauen sich in den Aufgaben, die ihnen übertragen wurden, so gut bewähren.«[174]

Ève tut diese Aufmerksamkeit gut, doch kommen ihr auch manchmal Zweifel. Nachdem sie die Welt bereist und sich allen möglichen Gefahren gestellt hat, kann sie von den USA aus, die ja durch Hitlers Bomben nicht unmittelbar bedroht sind, für die Sache de Gaulles kaum etwas tun. In Frankreich werden die Widerstandskämpfer verhaftet, deportiert, gefoltert und hingerichtet. Sie verspürt einen unbezwingbaren Tatendrang, will unbedingt noch mehr tun. Es ist an der Zeit, zu einer anderen Art des Kampfes für die Befreiung von der Besatzung überzugehen. Sie sieht nur eine Lösung: Sie muss sich in der Freiwilligenarmee des Freien Frankreichs engagieren, sich de Gaulle in London anschließen, eine Uniform tragen und kämpfen. De Gaulle schickt ihr einen Dankesbrief. Ein angesehener Name in seinen Truppen, eine berühmte Frau, die eine Vorbildfunktion ausüben kann. Was für eine großartige Gelegenheit!

In einem Trainingslager in England lernt sie, wie man einen Lastwagen steuert, sich tarnt, Funksprüche abhört, geheime Nachrichten übermittelt. Noch weiß sie nicht, welche Aufgabe sie bei der Rückeroberung Frankreichs haben wird. Doch das ist nicht so wichtig. Der Londoner Korrespondentin der *New York Times*, die ihr einen ganzseitigen Artikel widmet, vertraut sie an, wie stolz sie darauf ist, Teil dieses Kontingents von vierhundert Freiwilligen zu sein. Auf ihrer khakifarbenen Uniform prangt ein Lothringerkreuz, das Symbol der Freien Französischen Streitkräfte: »Wir müssen bereit sein, den Armeen zu helfen, die Frankreich befreien werden. Der beste Weg, dies zu tun, ist, in diesen Zeiten des Krieges in Uniform einem militärischen Kommando zu unterstehen. [...] Wir müssen die Dolmetscher zwischen dem französischen Volk und den alliierten Streitkräften sein.«[175] Auch wenn Ève davon nichts weiß, erhält General de Gaulle äußerst lobende Kommentare über sie. Aus der militärischen Ausbildung der Verbindungsoffiziere wird sie als Majorin hervorgehen. Sie hofft natürlich, an der Landung der Alliierten teilnehmen zu können, von der man noch nicht weiß, wann und wo sie stattfinden wird. Doch diesen Ehrgeiz muss sie schon bald aufgeben. General de Lattre de Tassigny bittet de Gaulle, ihm einen erstklassigen Verbindungsoffizier zur Seite zu stellen. Die Wahl fällt auf Ève, die sich unverzüglich nach Algier begeben muss.[176] Im Januar 1944 trifft sie dort im Generalstab ein. Die Kampfhandlungen rücken näher. Ève ist enttäuscht, nun doch nicht in der Normandie dabei zu sein, doch es warten andere Bewährungsproben auf sie. Sie kann es kaum erwarten. An der Befreiung Frankreichs mitzuwirken – das ist ihr ganzes Sinnen und Trachten.

Im Zweiten Weltkrieg – wie auch schon im Ersten – haben Frauen in Fabriken und Betrieben den Platz der Männer eingenommen und beweisen Tag für Tag, dass sie ebenso gut wie jene in der Lage sind, die wirtschaftliche Produktivität des Landes zu sichern. Die bekanntesten Pilotinnen, von denen einige Weltrekorde aufgestellt haben, melden sich freiwillig, um zivile oder Militärflugzeuge zu steuern. Doch die USA wollen ihre besorgte und verängstigte Öffentlichkeit auch ablenken. Die Filmmaschinerie in Hollywood läuft auf Hochtouren. Charlie Chaplin hat endlich seinen Spielfilm *Der große Diktator* herausbringen können; allerdings wurde er von konservativen amerikanischen Kreisen, die mit Deutschland Handelsbeziehungen unterhalten und hoffen, dass Hitler die Welt vom Bolschewismus befreien wird, sehr schlecht aufgenommen. Churchill dagegen hat gefordert, den Film in den Kellern von London und anderen englischen

Städten zu zeigen. Nicht zur Ablenkung, sondern vielmehr als Kriegswaffe.

Im November 1942 erhält Ève eine Ankündigung von Metro-Goldwyn-Mayer über deren Absicht, einen Film über die Begegnung ihrer Mutter mit Pierre Curie und die Liebesgeschichte der beiden Wissenschaftler zu drehen. Die Produzenten sind überzeugt vom Erfolg eines solchen Films, der von Èves Biografie *Madame Curie* inspiriert sein soll. Der Beginn der Dreharbeiten ist in einem Monat geplant. Man möchte, dass die Autorin dem Drehbuch zustimmt und sogar den Text einspricht. Die Stimme von Marie Curies eigener Tochter würde eine gute Werbung für den Film sein!

Doch diese ist wütend. Das Drehbuch ist voller historischer Fehler, Albernheiten und Auslassungen. Auch hat man Ève bei der Auswahl der Schauspieler übergangen, die über das Leben ihrer Mutter als Wissenschaftlerin nicht das Geringste wissen. Unter diesen Umständen, lässt sie die Produktionsfirma wissen, sei es ihr nicht möglich, an dem Projekt mitzuwirken. Außerdem würde ihre Schwester den Film nicht gutheißen. In den Jahren 1942 und 1943 kommt es zu weiteren Briefwechseln. MGM nimmt gewisse Änderungen am Drehbuch vor, während die Dreharbeiten laufen. Regisseur Mervyn LeRoy hofft, dass Ève nach diesen Gesprächen die Rolle der Erzählerin schließlich doch übernehmen wird. Sie lehnt hingegen erneut ab und verlangt von ihm, den Film mit dem Hinweis »inspiriert von der Biografie *Madame Curie*« zu versehen. Einen Monat später versucht der Produzent erneut, Ève dazu zu bringen, sich das Material anzusehen und ihre Meinung zu ändern. Doch da kennt er sie schlecht. Sie lehnt ab. Wie könnte sie einen Film unterstützen, in dessen Drehbuch mit keinem Wort oder Bild auf die Nobelpreise eingegangen wird, die Marie 1903 gemeinsam mit Pierre und 1911 allein erhielt?

Im Dezember 1943 kommt *Madame Curie* in die Kinos. Die amerikanischen Kritiker sind voll des Lobes, und der Film wird so erfolgreich, dass er in Hollywood mehrere Oscar-Nominierungen erhält, darunter auch für die Darsteller von Pierre und Marie. Letztendlich erhält er aber keine der begehrten Trophäen. Ein weiteres Problem würde später, zur Zeit der Befreiung, auftauchen. Angeblich ist Irène nicht darüber informiert worden, dass Ève die Filmrechte an ihrer Biografie über die Mutter verkauft hat. Die Ältere soll damit überhaupt nicht einverstanden gewesen sein, doch im Briefwechsel der beiden Schwestern findet sich kein Hinweis auf eine derartige Meinungsverschiedenheit.

Ein anderer Wunsch, der sich weder für Irène noch für Ève erfüllt, ist, die Befreiung von Paris mitzuerleben. Ève ist weit weg, bei den Freien Französischen Streitkräften. Die immer noch geschwächte Irène hat Paris verlassen und ist in das Dorf Le Russey in der Nähe von Besançon gezogen. So kann sich ihre Tochter Hélène in einer französischen Schule auf das Abitur vorbereiten. Doch die Kämpfe rücken immer näher an Paris heran, Irène fühlt sich mit ihren Kindern nicht mehr sicher. Sie dürfen keine Minute mehr verlieren und müssen versuchen, mit der Hilfe von Widerstandskämpfern in die Schweiz zu gelangen. Der Tag für die Bewältigung der letzten paar Kilometer vor der Schweizer Grenze erweist sich als gut gewählt: Am 6. Juni 1944 sind die deutschen Soldaten mit der Landung der Alliierten beschäftigt und kümmern sich nicht um französische Fußgänger. Die Schweizer jedoch sind misstrauisch. Irène, Pierre und Hélène werden von den Schweizer Behörden zusammen mit anderen Migranten, die man für verdächtig hält, in Gewahrsam genommen. Doch als sich erweist, dass Irène eine berühmte Wissenschaftlerin und Nobelpreisträgerin ist, darf die kleine Familie schon bald nach

Lausanne weiterfahren.[177] Dort verbringen sie drei Monate, weit entfernt von Paris, wo Frédéric Joliot-Curie im Widerstand sein Leben aufs Spiel setzt. Die Kommunisten sind die zahlenmäßig stärkste Gruppe, die unter Colonel Henri Tanguy den Aufstand vorbereitet. De Gaulle befürchtet, dass sie in Paris und damit in Frankreich die Oberhand gewinnen könnten. Ève Curie ist von ihrer Familie abgeschnitten und hat daher keinerlei Informationen über das, was sich anbahnt. De Gaulle als Anführer des Freien Frankreichs entsendet den neunundzwanzigjährigen General Jacques Chaban-Delmas, der später Präsident der Nationalversammlung sein wird, um die Widerstandstruppen in Paris zu bewerten. Viele von ihnen haben keinerlei militärische Ausbildung, und das angesichts von zwanzigtausend gut gedrillten deutschen Soldaten, die sich in der Stadt befinden.

Als Henri Tanguy am 19. August 1944 zum Aufstand aufruft, muss Frédéric Joliot-Curie in der schwülen Augusthitze zwei Koffer voller Sprengstoff zur Polizeipräfektur von Paris bringen, wo ein Aufstand der Polizei geplant ist. Seit mehreren Tagen trocknet Irènes Mann heimlich in den oben gelegenen Räumen des Collège de France 200 Kilogramm hochexplosive Schießbaumwolle. Da fallen Schüsse. Es besteht die Gefahr, dass die Sprengstofffasern in der Luft explodieren und die Widerstandskämpfer und auch ihn in den Tod reißen. Eine Katastrophe kann gerade noch verhindert werden. Sämtliche Vorräte für die Résistance, die Frédéric seit über einem Jahr im Collège de France lagert, müssen unverzüglich weggebracht werden, zumal die Deutschen einen anderen Teil des Gebäudes besetzt halten, ohne auch nur zu ahnen, dass diese renommierte Bildungseinrichtung auch als Basis und Umschlagplatz für die Résistance dient. Ein geschickter Schachzug.[178] Nachdem es Frédéric Joliot-Curie zu Beginn des Zweiten Weltkriegs gelungen war, die Vorräte an Schwerem Wasser aus Norwegen zu holen, wird er nun zu einem wichtigen

Akteur des Aufstands in der Pariser Polizeipräfektur. In dem feuchten Keller lässt er in leeren Alkoholflaschen eine Mischung zubereiten, die als »Joliot-Curie-Cocktail« in Erinnerung bleiben sollte. Diese »Cocktails« bestehen aus Komponenten, die nicht gezündet werden müssen, um ihre Zerstörungskraft zu entfalten und deutsche Panzer zu vernichten. Zweitausend Polizisten stürmen die Präfektur und hissen die französische Flagge auf der Notre-Dame auf der gegenüberliegenden Seite des Platzes, wo Belagerungszustand herrscht. Irène erlebt die Kämpfe aus der Ferne und mit zeitlicher Verzögerung mit; sie bangt um das Leben ihres Mannes. Aber auch wenn die Curie-Schwestern jetzt nicht in Paris sind: Frédéric Joliot-Curie bleibt dem Widerstandsgeist dieser Familie treu und macht ihm alle Ehre. Und bereits am 26. August 1944, also an dem Tag, an dem General de Gaulle und General Leclerc unter dem Jubel der Menge über die Champs-Élysées schreiten, wird Irènes Ehemann vom provisorischen Kommissar für das Erziehungswesen zum Direktor des CNRS, dem Nationalen Zentrum für wissenschaftliche Forschung, ernannt. Eineinhalb Jahre später wird er Hochkommissar für Atomenergie.

Frankreich kommt sehr schnell wieder in Gang, und auch Irène wird ihren Beitrag leisten können. Aber genau wie Frédéric ist sie besorgt. In fünf Jahren Krieg hat die Forschung in den angelsächsischen Ländern große Fortschritte erzielt. Das geschwächte Frankreich ist dagegen weit zurückgefallen, und Irène weiß nichts über die Ergebnisse der ausländischen Forschung. Auf sie und ihren Mann wartet eine gigantische Aufbauarbeit und gleichzeitig eine große und erfüllende Aufgabe.

Am 6. Juni 1944 ist Ève weit entfernt von der Normandie, wo sie als ausgebildete Offizierin so gerne mitgekämpft hätte. Sie ist bereits als Verbindungsoffizierin im Italienfeldzug aktiv. Wenige

Tage später stößt ihr Jeep unweit von Rom mit einem amerikanischen Sherman-Panzer zusammen. Der Jeep wird völlig zerstört, der Fahrer schwer verletzt. Auch Ève ist verletzt: Ihr Gesicht und ihre Lippen sind geschwollen, sie hat Hämatome und ein entzündetes Bein. Rasch wird sie in das wenige Tage zuvor befreite Rom gebracht und dort in eine Klinik eingeliefert, die von engagierten und geduldigen Schwestern geführt wird. Diese versuchen, die junge Armeeangehörige zu beschwichtigen, die unbedingt sofort zurück an die Front will, um zu kämpfen.

Nach und nach kommt sie wieder zu Kräften und bereitet sich bald auf eine andere Landung vor, die Landung in der Provence. Die Generalstabsoffiziere haben verstanden, dass man Ève nicht in ein Büro stecken kann. Was sie will, ist die physische Auseinandersetzung im Kampfgebiet. Man teilt sie dem Stab von General Diego Brosset zu, der nordwärts in Richtung Lyon und Elsass vorstoßen wird. Diego Brosset ist einer der Kommandanten der Freien Französischen Streitkräfte in Südfrankreich, ein herzlicher Mensch und äußerst talentierter Stratege, der bei seinen Truppen sehr beliebt ist und unter dem Ève Offizierin wird. Bereits am 27. Juni 1940, also eine Woche nach ihr, schließt er sich General de Gaulle an. Seine Erfolge sind beeindruckend. Ève folgt ihm bei der Landung in der Provence, dann beim Vorstoß nach Norden und bei der Befreiung, die schneller erfolgt als erwartet, nämlich am 3. und 4. September 1944 und schließlich am 8. September in Autun. Rasch schreibt sie einen Brief an ihre Schwester, mit der sie mehrere Jahre lang nicht korrespondieren konnte. In ihrer großzügigen und klaren Handschrift fasst sie ihre letzten vier Jahre beim Freien Frankreich, in den USA und bei den Kämpfen an der asiatischen Front zusammen, ohne die vielen Erlebnisse dieser Geschichte im Detail zu beschreiben oder ihre Kontakte zu den Schlüsselfiguren des Zweiten Weltkriegs – Churchill, Roosevelt, de Gaulle, Tschu

En Lai und vielen anderen – zu schildern. Es bleibt ihr nur wenig Zeit, um diesen Brief abzuschicken, denn schon muss sie wieder los, immer weiter Richtung Norden. Da betraut General Brosset sie mit einer historischen Mission. Nachdem er in seinem Jeep unter dem Jubel der Menge durch das befreite Dijon gefahren ist, möchte er eine aus Lyon stammende Tante besuchen. Er weist Ève an, die Verbindung zwischen den beiden Armeen herzustellen, der Armee, die gerade die Provence und Lyon befreit hat, und der zweiten Panzerdivision unter der Führung von General Leclerc, die gerade Paris befreit hat.

So viel Vertrauen ist eine große Ehre. Einige Offiziere erkennen Ève und machen Fotos von ihr. Sie unterhält sich mit ihnen, möchte, dass sie ihr von der Landung in der Normandie und der Befreiung von Paris berichten. Mit Bescheidenheit und Professionalität verfasst sie ihren Bericht als Verbindungsoffizierin, nach wie vor im Stab von General Diego Brosset. Doch Ende September erhält dieser einen Brief mit enttäuschendem Inhalt: Ève Curie muss ihren Dienst bei ihm quittieren, da sie zum Generalstab in Paris abkommandiert wird, eine große militärische Ehre und Verantwortung. Brosset bedauert dies zutiefst und schreibt an das Kabinett des Kriegsministers: »Mein lieber Masson, der Weggang von Leutnant Curie ist ein schwerer Schlag für mein 3. Bureau [...], auch wenn mir natürlich klar ist, wie nützlich sie an anderer Stelle sein kann [...]. Ich schätze sie sehr und weiß, was ich an ihr hatte, denn es ist nicht leicht, Offiziere zu finden, die gleichzeitig intelligent, ruhig, methodisch und gewissenhaft sind.«[179]

In den Jahren der deutschen Besatzung haben Irène und Ève kaum Nachrichten aus Warschau erhalten, und vielleicht ist das auch besser so. Dort tobt der Krieg, und auch das Radium-Institut ist nicht verschont geblieben. Im August 1944 dringen etwa 100 SS-Männer dort ein, wie Natacha Henry berichtet: »Im

Innern befinden sich 90 Kranke und 80 Mitarbeiter oder Familienangehörige [...]. Die SS-Leute zerschlagen und beschmutzen die Einrichtung, misshandeln und vergewaltigen die Menschen. Als sie entdecken, dass sich einige im Keller und in den Kaminen versteckt haben, legen sie Feuer in dem Institut, das Bronia einst mit so viel Leidenschaft geplant hat. Von einhundertsiebzig Personen überleben drei.«[180] Das Gramm Radium, das Marie 1929 von ihrer zweiten USA-Reise mitgebracht hatte, kann gerettet werden. Als Irène und Ève nach dem Krieg von der Zerstörung des Radium-Instituts erfahren, setzen sie sich mit ganzer Kraft für seinen Wiederaufbau ein. Trotz aller Widrigkeiten geben sie nicht auf. Von einer Generation zur nächsten ist Aufbauen und Wiederaufbauen immer wieder das Motto der Curie-Frauen.

8

EINE VOM KALTEN KRIEG
ZERRISSENE FAMILIE

Zurück in Paris genießt Ève das Gefühl der Freiheit, die unter so vielen Opfern zurückerobert wurde. Sie war im Krieg, ebenso wie ihre Mutter und ihre Schwester, die zwischen 1914 und 1918 so vielen Menschen das Leben gerettet haben. Während sie in ihrem Jeep zwischen Invalides und Trocadéro unterwegs ist, erhascht sie einen kurzen Blick auf den Eiffelturm, auf dem Hitler sich unbedingt fotografieren lassen wollte, um Frankreich noch mehr zu demütigen. Ein paar Straßen weiter in dieser zerstörten und mit Trümmern angefüllten Stadt fährt sie die Avenue Mozart hinunter, biegt nach links ab und steht plötzlich vor ihrem Wohnhaus in der Rue des Vignes. Schnell steigt sie aus und spürt ihr Herz heftig schlagen. Angstvoll steckt sie den Schlüssel ins Schloss, doch die Tür ist von den Deutschen aufgebrochen, die Wohnung demoliert worden. Die Nazis haben ihre Möbel gestohlen und verkauft. Ihre Sachen sind verschwunden. Vielleicht fällt ihr in diesem Moment Tolstois Haus im fernen Russland ein, das die Deutschen verwüstet haben, mit Lagerfeuern auf dem Fußboden? Sie hatte geglaubt, für diesen Moment gewappnet zu sein. Doch nun trifft sie der Schock mit aller Macht. Wie richtig war es doch von ihr, zu kämpfen! Bald schon werden Frankreich und Europa vom Joch der Nazis befreit sein.

Ève hat nun keine Arbeit mehr. Eine ungewisse Zukunft liegt vor ihr. Was soll sie tun? Bereits im November 1944 gründet sie mit ihrem Freund Philippe Barrès die gaullistische Zeitung *Paris-*

Presse. So beschäftigt sie sich erneut mit dem Tagesgeschehen. Am 18. Juni 1945 wird sie eingeladen, im Rundfunk zu sprechen – diesmal allerdings nicht bei der BBC, sondern auf Radio France. Sie soll über ihre Rückkehr ins Hauptquartier des Freien Frankreichs in London berichten. Das Archivmaterial ist nämlich mit einem Schiff untergegangen, das von einem deutschen U-Boot versenkt wurde.

Doch auf die beiden Schwestern warten noch weitere Schreckensmeldungen. Am 6. und 9. August 1945 werden zwei Atombomben auf Hiroshima und Nagasaki abgeworfen. Irène und Ève haben denselben Gedanken: Zum Glück hat ihre Mutter diese Tragödie nicht miterleben müssen. Ève wird sogar gegenüber der Presse erklären, dass die Kernenergie dazu diene, Menschenleben zu retten und nicht zu töten. Von der Welt der Forschung, wie ihre Eltern sie zu Beginn des 20. Jahrhunderts gekannt haben, scheint man inzwischen weit entfernt zu sein …

Obwohl Ève ihre Schwester jahrelang nicht mehr gesehen hat, weiß sie, dass diese den Kommunisten inzwischen noch nähersteht als zuvor. Sie hat von ihren gaullistischen Freunden erfahren, dass Irène der *Union des femmes françaises* beigetreten ist, die aus den kommunistischen Frauenkomitees der Résistance hervorgegangen ist und am 21. Dezember 1944 auf Initiative der Kommunistischen Partei Frankreichs auf einem Kongress gegründet wurde. Im November 1944 zählte diese Organisation 180 000 Mitglieder, im September 1945 waren es bereits 627 000. An ihrer Spitze stand Jeannette Vermeersch, die Lebensgefährtin und Mutter der Kinder von Maurice Thorez, dem Generalsekretär der Kommunistischen Partei Frankreichs. Er selbst war kein Vorbild für den Widerstand, da er es vorzog, während des Krieges nach Moskau zu flüchten, um dem deutsch-sowjetischen Nichtangriffspakt zwischen Hitler und Stalin treu zu bleiben. Während manche Kommunisten in die Résistance eintraten, nachdem Hitler 1941 den Pakt gebrochen hatte, blieb Maurice Thorez während des gesamten Krieges in der Sowjetunion.

Nach der Befreiung erringt die Kommunistische Partei, unterstützt von Stalin, bei den Wahlen 26 % der Stimmen und schafft es, Einfluss auf die von General de Gaulle gebildete provisorische Regierung zu nehmen, die um des sozialen Friedens willen gezwungen ist, vier kommunistische Regierungsmitglieder zuzulassen. Jeannette Vermeersch gewinnt erneut an Einfluss und wird zu einer zentralen Figur in den Debatten, insbesondere, wenn es um Frauenrechte geht. Zu den Gründerinnen der Frauenunion gehört auch Eugénie Cotton, Freundin der Joliots, die 1945 Präsidentin der neu geschaffenen Internationalen Demokratischen Frauenföderation und einige Jahre darauf Vizepräsidentin des Weltfriedensrats werden wird. Die Kommunisten haben inzwischen sehr geschickt prosowjetische und prokommunistische Interessen- und Agitationsgruppen gebildet, wie sie auch in der Sowjetunion existieren. Ève ist besorgt, denn Irène scheint unter deren Einfluss zu stehen. 1945 reist die ältere Schwester nach Moskau und schreibt ihre dort gewonnenen Eindrücke nieder (»Impressions d'URSS«), die im September 1945 umgehend in der kommunistischen Zeitschrift *Femmes françaises* veröffentlicht werden. Irène ist begeistert von den Maßnahmen der Sowjetunion zur Emanzipation und Gleichstellung der Frauen, die Zugang zu allen Berufen haben, egal ob sie mit physischer oder geistiger Arbeit verbunden sind. Viele Frauen sind Ärztinnen, was in den westlichen Ländern der Nachkriegszeit eher eine Seltenheit ist. Irène gibt sich der Illusion hin, dass für feministische Ziele in der Sowjetunion nicht mehr gekämpft werden müsse, da die Gleichberechtigung ja schon erreicht sei. Wenn man sich vor Augen hält, dass es den sowjetischen Frauen an allem fehlte, erscheinen ihre Äußerungen ausgesprochen naiv. Diese Naivität wurde damals allerdings von einer großen Mehrheit der französischen Intellektuellen geteilt, die sich von einer an theoretischen Diskursen überreichen Propaganda betören ließen.

Auf dem Kongress der *Union des femmes françaises* erklärt Irène am 18. November 1944: »Alle Frauen müssen Zugang zu Bildung erhalten, auch zu politischer Bildung, denn sie verfügen über Scharfsinn, Einsatzbereitschaft und gesunden Menschenverstand.«[181] Bildung ist für sie auch deswegen ein so zentraler Aspekt, weil sie den Mangel an Bildung als Ursache dafür ansieht, dass die nationalsozialistischen und antisemitischen Theorien bei sehr vielen deutschen Frauen so populär waren. Jahre später führt sie das Beispiel ihrer Mutter ins Feld, um ihre feministischen Positionen zu begründen. In ihrem im Dezember 1954 veröffentlichten Artikel »Marie Curie, meine Mutter« schreibt sie: »Es gab Themen, zu denen meine Mutter eine absolut kompromisslose Meinung vertrat. Zum Beispiel war sie überzeugt, dass Frauen die gleichen Rechte und im Übrigen auch die gleichen Pflichten haben müssen wie Männer […]«.[182] Und in einem im Mai 1954 in *Heures claires* erschienenen Artikel erklärt sie: »Damit die Frau die Gleichstellung mit den Männern erringt, ist es notwendig, unerlässlich, dass sie das Recht hat, am politischen Leben des Landes teilzunehmen.« Gewiss ist es ihr Status als Nobelpreisträgerin, aber auch der als Ehefrau und Mutter, der die Kommunisten beschwichtigt. Irène findet auch, dass die in der Sowjetunion erreichte Gleichstellung der Frauen eine Inspiration für die französischen Frauen sein müsse, insbesondere für die »Kleinbürgerinnen«. In ihren letzten Lebensjahren wird die ältere Curie-Schwester allerdings von den kommunistischen Positionen zu Frauenrechten abrücken, nämlich als sich Jeannette Vermeersch gegen frei verkäufliche Verhütungsmittel ausspricht. Im Gegensatz zu ihr ist Irène eine Verfechterin der sexuellen und reproduktiven Gesundheit und der damit verbundenen Rechte.

Ève aber bleibt skeptisch gegenüber diesen Erklärungen, die sie für Propaganda hält, und ist besorgt angesichts der Schwärmerei ihrer Schwester und ihres Schwagers für die stalinistische Diktatur. Gewiss, den Mut der sowjetischen Frauen während der schrecklichen Belagerung von Leningrad – dem heutigen Sankt Petersburg – und während des Russlandfeldzugs hat sie nicht vergessen. Aber von französischen Diplomaten in Moskau weiß sie, dass es den sowjetischen Frauen an allem fehlt, angefangen bei elementaren Hygieneartikeln, Seife, Binden, Medikamenten, ganz zu schweigen von Haushaltswaren, Waschmittel, Warmwasser, Badezimmern. Schlüsselpositionen werden nicht von Frauen besetzt, sondern von Männern, die die Kontrolle über die Frauen ausüben. Junge Mädchen werden für den Eintritt in die Partei angeworben, und ihre Rolle als zukünftige Mütter wird unterstrichen, gleichsam als Symbol für die Mutter Erde. Trotz aller revolutionärer Reden hat sich nur sehr wenig zugunsten der Frauen verändert, und das heutige Russland ist alles in allem nach wie vor konservativ.

Ève befürchtet, dass das Engagement ihrer Schwester, die der Kommunistischen Partei nahesteht, und ihres Schwagers, der Mitglied dieser pro-bolschewistischen Partei ist, ihre Berufsaussichten bei gaullistischen oder amerikafreundlichen Arbeitgebern beeinträchtigen könnte. Sie, die keine Position an einer Hochschule innehat, muss sich eine – höchstwahrscheinlich unsichere – Stelle in der freien Wirtschaft suchen. Und als Ève in Philadelphia weilt, um einen Vortrag über die Arbeit ihrer Mutter und ihrer Schwester zu halten, reist auch Irène nach Amerika. Die Jüngere ist zutiefst beunruhigt. Was hat die Schwester in einem Land zu suchen, das sie ablehnt, wo sie sich doch der Sowjetunion und Stalin so nahe fühlt?

Es ist ein kühler, grauer Tag, als Irène im März 1948 am New Yorker Flughafen La Guardia aus dem Flugzeug steigt. Die ältere Curie-Tochter wird erwartet. Nicht nur vom Hilfskomitee für antifaschistische Flüchtlinge, dessen Ehrenvorsitzender Pablo Picasso ist – Spanier, Kommunist und Maler von *Guernica*. Auch prominente Linke, Anhänger der Kommunistischen Partei der USA, sind gekommen, um sie zu begrüßen. Doch sie sind nicht allein. Auf Irène warten auch einige Zollbeamte. Obwohl sie von der US-Botschaft in Paris ein Visum für zwei Wochen erhalten hat, wird ihr die Einreise in die USA verweigert. Man verhört sie, überprüft ihre Identität und den Grund für ihre Reise. Die Nobelpreisträgerin hat wohl vergessen, dass an der Spitze des FBI J. Edgar Hoover steht, der Jagd auf Kommunisten macht. Darüber hinaus hegt Präsident Harry Truman nicht die gleichen Sympathien für die Familie Curie wie Franklin und Eleanor Roosevelt. Irène ist fassungslos. Sie wird nach Ellis Island gebracht, weil sie angeblich die Sicherheit der Vereinigten Staaten gefährdet. Die Insel in der Nähe der Freiheitsstatue war in der ersten Hälfte des 20. Jahrhunderts für Millionen von Einwanderern das Tor, durch das sie in die USA gelangten. Welch sonderbarer Ort für eine Nobelpreisträgerin mit einem angesehenen Namen, die daran gewöhnt ist, dass ihr überall auf der Welt Anerkennung und Jubel zuteilwerden.

Für den amerikanischen Geheimdienst jedoch ist sie eine seit mehreren Jahren von den Kommunisten beeinflusste und daher gefährliche Person. Beim FBI befasst sich Edgar Hoover mit dem Fall. Wie kann Irène Joliot-Curie es wagen, zu einem Treffen mit Mitgliedern einer als staatsgefährdend geltenden Vereinigung zu kommen? Gleichzeitig pflegen die USA beste Beziehungen zum faschistischen Franco-Regime. Glücklicherweise alarmiert ein französischer Diplomat der Ständigen Vertretung Frankreichs bei den Vereinten Nationen, der zu ihrem Empfang gekommen ist, unverzüglich den französischen Botschafter in Washington. Am nächsten Morgen wird Irène dank seiner Intervention freigelassen.

Ève, die sich zu jener Zeit in Philadelphia aufhält, ist ratlos. Irènes Verhaftung droht ihren Ruf als Verbündete Amerikas zu zerstören, dem sie die Unterstützung durch die Roosevelts verdankt. Anlässlich einer Veranstaltung zu Ehren ihrer Mutter befürchtet sie, die Journalisten könnten ihr unangenehme Fragen über ihre Schwester stellen. Sie, die sich von den Gefahren für Leib und Leben, denen sie während des Zweiten Weltkriegs ausgesetzt war, nie hat beirren lassen, gerät nun in Panik. Sie schreibt einen Brief an eine ihrer Freundinnen, die angesehene Zeitungsverlegerin Helen Rogers Reid, die auch schon andere Journalistinnen gefördert hat. Ihr gegenüber nimmt sie kein Blatt vor den Mund:

»In Wahrheit sind meine Beziehungen zu meiner Schwester und ihrem Mann nicht gut und haben sich erheblich verschlechtert: Wir sehen uns zwei- bis dreimal im Jahr, ich vermeide es, mit ihnen über Politik zu diskutieren, und aus anderen Quellen weiß ich, dass mein Schwager überall herumerzählt, meine Zeitung sei ›von Amerika gekauft‹ worden. Diese Dinge sollten allerdings nicht öffentlich gemacht werden, schon gar nicht in einem fremden Land, in dem nun meine Schwester selbst in Schwierigkeiten geraten ist. Mir blutet das Herz, wenn ich an meine arme Mutter denke, deren Andenken nun in all das hineingezogen wird.«[183]

Ève ist bereit, sich zu verteidigen und daran zu erinnern, mit welcher Entschlossenheit sie gegen den Kommunismus eingetreten ist und Amerika unterstützt hat, und zwar seit jeher, wie ihr Einsatz für die Alliierten während des Krieges beweist, falls ein solcher Beweis nötig sein sollte. Die Reise nach Philadelphia hat sie aus einem ganz und gar unpolitischen Grund unternommen, nämlich, um über das Werk ihrer Mutter zu sprechen. Doch tatsächlich muss sie sich vor neugierigen Journalisten rechtfertigen. Sie verweist darauf, dass sie und ihre Schwester die oft zahlreichen offiziellen Verpflichtungen untereinander aufteilen und sie getrennt besuchen.

Unterdessen stellt sich Irène in New York nach ihrer Freilassung den Fragen der amerikanischen und ausländischen Journalisten. Dabei bleibt sie ruhig und gelassen. Mit klarer Stimme erklärt sie, dass sie auf Ellis Island gut behandelt worden sei, zögert aber nicht, die amerikanische Politik zu kritisieren, die Faschisten besser schütze als Antifaschisten. Trotz dieser mitten im Kalten Krieg doch sehr heiklen Äußerungen bezüglich der US-Behörden wird ihr eine Vortragsreise durch das Land gestattet. Zuvor besucht sie in Princeton, der hübschen Universitätsstadt südlich von New York, Albert Einstein in seinem weiß gestrichenen Haus in der Mercer Street. Das an diesem Abend entstandene Foto, das die beiden Seite an Seite zeigt, geht um die Welt. Irène wird nicht mehr behelligt, auch wenn einige Journalisten ihr mit Misstrauen begegnen.

Ève kehrt bekümmert aus Philadelphia nach Paris zurück. Der Bruch zwischen den beiden Schwestern ist vollzogen. Sie haben sich nichts mehr zu sagen. Ève denkt an ihren Neffen und ihre Nichte. Ohne regelmäßigen Kontakt wird sie keine enge Beziehung zu ihnen pflegen können. Ève ist traurig. Da sie selbst keine Kinder hat, hätte sie Pierre und Hélène gerne öfter gesehen, sie in ihr eigenes Leben einbezogen, sie umsorgt, ihnen Zuwendung und Unterstützung entgegengebracht. Dieser Traum rückt nun in weite Ferne. Das Jahr 1948 ist schwierig für sie.

Und auch besorgniserregend. In den USA löst das französische Wahlergebnis Ende September Bestürzung aus. Dreißig Prozent der Sitze in der Nationalversammlung gehen an die Kommunisten. Die Partei von Maurice Thorez, die den Sowjets verbunden ist, wird zur größten politischen Kraft in Frankreich. Die amerikanische Führung, allen voran Präsident Truman, hält es für nicht mehr vertretbar, Frédéric und Irène Joliot-Curie auch nur die geringsten Informationen zukommen zu lassen, da man die Entwicklung einer französischen Atombombe befürchtet. Man hält die beiden für imstande, wissenschaftliche Geheimnisse an die Sowjets zu verraten. Daher begegnet man ihnen mit dem allergrößten Misstrauen.

Die Wahlergebnisse stürzen auch Ève in große Nöte. Der Sieg der Kommunistischen Partei, die das Gegenteil ihrer gaullistischen und proamerikanischen Überzeugungen repräsentiert, könnte die Auflage ihrer gaullistischen Zeitung gefährden. Ohne akademische Karriere oder Beamtenlaufbahn ist ihre Zukunft mehr als ungewiss, umso mehr, als sie unverheiratet ist. An wen soll sie sich nun wenden? Welchen beruflichen Weg einschlagen? Sie ist ratlos.

Irènes berufliche Karriere entwickelt sich dagegen nach dem Krieg endlich so, wie es ihrem Talent entspricht. Bereits 1937, nach der Wahl ihres Mannes zum Professor am Collège de France, war sie auf die dadurch freigewordene Dozentenstelle befördert worden. Doch 1945 folgt eine weitere Beförderung: Irène wird endlich zur ordentlichen Professorin an der Pariser naturwissenschaftlichen Fakultät ernannt, was eigentlich schon zehn Jahre früher hätte geschehen müssen, da es in Frankreich schon immer gängige Praxis war, jedem nobelpreisgekrönten Franzosen sehr schnell eine Universitätsprofessur zu geben. 1946 schließlich geht André-Louis Debierne als Leiter des Radium-Instituts in den Ruhestand, und Irène wird seine Nachfolgerin.

Im Privatleben wird Irène eines Tages allerdings mit einer Begegnung konfrontiert, die sie nicht so schnell vergessen wird. In ihrem Haus in Antony am Rande des Parks von Sceaux haben sich zu einem besonderen Anlass bereits zahlreiche Gäste eingefunden. Da geht die Tür auf, und eine Besucherin tritt ein, vor der sich Irène schon im Voraus gefürchtet hat. Doch die alte Dame lächelt freundlich, tauscht Höflichkeiten aus und nimmt vornehm Platz. Langsam und mit klopfendem Herzen geht Irène auf sie zu. Wird sie, die Lügen und Heuchelei nicht ertragen kann, die Kraft haben, sich diplomatisch zu verhalten?

Die alte Dame bleibt ruhig, auch für sie ist es ein heikler Moment. Die beiden, die sich hier gegenüberstehen, umringt von den anderen, wie gelähmt dastehenden Gästen, sind Irène Curie und Paul Langevins Witwe – die Frau, die 1911 in der Presse Marie Curies Ruf zerstört hat, die Frau, die Marie gedemütigt und der damals vierzehnjährigen Irène Angst gemacht hat, als diese gezwungen war, unter den Anfeindungen der Schaulustigen, die »die Polin« als Diebin eines französischen Ehegatten beschimpften, aus ihrem Haus zu fliehen. Aber warum ist Jeanne Langevin zu den Joliot-Curies eingeladen worden? Diese Person, die trotz allem eine perfekte Erziehung genossen hat, ist die Großmutter von Michel Langevin, der sich an diesem Tag im November 1948 mit Hélène Joliot-Curie vermählt. Es hätte sich nicht gehört, die Großmutter nicht einzuladen. Dennoch ist Irène hin- und hergerissen. Ist es nicht ein Verrat an Maries Andenken, diese Frau unter ihrem Dach zu empfangen? Nach ein paar Stunden, in denen es zu keinem Eklat kommt, begleitet Irène Jeanne Langevin bis ans Gartentor, wo die alte Dame mit einem wohlerzogenen Lächeln schließlich entschwindet. Als die Tür geschlossen ist, so erinnert sich ihre Tochter Hélène, entfährt Irène ein Stoßseufzer der Erleichterung. Plötzlich beginnt sie zu lachen, zu scherzen, mit ihren Gästen zu plaudern und sich über diese Heirat zu freuen. Endlich kann sie wieder sie selbst sein.

Auch die Verbindung dieser beiden Jungvermählten ist eine Ehe unter Wissenschaftlern; der Familiengeist lebt weiter. Die Physikstudentin Hélène hat Michel Langevin während ihres Studiums an der École Municipale de Physique et de Chimie Industrielles de la Ville de Paris kennengelernt – jener Hochschule, deren Absolvent ihr Vater, Frédéric Joliot-Curie, war und an der ihre Großeltern, Pierre und Marie Curie, das Radium entdeckt haben. Hélène schließt ihr Studium im darauffolgenden Jahr als Jahrgangsbeste ab. 1956 wird sie ihre Doktorarbeit verteidigen und später die Abteilung für Kernphysik am Institut für Kernphysik in Orsay leiten; von 1981 bis 1985 ist sie Vorsitzende der Kommission für Kernphysik. So widmet sich eine Curie-Generation nach der anderen der Wissenschaft und der Forschung – mit Leidenschaft und Freude. Denn, wie Hélènes Bruder Pierre Joliot-Curie später schreiben wird, die Forschung ist vor allem eins: ein Vergnügen. Selbst Ève, die so weit von dieser Welt entfernt ist, versteht das.

Noch mehr Blumen treffen ein, ein wunderschöner Strauß. Eleanor Roosevelt, die eine Suite im Hotel de Crillon an der Place de la Concorde direkt gegenüber der amerikanischen Botschaft bewohnt, liest die Karte und lächelt. Sie ist von Ève Curie, dieser bewundernswerten Frau, die sie im Laufe des Zweiten Weltkriegs mehrmals im Weißen Haus empfangen hat und die sie aufgefordert hat, vor Tausenden von Amerikanern zu sprechen, um die Sache des Freien Frankreichs zu verteidigen und für ein Eingreifen der USA in dem Konflikt mit Hitler zu werben. Wie faszinierend fand sie die Biografie über Èves Mutter, die noch vor dem Krieg auf Englisch veröffentlicht wurde. Alles an der Familie Curie gefällt der Roosevelt-Witwe. Sowohl die Mutter als auch die beiden Töchter haben ihr Leben selbst in die Hand genommen, sodass ihre Träume in Erfüllung gingen und sogar übertroffen wurden. Haben gezeigt, dass Frauen gleichzeitig Wissenschaftlerinnen, Mütter und Kämpferinnen sein können.

Die ehemalige First Lady tritt an das Panoramafenster und lässt ihren Blick in die Ferne schweifen, wo sie auf der anderen Seite der Seine das Parlamentsgebäude und rechts davon die Brücke Pont Alexandre III sowie den Eiffelturm sehen kann. Doch sie verweilt nicht lange. Es ist der 9. Dezember 1948, und draußen weht ein schneidender, eiskalter Wind. Eleanor Roosevelt ist aufgewühlt, denn am folgenden Tag wird sie von den Mitgliedstaaten der Vereinten Nationen die Allgemeine Erklärung der Menschenrechte verabschieden lassen. Die Ausarbeitung dieser Erklärung ist langwierig und mühsam gewesen. Als Vorsitzende des Redaktionskomitees für die Erklärung musste sie an zahlreichen Sitzungen in der ganzen Welt teilnehmen und dafür kämpfen, dass die Frauen in dem Text nicht einfach übergangen, sondern klar und deutlich erwähnt werden. Sie denkt an eine andere Frau, die sie hier wiedersehen wird und die eine wichtige Rolle in der Geschichte der indischen Unabhängigkeit gespielt hat, von ihrem Land aber der Vergessenheit anheimgegeben wurde. De facto zählen einzig und allein Nehru und Gandhi, diese beiden großen Männer, die die Geschichte Indiens durch ihre Beharrlichkeit, ihren Mut und die zahlreichen Inhaftierungen unbestritten geprägt haben. Doch Seite an Seite mit ihnen kämpfte eine Frau namens Hansa Mehta, die ebenso mutig und engagiert war wie sie, die gleichfalls von den Briten verhaftet wurde und die den Vorsitz im Redaktionskomitee der neuen indischen Verfassung führen wird. Hansa Mehta – ein Name, den Frauen auf der ganzen Welt kennen sollten.

Eleanor Roosevelt denkt an die Frau, die darauf bestand, im Text der Erklärung die Formulierung »all men« durch »all hu-

man beings« zu ersetzen. Andernfalls hätten die indischen Män-
ner behauptet, dass sich die Erklärung nicht auf die indischen
Frauen beziehe. Es bedurfte fast eines ganzen Jahres zusätzlicher
Verhandlungen, um diese neuen Begriffe durchzusetzen. Die
Frauen der Welt werden allerdings nicht erfahren, was sie Han-
sa Mehta zu verdanken haben. Diese Grande Dame der indischen
Unabhängigkeit und der Menschenrechtserklärung ist eine der
Vergessenen der Menschheitsgeschichte. Heute wissen selbst jun-
ge Inder und Inderinnen nichts über sie und ihre Errungenschaf-
ten.

Eleanor Roosevelt ist sich darüber im Klaren, dass nur die
Namen von Männern Eingang in die Geschichte finden. Die Ver-
abschiedung der Allgemeinen Erklärung der Menschenrechte am
10. Dezember 1948 vor dem Eiffelturm, wo Hitler sich im Juni
1940 fotografieren ließ, ist ein hervorragendes Symbol für die
Rückkehr der Demokratien weltweit. Die Curie-Schwestern sind
zwar in Paris, nehmen aber an der Konferenz der Vereinten Nationen nicht teil. Ève wird mit Eleanor Roosevelt bis zu deren
Tod im November 1962 einen Briefwechsel pflegen. Auch nutzt
die jüngere Curie-Schwester jede sich bietende Gelegenheit, um
die ehemalige First Lady in ihren Vorträgen und Interviews zu
würdigen.

Irène will trotz der heimtückischen und zermürbenden Krankheit nicht aufhören zu arbeiten. Der Aufbau des Kommissariats
für Atomenergie (CEA) steht an, aber auch neue Experimente
am Radium-Institut. Seit 1946 ist sie als Nachfolgerin von André-
Louis Debierne Direktorin dieses Instituts, das von ihrer Mutter gegründet und geleitet wurde. Durch ihre wiederkehrende
Bronchitis und ihre Erschöpfungszustände lässt sie sich nicht
beirren, ihr Lebensinhalt ist die Arbeit. Und weil sie spürt, dass
ihre Tage gezählt sind, dass ein unerwartet heftiger Krankheits-

schub sie niederwerfen könnte, will sie unbedingt vorankommen, vor allem in der Kernforschung. Dennoch nimmt sie sich die Zeit, mit jedem Mitglied des Instituts über seine Forschungsarbeiten zu sprechen. Alle ihre ehemaligen Mitarbeiterinnen und Mitarbeiter haben bestätigt, wie zugewandt und wohlwollend sie stets war, auch wenn sie auf den ersten Blick eher schroff wirkte.

Irène, die sich nach wie vor für die Frauenrechte einsetzt, insbesondere für den gleichberechtigten Zugang von Frauen zu einem Beruf ihrer Wahl, ist eine der sechs Kommissar*innen in dem von de Gaulle neu geschaffenen Kommissariat für Atomenergie, als ein Skandal ausbricht, der einen Meilenstein im Kampf der französischen Frauen für die Gleichberechtigung markiert. Im Frühjahr 1949 sorgt ein neues Buch in den Cafés für Gesprächsstoff. Der erste Band von Simone de Beauvoirs *Das andere Geschlecht* kommt heraus und erschüttert die öffentliche Meinung, die Parteien und die Kirche in Frankreich. Wie kann man es wagen, das von Natur aus unterwürfige und bescheidene Wesen der Frau infrage zu stellen? Wie kann man es wagen, die illegalen Abtreibungen anzuprangern, die jedes Jahr in Frankreich verheerende gesundheitliche Folgen für viele Frauen haben, insbesondere wenn sie in prekären Beschäftigungsverhältnissen tätig sind, wie Arbeiterinnen oder Bäuerinnen, aber auch für Frauen in Dienstleistungsberufen? Wie kann man es wagen, die Ehe als zweite Unterwerfung einer Frau unter einen Mann nach der Unterwerfung unter den Vater zu definieren? Während von manchen Journalisten behauptet wird, die Gleichberechtigung der Geschlechter sei ein nunmehr gelöstes Problem, zeigt diese Philosophin, deren offene Beziehung mit Jean-Paul Sartre sowohl Abscheu als auch Faszination hervorruft, mit dem Finger auf einen Zustand der Entfremdung. Simone de Beauvoir schreibt stundenlang in ihrem kleinen Zimmer im Hotel La Louisiane in der Rue de Buci, nahe des belebten Marktes. Sie muss nur wenige Hundert Meter weit gehen, um zu den Terrassen des Café de Flore und des Café des Deux Magots zu gelangen. Auf den mit Leder bezogenen Sitzbänken des Deux Magots, über denen zwei chinesische Figuren an der Wand thronen, nimmt Simone de Beauvoir Korrekturen an der Endfassung ihres Essays vor, den sie in Briefen an ihren amerikanischen Geliebten Nelson Algren »ein kleines Buch über Frauen« nennt. Ein kleines Buch, das zu einem der meistübersetzten Essays der Welt werden sollte und auch nach über siebzig Jahren noch in neue Sprachen übertragen wird, insbesondere in Asien.

Die Publikation missfällt der Kirche und den gläubigen Katholiken, aber auch anderen französischen Schriftstellern und Intellektuellen wie Albert Camus – »Sie haben den französischen Mann lächerlich gemacht« – und Kommunisten gleichermaßen. »So konstatierte sie, dass die Rechte das Buch nur ablehnen könne und sie hoffe, dass es im Lager der Linken positiver aufgenommen werden würde.«[184] Ein verhängnisvoller Irrtum! In vielen Punkten schließt sich 1949 die kommunistische der katholischen Moral an. Was beispielsweise das Thema Abtreibung angeht, so ist schon das Wort tabu, obwohl so viele Arbeiterinnen, die der Kommunistischen Partei nahestehen, heimlich abtreiben. Die Zahl der illegalen Schwangerschaftsabbrüche in Frankreich wird auf mehrere Hunderttausend pro Jahr geschätzt, wenn nicht sogar noch mehr. Dafür, dass Simone de Beauvoir es wagt, die Ehe zu kritisieren, hätten Maurice Thorez und Jeannette Vermeersch eigentlich Verständnis haben können; immerhin hatten sie zusammen bereits drei Kinder, bevor sie ihre Verbindung legalisierten. Jeannette Colombel, die damals noch Jeannette Prenant heißt und die Tochter eines ehemaligen französischen Kommunistenführers ist, greift den Essay scharf an und bezieht sich dabei auf Lenin: Beauvoir analysiere »die

Reaktionen des Kleinbürgertums durch die Zerrspiegel einer Philosophie des Ekels« und drücke damit in Wirklichkeit Geringschätzung für die Frauen aus.

Doch vor allem ist es die Infragestellung der angeblichen Mutterpflicht jeder Frau, die die Kommunistische Partei erzürnt, wo doch die Frau in erster Linie Mutter ist. Diesen Punkt fand möglicherweise auch Irène Joliot-Curie irritierend. Ebenso wie Marie Curie ist auch sie der Ansicht, dass es wichtig ist, für ein Gleichgewicht zwischen dem Leben als Mutter und als berufstätige Frau zu sorgen. Simone de Beauvoir wird vorgeworfen, dass sie weder mit dem Philosophen Jean-Paul Sartre verheiratet noch Mutter ist und dass sie es wagt, das Recht zu beanspruchen, sich gegen das Kinderkriegen zu entscheiden. Für die Kommunisten, so formuliert es Colombel, »zeigt dies, in welchem Maß die Existentialistin, die sich in einem monströsen Individualismus abgekapselt hat, unfähig ist, das natürlichste Gefühl aller Frauen zu empfinden«.[185] Diese beiden großen französischen Feministinnen des 20. Jahrhunderts, Irène Joliot-Curie und Simone de Beauvoir, hatten leider nie die Gelegenheit, sich zu begegnen oder sich auszutauschen.

Während die Sowjetunion und die Vereinigten Staaten neue Atomprogramme auf den Weg bringen und damit eine potenzielle Konfrontation vorbereiten, wünschen sich die Menschen überall auf der Welt vor allem Frieden. Ein Wort, das in den Herzen und in den Häusern widerhallt und das jeder versteht. Ein Wort, das daran erinnert, dass der Zweite Weltkrieg mit all seinen Gräueln noch sehr präsent ist. Für Irène ist es besonders schmerzhaft, dass die in diesem Krieg über Hiroshima und Nagasaki abgeworfenen amerikanischen Atombomben Tausende von Zivilisten getötet und Elend und Verwüstung hinterlassen haben. Die Kernkraft hat sich als todbringend und zerstörend erwiesen. Irène denkt an die Worte ihres Vaters anlässlich der Verleihung des Nobelpreises für Physik an ihn und Marie im Jahr 1903: Diese neuen wissenschaftlichen Entdeckungen dürfen nicht in die Hände von Schwerverbrechern fallen, die die Völker in den Krieg führen …

Stalin, der in der UdSSR mit dem Nimbus seines Sieges über Hitler als Diktator regiert, zieht von Moskau aus strategisch geschickt die Fäden. Während er die sowjetischen Atom- und Militärprogramme rasant ausbaut und die sowjetischen Wissenschaftler mit beträchtlichen finanziellen Mitteln ausstattet, damit sie sie realisieren, und am 29. August 1949 die erste sowjetische Atombombe gezündet wird, lässt der starke Mann im Kreml durch die kommunistischen Parteien der westeuropäischen Länder eine weltweite Desinformationskampagne lancieren und behaupten, die UdSSR wolle einzig und allein den Frieden. Und so werden ab 1945 Jahr für Jahr auf der ganzen Welt »Friedensorganisationen« geschaffen, die in Wirklichkeit die USA und die westlichen Länder diskreditieren sollen, die ihrerseits ihre Militärprogramme hochfahren, um nicht eines Tages unter sowjetische Herrschaft zu geraten. Der Kalte Krieg ist in vollem Gange.

Irène fühlt sich von der »Friedenskampagne« der Kommunisten angesprochen, zumal Frédéric sich in Frankreich dafür engagiert. Im April 1949 spricht er auf dem Pariser Weltfriedenskongress. Das Jahr 1950 steht für die Joliot-Curies ganz im Zeichen des Pazifismus. Um die USA und die westlichen Länder zu destabilisieren, trifft sich das Ständige Komitee des Weltkongresses der Kämpfer für den Frieden im März 1950 in Stockholm, wo in Anwesenheit von Frédéric Joliot-Curie und mit Unterstützung durch Pablo Picasso der Stockholmer Appell verabschiedet wird, der die Forderung nach einem »absoluten Verbot der Atomwaffe« enthält. Erster Unterzeichner ist Frédéric Joliot-Curie, und Irène wird es ihm nachtun. Es ist ein Donnerschlag, denn viele Millionen Menschen, vor allem Kommunisten, aber auch Idealisten, unterzeichnen den Appell und verschaffen ihm eine enorme Öffentlichkeitswirkung. Zahlreiche Prominente wie Louis Aragon, Marc Chagall, Duke Ellington, Yves Montand, Edith Piaf, aber auch der noch junge Jacques Chirac und der ebenfalls noch junge Lionel Jospin werden ihre Namen daruntersetzen. Die internationale Lage ist derart explosiv, dass ein neuer weltweiter Konflikt droht; zwei Monate später, im Juni, bricht der Koreakrieg aus. Die Spannungen erreichen ihren Höhepunkt.

Bestärkt vom Erfolg dieses Manifests, schreibt Irène an Albert Einstein und bittet ihn, es ebenfalls zu unterzeichnen. Der über siebzigjährige Physiker, der nach wie vor in Princeton lebt, hat zwei Weltkriege, Antisemitismus, Exil, Todesdrohungen und vieles andere mehr erlebt. Diktatoren verabscheut er. Er hatte in seinem Leben genug Gelegenheit, die Macht der Manipulation ganzer Völker durch eine willkürlich instrumentalisierte Sprache, durch Desinformation und Hetze zu analysieren. Als aufmerksamer Beobachter der Eskalation der Konflikte zwischen den USA und der Sowjetunion hat er begriffen, wie das Wort »Frieden« seiner wahren Bedeutung entfremdet worden ist, um allein den Aufrüstungszielen der UdSSR zu dienen.

Höflich und taktvoll lehnt Einstein ab, seine Unterschrift unter dieses Manifest zu setzen. Seiner Meinung nach sind die Kommunisten die wahren Initiatoren dieser Bewegung. Er, der vor einer Diktatur geflohen ist, zudem einer antisemitischen, misstraut allen totalitären Regimen, insbesondere dem der Sowjets.[186] Er ist überzeugt, dass Irène, deren Integrität er sehr schätzt, ein Opfer ihrer eigenen Naivität ist. Seine Ablehnung kommt genau im richtigen Moment, denn zur gleichen Zeit ermittelt bereits das FBI gegen den Physiker und sein Umfeld. Edgar Hoover misstraut dem Wissenschaftler, der obendrein deutschstämmiger Jude und ein Freund von Charlie Chaplin ist, und verdächtigt ihn, ein gefährlicher Kommunist zu sein. Im Zuge der ab 1950 immer intensiver geführten Ermittlungen des Senators McCarthy wird eine Kampagne gegen den angeblichen »Kommunisten Einstein« auf den Weg gebracht. Auch der Direktor des Instituts, an dem Einstein wirkt, der Physiker Robert Oppenheimer, wird zum Ziel solcher Angriffe, die zunächst eher unterschwellig, dann immer direkter und schließlich öffentlich gegen ihn vorgebracht werden und sich bald noch ausweiten sollten.

In Paris verfolgen Irène und Frédéric Joliot-Curie diese Hexenjagd ebenso wie die Politik des US-Präsidenten Harry Truman, der beschließt, das Wettrüsten wiederaufzunehmen. Irène fürchtet, dass die Spannungen zwischen Ost und West auch Auswirkungen auf das wissenschaftliche Leben in Frankreich haben werden.

Pulverschnee bedeckt die Pisten von Courchevel an diesem Weihnachtstag 1950. Irène freut sich darauf, den Abend im Kreise der Familie zu verbringen, hier in den Bergen. Auch Hélène ist gekommen. Ein gemütliches Beisammensein genau nach Irènes Geschmack. Sie kennt jede Piste im Skigebiet von Courchevel, jeder Winkel ist ihr vertraut, hier lebt sie auf. Manchmal wird sie dennoch von Krankheit oder Müdigkeit überwältigt. Obwohl sie vor Kurzem erst ihren 53. Geburtstag gefeiert hat, fühlt sie sich oft erschöpft und antriebslos. In ihrer Partnerschaft mit Frédéric dreht sich inzwischen alles um ihre politischen und wissenschaftlichen Aktivitäten. Frédéric hat einige Monate zuvor den schmerzlichsten Moment seiner beruflichen Laufbahn erlebt, einen harten Schlag, von dem er sich noch immer nicht erholt hat. Wegen seiner Mitgliedschaft in der KPF, der Kommunistischen Partei Frankreichs, die dem Kreml und damit Stalin nahesteht, hat ihm die französische Regierung das Amt des Hochkommissars für Atomenergie entzogen. So niedergeschlagen hat Irène ihren sonst so lebhaften Ehemann nur selten erlebt. Sie selbst bekleidet noch immer das prestigeträchtige Amt einer Kommissarin des CEA, des Kommissariats für Atomenergie, natürlich als einzige Frau. Zwar ist sie kein Mitglied der KPF, doch nimmt sie an zahlreichen Veranstaltungen der Kommunisten teil. Was steht ihr wohl noch bevor?

An einem kalten Januartag 1951, sie ist gerade erst nach Paris zurückgekehrt, trifft die Nachricht auch schon ein. Ihr CEA-Mandat wird nicht verlängert. Dies ist ein einschneidender Wendepunkt im Leben und in der Laufbahn des Ehepaars Joliot-Curie. Hat man denn vergessen, was die beiden, und insbesondere Frédéric, auf sich genommen haben, um zu verhindern, dass das Schwere Wasser den Nazis in die Hände fiel? Irène ist – ebenso wie ihr Mann – über die Undankbarkeit der französischen Regierung tief betroffen. Die Kommunisten rebellieren und unterstützen sie. Eugénie Cotton, die treue Freundin der Familie, die in der Besatzungszeit von der Vichy-Regierung aus ihrer Position als Direktorin der École Normale Supérieure de Jeunes Filles in Sèvres entfernt wurde, erinnert daran, wie Frédéric und Irène sich für eine friedliche Nutzung der Atomkraft eingesetzt haben:

»Mit ihrer Entdeckung der künstlichen Radioaktivität haben Irène und Frédéric Joliot-Curie Frankreich einen Spitzenplatz in der Kernforschung gesichert. Als große Patrioten konnten sie 1940 ihre neuesten Entdeckungen vor den Deutschen verbergen, und nach Kriegsende stellten sie – er als Hochkommissar für Atomenergie, sie als Kommissarin in der gleichen Behörde – ein Team von Forschern zusammen, die ebenfalls entschlossen waren, sich für die friedliche Nutzung der Atomenergie einzusetzen. Die französische Regierung gratulierte ihnen herzlich und bedankte sich für die großzügige Spende ihrer Patente und des Urans aus ihrem Privatbesitz an die Laboratorien in Châtillon [...]. Und nun werden die beiden einzigen lebenden französischen Wissenschaftler, die für ihre Arbeit auf dem Gebiet der Kernphysik den Nobelpreis erhalten haben, von jener Organisation ausgeschlossen, die in Frankreich die Forschung in diesem Bereich leitet.«[187]

Auch Ève hat Sorgen. Ihre gaullistische Zeitung *Paris-Presse* leidet unter der Konkurrenz des kürzlich von der Hachette-Gruppe aufgekauften *France-Soir*. Um die Entlassung ihrer Journalisten zu verhindern, geben Ève und Philippe Barrès die Leitung ab. In einem Brief an Irène erklärt Ève, sie sei nun »arbeitslos«, und die Demokratien seien in Gefahr. Sie weiß nicht, was sie tun kann oder wo sie eine Arbeit finden soll, spricht davon, ein Buch zu schreiben, doch es fällt ihr kein Thema ein. Verstärkt wird ihre Unsicherheit durch die internationale Lage, die nicht weniger besorgniserregend ist. Stalin errichtet in mehreren mittel- und osteuropäischen Ländern, darunter auch in Polen, Diktaturen. Als an den Grenzen, die von Wachttürmen und Soldaten mit Schießbefehl gesichert werden, und an denen elektrisch geladener Stacheldraht gezogen wird, prägt Winston Churchill 1946 den historischen Ausdruck vom »Eisernen Vorhang«, den Stalin zwischen dem westlichen und dem kommunistisch beherrschten Europa habe errichten lassen. In Wirklichkeit sollte dieser »Vorhang« verhindern, dass die europäische Bevölkerung des sowjetischen Lagers versucht, in den Westen zu fliehen. Nach intensiven diplomatischen Verhandlungen wird am 4. April 1949 in Washington der Nordatlantikpakt (NATO) gegründet, ein militärisches Verteidigungsbündnis zwischen zehn westeuropäischen Staaten[188], darunter Frankreich und Großbritannien, sowie Kanada und den USA. Angesichts der nach dem Krieg geschwächten europäischen Volkswirtschaften und Armeen befindet sich die Sowjetunion auf dem Höhepunkt ihrer Macht. Da die USA damals als Einzige über Atomwaffen verfügen, kommt der Vertrag de facto der Zusicherung gleich, dass sie die Staaten Westeuropas vor möglichen Angriffen kommunistisch regierter Länder schützen würden.

Einige Wochen vor der Unterzeichnung des Vertrags ist Ève erneut in Washington, diesmal anlässlich einer Vortragsreise über ihre Mutter und über Frauen in der Wissenschaft. Sie möchte dabei nicht nur Marie und Irène würdigen, sondern auch anderen bemerkenswerten Wissenschaftlerinnen, die von der Geschichte vergessen wurden, die gebührende Aufmerksamkeit verschaffen. Denn wie das Beispiel ihrer Familie nur allzu deutlich gezeigt hat, werden Entdeckerinnen, von denen es weltweit viele gibt, in der Wissenschaftsgeschichte oft unsichtbar gemacht und totgeschwiegen. Gerühmt werden in der Presse, im Radio und in den Geschichtsbüchern nur männliche Wissenschaftler, wodurch der Eindruck entsteht, dass nur sie zum Fortschritt der Menschheit beigetragen haben. Obwohl Ève sich selbst nicht als Feministin bezeichnet, zeugt ihr Engagement davon, dass Frauenfragen ihr ebenso sehr am Herzen liegen wie ihrer Mutter und ihrer Schwester Irène. Und als sie am wenigsten damit rechnet, nimmt ihre Karriere eine neue Wendung.

Mit der Gründung der NATO entstehen diplomatische, militärische und strategische Posten für Vertreter aus den zehn Mitgliedsländern. Erster Generalsekretär der Organisation wird 1952 Lord Ismay, ein britischer General und Diplomat. Ève kennt ihn gut. Während des Zweiten Weltkriegs war er Churchills persönlicher Stabschef. Er war das Bindeglied zwischen dem Militär und dem britischen Premierminister und begleitete diesen auf seinen Reisen, insbesondere zu Treffen mit Franklin D. Roosevelt. Ein talentierter Mann, der es versteht, die Zusammenarbeit zwischen Diplomatie und Militär zu organisieren. Doch 1949 können weder Lord Ismay noch Ève sicher sein, dass er schon bald diese strategisch wichtige Funktion innehaben würde. Der Brite kehrt nämlich erst wieder auf die politische Bühne zurück, als Churchill 1951 erneut Premierminister wird. Die jüngere Curie-Schwester ist auf der Suche nach einem neuen Wirkungskreis, als die Gründung der NATO der freien Welt wieder Hoffnung gibt. Auch Ève würdigt die neue Organisation und äußert öffentlich ihre Bedenken darüber, dass sich die Kommunisten weltweit im Aufwind befinden, vor allem seitdem im Oktober 1949 Mao Tse-tung und Tschu En Lai in China an die Macht gekommen sind. Ihre Artikel in der Presse und ihre Kontakte zu zahlreichen britischen, amerikanischen und französischen Politikern, insbesondere zu General de Gaulle, haben zur Folge, dass verschiedene französische und ausländische Diplomaten sie als Mitarbeiterin der NATO in Erwägung ziehen.

Es ist ein Abend wie viele andere in Paris, mitten im Kalten Krieg. Während ihre Schwester und Frédéric, die von öffentlichen Ämtern und Entscheidungsprozessen ausgeschlossen wurden, sich ihrer wissenschaftlichen Arbeit widmen, wird Ève zu Empfängen in die amerikanische Botschaft eingeladen. Doch sie ist nicht nur wegen ihres Namens und ihres Renommees hier, auch nicht, weil sie zwischen 1940 und 1945 gegen die Nazis gekämpft hat. Ebenso wie ihre Mutter hat sie Diktaturen kennengelernt, daher ist sie sehr in Sorge. Die Spannungen zwischen den beiden Blöcken sind auf dem Höhepunkt. Was wäre, wenn zwischen den Großmächten eine Krise ausbrechen würde? In der Sowjetunion ist noch immer Stalin an der Macht.

Bald darauf macht in Paris ein Gerücht die Runde. Ève Curie soll für einen der strategischen Posten zur Verteidigung der freien Welt ausgewählt worden sein. Angeblich handelt es sich dabei sogar um eine Vertrauensposition, in der eine Frau bisher undenkbar gewesen wäre. Eines Abends sitzt sie bei einem festlichen Dinner neben einem Diplomaten von der amerikanischen Botschaft. Ein gutaussehender Mann mit einem gewinnenden Lächeln und einer faszinierenden Stimme. Was für ein Zufall! Henry Labouisse ist für die Umsetzung des Marshallplans in Frankreich zuständig, dieses Plans, den die Kommunisten öffentlich anprangern, weil sie den USA vorwerfen, gegenüber Frankreich damit eine imperialistische Politik zu betreiben. Ein Plan, der von den Gesinnungsgenossen von Irène und Frédéric heftig kritisiert wird. Und doch ermöglicht dieses Kreditprogramm, die ausgeblutete europäische Wirtschaft zu sanieren und die im Krieg durch Bomben zerstörten Städte und Anlagen wiederaufzubauen. Der Marshallplan erlaubt die Modernisierung der Produktionsmittel. Als Gegenleistung für die Kredite sollen amerikanische Waren importiert werden, die oftmals hochwertig sind. Für den Wiederaufbau Frankreichs ist dies ein Arrangement, das sich als sehr effizient erweisen wird.

In der Tat sind zwischen 1948 und 1951 das westeuropäische Bruttosozialprodukt um 32 %, die landwirtschaftliche Produktion um 11 % und die Industrieproduktion um etwa 40 % gestiegen. Frankreich ist somit in der Lage, sämtliche Lokomotiven und sein gesamtes Schienennetz zu modernisieren. Die französischen Landwirte bekommen Zugang zu modernen Traktoren, die es vor dem Krieg nicht gab. Ein solcher Aufschwung macht die Sowjets und natürlich Stalin wütend. Man kann davon ausgehen, dass der Marshallplan ein wichtiges Element des Kalten Krieges und ein Motor für den Erfolg des Westens gegenüber den kommunistischen Diktaturen war.

Henry Labouisse freut sich über diese Leistung. Am heutigen Abend jedoch freut er sich auch darüber, neben Ève zu sitzen. Die beiden unterhalten sich angeregt über ihr Leben, ihre beruflichen Wege, ihre Erlebnisse in der Diplomatie. Sie sind genau gleich alt. Der 1904 in New Orleans geborene amerikanische Diplomat, der aus einer alteingesessenen Familie aus Louisiana stammt, verdankt seinen Nachnamen seinen Cajun-Vorfahren. Dieser gutaussehende Mann mit dem gewinnenden Lächeln, das sein ganzes Gesicht überstrahlt, und den großen Händen, die bereit sind, nach dem Leben zu greifen, verbirgt tief in seinem Innern einen Kummer, von dem er Ève vertrauensvoll berichtet. Vor zehn Jahren ist seine Frau sehr jung an Krebs gestorben. Er ist also Witwer. Und ungebunden. Als alleinerziehender Vater fragt er seine Tischnachbarin, ob sie ihm eine Schule für seine Tochter empfehlen könne. Ève ist verblüfft. Wie sie später Anne Joliot-Curie, der Ehefrau ihres Neffen Pierre, anvertrauen würde, wundert sie sich, dass er ausgerechnet sie, die Kinderlose, um einen solchen Rat bittet. Ève hat noch nicht begriffen, oder vielleicht wagt sie nicht, es sich einzugestehen, dass dieser Abend für Henry Labouisse einen Wendepunkt darstellt; es ist, als finde er wieder Geschmack daran, mit einer Frau zusammen zu sein, mit der er offenbar so vieles gemeinsam hat. Und die Suche nach einer Schule für seine Tochter erweist sich als geschickter Vorwand, um Ève wiederzutreffen … Diesmal sind sie nur zu zweit. Ein Tête-à-tête, das, wie er hofft, bis an sein Lebensende andauern wird.

Henry Labouisse hat sich verliebt. Ève ihrerseits hat sich kürzlich von Philippe Barrès getrennt, der sofort eine andere geheiratet hat. Im Moment strebt sie eine Anstellung bei der NATO an. Sie hofft, dass die westlichen Regierungen sich nicht durch die Gesinnung ihrer Schwester und ihres Schwagers, die sich auf der Linie von Stalin und der Kommunistischen Partei befinden, von ihrer Wahl abbringen lassen. Diese Position, die eine große Bestätigung für sie und eine Anerkennung ihres jahrelangen Engagements für Freiheit und Demokratie wäre, ist ihr sehnlichster

Wunsch, selbst auf die Gefahr hin, dass sie den Kontakt zu Irène und ihrer Familie einschränken müsste. Ohnehin trifft sie sich nur ein- bis zweimal im Jahr mit ihnen und vermeidet selbst dann tunlichst jedes Gespräch über Politik.

Endlich trifft die gute Nachricht ein. Lord Ismay will Ève in der Funktion einer Sonderberaterin des NATO-Generalsekretärs in sein Kabinett aufnehmen. Welch eine Auszeichnung! Für eine Frau ihrer Generation, Jahrgang 1904, ist ein solches Amt in der Welt der Diplomatie und des Militärs ein enormer Fortschritt und ein großer Karrieresprung. Mit fünfundvierzig Jahren wird sie auf einen der strategisch bedeutendsten diplomatischen Posten befördert, den eine Französin innehaben kann. Ève ist fest entschlossen, sich des Vertrauens würdig zu erweisen, das die zehn NATO-Länder und ihr Generalsekretär in sie setzen.

Oberstes Ziel ist es, Westeuropa vor einer möglichen sowjetischen Invasion zu schützen. Dafür muss eine entsprechende Strategie entwickelt werden. Ève erarbeitet ein 30-seitiges Aktionsprogramm für Lord Ismay. Die NATO ist ihrer Meinung nach fragil, ihre Einigkeit nur scheinbar. Die Menschen wollen keine Aufrüstung, sie wollen ihre vom Krieg gemarterten Länder wiederaufbauen, eine Arbeit und eine Wohnung finden und endlich wieder ein normales Leben führen. Es wird also schwierig sein, die Öffentlichkeit von der Notwendigkeit dieser militärischen Organisation zu überzeugen, noch dazu, wo in Frankreich die Arbeiter mehrheitlich für die Kommunistische Partei stimmen, die natürlich eine Kampagne gegen die NATO startet.

Die von Ève dargelegte PR-Strategie wird von Lord Ismay und den Vertretern der zehn Mitgliedstaaten befolgt. Sie hat tatsächlich geschickt analysiert, auf welche Weise den sowjetischen und kommunistischen Taktiken zur Diskreditierung der NATO entgegengewirkt werden kann. Ihre Ideen und Vorschläge wer-

den von den am Aufbau dieser für die westliche Welt in der
Nachkriegszeit so überlebenswichtigen Organisation beteiligten
Männern – Diplomaten und Militärs – übernommen. Doch hat
man es ihr gedankt? Bei den diplomatischen Stellen, die mit der
NATO in Zusammenhang stehen, wird ihr Name nirgends erwähnt. Ihre strategische Arbeit in den spannungsreichen Jahren des Kalten Krieges, von welcher der Inhalt ihrer Archive
zeugt, stößt heutzutage bestenfalls auf höfliches, meist jedoch
auf gar kein Interesse. Schließlich vermag sich kaum jemand vorzustellen, dass eine Frau mit strategischem Sachverstand in einer seit Jahrzehnten männlich dominierten Organisation wie
der NATO Einfluss ausgeübt haben könnte. Wieder einmal wird
das Wirken einer Frau, die durch ihr Denken, ihre Intelligenz
und ihr visionäres Talent Weichen gestellt hat, auch siebzig Jahre nach der Gründung dieser Organisation verkannt.

Eines Morgens ist Ève außer sich vor Ärger über Irène, diese
ältere Schwester, an die sie bei ihrer Arbeit nicht zu denken versucht, die den von Ève bekämpften Kommunisten so nahesteht
und deren Verhalten sie unerträglich findet. Wie kann sie es wagen, ihrer Mutter etwas in den Mund zu legen, was diese nie gesagt hat? Ève, die für die Biografie *Madame Curie* die Archive
ihrer Mutter akribisch durchforstet hat, hat deren Reden und
Erklärungen im Kopf. Und da die beiden Schwestern sich nicht
mehr treffen, bleibt ihr nichts anderes übrig, als Irène zu schreiben. Auf ihrem eleganten Briefpapier formuliert sie also schrift-
lich, was für sie einem Verrat gleichkommt:

»Meiner Meinung nach bedeutet der Respekt vor den Toten unter anderem auch, dass man ihnen keine Urteile oder
Meinungen zuschreibt, die sie zu Lebzeiten nicht selbst öffentlich äußern wollten [...]. Ebenso hütete sich Marie

Curie stets davor, politisch Partei zu ergreifen. Das gilt auch für das Frauenwahlrecht. Sie war gewiss dafür, lehnte es aber trotz massiven Drucks immer ab, sich an entsprechenden feministischen Demonstrationen zu beteiligen, weil sie wollte, dass ihr Name ausschließlich mit ihrem Beruf als Wissenschaftlerin verbunden bliebe.«[189]

Diesmal ist Ève richtig wütend und beschuldigt ihre Schwester, Maries Namen für politische Zwecke benutzt zu haben, indem sie anlässlich einer Kampagne der Kommunisten, mit der verhindert werden sollte, dass die westlichen Länder aufrüsten und so ihr Territorium schützen, den Einsatz der Atombombe angeprangert hat. Ihre Schwester muss diese Ungenauigkeiten ihrer Meinung nach so schnell wie möglich korrigieren. Sie fragt sich, ob hinter diesen Verdrehungen Frédéric Joliot-Curie stecken könnte. Eine unerträgliche Vorstellung für sie, obwohl sie zur gleichen Zeit Zugang zu geheimen Unterlagen über die kommunistische Offensive und deren Gefahren für den Westen hat.

Was die Frauenrechte und Maries Curies feministische Einstellung betrifft, hat Irène hier möglicherweise tatsächlich etwas übertrieben. Nichtsdestotrotz: Die älteste Tochter der Familie hat die gemeinsam mit ihrer Mutter bei britischen Feministinnen verbrachte Zeit nicht vergessen. Sie weiß sehr wohl, dass Marie im Grunde ihres Herzens Feministin war, auch wenn sie sich nie öffentlich dazu bekannt hat, um ihr Ansehen als Wissenschaftlerin nicht zu gefährden. In der ersten Hälfte des 20. Jahrhunderts war allein schon der Begriff des Feminismus in der breiten Öffentlichkeit sehr negativ assoziiert. Er war es über hundert Jahre lang und ist es sogar heute noch oft. Ève beendet ihren Brief in milderem Ton, um ihrer Schwester mitzuteilen, dass ein Mann in ihr Leben getreten ist.

Schon bald ist sich Henry Labouisse sicher, dass er Ève bitten will, seine Frau zu werden – sie, die zwar schon verschiedene Partner hatte, aber noch nie verheiratet war. Eine Frau mit einem unabhängigen Liebesleben, die ihre berufliche Karriere in den Dienst ihrer Überzeugungen gestellt hat, eine talentierte Pionierin und ein Vorbild für andere Frauen. Doch vor der Hochzeit muss noch etwas Wichtiges erledigt werden. Labouisses Tochter Anne besucht eine Eliteschule an der Ostküste der Vereinigten Staaten. Unter den Absolventinnen der berühmten Miss Porter's School in Farmington, Connecticut, war unter anderem auch Jackie Kennedy. Anne hat diesen Ort von Anfang an gehasst, weil sie das snobistische und oberflächliche Gehabe der Mädchen aus begüterten Familien abstoßend fand. Dennoch bleibt sie drei Jahre dort. Anschließend würde sie von Henry Labouisse auf eines der angesehensten Frauencolleges der USA geschickt werden, das Smith College in Northampton, Massachusetts, das zur Gruppe der »Seven Sisters« gehört.

Mit ihren vierzehn Jahren fühlt sich Anne – ohne Mutter, ohne Geschwister und mit einem Vater, der durch seine beruflichen Verpflichtungen voll und ganz in Anspruch genommen ist – im glamourösen Ostküstenmilieu vollkommen fehl am Platz. Wer könnte ihr die Mutter ersetzen? Sie hat die Hoffnung aufgegeben. Ein Kind hat schließlich nur eine Mutter, und die ihre ist tot. Sie weiß nicht, was aus ihr werden soll. Am ehesten noch eine Rebellin. Und nun kommt Hals über Kopf ihr Vater zu Besuch, um sie zum Mittagessen auszuführen. Was er ihr wohl zu sagen hat?

Während des Essens bittet er sie besorgt und fast zitternd um ihre Zustimmung zu seiner Heirat mit Ève. Anne ist gerührt, dass ihm ihre Billigung so sehr am Herzen liegt. Sie ist einverstanden. Henry Labouisse reist erleichtert nach New York zurück. Er darf sich erneut binden, lieben, glücklich sein.

Für Ève ist es nun an der Zeit, ihre Schwester zu informieren. Sie schreibt ihr einen Brief: »Wir werden in New York heiraten, damit die fünfzehnjährige Tochter meines zukünftigen Mannes, der seit etwa zehn Jahren Witwer ist, dabei sein kann [...]. Ich staune immer noch selbst über meine Entscheidung, in meinem Alter noch zu heiraten. Doch ich bin überzeugt, dass ich in dieser Ehe sehr glücklich und zufrieden sein werde.«[190]

Obwohl die Brautleute nicht religiös sind, vor allem Ève nicht, lassen sie sich im Alter von fünfzig Jahren von einem Priester trauen, der ihr Freund und Ratgeber ist. Die fünfzehnjährige Anne ist gekommen, und alle bemühen sich sehr um sie. Die Eltern von Henrys erster Frau, die ihre Tochter durch Krebs verloren haben, richten das Hochzeitsessen aus. Ève ist mit ihrem eleganten Mantel, den dunklen Handschuhen und der schicken Handtasche in den Augen der Amerikaner ein Symbol für Paris, die personifizierte französische Eleganz. Sie rechnet es ihren Schwiegereltern hoch an, dass sie sie wie selbstverständlich aufnehmen, wo doch ihre eigene Tochter nicht mehr da ist. Ève, die so jung zur Halbwaise wurde, dass sie nicht die geringste Erinnerung an ihren Vater hat, trifft hier auf einen Mann, der ihr Vater sein könnte und der sie behandelt wie eine Tochter, obwohl er seine leibliche Tochter verloren hat. Die beiden plaudern, scherzen, reden miteinander so vertraut, als würden sie sich schon lange kennen.

Vom ersten Tag an fühlt sich Ève an der Seite von Henry Labouisse so geborgen, wie sie es schon lange nicht mehr zu träumen gewagt hat. Und auch die Zufriedenheit, von der sie Irène geschrieben hatte, stellt sich ein. Ève darf also hoffen, dass Henry Labouisse sie auch weiterhin glücklich machen wird. Und sie hat nicht vor, untätig zu bleiben. In der Welt der Diplomatie kennt sie sich aus, und sie weiß auch, wie man Einfluss nimmt. Es gibt wohl keine Frau, die im Alter von 50 Jahren mehr Staatschefs, Premierminister, Kriegsherren und Machthaber getroffen hätte als Ève Curie. Sie brennt darauf, sich nützlich zu machen und ihre Erfahrungen mit Henry zu teilen.

Sie wird also zur Beraterin ihres Mannes. Ohne Gehalt. Doch sie will an seiner Seite sein. Auch für Labouisse versteht sich das von selbst. Mit ihrer Abreise nach Beirut beginnt ihre gemeinsame Zukunft. Zwei Jahre lang werden die Labouisses im Nahen und Mittleren Osten bleiben und in der libanesischen Hauptstadt stationiert sein. Henry Labouisse wird zum Leiter des Hilfswerks der Vereinten Nationen für Palästina-Flüchtlinge im Nahen Osten (UNRWA) ernannt, das zum Großteil von den USA und Großbritannien finanziert wird. Das ist ein Vertrauensbeweis der Vereinten Nationen, geschieht aber auch auf Druck der amerikanischen Behörden. Nach dem Ende des britischen Mandats über Palästina im Februar 1947 war von den Vereinten Nationen in einer Resolution ein Teilungsplan angenommen worden, der eine Aufteilung in einen jüdischen und einen arabischen Staat vorsah. Beide Seiten lehnten diesen Plan ab, und es folgte eine Vertreibung der arabischen Bevölkerungen, denen die benachbarten arabischen Staaten nicht zu Hilfe kamen. Henry Labouisse wird über die UNRWA damit beauftragt, die Hilfe für die Vertriebenen zu koordinieren. Er nimmt zahlreiche Kontakte zu den arabischen Führern in der Region auf, die Ève kennt, weil sie ihnen bereits während ihrer Reisen im Zweiten Weltkrieg begegnet ist. Sie nimmt also an den Gesprächen teil und besucht mit ihrem Mann die Flüchtlingslager im Libanon, in Jordanien und in Syrien. Die Menschen dort fristen ihr Dasein unter erbärmlichen Bedingungen, und Labouisse lässt Zelte, medizinische Einrichtungen und Latrinen bauen, die jedoch schnell wieder zerstört werden. Später bringen Untersuchungen an den Tag, dass all diese Überlebenshilfen von den arabischen Staatschefs sabotiert wurden, um die Palästinenser dazu zu bringen, die Lager und ihr Land zu verlassen. Die Labouisses setzen ihre

Aktion trotz aller Widrigkeiten fort. Und diese mühsame und undankbare Arbeit voller Hindernisse wird vor allem in Washington verfolgt.

Anne Labouisse, die zu jener Zeit an der Ostküste der Vereinigten Staaten zur Schule geht, kommt über Weihnachten nach Hause. Auch hier gibt es Spannungen. Ève muss sich nicht nur zwischen Paris, New York und Beirut zurechtfinden, sondern auch in der Rolle der Stiefmutter eines rebellischen Teenagers. Wie soll sie damit umgehen? Sie hat nicht die leiseste Ahnung. Die Kinder ihrer Schwester, Pierre und Hélène, hat sie als Heranwachsende nur selten gesehen. Ein- oder zweimal im Jahr hat sie sich mit ihnen zum Essen getroffen und sie bei dieser Gelegenheit mit Geschenken überhäuft, ohne je eine engere Beziehung zu ihnen aufzubauen. Als Neffe und Nichte waren sie stets weit weg. Jetzt ist die Älteste schon selbst verheiratet und hat Kinder – Èves Großneffen, die sie erst recht kaum kennt.

Verunsichert angesichts der neuen Aufgaben als Stiefmutter, verhärtet sich Ève gegenüber Anne und führt ihr als gutes Beispiel die Erziehung ihrer eigenen Mutter vor Augen. Als ob einem verwaisten und orientierungslosen Teenager damit geholfen wäre, sich die moralische Last eines Vorbilds wie Marie Curie aufzubürden. Durch dieses ungeschickte Verhalten leidet das Mädchen, das sich nach Zärtlichkeit und Zuneigung sehnt, noch mehr. Ève fragt sich beunruhigt, ob sie jemals eine enge Bindung zu einem Kind aus ihrer Pariser Familie oder ihrer amerikanischen Familie haben wird. Sie fühlt sich unzulänglich und entmutigt. Fürs Erste konzentriert sie sich auf die Beziehung zu ihrem Mann.

In Paris wird Irène von ganz anderen Sorgen geplagt. Das Laboratorium ist nach wie vor ihr Hauptanliegen, auch wenn sie spürt, dass ihre Kräfte zur Neige gehen. Doch ihre gesundheitlichen Probleme, die chronische Müdigkeit, die manchmal mit Erschöpfungszuständen und Rückfällen einhergeht, sollen möglichst unerwähnt bleiben. Auch in der Familie darf darüber nicht gesprochen werden. Seit 1930 hat sie immer wieder Schwächeanfälle, manchmal wird sie sogar ohnmächtig. Doch sie gibt nicht auf. Auch für den Bau des Forschungszentrums in Saclay setzt sie all ihre Kräfte ein. Für Frédéric und sie ist es eines der wichtigsten Ziele, in Frankreich neue Forschungszentren wie das CEA zu gründen. Pierre Joliot-Curie erinnert sich, dass sich seine Eltern »darüber sorgten, sogar schon vor dem Krieg, dass sich die Forschungsteams in den Laboratorien der Sorbonne beengt fühlten und nirgends mehr Platz war, um neue Geräte aufzustellen. Im Bereich der Kernphysik war dieses Problem besonders gravierend. Ab den 1950er Jahren machte sich meine Mutter daher auf die Suche nach neuen Grundstücken […]. Meine Mutter setzte ihre Erkundungen fort und benutzte mich dabei als Fahrer.«[191]

Grundstücke würden sie im Süden von Paris entdecken, auch ein Schloss, das zum Verkauf steht. Irène befiehlt ihrem Sohn in barschem Ton, über den Zaun zu klettern, obwohl das nicht ungefährlich ist. Er gehorcht, ohne zu murren. Doch die Suche bleibt erfolglos. Am Ende entscheiden sie sich für ein Grundstück in der Nähe der Gare d'Orsay. Das Abenteuer der französischen Wissenschaft geht weiter und führt in eine bessere Zukunft. Das hofft Irène jedenfalls.

In der schwülen Augusthitze, die sich über Paris gelegt hat, defilieren die Menschen am Sarg von Colette vorbei, der in den Gärten des Palais-Royal aufgestellt ist, genau gegenüber der Wohnung der berühmten Schriftstellerin; von hier konnte sie immer die Passanten beobachten. Ihr Werk hat einst die Curie-Frauen verzaubert, mit Begeisterung haben sie über jedes ihrer Bücher diskutiert. Vor allem Ève ist traurig. Sie erinnert sich an den herzlichen und witzigen Brief, den Colette ihr nach der Lektüre von *Madame Curie* geschrieben hat. Das Jahr 1954 sollte im Zeichen der kreativen Frauen stehen. Einige Monate später wird die Philosophin und Autorin Simone de Beauvoir für ihren Roman *Die Mandarins von Paris* mit dem Prix Goncourt ausgezeichnet. In Mexiko erliegt die Malerin Frida Kahlo ihren Verletzungen, die sie sich vor Jahren bei einem schweren Busunfall zugezogen hatte. Überall erobern Frauen die Kunst, während sich die Welt in den Ostblock unter sowjetischer Vorherrschaft und den sogenannten westlichen Block teilt. Churchills mahnende Rede zum Eisernen Vorhang vom 5. März 1946 in Fulton, Missouri, hat sich als vorausschauend erwiesen. Das Gespenst eines möglichen Atomkriegs treibt die Menschen um.

Auch Polen durchlebt ab 1948 wieder schwere Zeiten. Seit Marie Curies Tod zwanzig Jahre zuvor ist die Welt eine andere geworden. Für Irène wird dies anlässlich eines Warschaubesuchs vollkommen augenfällig. Marie hat weder den Zweiten Weltkrieg mit seinen Millionen Toten noch die in Jalta von Roosevelt, Churchill und Stalin beschlossene Aufteilung der Völker Mittel- und Osteuropas erlebt. Und auch nicht die erneute russische Besetzung Polens. Der Kalte Krieg zerreißt Familien, und er treibt für Jahre einen Keil zwischen die Curie-Töchter. Nach dem Ende des Zweiten Weltkriegs können Ève und Irène einander nicht mehr vertrauen. Die Polarisierung, die antikommunistischen Reden, die Schikanen, denen Frédéric und Irène Joliot-Curie beim CEA ausgesetzt sind, diese zahlreichen Demütigungen haben auch innerhalb der Familie einen Eisernen Vorhang entstehen lassen. Jeder Gesprächsversuch droht zu eskalieren. Die Schwestern haben sich fast nichts mehr zu sagen. Nach Stalins Tod im Vorjahr ist die Zeit noch nicht reif für die Entstalinisierung, auch wenn Nikita Chruschtschow nach der Beseitigung des Geheimdienstchefs Berija, der für »Väterchen Stalin« die Drecksarbeit verrichtete, in der Sowjetunion die Macht übernommen hat. Und was noch schlimmer ist: 1952 wird Polen offiziell zur »Volksrepublik« erklärt, womit seine Unterordnung unter die Sowjetmacht besiegelt ist. Für Ève ist dies eine neue, unerträglich schmerzhafte Wunde.

Für Irène kommt es nicht infrage, ihre Familie vor Ort dem Schicksal zu überlassen, das Andenken ihrer Mutter muss weiterhin gepflegt werden. Gemeinsam mit ihrem Sohn Pierre, der gerade mit seinem Biologiestudium begonnen hat, reist sie nach Warschau, um dort über das geplante Projekt eines Curie-Museum zu sprechen, trifft dort ihre Angehörigen und vermeidet es, das polnische Regime zu kritisieren. Teilt sie dessen kommunistische Ideale, auch wenn sie im Gegensatz zu ihrem Mann nie Mitglied der Kommunistischen Partei Frankreichs gewesen ist? Mit keinem Wort erwähnt sie die russische Einflussnahme, unter der schon Maries Vater zu leiden hatte, als er von zaristischen Inspektoren aus seinem Amt entfernt wurde. Wahrscheinlich muss Irène jetzt an die Tränen ihrer Mutter denken, die als kleines Mädchen gezwungen wurde, vor der ganzen Klasse die Lebensgeschichte und die Lobpreisungen des »Herrschers aller Reußen« herunterzubeten – natürlich in russischer Sprache. Dieses Museum zu Ehren der Gelehrten Marie Curie ist eines der wenigen Museen auf der Welt, die einer nichtadeligen Frau gewidmet sind. Allein die Geste hat etwas Außergewöhnliches und verschafft der Forscherin Aufmerksamkeit und Anerkennung. Irène und Ève wissen nur zu gut, dass normalerweise nur das Werk männlicher Wissenschaftler überall auf der Welt sichtbar gemacht wird.

Ab Januar 1955 – Ève hat gerade, umgeben von palästinensischen Flüchtlingslagern, ein freudloses Weihnachtsfest begangen – fühlt sich Irène zunehmend schlechter. Die Auswirkungen der Strahlung werden jetzt immer schmerzhafter. Wie oft hat sie in den letzten zwanzig Jahren ihre Arbeit unterbrechen müssen, um sich zu erholen? Sie weiß es nicht mehr, sie zählt nicht mehr mit. Zum vierten Mal bewirbt sie sich erfolglos um die Mitgliedschaft in der Académie des Sciences, eine Würdigung, die ihrer Mutter trotz zweier Nobelpreise verwehrt wurde. Doch Irène lässt nicht locker, sie findet, dass diese Anerkennung ihr zusteht. Bereits 1951, in diesem unseligen Jahr, in dem sie ihre Stelle beim CEA verlor und ihr Mann aus seinem Amt als Hochkommissar entlassen wurde, hatte sie gehofft, auf den Sitz von Aimé Cotton gewählt zu werden, der ihr politischer Weggefährte und ein Freund ihrer Mutter war und dessen Frau Eugénie Cotton bei Marie studiert hatte. Doch Irènes Bewerbung wurde abgelehnt. Zwei Jahre später, im Juni 1953, machte ein Polytechniker, der weniger bekannt war als sie, das Rennen. Ein Affront. Einen Monat später, im Juli 1953, musste sie miterleben, wie ihr Jugendfreund Francis Perrin nicht zögerte, gegen sie anzutreten. Er setzte sich durch und wurde gewählt. Männer, mit denen sie einst befreundet war, scheuen sich nicht, ihre Rivalen zu werden und gegen sie zu kandidieren. Der Konkurrenzkampf hört nie auf, weder aus Einsicht noch aus Rücksicht. Als sie sich im November 1954 erneut bewirbt, unterliegt sie wieder einmal knapp.

Auch im Frühjahr 1955 tritt sie an, ist aber nicht sehr optimistisch. Nach ihrer Mutter scheitert auch sie zum wiederholten Male an einer Mauer aus männlicher Solidarität. Ob sich Irène in diesem Moment daran erinnert, dass auch Colette nicht Mitglied der Académie Française werden durfte? In anderen Ländern ist sie, die älteste Tochter von Pierre und Marie Curie, bereits in Akademien der Wissenschaften aufgenommen worden, in der Sowjetunion natürlich, in Polen, nicht aber in Frankreich … An mehreren ausländischen Universitäten, darunter Oslo, Neu-Delhi und Krakau, hat man ihr die Ehrendoktorwürde verliehen. In Frankreich würde es bis 1979 dauern, bis mit der Mathematikerin Yvonne Choquet-Bruhat die erste Frau in die Académie des Sciences gewählt wird – achtundsechzig Jahre nach dem ersten Bewerbungsversuch von Marie Curie.

Seit einigen Jahren hat Irène ihre geliebten langen Waldspaziergänge und Wanderungen aufgegeben. Sie ist dafür zu schwach. Hin und wieder gelingt es, ihre Schmerzen mit dem neuen Wirkstoff Penicillin zu lindern. Der kollegiale Austausch mit ihren Mitarbeiterinnen und Mitarbeitern ist für Irène noch immer beglückend und aufmunternd. Aber sie braucht auch Ruhepausen; das Sofa in ihrem Büro wird zu ihrem zweiten Bett. Schließlich ist ja auch das Institut so etwas wie Irènes Zweitwohnsitz. Auch Frédéric geht es nicht gut, und sie fürchtet um seine Gesundheit. Der Arzt empfiehlt Irène Erholung an der frischen Luft. So begibt sie sich ins Familien-Chalet nach Courchevel, wo sie sogar skilaufen will. Auch Hélène ist dort, mit ihrem Mann Michel und den Kindern. Plötzlich bekommt Irène hohes Fieber und bricht zusammen. Nach wenigen Tagen, die ihr keinerlei Erholung gebracht, sondern sie nur angestrengt haben, kehrt sie nach Paris zurück. Die ärztliche Diagnose ist eindeutig: Es ist keine Anämie, es ist Leukämie. Die Untersuchungsergebnisse lassen das Schlimmste befürchten. Als der gerade aus dem Krankenhaus entlassene Frédéric seine Frau endlich wiedersieht, erfährt er, dass es für sie keine Rettung mehr gibt. Es gilt also zu lügen, den Schein zu wahren und die Hoffnung auf Heilung zu begraben. Am 15. März 1956 stirbt Irène Joliot-Curie. Frédéric ist vor Schmerz wie gelähmt. Hélène macht sich Vorwürfe, weil sie in Courchevel nicht begriffen hat, dass ihre Mutter bereits todgeweiht war. Doch wie hätte sie das ahnen sollen, schließlich war sie an Irènes wiederkehrende Erschöpfungszustände und Phasen der Bettlägerigkeit schon gewöhnt.

Irène hat es nicht mehr miterlebt, dass im selben Jahr in Frankreich durch die Soziologin Évelyne Sullerot und die Gynäkologin Marie-Andrée Lagroua Weill-Hallé die Bewegung »La Maternité heureuse« (Glückliche Mutterschaft) ins Leben gerufen wurde, deren Hauptziel es war, Informationen über Geburtenkontrolle zu verbreiten. Diese Organisation spielte eine maßgebliche Rolle für die Ermöglichung des Zugangs französischer Frauen zur Empfängnisverhütung und wurde 1960 zum »Mouvement français pour le planning familial« (Französische Bewegung für die Familienplanung), inspiriert von der 1942 in den USA gegründeten Organisation »Planned Parenthood«, die die amerikanische Aktivistin Margaret Sanger gegründet hatte. Zweifellos hätte sich Irène über eine solche Initiative gefreut.

Die Beisetzung der Nobelpreisträgerin für Chemie, deren Kandidatur für die Académie des Sciences insgesamt fünfmal abgelehnt wurde, findet mitnichten in einem so intimen Rahmen statt wie die von Marie Curie. Gewiss, unter denjenigen, die darüber entscheiden, welche Aufmerksamkeit Irènes Tod beigemessen werden soll, befindet sich keine einzige Frau, es sind ausschließlich Männer. Diese Männer denken vor allem daran, dass sie Irènes Ehemann Frédéric Joliot-Curie, Mitglied der Kommunistischen Partei Frankreichs in Zeiten des Kalten Krieges, ein ebenso großes Begräbnis gewähren müssen. Stalins Tod hat zu keiner Entspannung zwischen Ost und West geführt. Für die französischen Behörden bedeutet dies ein Dilemma. Die KPF hat in Frankreich immer noch Gewicht, und Irènes wissenschaftliche Arbeiten verfügen über ein weltweites Renommee. Über ihre Hingabe an die Wissenschaft, die die Ursache für ihre seit den 1930er Jahren zunehmenden gesundheitlichen Probleme war, wird in allen Medien berichtet. Die Verstorbene ist, ebenso wie ihre Mutter, zu einem Mythos geworden, zu einer Hoffnungsträgerin für die jüngeren Generationen von Frauen, die ihren

Traum vom Beruf ihrer Wahl verwirklichen wollen. Schließlich wird Irène ein Staatsbegräbnis gewährt, doch sorgt man dafür, dass es nicht allzu imposant ausfällt. Weder der französische Staatspräsident René Coty noch der Premierminister nehmen daran teil.

Der Wunsch der Obrigkeit nach einer Beerdigung ohne zu viel Aufsehen erfüllt sich. Zumindest glauben sie das. Frédéric, Hélène und Pierre machen keine Schwierigkeiten: Sie lehnen die militärischen Ehren ab, da sie annehmen, dass die pazifistisch gesinnte Wissenschaftlerin, für die die Explosion der beiden Atombomben über Hiroshima und Nagasaki 1945 ein Trauma war, diese nicht gewollt hätte. Ebenso wenig findet ein Gottesdienst oder eine Trauerfeier im Invalidendom statt. Irènes einzige Religion ist ihre Verbundenheit mit der Wissenschaft und der Forschung gewesen. Doch die Funktionäre haben sich zu früh gefreut. Irènes Leichnam wird zwei Tage lang im großen Saal der Sorbonne aufgebahrt – abwechselnd bewacht von Studentinnen, Forscherinnen und Doktorandinnen. Unter ihnen befindet sich auch die junge Chemiedozentin Josiane Serre, Absolventin der École Normale Supérieure de Jeunes Filles in Sèvres, die zu diesem Zeitpunkt ihre Promotion abschließt und Marie Curies Tochter persönlich begegnet ist. In sehr jungen Jahren hat sie bei Experimenten für ihre Abschlussarbeit einen schweren Unfall erlitten, als in den Laboratorien der École Normale Supérieure in der Rue Lhomond, unweit des Radium-Instituts, Chemikalien explodierten. Eine Hand wurde dabei durch winzige Glassplitter so schwer verletzt, dass sie sie nicht mehr benutzen kann. An diesem Abend will sie, ebenso wie andere Wissenschaftlerinnen, einige Minuten lang am Sarg dieser bedeutenden Frau wachen, die ein Vorbild für so viele Forscherinnen und Forscher war und der es zeitlebens ein Anliegen gewesen ist, für die Rechte der Frauen und für die Förderung der

Forschung zu kämpfen. Josiane Serre würde später Direktorin der École Normale Supérieure de Jeunes Filles (ehemals Sèvres) werden, an der Marie und Irène einst unterrichteten.

Auch wenn sich die offiziellen Würdenträger für die Teilnahme an Irènes Beisetzung zu schade gewesen sind: Die einfachen Menschen, einige von ihnen Mitglieder der Kommunistischen Partei, andere schlicht Bewunderer der Lebensleistung dieser außergewöhnlichen Frau, die unter Einsatz ihrer Gesundheit anderen das Leben gerettet hat – zunächst gemeinsam mit ihrer Mutter und später alleine im Radium-Institut –, diese Menschen vergessen sie nicht. Als sich der Trauerzug in der Rue des Écoles in Bewegung setzt, um Paris in Richtung Sceaux zu durchqueren, umweht von einer leichten Brise, in der die Fahnen sich bauschen, verwandelt er sich plötzlich in eine dahinfließende schwarz gekleidete Menge, wie in einer Choreografie, geräuschlos, doch bebend vor Emotionen. In diesem Moment kann die Familie Curie sicherlich ermessen, welch wichtigen Platz Irène, ebenso wie Marie, in den Herzen der Französinnen und Franzosen einnimmt. Irènes Tod hat ihnen ihre Verbundenheit mit der Familie Curie und den Curie-Frauen zu Bewusstsein gebracht. Auch Ève ist gekommen, hat es aber nicht mehr geschafft, ihre Schwester noch einmal lebend zu sehen. Sie sitzt neben Irènes Sarg im Leichenwagen und gibt ihr das letzte Geleit. Die Atmosphäre, in der sich die Zeremonie abspielt, ist eine Mischung aus Trauer, Anteilnahme und Zuneigung. Irène ist die erste weibliche Wissenschaftlerin, die mit solchen Ehren zu Grabe getragen wird. Noch im 21. Jahrhundert inspiriert sie die Welt durch ihr Beispiel und durch die alljährliche Verleihung des 2001 geschaffenen Irène-Joliot-Curie-Preises zur Förderung von Frauen in Wissenschaft und Technologie, mit dem in Frankreich junge Forscherinnen ausgezeichnet werden, die sich durch die Qualität ihrer Arbeit hervorgetan haben und begeisterte

Wissenschaftlerinnen sind. So wie sie es selbst seit ihrer frühesten Jugend war. Erst 1986, dreißig Jahre nach Irènes Tod, würde sich in Paris erneut eine solche Welle der Sympathie und Zuneigung und der öffentlichen Anerkennung anlässlich der Beisetzung einer Frau formieren, allerdings ohne Staatsbegräbnis, nämlich, als Menschen aus aller Welt Simone de Beauvoir das letzte Geleit geben, der feministischen Philosophin und Autorin von *Das andere Geschlecht*, die auf dem Montparnasse-Friedhof neben ihrem Lebensgefährten, dem Philosophen Jean-Paul Sartre, zur letzten Ruhe gebettet wird.

9

ÈVE CURIE – DEM ANDENKEN AN DIE VERSTORBENEN VERPFLICHTET

Irènes Tod ist noch keine drei Jahre her. Frédéric, der nun allein in dem Haus am Rande des Parks von Sceaux lebt und der Irène stets mit seinem Enthusiasmus, seiner Fröhlichkeit und seinem Elan angesteckt hat, ob auf den Skipisten, bei Spaziergängen in der Bretagne, bei Wanderungen im Gebirge oder beim Baden in L'Arcouest, gibt sich vollkommen der Trauer hin. Die Krankheit gewinnt die Oberhand.

Wenige Monate vor seinem Tod hat der bereits stark geschwächte Physiker den Zusammenbruch der Vierten Republik und den Machtantritt von Charles de Gaulle erlebt. Letzterer ist zwar sein politischer Gegner, doch vor seinem Werdegang, seinem Mut und seiner Integrität hat Frédéric Respekt. Tatsächlich kennt er jedes Detail von de Gaulles Lebenslauf und weiß, was dieser geleistet hat, um Frankreich vor der Katastrophe zu bewahren. Trotz der distanzierten Beziehung zu Irènes jüngerer Schwester vergisst er auch nicht, dass Ève, die einzige noch lebende Tochter von Pierre und Marie Curie, als Journalistin und Korrespondentin im Krieg de Gaulles Sonderbotschafterin in den USA und anschließend in den Kampfgebieten Afrikas, des Nahen und Mittleren Ostens sowie Asiens gewesen ist. General de Gaulle hat den Amerikanern und Franklin D. Roosevelt die Stirn geboten, was Frédéric als streitbarem Kommunisten imponierte. Der Physiker hat für den ehemaligen Anführer des »Freien Frankreichs« eine tiefe Wertschätzung bewahrt, und darauf kommt es an.

Am 14. August 1958 stirbt Frédéric Joliot-Curie. Der inzwischen regierende General de Gaulle ordnet umgehend ein Staatsbegräbnis an, wie es bereits einige Jahre zuvor für Irène stattgefunden hat. Ève und ihr Mann reisen zu diesem Anlass aus Washington an. In Paris trifft Ève auch ihren Neffen und ihre Nichte wieder. Gemeinsam mit Hélène, Pierre und deren Kindern besucht sie das Radium-Institut und geht dort von Raum zu Raum. Es ist ein Wechselbad der Gefühle, die sie, so gut es geht, zu verbergen sucht. Dieser Ort, der zuerst Marie und anschließend Irène und Frédéric gehörte, erscheint ihr vertraut und fremd zugleich. Sie spürt zwar, dass sie dort immer willkommen sein wird, aber nur als Gast. Ihr Leben, das sich zwischen New York und Paris abspielt, ist ganz offensichtlich meilenweit entfernt von dem, was die Forscher in diesem Laboratorium beschäftigt, in dem sie selbst noch nie ein Reagenzglas angefasst hat. Auch haben ihre Pianistinnen- und Journalistinnenhände noch nie eines der Bechergläser gehalten, deren Inhalt durch Beimischung geringster Mengen einer Chemikalie plötzlich die Farbe wechseln kann und die einem plötzlich zwischen den Fingern explodieren können. Aber jetzt, wo Irène und Frédéric nicht mehr da sind, darf sie ihre Gefühle da nicht endlich einmal zulassen? Auch sie hat sich nichts vorzuwerfen, hat nie die Hände in den Schoß gelegt. Hat sie denn nicht ununterbrochen gearbeitet und sich die Finger wundgetippt auf ihrer Schreibmaschine, die sie von Kontinent zu Kontinent geschleppt hat, die sie gehegt und gepflegt hat und deren Klappern nicht einmal nachts pausierte? Ist die Biografie ihrer Mutter nicht in alle möglichen Sprachen übersetzt worden? Und auch wenn ihre Schwester und ihr Schwager darüber schockiert gewesen sein müssen: Sie hat sich bei der NATO bewährt, als erste Beraterin des ersten Generalsekretärs, auf dem für eine Französin seinerzeit angesehensten diplomatischen Posten.

Als sie durch das karge Arbeitszimmer ihrer Mutter geht, fühlt sie sich doppelt verwaist: von Mutter und Schwester. Sie ist die einzige Überlebende ihrer Generation. Vom Kummer überwältigt, spürt sie die wohltuende Präsenz ihres Mannes. Henry ist da, passt auf sie auf. Sie denkt daran, welchen Weg sie in den letzten paar Jahren zurückgelegt hat. Sie ist nicht mehr allein. Der Mann, den sie geheiratet hat, unterstützt sie in jeder Lebenslage, respektiert sie, macht ihr Mut. Er liebt sie, das ist offensichtlich. Und er versäumt auch nicht, Pierre und Hélène einzubeziehen, die beide Eltern verloren haben – und was für Eltern! Dieser amerikanische Diplomat spricht in herzlichem Ton mit ihnen, interessiert sich für sie und versucht, eine Beziehung zu stiften, die es zu Lebzeiten von Irène und Frédéric nicht gab.

Ève muss trotz ihres Kummers lächeln. Welch ein Kontrast nach den Jahren des abgekühlten Verhältnisses zu ihrer Schwester und ihrem Schwager! Pierre und Hélène plaudern mit ihr und sind plötzlich ganz entspannt. Schließlich ist ihre Tante die einzige Überlebende und sie deren Erben. Wer weiß, ob nicht ein neues Familiengefühl entstehen kann? Ob nicht das Band, das in all den Jahren der Distanz und der politischen Differenzen abgerissen ist, wieder angeknüpft werden kann? Doch zunächst folgt Ève dem Leichenzug ihres Schwagers, überall wehen rote Fahnen, das *Lied der Partisanen* und die *Internationale* werden angestimmt, es ist eine eindrucksvolle Beerdigung, und der ununterbrochene Strom aus Parteigenossen, Männern und Frauen, die aus der gesamten Pariser Region zusammengekommen sind, Funktionsträgern und einfachen Leuten, bildet eine endlose Prozession. Es sind so viele Menschen, dass der Zug immer wieder stehen bleiben und sich erneut in Gang setzen muss, um schließlich den baumbestandenen Friedhof von Sceaux zu erreichen, der einem Blumenmeer gleicht und auf dem Pierre, Marie und Irène bereits begraben liegen. Für Ève ist in dem Familiengrab kein Platz vorgesehen. Das ist in Ordnung, denn sie weiß, dass sie anderswo ruhen wird, weit weg von hier. In einer spontanen Geste hakt sie sich bei ihrem Neffen und ihrer Nichte unter, zwei Erwachsenen, die sie nur selten sah, als sie klein waren, die aber die Gegenwart und Zukunft der Curies repräsentieren – die Kinder, die sie selbst nie hatte. Ève spürt, dass sie ihnen nun endlich ihre Zuneigung zeigen darf, die Liebe, die sie so lange unterdrückt hat, aus Angst, Irène könnte das nicht recht sein. Vielleicht werden *sie* ihr eines Tages mehr Sympathie entgegenbringen. Sie ist unsicher, doch sie hofft es.

Nach Abschluss der Mission in Beirut und diversen anderen Auslandseinsätzen im Auftrag der Vereinten Nationen und der Weltbank kehrten Ève und ihr Mann in die USA zurück. Im November 1960 wird ein junger, charismatischer Mann, John Fitzgerald Kennedy, zum Präsidenten der Vereinigten Staaten gewählt. Henry Labouisse, der in der Demokratischen Partei aktiv ist, kennt ihn noch von früher. Das Ehepaar Labouisse wird sogar zum Abendessen ins Weiße Haus eingeladen. Ève ist tief bewegt, dorthin zurückzukehren; hier hat sie auf Einladung von Eleanor Roosevelt mehrmals übernachtet. Seitdem sind mehr als fünfzehn Jahre vergangen. Heute ist Jackie Kennedy die Hausherrin, und sie beobachtet Ève. Die neue First Lady der Vereinigten Staaten hat französische Vorfahren und ist – ebenso wie die jüngere Tochter von Marie Curie – überaus empfänglich für die Haute Couture der großen französischen Modeschöpfer. Dennoch bleibt Ève, die älter als Jackie ist, ein Symbol für die Eleganz à la française. Die Präsidentengattin prüft, ob alle Vorbereitungen für das Abendessen getroffen sind, und führt Ève und Henry zu den Weinen, die serviert werden sollen. Es ist Zeit, die Flaschen zu entkorken. Jackie Kennedy wendet sich an Henry Labouisse, der als großer Kenner französischer Weine gilt, und bittet ihn, einen

Wein zu kosten und dessen Namen und Jahrgang zu erraten. Unter dem leicht angespannten Blick von Ève kommt er der Aufforderung nach – und besteht die Prüfung. Das Abendessen kann beginnen …

John F. Kennedy beschäftigen jedoch andere Dinge als die französische Gastronomie. Gleich nach seiner Wahl bittet er Henry Labouisse, die Arbeit der International Cooperation Agency (ICA) zu koordinieren und die amerikanischen Entwicklungsprogramme überall auf der Welt zusammenzuführen. Ève schlägt ihm vor, die neue Agentur »US Aid« zu nennen. Dies wäre ein einfacher, praktischer, einprägsamer und ansprechender Name. Nachdem er diese Funktion eine Zeitlang sehr zu Kennedys Zufriedenheit ausgeübt hat, macht Henry Labouisse sich Hoffnungen, Direktor der Organisation zu werden. Dagegen regt sich allerdings einiger Widerstand bei den jungen Technokraten im Weißen Haus, die ihn für zu weich und eigentlich auch für zu alt halten. Einige Monate später bedauert der US-Präsident, auf seine Ratgeber gehört zu haben, die ihrerseits manchmal zu jung und unerfahren waren, und bittet Labouisse inständig, nun doch die Leitung zu übernehmen. Doch dieser fühlt sich gedemütigt und lehnt kategorisch ab. John F. Kennedy überträgt ihm daraufhin einen Posten, der im Kalten Krieg von zentraler strategischer Bedeutung ist: Er soll Botschafter der Vereinigten Staaten in Griechenland werden, einem Land, das an die Türkei und das kommunistische Bulgarien grenzt und nicht weit von der UdSSR entfernt liegt. Es geht darum, den Sowjets den Zugang zum Mittelmeer zu versperren und dem NATO-Mitglied Griechenland einen höheren Stellenwert zu verleihen. Da Ève noch wenige Jahre zuvor bei der NATO beschäftigt war und mit deren strategischen Herausforderungen bestens vertraut ist, kann ihre Anwesenheit in Athen an der Seite von Henry Labouisse für die US-amerikanische und westliche Diplomatie nur von Vorteil sein.

Nach der Ankunft stellt das Ehepaar Labouisse-Curie zu seiner Überraschung fest, dass in der griechischen Landwirtschaft zuweilen Bulgaren beschäftigt sind, die versuchen, griechische Jugendliche von der Idee des Kommunismus zu überzeugen. Ève und Henry erscheint es wichtig, diesen Kindern und Jugendlichen eine Ausbildung zu ermöglichen, auch um zu verhindern, dass sie sich dem Kommunismus zuwenden. Sie sind beeindruckt von den Leistungen der American Farm School, die von einem Missionar aus den USA gegründet wurde. Seit der Wiedereröffnung der Schule im Jahr 1945, nach dem Zweiten Weltkrieg, werden endlich auch Mädchen zu den gleichen Bedingungen wie Jungen dort aufgenommen. Die meisten Kinder sind Waisen. Ève und ihr Mann fühlen sich sofort mit der Arbeit dieser Einrichtung verbunden, die jungen Menschen eine Zuflucht und eine Perspektive bietet. Die beiden würden diese Schule bis zu ihrem Tod unterstützen, ihr ein Grundstück schenken, um eine Vergrößerung zu ermöglichen, und die schulische und persönliche Entwicklung der Heranwachsenden verfolgen, sodass Ève sich viele Jahre später zu der Äußerung veranlasst sehen wird, dass sie zwar als einzige Curie-Frau keinen Nobelpreis erhalten habe, ihr ganz persönlicher Nobelpreis jedoch diese berühmte Schule sei. Bis zu ihrem Lebensende wird sie von New York aus immer wieder dorthin reisen, und weder der lange Flug noch die Unannehmlichkeiten des Jetlags können sie davon abhalten. Eines der Schulgebäude trägt heute den Namen von Henry Labouisse. Für Ève, die nie die Erfahrung der Mutterschaft gemacht hat, wird nun hier in Griechenland die Sorge für das Wohlergehen der Kinder zu einer lebenslangen Herzensangelegenheit, die einige Jahre später sogar eine internationale Dimension annehmen wird, von der sie vorerst noch nichts ahnt.

Im Central Park leuchten die Blätter der Bäume bereits in den schönsten Farben des Herbstes. In der Wohnung am Sutton Place im quirligen New York reicht Henry Labouisse am frühen Morgen seiner Frau das Telegramm, das er soeben aus Oslo erhalten hat. Beiden verschlägt es vor Freude die Sprache. Ève ist überwältigt. Schlagartig sind die Erinnerungen aus der Zeit ihrer Jugend wieder da. Wenn es stimmt, dass das Kinderhilfswerk der Vereinten Nationen, die UNICEF, in wenigen Stunden den Friedensnobelpreis des Jahres 1965 zugesprochen bekommt, dann wird erstmals auch Ève zur Preisverleihung fahren. Während sie bei keiner der fünf Nobelpreisverleihungen an ihre Familie anwesend sein konnte, wird sie nun an der Seite ihres Mannes diese Auszeichnung für die UNICEF in Empfang nehmen.

Im Eiltempo begibt sich Henry Labouisse zur UNICEF, die zu jener Zeit ganz in der Nähe auf einigen Etagen des UN-Gebäudes untergebracht ist. Er weist seine Mitarbeiterinnen und Mitarbeiter an, die Nachricht noch geheim zu halten, da sie noch nicht offiziell sei. Doch die Mühe ist vergebens. Das Gerücht hat sich bereits bei den Zeitungsredaktionen verbreitet. Innerhalb weniger Minuten sind die Journalisten da, und einem vom *New Yorker* gelingt es, sich einzuschleusen. Inmitten von Begeisterung, Gelächter und Applaus gewährt Èves Ehemann ihm ein Interview, wie auch einige seiner Mitarbeiter:

»Wir bei der UNICEF entwickeln uns von einer Nothilfeorganisation zu einer Agentur, die versucht, den Nationen dabei zu helfen, ihre eigenen, globaleren Lösungen zu finden und zu erarbeiten. Es gibt zum Beispiel Länder, in denen die Bildungs- und die Gesundheitsminister nicht miteinander kommunizieren! Wir bemühen uns darum, vor jeder Initiative und Kampagne zur Ernährung von Kindern, diese Minister miteinander ins Gespräch zu bringen. Unsere Arbeit besteht nicht nur darin, jedem Kind Milch zu geben. Sie zielt darauf ab, Politiker vor Ort davon zu überzeugen, dass Kinder die wichtigste Ressource für die Zukunft ihres Landes sind, viel wichtiger als etwa Kohle oder Stahl.«[192]

Für Èves Ehemann bedeutet diese Anerkennung durch das Nobelkomitee, dass das Wohl der Kinder in einer Zeit, da der Kalte Krieg auf seinem Höhepunkt ist, über den Interessen eines einzelnen Landes und eines einzelnen politischen Regimes steht. Egal, ob es um Kinder aus Entwicklungsländern, Kinder aus unterentwickelten Ländern, Kinder aus kommunistischen oder kapitalistischen Ländern geht: Die UNICEF hat gezeigt, dass sie sich trotz der Widerstände von Staatsoberhäuptern um alle diese Jungen und Mädchen kümmert. Ein amerikanischer Journalist kann es sich nicht verkneifen, Henry Labouisse zu kritisieren. Warum sollten sich die USA um Kinder in kommunistischen Ländern kümmern und um die Defizite, unter denen sie leiden? Darauf lautet die energische Antwort des Exekutivdirektors:

»Gerade um diese Kinder müssen wir uns ganz besonders kümmern. Ein Kind ist ein Kind, egal in welchem Land der Welt es lebt [...]. Ich habe dieses Amt einerseits angenommen, weil die Mitgliedstaaten einen amerikanischen Staatsbürger wollten, andererseits, weil Washington meine Kandidatur unterstützt hat, vor allem aber, weil wir hier in diesem Land über die Mittel verfügen, um die Probleme zu lösen, während die meisten Länder diese Mittel nicht haben.«[193]

Die Herausforderungen für Henry Labouisse, der vor Kurzem sein Amt als Leiter der Organisation angetreten hat, erweisen sich als gigantisch. Die UNICEF verfügt 1965 nur über ein bescheidenes Budget, während er gemeinsam mit Ève als seiner Beraterin in zahlreiche Länder reisen und dort Programme lancieren will, die seiner Meinung nach unbedingt notwendig sind, um möglichst viele Kinder zu retten. Ein Großteil dieser Kinder kann nicht lesen und schreiben und lebt in erbärmlichen hygienischen Verhältnissen. Als Labouisse spät in der Nacht zu seiner Frau zurückkehrt, wissen beide, dass sie vor einer gewaltigen Aufgabe stehen: die Situation der Kinder weltweit zu verbessern. Eine Aufgabe, die sowohl Marie als auch Irène gefallen hätte. Für Marie hätte ein Hauch von Polen-Nostalgie die Sache noch reizvoller gemacht, denn Gründer und erster Leiter der UNICEF war der polnische Arzt und Bakteriologe Ludwik Rajchman. Dieser hatte auch die Gesundheitsorganisation des Völkerbundes gegründet, während Marie in der Zwischenkriegszeit gemeinsam mit Albert Einstein, Paul Langevin und anderen die Grundlagen für jene Institution schuf, die nach dem Zweiten Weltkrieg die UNESCO werden sollte.

Am 10. Dezember 1965 reist Ève mit ihrem Mann nach Oslo. Von den drei Curie-Frauen wird sie die einzige sein, der die Auszeichnung nie verliehen wurde, doch sie ist entschlossen, sich mit Leib und Seele für die Kinder auf der ganzen Welt einzusetzen. Zwei Jahre nach der Ermordung von John F. Kennedy und zu einer Zeit erheblicher Spannungen zwischen dem Westen und den kommunistischen Ländern ist dies eine Herausforderung, die es wert ist, angenommen zu werden. Das Ehepaar Labouisse würde sich sowohl um die Kinder in Nord- als auch in Südvietnam kümmern und ein paar Jahre später im Konflikt zwischen Biafra und Nigeria, der für viele Kinder den Hungertod bedeutet, in Lebensgefahr geraten. Nach dieser Tragödie entwickeln die UNICEF-Ärzte eine Salzlösung, die rehydriert und Leben rettet. Sie starten eine weltweite Kampagne zur Rettung der Kinder von Biafra und schaffen es, ihr Ziel zumindest teilweise zu erreichen. Das Jahr 1979 wird von den Vereinten Nationen zum »Internationalen Jahr des Kindes« erklärt. Zudem wird Henry Labouisse persönlich für seine Erfolge ausgezeichnet, die weit über das hinausgehen, was sich die Welt auf diplomatischer Ebene erhoffen konnte. Dank seiner Fähigkeit, zu einen anstatt zu spalten, erreicht er durch seine Bemühungen auf rund einhundert Auslandsreisen und Treffen mit Staatsoberhäuptern, die sämtlich in Anwesenheit von Ève Curie stattfanden, dass die UNICEF schließlich überall auf der Welt präsent ist, unabhängig vom jeweiligen politischen Regime.

Hat Ève nicht auf diese Weise – mit ihrem Rat, ihrer diplomatischen Erfahrung und ihrem strategischen Geschick – zusammen mit ihrem Mann das Werk ihrer Mutter fortgesetzt, die dafür eintrat, dass ihre Entdeckungen allen gehören? Marie Curies jüngere Tochter kämpft dafür, dass kein Junge und kein Mädchen vom Zugang zu Bildung und medizinischer Versorgung ausgeschlossen wird. Endlich ist es an ihr, sich ein wenig nützlich zu fühlen.

Als Henry 1979 in den Ruhestand geht – nach über vierzehn Jahren an der Spitze des Kinderhilfswerks der Vereinten Nationen –, will Ève sich unbedingt weiterhin gemeinsam mit ihm um das Curie-Museum und die American Farm School in Griechenland kümmern. Das Engagement für Freiheit und Bildung wird sie nie aufgeben.

»Habt keine Angst!«, ruft 1980 Papst Johannes Paul II. Tausenden von Gläubigen zu. Der ehemalige Erzbischof von Krakau, dessen bürgerlicher Name Karol Wojtyła lautet, ist der erste Pole auf dem Stuhl Petri. In New York sehen Ève und ihr Mann Henry Labouisse fassungslos zu. Sollte Polen es tatsächlich wagen, sich gegen die sowjetischen Besatzer aufzulehnen? Das Ehepaar Curie-Labouisse, das für die UNICEF um die ganze Welt gereist ist, kennt die Realität der maroden kommunistischen Volkswirtschaften und weiß um den Vertrauensverlust der Jugend gegenüber den Machthabern des Ostblocks. Bereits 1976, vier Jahre zuvor, waren Proteste gegen die hohen Lebenshaltungskosten ausgebrochen. Und nun, im Juli 1980, hat die polnische Regierung, die immer noch mit dem Rücken zur Wand steht, die Fleischpreise angehoben. Es kommt zu Streiks, die sich über das ganze Land ausbreiten, sodass eine vom Kreml angeordnete gewaltsame Niederschlagung befürchtet werden muss. Wird diese Revolte in einem Blutbad enden wie 1956 in Budapest und 1968 in Prag? Die westliche Welt ist erstarkt, die kommunistisch regierten Länder mit ihrer veralteten Industrie und ihrer maroden Landwirtschaft sind geschwächt. Die politische Führung in Polen gerät in Panik und gibt nach. Am 19. Juli 1980, weniger als drei Wochen nach Beginn der Unruhen, gewährt sie den Arbeitern eine Lohnerhöhung. In Moskau atmet das Zentralkomitee der KPdSU auf; die Armee braucht nicht einzugreifen.

Was für eine Fehleinschätzung des Kremls! In ganz Polen schöpfen die Arbeiter neue Hoffnung auf bessere Lebensbedingungen. Da entlässt die Leitung der Danziger Werft in dem Irrglauben, dass die Gefahr nun gebannt sei, eine Aktivistin, die für eine freie Gewerkschaft eintritt. Das bringt das Fass zum Überlaufen. Die Belegschaft tritt in den Streik und sorgt dafür, dass diese Information trotz der Zensur in den Westen und bis in die NATO-Mitgliedstaaten gelangt, auch in die USA und nach Frankreich. Zehntausend Arbeiter wählen den Gewerkschaftler Lech Wałęsa zu ihrem Streikführer, woraufhin sofort mit Verhandlungen begonnen wird. Innerhalb weniger Tage werden auch die anderen Werften bestreikt. Im ganzen Land spitzt sich die Situation dramatisch zu. Lech Wałęsa verhandelt und erreicht mit einem am 30. August unterzeichneten Abkommen die Beilegung des Konflikts.[194] In weniger als zwei Monaten haben die polnischen Arbeiter es geschafft, eine freie Gewerkschaft zu gründen, die Gewerkschaft *Solidarność* – Solidarität. Der Erste Sekretär tritt zurück. Die Angst hat die Seiten gewechselt.

Marie Curie hat diese Revolte nicht mehr erlebt, doch Ève, die sich an ihre strategische Funktion zur Bekämpfung des Kommunismus bei der NATO erinnert, verfolgt sie von Amerika aus mit Freude und Genugtuung. Für sie ist es ein Zeichen der Hoffnung. Sie ist überzeugt, dass sich alle Völker irgendwann für ihre Freiheit auflehnen. Ihre fortwährenden Reisen in der Zeit des Kalten Krieges waren nicht umsonst. Trotzdem trauen Ève und Henry Labouisse dem Frieden noch nicht ganz. Schließlich hat Polen in weniger als einem Jahrhundert schon sehr viele Umschwünge, Besatzer, Befreiungen und Diktaturen erlebt. Das kommunistische Regime bröckelt zwar, aber es ist noch nicht zerstört.

Am 25. März 1987 erliegt Henry Labouisse in Manhattan einem Krebsleiden. Dieser warmherzige Amerikaner, der mit seinem Charme die Familie Joliot-Curie für sich eingenommen hat, war Èves einziger offizieller Lebenspartner. Er hat sie ihrem Neffen und ihrer Nichte nähergebracht und ihr endlich das Gefühl gegeben, ein vollwertiges Mitglied der Familie Curie zu sein. Nach der Beerdigung ihres Mannes in New Orleans beschließt Ève, in der Wohnung im Viertel Sutton Place zu bleiben. Das imposante und schicke Gebäude, in dem schon viele Prominente gelebt haben, ist nur einen Steinwurf weit von den Vereinten Nationen entfernt. Zwei Jahre später, ein Jahr nach der Wiederwahl von François Mitterrand in das Amt des französischen Staatspräsidenten, verfolgt sie aufmerksam die regimekritischen Protestaktionen in den kommunistisch geführten Ländern Europas. Und mehr denn je glaubt sie an die Prophezeiung von Charles de Gaulle, dass die Völker eines Tages ihre Identität wiederfinden werden.

Als 1989 die Berliner Mauer fällt, ist dies für Ève, die den Mauerbau einst angstvoll mitverfolgt hat, ein historischer Sieg. Seit ihrer Tätigkeit bei der NATO sind etwas weniger als vierzig Jahre vergangen, bis die Völker Mittel- und Osteuropas ihre Freiheit wiedererlangten, darunter auch ihr geliebtes Polen. Was für ein Glück, dies im Alter von fünfundachtzig Jahren noch erleben zu dürfen! Anders als ihre Mutter, ihre Schwester und ihr Mann. Im Stillen fragt sich Ève, wie Irène, die mit den Kommunisten sympathisierte, wohl reagiert hätte. Doch wie auch immer, sie weiß, dass die Freiheit gesiegt hat. Ein neues Europa zeichnet sich ab, und sie, die schon so lange in den USA lebt, ist voller Hoffnung.

Paris ist in ein sanftes Licht getaucht. Pierre Joliot-Curie geht ans Telefon. Ein Anruf aus dem Élysée-Palast. Der Präsident der Republik, François Mitterrand, will am nächsten Tag, dem Internationalen Frauentag, bekannt geben, dass er beschlossen hat, den Leichnam von Marie Curie ins Pantheon zu überführen. Auf dem Tympanon dieses imposanten Gebäudes prangt die Inschrift: »Aux grands hommes – La patrie reconnaissante« (Den großen Männern – das dankbare Vaterland). In diesem Fall würde ausnahmsweise einer »großen Frau« gedankt werden. Ob Pierre Joliot-Curie bitte sofort seine Zustimmung geben könne? Der Enkel von Marie Curie wundert sich. Warum fragt man ausgerechnet ihn und nicht Marie Curies Tochter Ève, die noch am Leben ist? Mit ihren einundneunzig Jahren noch äußerst rüstig, fliegt sie in kurzen zeitlichen Abständen zwischen New York, Paris und Griechenland hin und her, sie schwimmt, hält Vorträge, reist nach Polen und kümmert sich um die Belange des Curie-Museums. Eine so gewichtige Frage kann nicht innerhalb weniger Stunden beantwortet werden. Ève, Pierre Joliot-Curie und seine Schwester Hélène Langevin-Joliot müssen darüber gemeinsam beraten. Im privaten Kreis räumt Pierre Joliot-Curie ein, er sei nicht überrascht gewesen, dass man *ihn* angesprochen habe.

Seit dem Tod seines Vaters Frédéric Joliot-Curie ist er der einzige männliche Vertreter der Familie. Schon Charles de Gaulle pflegte sich an ihn zu wenden, wenn er etwas mit den Joliot-Curies besprechen wollte. Nach wie vor ist in der französischen Gesellschaft das Konzept des männlichen Familienoberhaupts tief verwurzelt.

Im Élysée-Palast ist man von der Antwort enttäuscht. Ist dieses Angebot des Staatspräsidenten etwa keine Ehre für das Andenken der polnisch-französischen Wissenschaftlerin? Das schon, nur hätte man früher darüber nachdenken sollen. Die Besprechung zu dritt braucht Zeit. Am 8. März 1994 äußert sich François Mitterrand jedoch öffentlich zu dem Thema und übt damit Druck auf die Familie aus: »Ich denke, dass eine Frau wie Marie Curie im Pantheon bestattet werden sollte, wenn die Familie zustimmt. Ich werde darum bitten.«[195]

Gewiss, mit diesem Vorschlag wird das Talent einer Frau gewürdigt. Allerdings ist offensichtlich, dass das Ehepaar Curie, das sich liebte, gemeinsam arbeitete und gemeinsam Entdeckungen machte, auf keinen Fall getrennt werden kann. Also müssten beide ins Pantheon überführt werden, Pierre und Marie, nicht Marie allein. Der Élysée-Palast muss den Staatschef befragen. Daraufhin entsteht erst einmal Funkstille. Wochenlang gibt es keine Reaktion. Dann erhalten Ève, Pierre und Hélène ganz plötzlich die Zusage und müssen in aller Eile die Überführung in die Wege leiten.

Doch da stößt man auf neue Schwierigkeiten. Sind die sterblichen Überreste der beiden Wissenschaftler, die auf dem Friedhof von Sceaux begraben sind, möglicherweise verstrahlt? Ein derartiges Risiko kann man nicht eingehen. Eigens angestellte Untersuchungen ergeben, dass es nur einige leichte Kontaminationen mit Radium-226 gibt, die jedoch unbedenklich sind.[196] Zweites Problem: Die Särge sind zu groß. Im Pantheon sind die Grabstätten kleiner. Unter Hochdruck müssen eine Unmenge Vorbereitungen getroffen werden, um die Ungeduld des Elysée-Palastes zu befriedigen. Man munkelt, der Präsident sei wahrscheinlich an Krebs erkrankt. Doch er hält an der Idee fest. Er will anwesend sein, eine Rede halten, Marie Curie die letzte Ehre erweisen. Zeit also, den beschaulichen Friedhof von Sceaux, auf dem Irène und Frédéric noch immer ruhen, zu verlassen und nach Paris zurückzukehren, ans linke Seine-Ufer, unweit des Jardin du Luxembourg, wo die Curie-Frauen verschiedener Generationen so oft spazieren gegangen sind. Seit ihrer Ankunft in Frankreich ist Marie bis zu ihren letzten Lebenstagen immer wieder hierhergekommen, in diesen Park in der Nähe der Sorbonne.

Heute, an diesem 20. April 1995, sind es die Studentinnen und Studenten der Université Pierre et Marie Curie, die Jugend, die zu den Klängen einer Bach-Kantate die Rue Soufflot hinaufgehen und den Sarg tragen. Zweihundert Schülerinnen und Schüler des Lycée Marie Curie in Sceaux tragen die Symbole der chemischen Elemente: »Wenn Frankreich die sterblichen Überreste von Pierre und Marie Curie in das Heiligtum unseres kollektiven Gedächtnisses überführt, ist dies nicht nur ein Akt der Dankbarkeit«, erklärt François Mitterrand.

Pierre-Gilles de Gennes, Nobelpreisträger für Physik, erinnert an »die leidenschaftliche Arbeit eines Mannes und einer Frau, die das 20. Jahrhundert in eine dramatische Situation der Macht und der Verantwortung gebracht hat [...]«. Abschließend richtet er einen Appell an seine Zeitgenossen: »Wir und unsere Kinder müssen dieser Herausforderung gerecht werden, indem wir uns immer an das Beispiel dieses Paares erinnern, das seine Gesundheit und sein Leben für die Forschung geopfert hat. [...] Die heutige Zeremonie erhält dadurch einen besonderen Glanz, dass zum ersten Mal in unserer Geschichte eine Frau für ihre eigenen Verdienste in die Ruhmeshalle aufgenommen wird.«

Trotz ihrer einundneunzig Jahre steht Ève die ganze Zeit über aufrecht neben François Mitterrand und Lech Wałęsa, der inzwischen polnischer Staatspräsident ist. Hélène Langevin-Joliot, Pierre und Anne Joliot-Curie sowie ihre Kinder sind ebenfalls anwesend. Präsident Mitterrand, der an Krebs im Endstadium leidet, verbringt ebenfalls die gesamte Zeremonie im Stehen und versucht, sich seine Schmerzen vor den Zuschauern in ganz Frankreich nicht anmerken zu lassen – wenngleich die Familie Curie seinen Gesundheitszustand erahnt. Nachdem die Feierlichkeiten beendet sind, kehrt Ève zu Fuß an der Seite ihres Neffen Pierre und dessen Frau Anne zum Institut Curie zurück: »Sie ging genauso schnell wie wir, wir mussten unser Tempo nicht drosseln«, erinnert sich Pierre. Ève lobt die Rede von François Mitterrand, die »weit über dem Niveau dessen [war], was ein amerikanischer Politiker zustande gebracht hätte«.[197]

In der Nacht liegt Ève lange wach und fragt sich, ob die Überführung ins Pantheon die richtige Entscheidung war. Am nächsten Morgen steht sie in aller Frühe auf, sie will nicht warten und nicht an die anstrengende Zeremonie vom Vortag denken. Gemeinsam mit Anne Joliot-Curie macht sie sich erneut zu Fuß auf den Weg in Richtung Rue Soufflot und reiht sich dort in die Schlange der Wartenden ein, die ihren Eltern die letzte Ehre erweisen wollen. Sie hört diesen Menschen aller Generationen zu, die ihre Ergriffenheit und ihren Respekt zum Ausdruck bringen. Welch ein Weg ist von ihrer Mutter zurückgelegt worden seit ihrer Ankunft in Paris, als sie bitterarm nur wenige Schritte vom Pantheon entfernt in einem eiskalten Zimmerchen hauste. Von diesen Gedanken überwältigt, ist Ève plötzlich sicher, dass es richtig war, ihr Einverständnis zur Umbettung ihrer Eltern in diesen erhabenen säkularen Tempel zu geben. Schnell löst sie sich aus der Menge. Es ist Zeit. Einige Studentinnen und Studenten haben sie erkannt. Ihr Fernsehauftritt am Vortag hat einen starken

Eindruck hinterlassen. Jetzt, sagt sie sich, gehören ihre Eltern allen. Obwohl sie das nahe gelegene Curie-Museum vor ihrem Tod noch mehrmals besucht, wird Ève nicht mehr zum Grab ihrer Eltern gehen. Stattdessen wird sie in Sceaux andächtig an dem einfachen, blumengeschmückten Grab ihrer Schwester stehen, dieser Schwester, die so anders war als sie selbst und die mit Frédéric an diesem beschaulichen, ruhigen und friedlichen Ort ruht. Was sie selbst angeht, so weiß Ève bereits, wo sie beerdigt werden will. Aber sie spricht nicht darüber. Wozu auch, noch ist sie ja am Leben. Und bereit für neue Reisen zwischen Paris, New York, Athen und dem Rest der Welt.

New York ist an diesem Septembertag in ein herrliches Morgenlicht getaucht. Über Nacht hat der Wind die schlechte Luft vertrieben. Ève sitzt allein am Frühstückstisch. Schon vierzehn Jahre sind seit dem Tod ihres Mannes Henry Labouisse vergangen. Sie hat nichts an der Einrichtung verändert; es ist fast, als sei er nur kurz weggegangen. Lediglich ein paar neue Fotos sind im Wohnzimmer aufgestellt worden. Fröhliche Porträts von Anne Labouisse-Peretz und deren Kindern, die Ève hat aufwachsen sehen und die sie als ihre Enkelkinder betrachtet. Seitdem sie Witwe ist, fällt es ihr leichter, ihren amerikanischen Familienangehörigen ihre Zuneigung auszudrücken. Ihre Befangenheit hat sich gelegt. Alle, auch sie selbst, sind glücklich darüber. Ja, sie liebt diese Familie.

Plötzlich ertönt ein ohrenbetäubendes Krachen; Ève schaut von ihrer *New York Times* auf. Vor den Fenstern wirbelt Staub auf, dazu hört man Schreie und das Heulen von Sirenen. Was geht hier vor? Sie schaltet den Fernseher ein. Es ist der 11. September 2001. Ein Passagierflugzeug ist gerade mit vollem Tempo in einen der Twin Towers geflogen. Wenige Minuten später kracht ein weiteres Flugzeug in den zweiten Turm. Unter dem Höllenlärm Hunderter Sirenen jagen Lastwagen und Feuerwehrautos durch Manhattan. In ihrer Wohnung verfolgt Ève Minute für Minute die Anschläge. Entsetzt entdeckt sie an den Fenstern der oberen Stockwerke Menschen, die vor den Flammen fliehen. Sich mit einem Sprung aus dem 98. Stock zu retten ist unmöglich. Dennoch stürzen sich einige von ganz oben in die Tiefe, begehen Selbstmord. Andere rufen um Hilfe. Feuerwehrleute rennen umher, erklettern die Türme, es ist ein Wettlauf mit dem Tod. Der erste Turm stürzt in einer kolossalen Wolke aus giftigem Staub ein. Dann der zweite. Ein Albtraum. Ève springt auf. Evgenia Peretz, die Enkelin ihres Mannes, die für sie wie ihre eigene Enkelin ist und die als Journalistin für *Vanity Fair* arbeitet, wohnt mit ihrem Mann und ihren beiden kleinen Kindern neben den Twin Towers in Downtown Manhattan. Ob auch sie in Lebensgefahr sind?

Unter größten Schwierigkeiten erreicht sie sie schließlich: »Kommt schnell zu mir, ihr könntet giftige Dämpfe einatmen. Bleibt auf keinen Fall in eurer Wohnung, das ist zu gefährlich.« In dem chaotischen Gedränge der attackierten Stadt dauert es eine Weile, doch schließlich trifft ihre Familie ein, alle sind erschöpft. Plötzlich ruft Ève zur Verblüffung der jungen Leute aus: »Das erinnert mich an den Einmarsch der Nazis in Paris 1940!« Und ebenso wie 1940, als sie sich am 23. Juni in London dem General de Gaulle anschloss, will sie auch jetzt handeln. »Ich gehe«, erklärt sie Evgenia Peretz. Und schon macht sie sich durch die Straßen von New York auf den Weg zur nächsten Feuerwache. Das erschöpfte Personal hat alle Hände voll zu tun. Inmitten der Panik wendet Ève sich energisch und mit fester Stimme an den Diensthabenden, während Lastwagen in vollem Tempo Richtung Downtown Manhattan rasen. Sie bietet an, zu helfen, zum Beispiel Rettungsfahrzeuge zu fahren. Der Mann reißt die Augen auf. Eine fast hundertjährige Freiwillige? Nein danke, Madam, die Feuerwehr hat schon genug Probleme. Enttäuscht tritt Ève den Heimweg an. Nur weil sie sechsundneunzig ist, soll sie sich nicht mehr nützlich machen können? Doch auch in der Wohnung am Sutton Place hat sie alle Hände voll zu tun. Sie kümmert sich um alle, sorgt für genügend Vorräte und steht dem Ehepaar und den noch sehr kleinen Kindern in ihrer Angst bei. Wann wird dieser Albtraum endlich ein Ende haben? Was, wenn es weitere Anschläge gibt?

In der Stadt herrscht Ausnahmezustand. Nach und nach trudeln die Nachrichten ein. Das Pentagon wurde getroffen. Weitere Flugzeuge sind mitsamt ihren Passagieren abgestürzt. Ève ringt nach Luft. Nie hätte sie gedacht, dass sie so etwas je wieder erleben würde. Nach dem Angriff auf Pearl Harbor, der den Kriegseintritt der USA zur Folge hatte, hat sie nun den zweiten Angriff auf amerikanischem Boden erlebt, noch dazu mitten in New York! Doch diesmal hat sie nicht die Möglichkeit, auf diplomatischer oder militärischer Ebene tätig zu werden. Nur gut, dass ihr Mann, ihre Mutter und ihre Schwester diese neuerliche Barbarei nicht mehr erleben müssen. Die jüngere Generation der Labouisses und Curies wird sich jedoch mit diesem Terrorismus auseinandersetzen müssen, der nur ein Vorgeschmack auf weitere Konflikte ist. Am Abend des 11. September 2001 hat das neue Jahrtausend, obwohl es noch so jung ist, einen Beigeschmack von Asche.

Anne, die treue und liebevolle Nichte, überquert wieder einmal im Flugzeug den Atlantik; diesmal, um Èves hundertsten Geburtstag vorzubereiten. Kein Wunder, dass selbst der Generalsekretär der Vereinten Nationen, der ghanaische Diplomat Kofi Annan, sich nach Sutton Place begibt, um Ève zu gratulieren. Aus der ganzen Welt treffen Glückwunschbotschaften ein, darunter auch ein Telegramm des französischen Staatspräsidenten

Jacques Chirac. An diesem kalten 6. Dezember 2004 kommen die USA und Frankreich zusammen. Es war also nicht nötig, bis nach Ève Curies Tod zu warten, um ihr Wirken zu würdigen. Eine Ehrung zu ihren Lebzeiten, die zwar bescheidener ausfällt als die, die Irène und später Marie im Pantheon zuteilwurde, aber dennoch eine Anerkennung – die die Jubilarin allerdings nicht eingefordert hat, da sie sich, wie Anne Joliot-Curie betont, angesichts der Leistungen der anderen Curies nicht besonders bedeutend fühlt. Bei dem Mittagessen, das amerikanische Frauen zu ihren Ehren organisiert haben, steht auf jedem der runden Achtertische ein Foto von Ève in verschiedenen Lebensphasen, um an all die Abenteuer zu erinnern, die sie erlebt hat, an ein Jahrhundert Geschichte. Auf jedem Bild schaut sie gerade in die Kamera, ist ihr Blick wach und kompromisslos, so wie der ihrer Mutter und ihrer Schwester. Schließlich wird sie in den Rang eines Offiziers der Ehrenlegion erhoben, eine Auszeichnung, die sie aufgrund ihres mutigen Handelns während des Krieges bereits seit fünfzig Jahren verdient hätte. Der Ständige Vertreter Frankreichs bei den Vereinten Nationen, Jean-Marc Rochereau de La Sablière, überreicht ihr die Auszeichnung – im Alter von hundert Jahren. Frankreich lässt sich Zeit mit der Anerkennung verdienter Bürger, oder besser gesagt verdienter Bürgerinnen. Die Frauen sind so oft vergessen worden.

Zwei Jahre sind vergangen. Seit dem 11. September 2001 werden an den Eingängen zum Gebäude der Vereinten Nationen verstärkte Sicherheitsvorkehrungen getroffen. Delegierte stehen Schlange, um die Kontrollen zu passieren. Ein paar hundert Meter weiter lebt Ève Curie noch immer im ersten Stock des eleganten Wohngebäudes in Sutton Place, doch obwohl sie in der Sprache Hemingways und Virginia Woolfs Tausende von Seiten und Zeitungsartikeln geschrieben und Verhandlungen geführt hat, ist ihr die englische Sprache abhandengekommen. Ihr bleibt nur noch das Französische, die Sprache ihrer Kindheit.

Frankreich kehrt zu ihr zurück, sie spürt es mit jeder Faser ihres Körpers, gerade so, als hätte sie es nie verlassen. »Ist dir klar, dass ich schon fast doppelt so lange gelebt habe wie meine Schwester?«, sagt sie zu Anne Joliot-Curie. Irène – so weit weg und doch so nah. Ève vollendet bald ihr hundertdrittes Lebensjahr. Es ist ihr peinlich, gesteht sie ihrer Nichte, dass sie so viel älter geworden ist als ihre Mutter und ihre Schwester. Sie fühlt sich schuldig, weil sie nicht wie jene beiden verstrahlt wurde, weil sie ihre Gesundheit nicht der Wissenschaft geopfert hat. Schuldgefühle, die Anne versucht zu beschwichtigen, was Ève aber nicht zulässt. Und sie will auch kein Mitleid für ihre eigenen Gebrechen.

Seit ihrem hundertsten Lebensjahr lässt Èves Sehkraft stark nach. Doch wenn Anne, ihre Nichte und Vertraute, ihr über die stark befahrenen Straßen von New York helfen möchte und ihr mit einer freundlichen Geste den Arm reicht, weist Ève sie mit einem Schulterzucken ab. Selbstmitleid kommt für sie nicht infrage. Schließlich muss sie mit den anderen Frauen ihrer Familie mithalten, die bis zum letzten Atemzug gearbeitet haben. Denkt sie vielleicht daran, wie sie einst Marie, die nach ihrer Operation am Grauen Star die Augen verbunden hatte, mit dem Löffel fütterte? Mit allerlei Lupen behalf sich ihre Mutter damals in ihrem Institut, um Buchstaben, Wörter, Karteikarten und Briefe zu lesen – in der Überzeugung, dass die Mitarbeitenden des Laboratoriums ihr Spiel nicht durchschauten.

Anne Joliot-Curie weiß das alles, verliert aber kein Wort darüber. Zurück in Paris, muss sie sich am Telefon mit der südamerikanischen Haushaltshilfe auseinandersetzen, die aufgeregt aus New York anruft, weil sie kein Wort mehr von dem versteht, was »Madame Curie-Labouisse« in der Sprache Colettes zu ihr sagt. Geduldig übersetzt Anne, die mit aufrichtiger Zuneigung an Ève hängt. Ihre eigenen Eltern – der Arzt, Krebsforscher und Professor am Institut Curie, Georges Gricouroff, und die Kinderärztin Colette Gricouroff – haben Maries jüngere Tochter bereits als Kind von L'Arcouest her gekannt. Anne fühlt sich daher für sie ebenso verantwortlich, als wäre sie ihre eigene Mutter oder Tante, auf jeden Fall eine enge Verwandte.

In Sutton Place hat Ève vor langer Zeit eine Entscheidung getroffen, die ihr nicht schwergefallen ist. Wenn sie einmal stirbt, soll ihr Leichnam nicht nach Frankreich überführt werden. Wer ihr Grab besuchen möchte, muss den Atlantik überqueren und sich auf eine Reise nach Louisiana begeben, ins frankophone New Orleans. Weit, sehr weit weg von den Orten des wissenschaftlichen Wirkens ihrer Familie, weit weg vom Pantheon und vom Curie-Museum. Weit weg auch von Polen. Wahrscheinlich wird ihr Grab das am seltensten besuchte aller Curie-Gräber sein. Aber darauf kommt es nicht an. Ève wird neben ihrem Mann ruhen, diesem treuen Gefährten, der ihr in jeder Lebenslage eine Stütze war. Sie hinterlässt kein wissenschaftliches Werk, aber ein Zeugnis, denn sie hat das 20. Jahrhundert – ihr Jahrhundert – mitgeprägt.

Am 22. Oktober 2007 schläft die jüngere Curie-Schwester in ihrer New Yorker Wohnung friedlich ein – sechs Jahre nach den Anschlägen vom 11. September, achtzehn Jahre nach dem Fall der Berliner Mauer, einundfünfzig Jahre nach ihrer Schwester und zwanzig Jahre nach ihrem Ehemann. Viele ihrer Lieben sind schon lange tot, doch die jüngeren Generationen sind präsent. Ève ist nicht allein, sondern umgeben von ihrer Familie, von Pierre und Anne Joliot-Curie, Hélène Langevin-Joliot und Anne Labouisse-Peretz sowie all deren Kindern und Enkeln. Ihre amerikanische Familie, wie sie sie gern nannte, ist ebenso zahlreich wie ihre französische. Eine Balance zwischen den beiden

Kontinenten, auf denen sie gewirkt und die sie ihr Leben lang geliebt hat.

Eine beträchtliche Summe vermacht die mit nahezu 103 Jahren verstorbene Ève dem Curie-Museum, das sich unweit des Pantheons genau gegenüber den Gebäuden des neuen Institut Curie befindet und in dem alten Radium-Institut eingerichtet wurde, das sie schon in ihrer Kindheit gekannt und dessen Ausbau und spätere Umwandlung in ein Museum sie miterlebt hat. Die dank dieser Zuwendung ermöglichten Renovierungsarbeiten nehmen mehr Zeit in Anspruch als ursprünglich gedacht. Radioaktiv verstrahlte Möbel und Papiere werden entdeckt. Auch das Marie-Skłodowska-Curie-Museum in Warschau hat Ève in ihrem Testament bedacht, denn schließlich hat ihr auch das Schicksal Polens, das sie abwechselnd befreit, besetzt und – nach dem Fall der Berliner Mauer – wieder befreit erlebt hat, stets am Herzen gelegen. Über all die dramatischen Wechselfälle der Geschichte hinweg hat jede polnische Regierung stets Wert darauf gelegt, das Andenken an ihre Mutter zu bewahren, und dies soll auch nach ihrem eigenen Tod unbedingt so bleiben.

Ève Curies Leichnam wird nach New Orleans überführt, nach Louisiana, wo ihr Mann tief verwurzelt war. Dort wird sie an der Seite von Henry Labouisse zur letzten Ruhe gebettet. Unterdessen ist in Frankreich der Staffelstab der Familie Curie bereits an eine neue Forschergeneration übergeben worden. Der älteste von Èves Großneffen, Marc Joliot, ist Neurowissenschaftler in Bordeaux, der jüngste, Alain Joliot, Biologe am Collège de France. Das Lebenswerk ihrer Eltern, ihrer Schwester und ihres Schwagers wird an den Krebsforschungszentren in Paris und Warschau fortgeführt. Die Curies sind zwar tot, doch sie retten weiterhin Leben. Und im fernen Amerika, wo die Talente der Curie-Frauen über das gesamte 20. Jahrhundert hinweg stets so hervorragend gewürdigt wurden, kann Ève in Frieden ruhen.

DANK

Mein Dank gilt allen voran den Mitgliedern der Familie Joliot-Curie und der Familie von Anne Labouisse-Peretz, die mir ermöglicht haben, diese besonderen Persönlichkeiten besser zu verstehen.

Von ganzem Herzen danke ich auch Philippe Robinet, dem Verleger von Calmann-Lévy, der Cheflektorin Marine Montégut, der Verlagsassistentin Flandrine Raab, dem gesamten Team des Curie-Museums sowie der Fondation Charles de Gaulle.

Die Kuratorinnen der Bibliothèque Marguerite Durand, einer Spezialbibliothek, die sich der Geschichte der Frauen und des Feminismus sowie den Genderstudien widmet, waren mir eine große Hilfe und haben mich hervorragend beraten. Ich danke ihnen für ihre wertvolle Arbeit zur Geschichte der Frauen in Frankreich und auf der ganzen Welt.

In den Vereinigten Staaten waren die zuständigen Mitarbeitenden der Universitätsbibliothek Princeton, insbesondere die Kuratoren der Seeley G. Mudd Manuscript Library, so freundlich, mir das Archiv von Henry Richardson Labouisse, dem Ehemann von Ève Curie, zur Verfügung zu stellen. Dafür bin ich ihnen sehr dankbar.

Mein herzlicher Dank gilt auch den Leiter*innen der Diplomatischen Archive beim Ministerium für Europa und auswärtige Angelegenheiten, die mir stets verlässlich und hilfreich zur Seite standen, insbesondere den ehemaligen Direktor*innen Mireille Musso, Frédéric Baleine du Laurens, Jean Mendelson und Hervé Magro, dem derzeitigen Archivdirektor Nicolas Chibaeff, sowie Isabelle Richefort, Generalkonservatorin für das kulturelle Erbe.

Schließlich möchte ich all jenen meine Freundschaft und Verbundenheit zum Ausdruck bringen, die mich bei der Arbeit an diesem Buch beständig moralisch unterstützt haben, insbesondere Bernard Besson, Augustine Blaisdell, Marie-Christine Delaunois, Anne-Lucie Chaigne-Oudin, Élodie und Laurent Piantoni, Patrick Pommier und Annie Richard. Meine Freundin, die franko-amerikanische Wissenschaftlerin Liliane Lazar, ehemalige Generalsekretärin der International Simone de Beauvoir Society, die leider allzu früh verstorben ist, hätte sich gewünscht, dass wir diese Biografie gemeinsam schreiben. Meine Gedanken und mein Mitgefühl gelten ihrem Ehemann Ron Lazar und ihren Kindern Glen, Monique und Sharon Lazar.

ENDNOTEN

1

VON POLEN NACH FRANKREICH –
DIE MACHT DES WILLENS

1   Vgl. Denis Brian, *The Curies: A Biography of the Most Controversial Family in Science* (Hoboken, New Jersey: John Wiley & Sons, 2005), S. 16.

2   Kosename für Maria.

3   Ève Curie, *Madame Curie. Eine Biographie*. Aus dem Französischen von Maria Giustiniani. © Bermann-Fischer Verlag GmbH, Wien 1937, S. 18. Alle Rechte vorbehalten. S. Fischer Verlag GmbH, Frankfurt am Main.

4   Ebd., S. 43.

5   Ebd., S. 40 f.

6   Ebd., S. 47.

7   Vgl. ebd., S. 54.

8   Brief von Bronia an Maria, ebd., S. 64.

9   Vgl. ebd., S. 86.

10 Vgl. Susan Quinn, *Marie Curie. Eine Biographie* (Frankfurt/M. und Leipzig: Insel, 1999), S. 118.

11 Marie Curie, *Pierre Curie*, Slg. »Les grands hommes de France« (Paris: Payot, 1924), S. 47; Nachdruck durch Hachette Livre und die Bibliothèque nationale de France (Paris, 2018).

12 Marie Curie erklärt in ihrer Biografie über Pierre Curie, dass das Phänomen der Piezoelektrizität »in einer elektrischen Polarisation besteht, die durch das Zusammendrücken oder die Ausdehnung von Kristallen erzeugt wird, die kein Symmetriezentrum aufweisen«.

13 Nathalie Huchette, *Balade parisienne avec Pierre et Marie Curie* (Les carnets du musée Curie, Institut Curie, Februar 2008).

14 Justizskandal in den letzten Jahren des 19. Jahrhunderts, der die französische Gesellschaft spaltete, um den zu Unrecht des Landesverrats beschuldigten und verurteilten jüdischen Offizier Alfred Dreyfus.

15 Henri Becquerel, »Sur les radiations invisibles émises par les sels d'uranium«, *Comptes rendus hebdomadaires de l'Académie des sciences*, 23. März 1896, Bd. 122, S. 693.

16 Ève Curie, *Madame Curie*, a.a.O., S. 137.

17 Nathalie Huchette, *Balade parisienne*, a.a.O., S. 22.

18 Marie Curie, *Pierre Curie*, a.a.O., S. 105.

19 Marie Curie, *Pierre Curie*, a.a.O., S. 55-56.

20 Ebd., S. 24.

21 Marie Curie, *Pierre Curie*, a.a.O., S. 72.

22 Marie Curie, *Pierre Curie*, a.a.O., S. 23.

23 Natacha Henry, *Marie Curie et Bronia Dluska. Les sœurs savantes* (Paris: Librairie Vuibert, 2015).

24 Vgl. ebd., S. 110f.

25 Vgl. Denis Brian, *The Curies*, a.a.O., S. 75.

26 Natacha Henry, *Marie Curie et Bronia Dluska*, a.a.O., S. 115.

27 Loïc Barbo, *Pierre Curie, 1859–1906. Le rêve scientifique* (Paris: Belin, 1999), S. 260.

28 Ève Curie, *Madame Curie*, a.a.O., S. 181.

29 Ève Curie, *Madame Curie*, a.a.O., S. 193f.

30 Frederic Golden, »The Worst and the Brightest«, time.com, *Time magazine*, 16. Oktober 2000, abgerufen auf Wikipedia, Alfred Nobel, und www.britannica.com, 19. März 2012, abgerufen auf Wikipedia (https://en.wikipedia.org/w/index.php?title=Alfred_Nobel&oldid=1102141422).

31 Ève Curie, *Madame Curie*, a.a.O., S. 151.

32 Rede von Pierre Curie vor der Königlich Schwedischen Akademie der Wissenschaften aus Anlass der Verleihung des Nobelpreises für Physik in Stockholm am 6. Juni 1905.

33 Pierre Curie und Henri Becquerel, *Comptes rendus de l'Académie des sciences*, 1901, Bd. 132, S. 1291.

34 Henry Gidel, *Marie Curie*, in der Reihe »Grandes biographies« (Paris: Flammarion, 2008), S. 166 f.

2
WISSENSCHAFT UND LIEBE, HOFFNUNGEN UND PRÜFUNGEN

35 Ève Curie, *Madame Curie*, a.a.O., S. 217.

36 Ebd., S. 233.

37 Vgl. Denis Brian, *The Curies*, a.a.O., S. 116.

38 Ève Curie, *Madame Curie*, a.a.O., S. 235.

39 Elizabeth Crawford, *The Women's Suffrage Movement: A Reference Guide 1866-1928* (London: Routledge, 2001).

40 Aussage von Tom Wolfe, Autor der Graphic Novel *Suffrajitsu* (Zeichner: Jao Vieiraune), einer Trilogie zum Thema der Suffragetten, auf BBC.

41 Brief von Irène an Marie.

42 Louis-Pascal Jacquemond, *Irène Joliot-Curie* (Paris: Odile Jacob, 2014), S. 97.

43 Vgl. Henry Gidel, *Marie Curie*, a.a.O., S. 259 f.

44 Ebd., S. 2.
»Au sujet de Madame Curie«, Depesche vom 7. Dezember 1911 (keine Nummer) von M. Thiébaut, Minister der Republik Frankreich in Stockholm, S. 1-2, Karton 201, CPCOM, Bd. 15, Schweden, 1896-1916.

45 Ebd.

46 Denis Brian, *Albert Einstein, le génie, l'homme* (Paris: Robert Laffont, 1996), S. 111.

47 Ebd.

48 Ebd., S. 112. The collected papers of Albert Einstein. Volume 8, Part A: The Berlin Years: Correspondence 1914-1917 (Princeton: Princeton University Press, 1998), S. 7. Abdruck mit freundlicher Genehmigung des Verlags.

49 Ève Curie, *Madame Curie*, a.a.O., S. 245f.

50 Interview mit Hélène Langevin-Joliot, der ältesten Tochter von Irène und Frédéric Joliot-Curie, 2014.

51 Vgl. Susan Quinn, *Marie Curie*, a.a.O., S. 399.

52 Brief von Irène an Marie, Ende Juni 1912, in: Hélène Langevin-Joliot und Monique Bordry (Hrsg.), *Marie Curie et ses filles. Lettres* (Paris: Pygmalion, 2011), S. 26f. Hélène Langevin-Joliot ist die Enkelin von Pierre und Marie Curie, Monique Bordry die ehemalige Direktorin des Curie-Museums.

53 Ebd., Brief von Marie Curie an Irène aus Thonon-les-Bains nach Brunoy, 8. Juli 1912, S. 28f.

54 Vgl. *Hertha Ayrton*, Jewish Women's Archive, abrufbar unter: https://jwa.org/encyclopedia/article/ayrton-hertha-marks.

55 Hertha Ayrton, »The Origin and the Growth of the Ripple Marks«, Titel ihres Artikels.

56 Vgl. »A Google Doodle Honors Scientist Hertha Marks Ayrton«, auf Google, siehe https://www.youtube.com/watch?v=uYe96QkFO1M.

57 Die nach dem britischen Physiker David Edward Hughes benannte Medaille wird von der Royal Society seit 1902 für originäre Entdeckungen auf dem Gebiet der Physik verliehen.

58 Vgl. Joan Manson, »Admission of the First Women into the fellowship of the Royal Society in London«, *The Royal Society*, Bd. 46, Nr. 2, S. 279-300, Juli 1992.

59 Vgl. Serena Kelly, »Gould, Barbara Bodichon Ayrton (1886–1950), suffragist and politician«, in: *Oxford Dictionary of National Biography*, abrufbar unter: https://www.oxforddnb.com/view/10.1093/ref:odnb/9780198614128.001.0001/odnb-9780198614128-e-50046.

60 Elizabeth Crawford, *The Democratic Plea for the Men's Political Union for Women's Enfranchisement. The Women's Suffrage Movement: A Reference Guide 1866-1928* (London: UCL Press, 1999).

61 Vgl. Susan Quinn, *Marie Curie*, a.a.O., S. 407.

62 Denis Brian, *Albert Einstein*, a.a.O., S. 117.

63 Brief von Marie Curie an Irène vom 29. Juli 1914, in: *Correspondance* (Pygmalion, 2011) S. 51.

64 Marie Curie an Hertha Ayrton, 1. Mai 1913, in: Evelyn Sharp: *Hertha Ayrton: A Memoir* (London, 1926), S. 248.

65 Brief an Irène und Ève vom 6. August 1914, Fonds Marie Curie, in: Ève Curie, *Madame Curie*, a. a. O., S. 254.

66 Brief an Irène vom 31. August 1914, in: Ève Curie, *Madame Curie*, a. a. O., S. 257.

67 Briefe von Marie Curie an Irène vom 2. und 6. August 1914, in: Hélène Langevin-Joliot und Monique Bordry (Hrsg.), *Marie Curie et ses filles*, a. a. O., S. 57.

68 Irène Joliot-Curie, Brief an Marie Curie vom 2. August 1914, Fonds Irène und Frédéric Joliot-Curie.

69 Brief von Marie Curie an Irène vom 6. September 1914, in: Ève Curie, *Madame Curie*, a. a. O., S. 259.

70 Marie-Noëlle Humbert, *Marie Curie. Portrait d'une femme engagée, 1914–1918* (Arles: Actes Sud, 2014), S. 25.

71 Ève Curie, *Madame Curie*, a. a. O., S. 255.

72 Ebd.

73 Ève Curie, *Madame Curie*, a. a. O., S. 259 f.

74 Ebd., S. 260.

75 Marie-Noëlle Humbert, *Marie Curie*, a. a. O., S. 65.

76 Ebd., S. 408.

77 Ève Curie, *Madame Curie*, a. a. O., S. 271.

78 Brief von Marie Curie an Bronia vom 10. November 1920, in: Susan Quinn, *Marie Curie*, a. a. O., S. 504.

79 Louis-Pascal Jacquemond, *Irène Joliot-Curie*, a. a. O., S. 152 f.

80 Vgl. Marie-Noëlle Humbert, *Marie Curie*, a.a.O., S. 164.

81 Marie Curie, *Pierre Curie*, a.a.O.

82 Marie-Noëlle Humbert, *Marie Curie*, a.a.O., S. 164.

83 Natalie Pigeard-Micault, *Les Femmes du laboratoire de Marie Curie*. Vorwort von Hélène Langevin-Joliot (Paris: Glyphe, 2013), S. 18.

84 »Different This Week«, *Time Magazine*, 5. Januar 1942.

85 Ebd., S. 460.

86 Ève Curie, *Madame Curie*, a.a.O., S. 277.

87 Brief von Marie Curie an Henriette Perrin, Gattin von Jean Perrin, vom 10. Mai 1921, in: Ève Curie, *Madame Curie* (Paris: Gallimard, 1938), S. 445.

88 Ève Curie, *Madame Curie*, a.a.O., S. 282.

89 Jusserand war 22 Jahre lang Botschafter in Washington – ein Rekord – und genoss das Vertrauen mehrerer amerikanischer Präsidenten. Bereits 1914 hatte er im Weißen Haus geschickt agiert, um die isolationistisch gesonnenen USA von einer Beteiligung am Ersten Weltkrieg zu überzeugen, und war von Georges Clemenceau gelobt worden.

90 Ève Curie, *Madame Curie*, a.a.O., S. 284.

91 Natacha Henry, *Marie Curie et Bronia Dluska*, a.a.O., S. 207f.

92 Vgl. Denis Brian, *The Curies*, a.a.O., S. 190.

93 Vgl. Natacha Henry, *Marie Curie et Bronia Dluska*, a.a.O., S. 211.

94 Ebd., S. 214.

95 Vgl. Natalie Pigeard-Micault, *Marie Curie, la reconnaissance institutionnelle, des Nobels aux Académies*. Académie nationale de Médecine, wissenschaftlicher Beitrag, Sitzung vom 21. November 2017.

96 Denis Brian, *Albert Einstein*, a.a.O., S. 111.

97 Louis-Pascal Jacquemond, *Irène Joliot-Curie*, a. a. O., S. 86.

98 Ebd., S. 107.

99 »Entretien avec Irène Curie«, *Le Quotidien*, 28. März 1925, in: Henry Gidel, *Marie Curie*, a. a. O., S. 338.

100 Ebd.

101 *Le Temps*, Artikel ohne Titel von T. Lindenbaub, 24. November 1925.

102 *Le Temps*, Artikel ohne Titel von T. Lindenbaub, 16. Februar 1926.

103 Brief von Marie Curie an Ève, verfasst an Bord des italienischen Passagierdampfers *Pincio*, Brasilien, 7. Juli 1926, Fonds Ève Curie.

104 Ebd.

105 Ève Curie, *Madame Curie*, a. a. O., S. 304.

106 Christine Bard, »Marie Curie et Irène Joliot-Curie, le féminisme arcouestien«, *Revue de la BNF*, 2009/2, Nr. 32, S. 39.

107 Ebd., 18. Februar 1928, Fonds Ève Curie.

108 Internationale Kommission für geistige Zusammenarbeit, Vorläuferorganisation der UNESCO.

109 Internationales Institut für geistige Zusammenarbeit, ab 1926 Exekutivorgan der Internationalen Kommission für geistige Zusammenarbeit.

110 Brief von Marie Curie an Ève aus Genf nach L'Arcouest, 25. Juli 1929, in: Hélène Langevin-Joliot und Monique Bordry (Hrsg.), *Marie Curie et ses filles*, a. a. O.

111 Brief von Marie Curie an Ève vom 10. Oktober 1929, in: Ebd., S. 303.

112 Ebd., S. 304 f.

113 Ebd.

114 Brief von Marie Curie an Ève von »Private car adventurer« in Paris, 22. Oktober 1929, in: Ebd., S. 316.

115 Brief von Marie Curie an Ève aus dem Weißen Haus, in: Ève Curie, *Madame Curie* (Paris: Gallimard, 1938), S. 403.

116 Brief von Marie Curie an Ève aus New York nach Paris, 31. Oktober 1929, in: Hélène Langevin-Joliot und Monique Bordry (Hrsg.), *Marie Curie et ses filles*, a. a. O., S. 324.

117 Marc Chadourne, *Absence* (Paris: Plon, 1933), S. 238.

118 Brief von Marie Curie an Ève aus Paris vom 11. August 1932, in: Hélène Langevin-Joliot und Monique Bordry (Hrsg.), *Marie Curie et ses filles*, a. a. O., S. 374.

6

DIE CURIE-SCHWESTERN –
AUS DEM SCHATTEN ANS LICHT

119 Frédéric Joliot-Curie, »Réflexions sur la valeur humaine de la science«, *La Nef*, Januar 1957, Nr. 2.

120 Ève Curie, *Madame Curie*, a. a. O., S. 331.

121 Ève Curie, *Madame Curie*, a. a. O., S. 332.

122 Ève Curie, Brief vom 10. Oktober 1936 aus Lausanne an ihre Schwester Irène Joliot-Curie, Fonds Irène Joliot-Curie und Fonds Ève Curie.

123 Ebd.

124 Ève Curie, Brief vom 8. September 1936 an ihre Schwester Irène Joliot-Curie, S. 1, Fonds Ève Curie.

125 Claude Mauriac, *Le Temps immobile 3: Et comme l'espérance est violente* (Paris: Grasset, 1976).

126 Ebd.

127 Ebd.

128 »Mme Joliot-Curie a reçu le troisième prix Nobel de chimie«, Artikel, Dezember 1935, Archive der Bibliothèque Marguerite Durand.

129 Ebd.

130 Vgl. »M. et Mme Joliot-Curie fêtés à Stockholm«, Stockholm,

14. Dezember 1935, Zeitungsausschnitt ohne Verfasserangabe, Archive zu Irène Joliot-Curie der Bibliothèque Marguerite Durand.

131 Irène Joliot-Curie, »Madame Joliot-Curie, prix Nobel, et le droit des femmes au travail«, *La Française*, 23. November 1935, Archive der Bibliothèque Marguerite Durand.

132 Irène Joliot-Curie, »Science et économie«, *Femmes dans l'action mondiale*, März 1936.

133 Skandal, der 1933 Frankreich erschütterte, um den Hochstapler Alexandre Stavisky, in dessen betrügerische Machenschaften Politiker, hohe Offiziere und bekannte Industrielle verwickelt waren.

134 Vgl. Antoine Tarrago, *Léon Blum et l'émancipation des femmes*, mit einem Vorwort von Christine Bard (Paris: Tallandier/Jean Jaurès, 2019), S. 153.

135 Ebd., S. 139.

136 Ebd., S. 156.

137 Diesen Begriff verwendete Simone de Beauvoir später in Bezug auf sich selbst, wenn sie in ihrer Eigenschaft als Frau in den Vordergrund gerückt wurde. »Ich bin mir bewusst, dass ich eine Alibi-Frau bin«, sagte sie häufig.

138 Ève Curie, »Irène Joliot-Curie«, *Marianne*, 1936, mit folgender Vorbemerkung der Redaktion: »Man spricht von Madame Irène Joliot-Curie als Wissenschaftlerin, als Nobelpreisträgerin und sogar als mögliche Staatssekretärin. *Marianne* ist stolz darauf, das Porträt zu veröffentlichen, das ihre Schwester von ihr entworfen hat.« Dieser Artikel wird aufgegriffen in: *Souvenirs et documents publiés par l'Association Frédéric et Irène Joliot-Curie*, S. 15.

139 Ebd.

140 Ebd., S. 16.

141 Gespräch mit Pierre Joliot-Curie.

142 Louis-Pascal Jacquemond, *Irène Joliot-Curie*, a.a.O., S. 158.

143 Josiane Serre, »Un instrument de promotion féminine: l'École normale supérieure de jeunes filles (ex-Sèvres), Aperçu historique sur l'enseignement féminin en France«, *Perspectives universi-

taires, Bd. III, Nr. 1-2, S. 50–58. Zur Erinnerung: Josiane Serre war von 1974 bis 1987 die letzte Direktorin der ENSJF und anschlie-ßend Ko-Direktorin der ENS Rue d'Ulm. Auf ihr Betreiben hin fusionierte die ENSJF 1988 mit der männlichen Studenten vorbe-haltenen École Normale Supérieure (Rue d'Ulm) zu der gemein-samen ENS Rue d'Ulm, deren Direktorin Josiane Serre nach dem Tod von Georges Poitou wurde. Josiane Serre ist die Mutter der Autorin dieses Buches.

144 Ebd., S. 51.

145 Ebd.

146 Ebd., S. 52.

147 Irène Joliot-Curie, *Hommage à Eugénie Cotton*, Archive der Bib-liothèque Marguerite Durand.

148 »Mme Irène Joliot-Curie souffrante, vient d'abandonner ses fonc-tions«, *La Française*, 3. Oktober 1936, Artikel ohne Verfasseranga-be, Archive der Bibliothèque Marguerite Durand.

149 Ève Curie, Brief aus Lausanne vom 10. Oktober 1936 an Irène Jo-liot-Curie, Fonds Ève Curie.

150 Irène Joliot-Curie, Brief an Léon Blum, 27. Juni 1937, Archive zu Irène Joliot-Curie, Curie-Museum.

151 »Il faut sauver la fondation Curie, je pense à l'angoisse de ma mère si son hôpital disparaissait nous dit Mme Ève Curie«, 24. März 1938, Archive zu Ève Curie.

152 Ebd.

153 Vgl. Louis-Pascal Jacquemond, *Irène Joliot-Curie*, a.a.O., S. 162.

7

IRÉNE UND ÈVE – GETRENNT IN DEN WIRREN
DES ZWEITEN WELTKRIEGS

154 Brief von Irène Curie an Missy Meloney vom 1. Mai 1940, in: Louis-Pascal Jacquemond, *Irène Joliot-Curie*, a.a.O., S. 163.

155 Ève Curie »Mme Curie, la Pologne et la France«, Rundfunkan-

sprache am 15. September 1939, Archive der Familie Joliot-Curie, abgedruckt in: *Presse Tunis*.

156 »Ève Curie explique pourquoi la Pologne a survécu à toutes les persécutions«, *Presse Tunis*, 15. und 17. September 1939, Archive der Familie Joliot-Curie.

157 *My Day*, Zeitungskolumne von Eleanor Roosevelt, 3. Februar 1940, abrufbar unter: https://www2.gwu.edu/~erpapers/myday/displaydocedits.cfm?_y=1940&_f=md055493; Eleanor Roosevelt schrieb an sechs Tagen in der Woche die Zeitungskolumne *My Day*, in der sie über ihre Erlebnisse und ihre Begegnungen berichtete.

158 Brief von Eleanor Roosevelt an Ève Curie vom 18. April 1940, Fonds Ève Curie.

159 Brief von Ève Curie an Eleanor Roosevelt vom 22. April 1940, Fonds Ève Curie.

160 Vgl. Louis-Pascal Jacquemond, *Irène Joliot-Curie*, a. a. O., S. 164.

161 Michel Pinault, *Frédéric Joliot-Curie* (Paris: Odile Jacob, 2000), S. 206.

162 *My Day*, Zeitungskolumne von Eleanor Roosevelt, 18. Februar 1941, abrufbar unter: https://www2.gwu.edu/~erpapers/myday/displaydoc.cfm?_y=1941&_f=md055814.

163 Vgl. Dominique Mongin, »Joliot et l'aventure de l'eau lourde française«, *L'Histoire*, Oktober 2017, abrufbar unter: www.lhistoire.fr.

164 Ausspruch des Admirals Isoroku Yamamoto, zitiert auf: www.dicocitations.lemonde.fr.

165 Michel Pinault, *Frédéric Joliot-Curie*, a. a. O., S. 237.

166 Ève Curie, *Eine Frau an der Front* (Zürich: Steinberg, 1946), S. 422.

167 Ebd., S. 471.

168 Ebd., S. 529.

169 Ebd., S. 556.

170 Ebd., S. 561.

171 Der Reisebericht wird beim Verlag Double Day in den USA 1943 veröffentlicht.

172 *My Day*, Zeitungskolumne von Eleanor Roosevelt, 25. Mai 1942,

abrufbar unter: https://www2.gwu.edu/~erpapers/myday/dis
playdoc.cfm?_y=1942&_f=md056194. Sie berichtet darin über den
Empfang von Ève Curie im Weißen Haus.

173 Ebd.

174 *My Day*, Zeitungskolumne von Eleanor Roosevelt, 17. Juni 1942,
abrufbar unter: https://www2.gwu.edu/~erpapers/myday/dis
playdoc.cfm?_y=1942&_f=md056214.

175 Marjory Avory, »Pvt Ève Curie sounds a call to arms«, *The New
York Times*, 28. November 1943. »Pvt« ist die Abkürzung für den
englischen Begriff »Private« (= einfacher Soldat), was damals Ève
Curies Rang in den Freien Französischen Streitkräften war. Sie
wurde später Offizierin.

176 Algier, damals zu Frankreich gehörig, war seit Ende 1942 durch die
Alliierten und Résistance-Kämpfer von der Vichy-Regierung be-
freit und bis zur Befreiung von Paris die Hauptstadt des Freien
Frankreichs.

177 Gespräch der Autorin mit Hélène Langevin-Joliot und Pierre Joliot-Curie.

178 Édouard Launet, »On faisait sécher 200 kilos d'explosif«, *Libération*, 25. August 2004.

179 Brief von General Brosset an Colonel Masson, Kabinett des Kriegsministers, 4. Oktober 1944, Fonds Ève Curie, Aktenmappe mit
dem Vermerk von Ève Curie: »Radio-France, 18 juin 1945 (retra-
çant les évènements de 1940 à 1945)«.

180 Natacha Henry, *Marie Curie et Bronia Dluska*, a.a.O., S. 252f.

8

EINE VOM KALTEN KRIEG ZERRISSENE FAMILIE

181 Louis-Pascal Jacquemond, »Irène Joliot-Curie, une féministe engagée?«, *Genre et Histoire*, Nr. 11, Herbst 2012.

182 Irène Joliot-Curie, »Marie Curie, ma mère«, *Europe*, Nr. 108, Dezember 1954, S. 89–121.

183 Ève Curie, Brief an Helen Rogers Reid vom 22. März 1948, Fonds Ève Curie.

184 Simone de Beauvoir, *Der Lauf der Dinge* (Reinbek bei Hamburg: Rowohlt, 1966), S. 188.

185 Ingrid Galster, »Le scandale du *Deuxième Sexe*«, *Mensuel 232*, Mai 1999.

186 Vgl. Denis Brian, *Albert Einstein*, a. a. O., S. 432.

187 Eugénie Cotton, *Après Frédéric Joliot-Curie, Irène Joliot-Curie est exclue du Commissariat à l'énergie atomique*, 1952, Archive zu Eugénie Cotton der Bibliothèque Marguerite Durand.

188 Die zehn europäischen Unterzeichnerländer des Nordatlantikvertrags sind 1949 Belgien, Dänemark, Frankreich, Island, Italien, Luxemburg, Norwegen, die Niederlande, Portugal und Großbritannien.

189 Ève Curie, Brief an Irène Joliot-Curie vom 15. November 1954, Fonds Irène Joliot-Curie und Fonds Ève Curie.

190 Ebd., S. 1.

191 »Souvenirs d'Irène et de Frédéric Joliot-Curie«, Gespräch der Autorin mit Pierre Joliot-Curie, 3/3, *Paris-Saclay Le Média*, 12. September 2018.

9

ÈVE CURIE – DEM ANDENKEN AN DIE VERSTORBENEN VERPFLICHTET

192 »The talk of the town«, *The New Yorker*, 6. November 1965, S. 45-47, ohne Verfasserangabe.

193 Ebd.

194 Maurice Vaïsse und Hervé Magro, *Dans les archives secrètes du Quai d'Orsay; de 1945 à nos jours* (Paris: L'Iconoclaste, 2019), Serie »Histoire«, s. Kapitel »L'espoir se lève à l'Est«, S. 533f.

195 Interview mit dem französischen Staatspräsidenten François Mitterrand auf *France 2*, 8. März 1994.

196 Jean-Luc Pasquier, *Blog 6ruedemessine*, 28. Dezember 2011.

197 Gespräch der Autorin mit Pierre Joliot-Curie, Mai 2013.

WEITERFÜHRENDE LITERATUR

1

NICHT ERSCHÖPFENDES VERZEICHNIS DER
REFERENZLITERATUR ZU MARIE, IRÈNE UND ÈVE CURIE

Brian, Denis, *The Curies: A Biography of the Most Controversial Family in Science* (Hoboken, New Jersey: John Wiley & Sons, 2005).

Bernstein Gruber, Georges, und Maurin, Gilbert, *Bernstein le Magnifique* (Paris: Jean-Claude Lattès, 1988).

Cotton, Eugénie, *Les Curie et la Radioactivité* (Paris: Seghers, 1963).

Curie, Ève, *Madame Curie. Eine Biographie.* Aus dem Französischen von Maria Giustiniani. © Bermann-Fischer Verlag GmbH, Wien 1937. Alle Rechte vorbehalten S. Fischer Verlag GmbH, Frankfurt am Main. Zitiert nach der 32. Auflage (Frankfurt/Main: S. Fischer, 2021) –, *Madame Curie.* Folio no. 1336 (Paris: Gallimard, 1938).

–, *Eine Frau an der Front* (Zürich: Steinberg, 1946).

–, *They speak for a Nation. Letters from France* (New York: Doubleday & Doran, 1941), gemeinsam mit Philippe Barrès und Raoul de Roussy de Sales.

Curie, Marie, *La Radiologie et la Guerre* (Paris: Librairie Félix Alcan, 1921).

–, *Pierre Curie* (Paris: Odile Jacob, 1996), Nachdruck des 1923 bei Payot erschienenen Titels.

–, *Marie Curie et ses filles, Lettres.* Vorwort von Hélène Langevin-Joliot und Monique Bordry (Paris: Pygmalion, 2011).

Curie, Marie, und Joliot-Curie, Irène, *Correspondance. Choix de lettres (1905–1934).* Zusammengestellt von Gilette Ziegler (Paris: Les Éditeurs français réunis, 1974).

Frain, Irène, *Marie Curie prend un amant* (Paris: Seuil, 2016).

Goldsmith, Barbara, *Marie Curie. Die erste Frau der Wissenschaft* (München: Piper, 2010).

Henry, Natacha, *Marie Curie et Bronia Dluska. Les sœurs savantes* (Paris: Librairie Vuibert/Albin Michel, 2015).

Himbert, Marie-Noëlle, *Marie Curie. Portrait d'une femme engagée, 1914-1918* (Arles: Actes Sud, 2014).

Huchette, Nathalie, *Balade parisienne avec Pierre et Marie Curie* (Les Carnets du musée Curie, Sammlung, herausgegeben vom Institut Curie in Zusammenarbeit mit dem Curie-Museum, 2008).

Huchette, Nathalie, und André, Laurence, *Les Joliot-Curie. Deux savants à la une* (Les Carnets du musée Curie, Nr. 3, 2008).

Jacquemond, Louis-Pascal, *Irène Joliot-Curie* (Paris: Odile Jacob, 2014).

–, »Irène Joliot-Curie: une féministe engagée?«, *Genre & histoire*, Nr. 11, Herbst 2012.

Joliot-Curie, Irène, »La vie et l'œuvre de Marie Sklodowska-Curie«, *La Pensée*, Nr. 58, November-Dezember 1954 (Curie-Archiv, Akte I-16, Konvolut 49).

–, »Marie Curie, ma mère«, *Europe*, Nr. 108, Dezember 1954 (Curie-Archiv, Akte I-16, Konvolut 50) [I. Joliot-Curie (1954) in den Notizen].

Joliot, Pierre, *La Recherche passionnément* (Paris: Odile Jacob, 2001).

Langevin, André, *Paul Langevin, mon père. L'homme et l'œuvre* (Paris: Les Éditeurs français réunis, 1971).

Langevin-Joliot, Hélène, *Cahiers de l'IHSME* (Institut d'histoire sociale Mines-Énergie – la CGT), Nr. 21, Februar 2009.

Langevin-Joliot, Hélène, und Bordry, Monique, *Marie Curie et ses filles. Lettres* (Paris: Pygmalion, 2011).

Lansdale, Elizabeth, *My Metamorphosis. A Tapestry of People, Places and Events.* Mit einem Vorwort von Ève Curie-Labouisse (Thessaloniki: Enaretos Press, 2007).

Loriot, Noëlle, *Irène Joliot-Curie* (Paris: Presse de la Renaissance, 1991).

Marbo, Camille (Marguerite Borel), *À travers deux siècles. Souvenirs et rencontres (1883-1967)* (Paris: Grasset, 1968).

Marder, Brenda L., *Stewards of the Land. The American Farm School and Greece in the Twentieth Century* (Macon, Georgia: Mercer University Press, 2004).

Pigeard-Micault, Natalie, *Les Femmes du laboratoire de Marie Curie* (Paris: Glyphe, 2013).

Pinault, Michel, *Frédéric Joliot-Curie* (Paris: Odile Jacob, 2000).

Poirier, Jean-Pierre, *Marie Curie et les conquérants de l'atome (1896-2006)* (Paris: Pygmalion, 2006).

Quinn, Susan, *Marie Curie. Eine Biographie* (Frankfurt/M. und Leipzig: Insel, 1999).

Radvanyi, Pierre, *Les Curie. Pionniers de l'atome.* Reihe »Pour la science« (Paris: Belin, 2005).

Radvanyi, Pierre, und Bordry, Monique, *La Radioactivité artificielle et son histoire.* Reihe »Points Sciences« (Paris: Seuil/CNRS, 1984).

Reid, Robert, *Marie Curie derrière la légende.* Reihe »Points Sciences« (Paris: Seuil, 1979).

Saurier, Delphine, *Histoires de l'association Curie et Joliot-Curie et du musée Curie* (Avignon: Université d'Avignon et des pays du Vaucluse, 2009).

Zak, Sonia, *Frédéric et Irène Joliot-Curie* (Paris: Causette, 2000).

2

WEITERE NÜTZLICHE LITERATURHINWEISE
ZU DIESER BIOGRAFIE

Aumont, Jean-Pierre, *Le Soleil et les Ombres.* Reihe »J'ai lu« (Paris: Opéra Mundi, 1976).

Bard, Christine, »Marie Curie et Irène Joliot-Curie, le féminisme arcouestien«, *Revue de la BNF*, Jg. 32, 2009: *L'Arcouest des Joliot-Curie.*

–, »Les premières femmes au gouvernement (France, 1936–1981)«, *Histoire@Politique*, Nr. 1, Mai-Juni 2007.

–, *Les Filles de Marianne. Histoire des féminismes, 1914-1940* (Paris: Fayard, 1995).

–, *Les Femmes dans la société française au 20e siècle.* Reihe »U« (Paris: Armand Colin, 2004).

Barrès, Philippe, *Charles de Gaulle* (Paris: Plon, 1944).

Beauvoir, Simone de, *Das andere Geschlecht. Sitte und Sexus der Frau.* Neu übersetzt von Uli Aumüller und Grete Osterwald. 19. Auflage (Reinbek bei Hamburg: Rowohlt, 2018).

Beauvois, Daniel, *La Pologne. Histoire, société, culture* (Paris: La Martinière, 2004).

Cassin, Gabriel, *René Cassin. Les guerres de 1914–1918 et de 1939-1945 et son combat pour la dignité humaine. Les Droits de l'Homme – 1948. Le Prix Nobel de la Paix – 1968* (Paris: Éditions Gabriel Cassin, 2011).

Chadourne, Marc, *Absence* (Paris: Plon, 1933).

Eidelman, Jacqueline, *La Création du palais de la Découverte.* Dissertation (Leitung: Viviane Isambert-Jamati). Université Paris V-Descartes, 1988 (verfügbar beim Fonds Curie).

Feis, Herbert, *Churchill, Roosevelt, Stalin* (Princeton: Princeton University Press, 1957).

Gendron, Louis Paul, *En marge de l'histoire.* Bd. I, II, III (keine Verlagsangabe).

Guy, Claude, *En écoutant de Gaulle, Journal 1946–1949* (Paris: Grasset, 1996).

Hsu, Kai-yu, *Chou En-lai. Éminence grise de la Chine* (Paris: Mercure de France, 1968).

Kaspi, André, *La Deuxième Guerre mondiale* (Paris: Perrin, 1990).

–, *La Libération de la France. Juin 1944 – janvier 1945* (Paris: Perrin, 1995).

Kersaudy, François, *De Gaulle et Churchill: La mésentente cordiale* (Paris: Perrin, 2003).

–, *De Gaulle et Roosevelt: Le duel au sommet* (Paris: Perrin, 2004).

Lelièvre, Claude, und Lelièvre, Françoise, *Histoire de la scolarisation des filles* (Paris: Nathan, 1992).

Mauriac, Claude, *Le Temps immobile.* Bd. II: *Les Espaces imaginaires* (Paris: Grasset, 1975).

–, *Le Temps immobile.* Bd. III: *Et comme l'espérance est violente* (Paris: Grasset, 1976).

Nehru, Jawaharlal, *A Bunch of Old Letters. Being Mostly Written to Ja-*

waharlal Nehru and Some Written by Him (Bombay: Jayasinghe Asia Publishing House, 1958; London, 1960).

Perrot, Michelle, und Duby, Georges, *Histoire des femmes en Occident*. Bd. 5: *Le XXe siècle* (Paris: Perrin, 2002).

Ponty, Janine, *Les Polonais en France de Louis XV à nos jours* (Paris: Éditions du Rocher, 2008).

Prost, Antoine, und Winter, Jay, *René Cassin* (Paris: Fayard, 2011).

Roosevelt, Eleonor, *This I remember* (New York: Harper and Brothers, 1949).

Sartori, Éric, und Gennes, Gilles de, *Histoire des grands scientifiques français: d'Ambroise Paré à Pierre et Marie Curie* (Paris: Perrin, 2012).

Saurier Delphine, *La Fabrique des illustres. Proust, Curie, Joliot et lieux de mémoire* (Paris: Éditions Non Standard, 2013).

Sharp, Evelyn, *Hertha Ayrton, 1854-1923. A Memoir* (London: Edward Arnold & Co., 1926).

Thibaudet, Albert, *La République des professeurs* (Paris: Grasset, 1927), S. 123.

Trotereau, Janine, *Marie Curie* (Paris: Gallimard, 2011).

Vaïsse, Maurice, *Histoire de la diplomatie française*. Bd. II: *De 1815 à nos jours*. Mit Beiträgen von Jean-Claude Allain, Françoise Autrand, Lucien Bély, Philippe Contamine, Pierre Guillen, Thierry Lentz, Georges-Henri Soutou und Laurent Theis (Paris: Perrin, 2007).

Weiss, Louise, *Combats pour les femmes* (Paris: Albin Michel, 1980).

–, *Mémoires d'une Européenne*. 6 Bände. (Paris: Payot/Albin Michel, 1968-1976).

Wieviorka, Olivier, *Histoire de la Résistance 1940-1945* (Paris: Perrin, 2013).

Wingate, Ronald, Sir, *Lord Ismay. A biography* (London-New York: Hutchinson & Co. Ltd., 1970).

Zancarini-Fournel, Michelle, *Histoire des femmes en France. XIXe–XXe siècles* (Paris: Pur, 2005).

3
NÜTZLICHE LINKS

Curie-Museum: https://musee.curie.fr/
Präsentation der Sammlung: https://musee.curie.fr/decouvrir/archi
ves-et-collections
Online-Katalog: http://www.calames.abes.fr/pub/curie.aspx

INHALT

Das vergessene Wunderkind

Die Geschwister Fanny und Felix Mendelssohn wachsen im Preußen des neunzehnten Jahrhunderts in einer jüdischen Familie auf. Sie sind musikalische Wunderkinder und einander tief verbunden. Doch als Fanny vierzehn Jahre alt wird, muss sie den für sie vorbestimmten Weg einschlagen: Sie soll sich auf ihre Rolle als Ehefrau und Mutter vorbereiten, während ihr Bruder weiter Musik machen darf. Er wird zum berühmtesten Komponisten Europas, Fanny spielt nur noch im Privaten. Felix bleibt ihr stärkster Verbündeter, und so komponiert Fanny über 500 Musikstücke – und kämpft für die Anerkennung als gleichwertige Musikerin.
Fanny Mendelssohns unerhörtes Gespür für Musik ist die faszinierende Geschichte einer Frau, die für ihre Leidenschaft kämpft und versucht, die Grenzen, in denen sie als Frau und Jüdin lebt, zu überwinden.

Ellinor Skagegård, Fanny Mendelssohns unerhörtes Gespür für Musik. Aus dem Schwedischen von Regine Elsässer. insel taschenbuch 4843. 237 Seiten. Auch als eBook erhältlich

»Alle Macht den Nanas!«

Sie wurde geliebt und gehasst, als Femme fatale bewundert und sexistisch beleidigt – die Künstlerin Niki de Saint Phalle (1930-2002) war eine einzige Herausforderung für ihre Zeit. Berühmt wurde sie für ihre knallbunten Nanas, die Gartenplastiken und Brunnen, ihre selbstbewussten Auftritte und ihre »Schießbilder« – aber dahinter steckt das Schicksal einer sensiblen und oft verletzten Frau.

In der Romanbiografie begibt sich Gabriela Jaskulla auf die Spur der großen Künstlerin und erzählt, wie aus der »adeligen Lady«, dem Missbrauchsopfer und der Femme fatale die größte Plastikerin des 20. Jahrhunderts wurde – eine Künstlerin, die von einer »Stadt der Frauen« träumte und von einer gerechteren Welt.

Gabriela Jaskulla, Niki de Saint Phalle und die Pracht der Frauen. Romanbiografie. insel taschenbuch 4912. 464 Seiten. Auch als eBook erhältlich

NF 542/1/4.22

Die farbenfrohe Romanbiografie über die Jahrhundertkünstlerin

Frida spricht nicht, sie brüllt, sie flucht wie ein Bierkutscher, demonstriert mit den Kommunisten auf den Straßen von Mexiko-Stadt, trinkt literweise Tequila, feiert unzählige Feste – und das alles mit einem von Schmerzen gepeinigten und geschundenen Körper. Und sie malt, revolutioniert mit ihren Selbstporträts die Kunst ihrer Zeit, man sieht ihre Werke in den Galerien von New York und Paris. Frida will kein Leben ohne Sturm.
Noch nie war man Frida Kahlo so nah wie in dieser Romanbiografie, die ebenso gut aus der Feder der mexikanischen Künstlerin selbst hätte stammen können.

»An vielen Stellen leuchtet die Erzählung so, wie Kahlos Bilder leuchten.« *Elke Heidenreich, Kölner Stadt-Anzeiger*

Claire Berest, Das Leben ist ein Fest. Ein Frida-Kahlo-Roman. Aus dem Französischen von Christiane Landgrebe. insel taschenbuch 4901. 221 Seiten. Auch als eBook erhältlich

NF 566/1/12.22

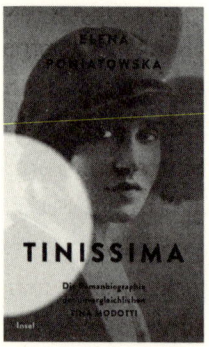

Die mitreißende Lebensgeschichte einer außergewöhnlichen Frau

Liebe, Kunst und politische Untergrundarbeit prägen das kurze, leidenschaftliche Leben der Tina Modotti (1896-1942). Von San Francisco, wo sie als »exotische Schönheit« in Theater und Stummfilm auftritt, reist sie mit ihrem Geliebten Edward Weston nach Mexiko. Ihr Haus wird Treffpunkt mexikanischer und ausländischer Künstler, unter ihnen Frida Kahlo und Diego Rivera.
Und wie viele ihrer Künstlerfreunde engagiert sie sich auf Seiten der revolutionären Linken – bis im Januar 1929 ihr Liebhaber, der Politemigrant Julio Antonio Mella, auf offener Straße erschossen und Tina des Mordes verdächtigt wird …

Elena Poniatowska, Tinissima. Die Romanbiographie der unvergleichlichen Tina Modotti. Aus dem Spanischen von Christiane Barckhausen-Canale. Mit zahlreichen Fotografien. insel taschenbuch 4908. 464 Seiten. Auch als eBook erhältlich

NF 567/1/12.22

Von Norma Jean Baker zu Marilyn Monroe – das dramatische Leben der Ikone

New York, 31. Mai 1962: der Abend vor Marilyn Monroes Geburtstag. Alle sind da, um mit ihr zu feiern: Billy Wilder, Laurence Olivier, Lauren Bacall, ihre Mutter und die Ex-Ehemänner, sogar JFK soll noch kommen. Während die illustre Gesellschaft auf Marilyn wartet, lässt sie in Geschichten und Erzählungen das Leben des Weltstars vor uns erstehen.
Ein berührender und dramatischer Roman über eine Frau, die der umschwärmteste und vielleicht unglücklichste Hollywoodstar aller Zeiten war.

»Nicht nur für Fans ein tolles Buch.« *skymichaelis*

Maxine Wildner, Ein Abend mit Marilyn. Roman. insel taschenbuch 4946. 270 Seiten. Auch als eBook erhältlich

NF 568/1/12.22

Ziemlich beste Freunde

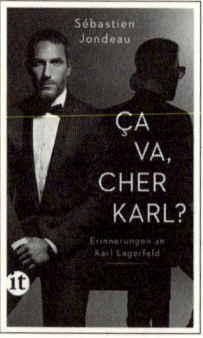

Im Jahr 1999 lernen sich Sébastien Jondeau und Karl Lagerfeld kennen. Für den Jugendlichen aus einfachen Pariser Verhältnissen wird ein Traum wahr: Ab diesem Zeitpunkt wird er nicht mehr von der Seite des Modeschöpfers weichen. Jondeau wird Fahrer, Leibwächter, Assistent, Vertrauter, enger Freund. Lagerfeld wird zu einer Vaterfigur für Jondeau, ein Vorbild, das er bis zu dessen Tod im Jahr 2019 begleitet – und das eine große Lücke in seinem Leben hinterlässt.

Jondeau erinnert sich an die gemeinsamen Jahre – und berichtet von einem außergewöhnlichen Menschen, dem er so nah war wie kein anderer.

»Jondeau erzählt vor allem von Loyalität. Von einer außergewöhnlichen Freundschaft. Ein herausragendes Buch.« *Gala*

Sébastien Jondeau, Ça va, cher Karl? Erinnerungen an Karl Lagerfeld. Unter Mitarbeit von Virginie Mouzat. Aus dem Französischen von Bettina Seifried. insel taschenbuch 4910. 190 Seiten. Auch als eBook erhältlich

NF 569/1/12.22

Zwei starke Frauen, das »gefährlichste Buch des Jahrhunderts« und eine Liebe im Paris der zwanziger Jahre.

Eine Buchhandlung mitten in Paris. Für die junge Amerikanerin Sylvia Beach ist ein Traum in Erfüllung gegangen. Dass sie mit »Shakespeare & Company« in die Geschichte der Weltliteratur eingehen wird, ahnt sie bei der Eröffnung 1919 nicht. Schon bald wird »Shakespeare & Company« zum literarischen Treffpunkt in Paris: Hemingway, Gide, Valéry und Gertrude Stein gehen hier ein und aus – und nicht zuletzt James Joyce. Als nach Abdruck einzelner Episoden die vollständige Publikation seines umstrittenen Romans *Ulysses* verboten wird, ist es die unerschrockene Sylvia Beach, die ihn gegen alle Widerstände veröffentlicht – und damit ihre ganze Existenz aufs Spiel setzt.
Doch in der gleichgesinnten französischen Buchhändlerin Adrienne Monnier findet Sylvia Beach nicht nur eine wagemutige Mitstreiterin, sondern auch die Liebe ihres Lebens.

»Eine Liebeserklärung an alle Buchhandlungen, Bibliotheken und die leidenschaftlichen und entschlossenen Frauen, die sie führen.« *New York Journal of Books*

Kerri Maher, Die Buchhändlerin von Paris. Roman. Aus dem amerikanischen Englisch von Claudia Feldmann. insel taschenbuch 4933. 391 Seiten. Auch als eBook erhältlich

NF 573/1/2.23